全国注册核安全工程师执业资格考试辅导教材

核安全相关法律法规

（2024年版）

生态环境部核与辐射安全中心　组织编写

中国环境出版集团·北京

图书在版编目（CIP）数据

核安全相关法律法规 ：2024 年版 / 生态环境部核与辐射安全中心组织编写. -- 北京 ：中国环境出版集团，2024. 6. --（全国注册核安全工程师执业资格考试辅导教材）. -- ISBN 978-7-5111-5887-1（2025.3 重印）

Ⅰ. D922.549

中国国家版本馆 CIP 数据核字第 2024L7V827 号

责任编辑　史雯雅
封面设计　彭　杉

出版发行　中国环境出版集团
（100062　北京市东城区广渠门内大街 16 号）
网　　址：http://www.cesp.com.cn
电子邮箱：bjgl@cesp.com.cn
联系电话：010-67112765（编辑管理部）
发行热线：010-67125803，010-67113405（传真）
印　　刷　玖龙（天津）印刷有限公司
经　　销　各地新华书店
版　　次　2024 年 6 月第 1 版
印　　次　2025 年 3 月第 2 次印刷
开　　本　787×1092　1/16
印　　张　30.5
字　　数　720 千字
定　　价　118.00 元

全国注册核安全工程师执业资格考试辅导教材（2024年版）

编审委员会

2024 年版出版说明

全国注册核安全工程师执业资格考试辅导教材（原“注册核安全工程师岗位培训丛书”）自出版发行以来，受到广大核与辐射安全从业人员和其他读者的欢迎，也得到行业各领域专家、学者和广大读者的诸多热心帮助，特别是历次修订编审委员会成员的倾力相助，在此一并表示诚挚感谢。本套教材作为全国注册核安全工程师执业资格的考试用书，为注册核安全工程师执业资格制度的实施发挥了重要作用。

党中央、国务院高度重视核安全与放射性污染防治工作。党的十八大以来，以习近平同志为核心的党中央胸怀中华民族伟大复兴战略全局和世界百年未有之大变局，将国家安全作为头等大事，创造性提出总体国家安全观，将核安全观纳入国家总体安全体系，提出理性、协调、并进的中国核安全观，倡导打造核安全命运共同体，要求守牢美丽中国建设安全底线，指引新时代核安全工作取得历史性成就。经过多年努力，我国核能与核技术利用事业发展取得显著成就，在有效的监管之下始终保持良好安全业绩，核电安全达到国际先进水平，研究堆和核燃料循环设施保持良好安全记录，放射源辐射事故发生率持续降低。核能与核技术利用事业的持续健康较快发展，对我国核与辐射安全从业人员，尤其是注册核安全工程师的专业理论知识和专业技术能力提出更高要求。

为了使报考人员了解行业发展新形势和法规标准新要求，本套教材自第 1 版出版发行以来，已历经多次修订，最近一次修订为 2018 年完成的第五次修订。2018 年版教材发行以来，我国核能与核技术利用事业稳步推进，取得一系列重要成果，行业发展呈现一些新技术、新趋势，例如华龙一号、AP1000、EPR、高温气冷堆等先进反应堆示范工程率先在我国建成投产，快中子增殖堆、钍基熔盐堆、小型模块化堆等设计研发与工程建设走在世界前列。截至 2024 年 4 月底，我国已有投入运行核电机组 56 台、在建机组 27 台，此外还有民用研究堆 21 座、民用核燃料循环设施 21 座，在用放射源和射线装置分别达 17 万枚和 29 万台（套）。与此同时，核与辐射安全相关法规标准也有了较大变化，涉及的行政法规、部门规章和重要规范性文件多达 18 份，此外多部国家标准、核安全导则完成制修订并发布实施。结合第五次修订版教材近几年的应用实践，我们深感本套教材还存在许多不足之处，为使教材努力跟上变化并日臻完善，我们组织部分相关专家、学者，用时近一年完成了第六次修订，最终形成 2024 年版教材。

本套教材共四册，包括《核安全相关法律法规》《核安全综合知识》《核安全专业实务》《核安全案例分析》，本次对四册均进行了修订。

《核安全相关法律法规》由王承智收集整理和编写。《核安全案例分析》由陈方强、黄超云收集整理和编写。《核安全综合知识》和《核安全专业实务》由于专业范围广，为了确保编写质量，编审委员会按章节分别组织编写和审核。

《核安全综合知识》共分十章。第一章由郑超颖、陈伯显编写，周志伟、俞冀阳审核；第二章由俞冀阳编写，周志伟审核；第三章由余建辉编写，周志伟、周一东审核；第四章由张跃编写，王瑞平、黄炳臣审核；第五章由徐培昇、吴哲、吕丹编写，赵善桂、吴浩、张春龙审核；第六章由张友九编写，王晓涛、涂彧审核；第七章由贾伟、朱立编写，曲静原、肖雪夫、宋志艳审核；第八章由徐旭涛、张庆贤编写，肖雪夫、刘弓冶审核；第九章由吴钟旺编写，程建秀审核；第十章由齐媛编写，张天祝、董毅漫审核。全书由李红、肖雪夫、张跃、陈方强统稿。

《核安全专业实务》共分十四章。第一章由陈方强编写，张天祝、王瑞平审核；第二章由段红卫编写，黄超云、王瑞平、张跃审核；第三章由孙锋编写，潘蓉、李红审核；第四章由俞冀阳、李春编写，余建辉、郭建兵审核；第五章由张波编写，俞冀阳、周一东、黄超云、庞伟审核；第六章由黄炳臣编写，张跃、浦承皓审核；第七章由吕丹、吴哲、张春龙编写，赵善桂、徐培昇、徐春艳、吴浩审核；第八章由张敏编写，刘天舒审核；第九章由曲静原编写，李红审核；第十章由彭慧编写，王晓涛审核；第十一章由蒋婧、甘学英编写，吴浩、徐春艳审核；第十二章由曹芳芳编写，陈方强、潘玉婷审核；第十三章由商照荣编写，吴浩审核；第十四章由杨斌编写，商照荣、宋志艳、徐旭涛审核。全书由陈方强、曲静原、周志伟统稿。

赵永康、张天祝、王承智、黄超云参与了教材有关统稿工作。孙僖悦、滕伟伟、叶凯、邢丹、张阳、李莉、陈帅、黄文豪等参与了教材有关内容的校核工作。全套教材编审过程中的汇总协调工作由孙僖悦、陈方强完成。

教材在修订过程中，为尽量避免晦涩的语言和艰深的理论，力求做到深入浅出，理论联系实际。但由于核与辐射相关知识本身的专业性以及内容的广泛性，虽经反复斟酌和努力，仍难免存在诸多不足之处，敬请广大读者批评指正。为持续改进教材，编审委员会诚挚邀请行业从业人员积极发现问题，并期待您的积极反馈（问题和建议反馈邮箱：zhjckw@163.com）。

编　者

2024 年 6 月 30 日

前言

我国对核能与核技术的开发利用始于20世纪50年代。经过多年的不懈努力，核能与核技术已在我国国防、医疗、能源、工业、农业、科研和教育等领域得到了广泛利用，这对维护我国国防安全、促进国民经济和社会发展、增强我国综合国力，起到了十分积极的作用。长期以来，我国的核与辐射安全整体上保持高水平。截至2024年4月，我国已有运行核电机组56台、在建机组27台，此外，还有民用研究堆21座、民用核燃料循环设施21座，全部保持良好安全记录，在建核设施建造质量受控；17万枚在用放射源和29万台（套）射线装置安全受控；全国辐射环境质量总体良好，公众健康和环境安全得到有效保障。与此同时，我们也应清醒地认识到：核设施建造和运行方面，一些违规操作、造假事件有所出现；核技术利用方面，由于单位多而散、部分单位管理不善等，近年来因放射源使用不当或丢失导致的辐射事故仍时有发生；铀（钍）矿和伴生放射性矿开发利用方面，由于对放射性污染防治重视不够，放射性废矿渣还存在着乱堆、乱放的情况，对环境安全和公众健康带来潜在风险；放射性废物管理方面，虽然国家发布了放射性废物处置的政策，但由于很长时间以来缺乏强制性的法律制度和措施，致使对放射性废物的处置不力，也在一定程度上对环境和公众健康构成潜在威胁。为解决上述问题，进一步做好放射性污染防治工作，在总结我国放射性污染防治的实践经验、借鉴一些有核国家防治放射性污染的成功经验的基础上，我国于2003年通过并实施了《中华人民共和国放射性污染防治法》，从放射性污染防治和环境安全的角度对核与辐射安全活动提出要求，对我国核与辐射安全的统一监管起到了巨大作用。2017年9月1日，全国人大通过了《中华人民共和国核安全法》，2018年1月1日起正式实施，进一步明确了对核设施、核材料及相关放射性废物等的全链条法律监管要求，防止造成核事故并最大限度地减轻核事故的放射性后果，为我国核安全监管的各个方面奠定了坚实的法律基础。

为了提高核安全专业人员的素质，确保核与辐射环境安全，维护国家、社会和公众利益，人事部、国家环境保护总局于2002年11月19日发布《关于印发〈注册核安全工程师执业资格制度暂行规定〉的通知》（人发〔2002〕106号），决定在核安全及相关领域中建立注册核安全工程师执业资格制度。根据《注册核安全工程师执业资格考试实施办法》，注册核安全工程师执业资格考试科目为：《核安全相关法律法规》《核安全综合知识》《核安全专业实务》《核安全案例分析》。

为了方便考生复习和准备考试，教材编审委员会依据《注册核安全工程师执业资格考试大纲（2024年版）》的具体要求编写了本套教材，供广大专业人员培训或自学使用。本套教材共四个分册，包括《核安全相关法律法规》《核安全综合知识》《核安全专业实务》《核安全案例分析》。本套教材在原“注册核安全工程师岗位培训丛书”框架和内容基础上编制，对历次参与教材编审的各位领导、专家、学者表示诚挚的谢意。本次编审过程中，多位领导、专家、学者给予了很多宝贵意见和建议，中国环境出版集团的编辑们在校核过程中做了大量工作，在此一并致谢。

本套教材在编写过程中，虽然反复斟酌和努力，但仍难免存在不足之处，诚望广大读者提供宝贵意见，以便再版时进一步修改完善。

目录

第一部分

我国核安全法律法规概述

一、核安全的定义

关于“核安全”的确切含义，在不同领域、不同管理文件和不同语境下存在多种说法。在本教材中，将核安全理解为核与辐射安全的简称。目前，我国核安全监管（不含军用）包括核设施安全监管、核安全设备质量监管、放射源与射线装置安全监管、放射性废物安全监管、核与辐射应急准备与响应、辐射环境监测等。

二、核安全法律法规体系

根据《中华人民共和国立法法》《中华人民共和国行政处罚法》《中华人民共和国行政复议法》等法律规定，法规文件包括法律、法规、规章 3 个层级，具体包括法律、行政法规、地方性法规、自治条例和单行条例、国务院部门规章和地方政府规章。

在核安全相关领域，尽管部分省份制定了地方性法规，但地方性法规不适用于全国范围，因此在本教材中不予考虑。

我国核安全法律法规按照法律效力分为 3 个层级，如图 1-1 所示。

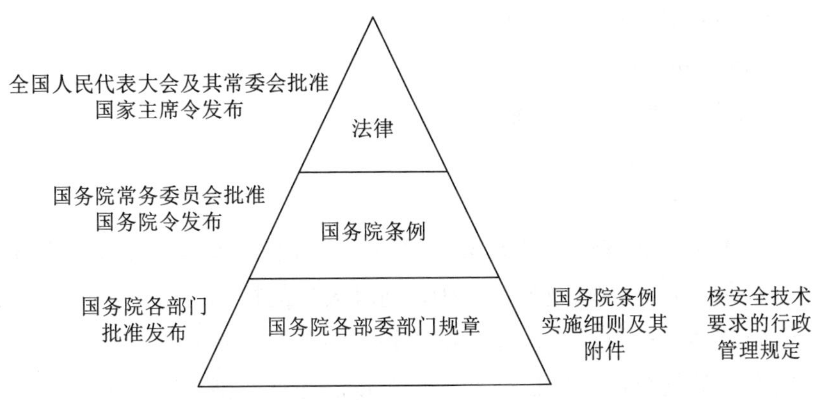

图 1-1　我国核安全法律法规体系示意

由图 1-1 可知，我国的核安全法律法规体系和我国的法律法规体系是相对应的，分为国家法律、国务院条例和国务院各部委的部门规章等 3 个层级。

第一层为国家法律，由全国人民代表大会或全国人民代表大会常务委员会审议通过，是法律法规的最高层次，起决定性作用。目前我国核安全领域，属于第一层级的国家法律有《中华人民共和国放射性污染防治法》《中华人民共和国核安全法》两部。另一部核能领域的基本法《中华人民共和国原子能法》的草案已经国务院常务会议讨论且提交全国人民代表大会常务委员会审议。

第二层为国务院条例，即通常所说的行政法规，其效力仅次于宪法和法律，是国家法律在某一个方面的进一步细化，规定了该方面的法规要求。在核安全领域，行政法规目前主要包括《中华人民共和国民用核设施安全监督管理条例》《核电厂核事故应急管理条例》《中华人民共和国核材料管制条例》《民用核安全设备监督管理条例》《放射性废物安全管理条例》《放射性同位素与射线装置安全和防护条例》《放射性物品运输安全管理条例》7 部。

第三层为国务院各部门发布的部门规章，主要包括国务院条例实施细则及其附件、核安全技术要求的行政管理规定两部分。核安全部门规章按照设施及专业领域从 0～10 分为 11 个系列。这 11 个系列的序号依照现行法规编号第一个数字确定，例如，HAF4××为现行放射性废物管理系列法规编号，其中 4 代表放射性废物管理部分的部门规章。这 11 个法规系列包括了核安全监管的主要内容。

0　通用系列

1　核动力厂系列

2　研究堆系列

3　非堆核燃料循环设施系列

4　放射性废物管理系列

5　核材料管制系列

6　民用核安全设备监督管理系列

7　放射性物质运输管理系列

8　同位素和射线装置监督管理系列

9　电磁辐射污染控制系列

10　环境辐射监测系列

由于法律法规的编写和修订手续繁杂，周期一般较长，尤其是涉及多个部门的时候。但许多具体的问题需要及时予以规范和明确，同时大量的技术问题也不可能都用法律法规来确定。因此，除法律、行政法规、部门规章外，还需要大量的规范性文件对一些具体问题予以明确。制发行政规范性文件也是行政机关依法履行职能的重要方式。所谓规范性文件，是行政机关依照法定权限、程序制定并公开发布，涉及公民、法人和其他组织权利义务，具有普遍约束力，在一定期限内反复适用的公文。根据《中华人民共和国行政处罚法》，规范性文件与法律、行政法规、部门规章的一大区别是，规范性文件不得设定行政处罚。尽管规范性文件不是部门规章，但通常也是强制执行的，这些规范性文件在核安全监管实践中也具有十分重要的作用。

核安全领域的法律、国务院条例、部门规章通常给出的仅是原则性要求，因此根据国际惯例和实践，国家核安全局制定了一些与核安全技术要求相关的、与核安全行政管理规定相适应的支持性文件——核安全导则。核安全导则的层次低于部门规章，是推荐执行的方法和方案，是指导性文件。在实际工作中可以采用该方法和程序，也可以采用等效的替代方法和方案，但必须证明所采用的方法和方案至少具有与导则相同的安全水平。由于论证同等安全水平存在困难，在实践中通常也把核安全导则视为强制性要求执行。核安全导则不可能解决所有技术问题，对于核安全问题还需要大量的技术文件来支持，因此在实际工作中，国家核安全局还发布了一系列技术文件，以表明国家核安全局对具体技术或行政管理问题的见解，在应用中参照执行。

除通常意义上的法规体系之外，还有相应的国家标准体系，有时我们也将二者统称为法规标准体系。根据《中华人民共和国标准化法》的规定，标准包括国家标准、行业标准、地方标准、团体标准和企业标准。国家标准分为强制性标准、推荐性标准，行业标准、地方标准是推荐性标准。强制性标准是必须执行的。国家鼓励采用推荐性标准。

值得一提的是，我国立法体制是部门立法，不同部门制定的标准和规范性文件之间可能存在一些重复内容，极个别地方可能存在冲突。当出现低层级文件的规定与高层级文件规定相抵触时，应该以高层级文件规定为准，管理部门应当及时对较低层级文件进行修订。

第二部分

核安全重要法律法规

中华人民共和国放射性污染防治法

（2003年6月28日第十届全国人民代表大会常务委员会第三次会议通过，中华人民共和国主席令第六号公布）

第一章　总　则

第一条　为了防治放射性污染，保护环境，保障人体健康，促进核能、核技术的开发与和平利用，制定本法。

第二条　本法适用于中华人民共和国领域和管辖的其他海域在核设施选址、建造、运行、退役和核技术、铀（钍）矿、伴生放射性矿开发利用过程中发生的放射性污染的防治活动。

第三条　国家对放射性污染的防治，实行预防为主、防治结合、严格管理、安全第一的方针。

第四条　国家鼓励、支持放射性污染防治的科学研究和技术开发利用，推广先进的放射性污染防治技术。

国家支持开展放射性污染防治的国际交流与合作。

第五条　县级以上人民政府应当将放射性污染防治工作纳入环境保护规划。

县级以上人民政府应当组织开展有针对性的放射性污染防治宣传教育，使公众了解放射性污染防治的有关情况和科学知识。

第六条　任何单位和个人有权对造成放射性污染的行为提出检举和控告。

第七条　在放射性污染防治工作中作出显著成绩的单位和个人，由县级以上人民政府给予奖励。

第八条　国务院环境保护行政主管部门对全国放射性污染防治工作依法实施统一监督管理。

国务院卫生行政部门和其他有关部门依据国务院规定的职责，对有关的放射性污染防治工作依法实施监督管理。

第二章　放射性污染防治的监督管理

第九条　国家放射性污染防治标准由国务院环境保护行政主管部门根据环境安全要求、国家经济技术条件制定。国家放射性污染防治标准由国务院环境保护行政主管部门和国务院标准化行政主管部门联合发布。

第十条 国家建立放射性污染监测制度。国务院环境保护行政主管部门会同国务院其他有关部门组织环境监测网络，对放射性污染实施监测管理。

第十一条 国务院环境保护行政主管部门和国务院其他有关部门，按照职责分工，各负其责，互通信息，密切配合，对核设施、铀（钍）矿开发利用中的放射性污染防治进行监督检查。

县级以上地方人民政府环境保护行政主管部门和同级其他有关部门，按照职责分工，各负其责，互通信息，密切配合，对本行政区域内核技术利用、伴生放射性矿开发利用中的放射性污染防治进行监督检查。

监督检查人员进行现场检查时，应当出示证件。被检查的单位必须如实反映情况，提供必要的资料。监督检查人员应当为被检查单位保守技术秘密和业务秘密。对涉及国家秘密的单位和部位进行检查时，应当遵守国家有关保守国家秘密的规定，依法办理有关审批手续。

第十二条 核设施营运单位、核技术利用单位、铀（钍）矿和伴生放射性矿开发利用单位，负责本单位放射性污染的防治，接受环境保护行政主管部门和其他有关部门的监督管理，并依法对其造成的放射性污染承担责任。

第十三条 核设施营运单位、核技术利用单位、铀（钍）矿和伴生放射性矿开发利用单位，必须采取安全与防护措施，预防发生可能导致放射性污染的各类事故，避免放射性污染危害。

核设施营运单位、核技术利用单位、铀（钍）矿和伴生放射性矿开发利用单位，应当对其工作人员进行放射性安全教育、培训，采取有效的防护安全措施。

第十四条 国家对从事放射性污染防治的专业人员实行资格管理制度；对从事放射性污染监测工作的机构实行资质管理制度。

第十五条 运输放射性物质和含放射源的射线装置，应当采取有效措施，防止放射性污染。具体办法由国务院规定。

第十六条 放射性物质和射线装置应当设置明显的放射性标识和中文警示说明。生产、销售、使用、贮存、处置放射性物质和射线装置的场所，以及运输放射性物质和含放射源的射线装置的工具，应当设置明显的放射性标志。

第十七条 含有放射性物质的产品，应当符合国家放射性污染防治标准；不符合国家放射性污染防治标准的，不得出厂和销售。

使用伴生放射性矿渣和含有天然放射性物质的石材做建筑和装修材料，应当符合国家建筑材料放射性核素控制标准。

第三章 核设施的放射性污染防治

第十八条 核设施选址，应当进行科学论证，并按照国家有关规定办理审批手续。在办理核设施选址审批手续前，应当编制环境影响报告书，报国务院环境保护行政主管部门审查批准；未经批准，有关部门不得办理核设施选址批准文件。

第十九条　核设施营运单位在进行核设施建造、装料、运行、退役等活动前，必须按照国务院有关核设施安全监督管理的规定，申请领取核设施建造、运行许可证和办理装料、退役等审批手续。

核设施营运单位领取有关许可证或者批准文件后，方可进行相应的建造、装料、运行、退役等活动。

第二十条　核设施营运单位应当在申请领取核设施建造、运行许可证和办理退役审批手续前编制环境影响报告书，报国务院环境保护行政主管部门审查批准；未经批准，有关部门不得颁发许可证和办理批准文件。

第二十一条　与核设施相配套的放射性污染防治设施，应当与主体工程同时设计、同时施工、同时投入使用。

放射性污染防治设施应当与主体工程同时验收；验收合格的，主体工程方可投入生产或者使用。

第二十二条　进口核设施，应当符合国家放射性污染防治标准；没有相应的国家放射性污染防治标准的，采用国务院环境保护行政主管部门指定的国外有关标准。

第二十三条　核动力厂等重要核设施外围地区应当划定规划限制区。规划限制区的划定和管理办法，由国务院规定。

第二十四条　核设施营运单位应当对核设施周围环境中所含的放射性核素的种类、浓度以及核设施流出物中的放射性核素总量实施监测，并定期向国务院环境保护行政主管部门和所在地省、自治区、直辖市人民政府环境保护行政主管部门报告监测结果。

国务院环境保护行政主管部门负责对核动力厂等重要核设施实施监督性监测，并根据需要对其他核设施的流出物实施监测。监督性监测系统的建设、运行和维护费用由财政预算安排。

第二十五条　核设施营运单位应当建立健全安全保卫制度，加强安全保卫工作，并接受公安部门的监督指导。

核设施营运单位应当按照核设施的规模和性质制定核事故场内应急计划，做好应急准备。

出现核事故应急状态时，核设施营运单位必须立即采取有效的应急措施控制事故，并向核设施主管部门和环境保护行政主管部门、卫生行政部门、公安部门以及其他有关部门报告。

第二十六条　国家建立健全核事故应急制度。

核设施主管部门、环境保护行政主管部门、卫生行政部门、公安部门以及其他有关部门，在本级人民政府的组织领导下，按照各自的职责依法做好核事故应急工作。

中国人民解放军和中国人民武装警察部队按照国务院、中央军事委员会的有关规定在核事故应急中实施有效的支援。

第二十七条 核设施营运单位应当制定核设施退役计划。

核设施的退役费用和放射性废物处置费用应当预提，列入投资概算或者生产成本。核设施的退役费用和放射性废物处置费用的提取和管理办法，由国务院财政部门、价格主管部门会同国务院环境保护行政主管部门、核设施主管部门规定。

第四章 核技术利用的放射性污染防治

第二十八条 生产、销售、使用放射性同位素和射线装置的单位，应当按照国务院有关放射性同位素与射线装置放射防护的规定申请领取许可证，办理登记手续。

转让、进口放射性同位素和射线装置的单位以及装备有放射性同位素的仪表的单位，应当按照国务院有关放射性同位素与射线装置放射防护的规定办理有关手续。

第二十九条 生产、销售、使用放射性同位素和加速器、中子发生器以及含放射源的射线装置的单位，应当在申请领取许可证前编制环境影响评价文件，报省、自治区、直辖市人民政府环境保护行政主管部门审查批准；未经批准，有关部门不得颁发许可证。

国家建立放射性同位素备案制度。具体办法由国务院规定。

第三十条 新建、改建、扩建放射工作场所的放射防护设施，应当与主体工程同时设计、同时施工、同时投入使用。

放射防护设施应当与主体工程同时验收；验收合格的，主体工程方可投入生产或者使用。

第三十一条 放射性同位素应当单独存放，不得与易燃、易爆、腐蚀性物品等一起存放，其贮存场所应当采取有效的防火、防盗、防射线泄漏的安全防护措施，并指定专人负责保管。贮存、领取、使用、归还放射性同位素时，应当进行登记、检查，做到账物相符。

第三十二条 生产、使用放射性同位素和射线装置的单位，应当按照国务院环境保护行政主管部门的规定对其产生的放射性废物进行收集、包装、贮存。

生产放射源的单位，应当按照国务院环境保护行政主管部门的规定回收和利用废旧放射源；使用放射源的单位，应当按照国务院环境保护行政主管部门的规定将废旧放射源交回生产放射源的单位或者送交专门从事放射性固体废物贮存、处置的单位。

第三十三条 生产、销售、使用、贮存放射源的单位，应当建立健全安全保卫制度，指定专人负责，落实安全责任制，制定必要的事故应急措施。发生放射源丢失、被盗和放射性污染事故时，有关单位和个人必须立即采取应急措施，并向公安部门、卫生行政部门和环境保护行政主管部门报告。

公安部门、卫生行政部门和环境保护行政主管部门接到放射源丢失、被盗和放射性污染事故报告后，应当报告本级人民政府，并按照各自的职责立即组织采取有效措施，防止放射性污染蔓延，减少事故损失。当地人民政府应当及时将有关情况告知公众，并做好事故的调查、处理工作。

第五章　铀（钍）矿和伴生放射性矿开发利用的放射性污染防治

第三十四条　开发利用或者关闭铀（钍）矿的单位，应当在申请领取采矿许可证或者办理退役审批手续前编制环境影响报告书，报国务院环境保护行政主管部门审查批准。

开发利用伴生放射性矿的单位，应当在申请领取采矿许可证前编制环境影响报告书，报省级以上人民政府环境保护行政主管部门审查批准。

第三十五条　与铀（钍）矿和伴生放射性矿开发利用建设项目相配套的放射性污染防治设施，应当与主体工程同时设计、同时施工、同时投入使用。

放射性污染防治设施应当与主体工程同时验收；验收合格的，主体工程方可投入生产或者使用。

第三十六条　铀（钍）矿开发利用单位应当对铀（钍）矿的流出物和周围的环境实施监测，并定期向国务院环境保护行政主管部门和所在地省、自治区、直辖市人民政府环境保护行政主管部门报告监测结果。

第三十七条　对铀（钍）矿和伴生放射性矿开发利用过程中产生的尾矿，应当建造尾矿库进行贮存、处置；建造的尾矿库应当符合放射性污染防治的要求。

第三十八条　铀（钍）矿开发利用单位应当制定铀（钍）矿退役计划。铀矿退役费用由国家财政预算安排。

第六章　放射性废物管理

第三十九条　核设施营运单位、核技术利用单位、铀（钍）矿和伴生放射性矿开发利用单位，应当合理选择和利用原材料，采用先进的生产工艺和设备，尽量减少放射性废物的产生量。

第四十条　向环境排放放射性废气、废液，必须符合国家放射性污染防治标准。

第四十一条　产生放射性废气、废液的单位向环境排放符合国家放射性污染防治标准的放射性废气、废液，应当向审批环境影响评价文件的环境保护行政主管部门申请放射性核素排放量，并定期报告排放计量结果。

第四十二条　产生放射性废液的单位，必须按照国家放射性污染防治标准的要求，对不得向环境排放的放射性废液进行处理或者贮存。

产生放射性废液的单位，向环境排放符合国家放射性污染防治标准的放射性废液，必须采用符合国务院环境保护行政主管部门规定的排放方式。

禁止利用渗井、渗坑、天然裂隙、溶洞或者国家禁止的其他方式排放放射性废液。

第四十三条　低、中水平放射性固体废物在符合国家规定的区域实行近地表处置。

高水平放射性固体废物实行集中的深地质处置。

α 放射性固体废物依照前款规定处置。

禁止在内河水域和海洋上处置放射性固体废物。

第四十四条 国务院核设施主管部门会同国务院环境保护行政主管部门根据地质条件和放射性固体废物处置的需要，在环境影响评价的基础上编制放射性固体废物处置场所选址规划，报国务院批准后实施。

有关地方人民政府应当根据放射性固体废物处置场所选址规划，提供放射性固体废物处置场所的建设用地，并采取有效措施支持放射性固体废物的处置。

第四十五条 产生放射性固体废物的单位，应当按照国务院环境保护行政主管部门的规定，对其产生的放射性固体废物进行处理后，送交放射性固体废物处置单位处置，并承担处置费用。

放射性固体废物处置费用收取和使用管理办法，由国务院财政部门、价格主管部门会同国务院环境保护行政主管部门规定。

第四十六条 设立专门从事放射性固体废物贮存、处置的单位，必须经国务院环境保护行政主管部门审查批准，取得许可证。具体办法由国务院规定。

禁止未经许可或者不按照许可的有关规定从事贮存和处置放射性固体废物的活动。

禁止将放射性固体废物提供或者委托给无许可证的单位贮存和处置。

第四十七条 禁止将放射性废物和被放射性污染的物品输入中华人民共和国境内或者经中华人民共和国境内转移。

第七章 法律责任

第四十八条 放射性污染防治监督管理人员违反法律规定，利用职务上的便利收受他人财物、谋取其他利益，或者玩忽职守，有下列行为之一的，依法给予行政处分；构成犯罪的，依法追究刑事责任：

（一）对不符合法定条件的单位颁发许可证和办理批准文件的；

（二）不依法履行监督管理职责的；

（三）发现违法行为不予查处的。

第四十九条 违反本法规定，有下列行为之一的，由县级以上人民政府环境保护行政主管部门或者其他有关部门依据职权责令限期改正，可以处二万元以下罚款：

（一）不按照规定报告有关环境监测结果的；

（二）拒绝环境保护行政主管部门和其他有关部门进行现场检查，或者被检查时不如实反映情况和提供必要资料的。

第五十条 违反本法规定，未编制环境影响评价文件，或者环境影响评价文件未经环境保护行政主管部门批准，擅自进行建造、运行、生产和使用等活动的，由审批环境影响评价文件的环境保护行政主管部门责令停止违法行为，限期补办手续或者恢复原状，并处一万元以上二十万元以下罚款。

第五十一条 违反本法规定，未建造放射性污染防治设施、放射防护设施，或者防治防护设施未经验收合格，主体工程即投入生产或者使用的，由审批环境影响评价文件的环境保护行政主管部门责令停止违法行为，限期改正，并处五万元以上二十万元以下罚款。

第五十二条　违反本法规定，未经许可或者批准，核设施营运单位擅自进行核设施的建造、装料、运行、退役等活动的，由国务院环境保护行政主管部门责令停止违法行为，限期改正，并处二十万元以上五十万元以下罚款；构成犯罪的，依法追究刑事责任。

第五十三条　违反本法规定，生产、销售、使用、转让、进口、贮存放射性同位素和射线装置以及装备有放射性同位素的仪表的，由县级以上人民政府环境保护行政主管部门或者其他有关部门依据职权责令停止违法行为，限期改正；逾期不改正的，责令停产停业或者吊销许可证；有违法所得的，没收违法所得；违法所得十万元以上的，并处违法所得一倍以上五倍以下罚款；没有违法所得或者违法所得不足十万元的，并处一万元以上十万元以下罚款；构成犯罪的，依法追究刑事责任。

第五十四条　违反本法规定，有下列行为之一的，由县级以上人民政府环境保护行政主管部门责令停止违法行为，限期改正，处以罚款；构成犯罪的，依法追究刑事责任：

（一）未建造尾矿库或者不按照放射性污染防治的要求建造尾矿库，贮存、处置铀（钍）矿和伴生放射性矿的尾矿的；

（二）向环境排放不得排放的放射性废气、废液的；

（三）不按照规定的方式排放放射性废液，利用渗井、渗坑、天然裂隙、溶洞或者国家禁止的其他方式排放放射性废液的；

（四）不按照规定处理或者贮存不得向环境排放的放射性废液的；

（五）将放射性固体废物提供或者委托给无许可证的单位贮存和处置的。

有前款第（一）项、第（二）项、第（三）项、第（五）项行为之一的，处十万元以上二十万元以下罚款；有前款第（四）项行为的，处一万元以上十万元以下罚款。

第五十五条　违反本法规定，有下列行为之一的，由县级以上人民政府环境保护行政主管部门或者其他有关部门依据职权责令限期改正；逾期不改正的，责令停产停业，并处二万元以上十万元以下罚款；构成犯罪的，依法追究刑事责任：

（一）不按照规定设置放射性标识、标志、中文警示说明的；

（二）不按照规定建立健全安全保卫制度和制定事故应急计划或者应急措施的；

（三）不按照规定报告放射源丢失、被盗情况或者放射性污染事故的。

第五十六条　产生放射性固体废物的单位，不按照本法第四十五条的规定对其产生的放射性固体废物进行处置的，由审批该单位立项环境影响评价文件的环境保护行政主管部门责令停止违法行为，限期改正；逾期不改正的，指定有处置能力的单位代为处置，所需费用由产生放射性固体废物的单位承担，可以并处二十万元以下罚款；构成犯罪的，依法追究刑事责任。

第五十七条　违反本法规定，有下列行为之一的，由省级以上人民政府环境保护行政主管部门责令停产停业或者吊销许可证；有违法所得的，没收违法所得；违法所得十万元以上的，并处违法所得一倍以上五倍以下罚款；没有违法所得或者违法所得不足十万元的，并处五万元以上十万元以下罚款；构成犯罪的，依法追究刑事责任：

（一）未经许可，擅自从事贮存和处置放射性固体废物活动的；

（二）不按照许可的有关规定从事贮存和处置放射性固体废物活动的。

第五十八条 向中华人民共和国境内输入放射性废物和被放射性污染的物品，或者经中华人民共和国境内转移放射性废物和被放射性污染的物品的，由海关责令退运该放射性废物和被放射性污染的物品，并处五十万元以上一百万元以下罚款；构成犯罪的，依法追究刑事责任。

第五十九条 因放射性污染造成他人损害的，应当依法承担民事责任。

第八章 附 则

第六十条 军用设施、装备的放射性污染防治，由国务院和军队的有关主管部门依照本法规定的原则和国务院、中央军事委员会规定的职责实施监督管理。

第六十一条 劳动者在职业活动中接触放射性物质造成的职业病的防治，依照《中华人民共和国职业病防治法》的规定执行。

第六十二条 本法中下列用语的含义：

（一）放射性污染，是指由于人类活动造成物料、人体、场所、环境介质表面或者内部出现超过国家标准的放射性物质或者射线。

（二）核设施，是指核动力厂（核电厂、核热电厂、核供汽供热厂等）和其他反应堆（研究堆、实验堆、临界装置等）；核燃料生产、加工、贮存和后处理设施；放射性废物的处理和处置设施等。

（三）核技术利用，是指密封放射源、非密封放射源和射线装置在医疗、工业、农业、地质调查、科学研究和教学等领域中的使用。

（四）放射性同位素，是指某种发生放射性衰变的元素中具有相同原子序数但质量不同的核素。

（五）放射源，是指除研究堆和动力堆核燃料循环范畴的材料以外，永久密封在容器中或者有严密包层并呈固态的放射性材料。

（六）射线装置，是指X线机、加速器、中子发生器以及含放射源的装置。

（七）伴生放射性矿，是指含有较高水平天然放射性核素浓度的非铀矿（如稀土矿和磷酸盐矿等）。

（八）放射性废物，是指含有放射性核素或者被放射性核素污染，其浓度或者比活度大于国家确定的清洁解控水平，预期不再使用的废弃物。

第六十三条 本法自 2003 年 10 月 1 日起施行。

中华人民共和国核安全法

（2017 年 9 月 1 日第十二届全国人民代表大会常务委员会第二十九次会议通过，中华人民共和国主席令第七十三号公布）

第一章　总　则

第一条　为了保障核安全，预防与应对核事故，安全利用核能，保护公众和从业人员的安全与健康，保护生态环境，促进经济社会可持续发展，制定本法。

第二条　在中华人民共和国领域及管辖的其他海域内，对核设施、核材料及相关放射性废物采取充分的预防、保护、缓解和监管等安全措施，防止由于技术原因、人为原因或者自然灾害造成核事故，最大限度减轻核事故情况下的放射性后果的活动，适用本法。

核设施，是指：

（一）核电厂、核热电厂、核供汽供热厂等核动力厂及装置；

（二）核动力厂以外的研究堆、实验堆、临界装置等其他反应堆；

（三）核燃料生产、加工、贮存和后处理设施等核燃料循环设施；

（四）放射性废物的处理、贮存、处置设施。

核材料，是指：

（一）铀-235 材料及其制品；

（二）铀-233 材料及其制品；

（三）钚-239 材料及其制品；

（四）法律、行政法规规定的其他需要管制的核材料。

放射性废物，是指核设施运行、退役产生的，含有放射性核素或者被放射性核素污染，其浓度或者比活度大于国家确定的清洁解控水平，预期不再使用的废弃物。

第三条　国家坚持理性、协调、并进的核安全观，加强核安全能力建设，保障核事业健康发展。

第四条　从事核事业必须遵循确保安全的方针。

核安全工作必须坚持安全第一、预防为主、责任明确、严格管理、纵深防御、独立监管、全面保障的原则。

第五条　核设施营运单位对核安全负全面责任。

为核设施营运单位提供设备、工程以及服务等的单位，应当负相应责任。

第六条 国务院核安全监督管理部门负责核安全的监督管理。

国务院核工业主管部门、能源主管部门和其他有关部门在各自职责范围内负责有关的核安全管理工作。

国家建立核安全工作协调机制，统筹协调有关部门推进相关工作。

第七条 国务院核安全监督管理部门会同国务院有关部门编制国家核安全规划，报国务院批准后组织实施。

第八条 国家坚持从高从严建立核安全标准体系。

国务院有关部门按照职责分工制定核安全标准。核安全标准是强制执行的标准。

核安全标准应当根据经济社会发展和科技进步适时修改。

第九条 国家制定核安全政策，加强核安全文化建设。

国务院核安全监督管理部门、核工业主管部门和能源主管部门应当建立培育核安全文化的机制。

核设施营运单位和为其提供设备、工程以及服务等的单位应当积极培育和建设核安全文化，将核安全文化融入生产、经营、科研和管理的各个环节。

第十条 国家鼓励和支持核安全相关科学技术的研究、开发和利用，加强知识产权保护，注重核安全人才的培养。

国务院有关部门应当在相关科研规划中安排与核设施、核材料安全和辐射环境监测、评估相关的关键技术研究专项，推广先进、可靠的核安全技术。

核设施营运单位和为其提供设备、工程以及服务等的单位、与核安全有关的科研机构等单位，应当持续开发先进、可靠的核安全技术，充分利用先进的科学技术成果，提高核安全水平。

国务院和省、自治区、直辖市人民政府及其有关部门对在科技创新中做出重要贡献的单位和个人，按照有关规定予以表彰和奖励。

第十一条 任何单位和个人不得危害核设施、核材料安全。

公民、法人和其他组织依法享有获取核安全信息的权利，受到核损害的，有依法获得赔偿的权利。

第十二条 国家加强对核设施、核材料的安全保卫工作。

核设施营运单位应当建立和完善安全保卫制度，采取安全保卫措施，防范对核设施、核材料的破坏、损害和盗窃。

第十三条 国家组织开展与核安全有关的国际交流与合作，完善核安全国际合作机制，防范和应对核恐怖主义威胁，履行中华人民共和国缔结或者参加的国际公约所规定的义务。

第二章 核设施安全

第十四条 国家对核设施的选址、建设进行统筹规划，科学论证，合理布局。

国家根据核设施的性质和风险程度等因素，对核设施实行分类管理。

第十五条 核设施营运单位应当具备保障核设施安全运行的能力，并符合下列条件：

（一）有满足核安全要求的组织管理体系和质量保证、安全管理、岗位责任等制度；

（二）有规定数量、合格的专业技术人员和管理人员；

（三）具备与核设施安全相适应的安全评价、资源配置和财务能力；

（四）具备必要的核安全技术支撑和持续改进能力；

（五）具备应急响应能力和核损害赔偿财务保障能力；

（六）法律、行政法规规定的其他条件。

第十六条 核设施营运单位应当依照法律、行政法规和标准的要求，设置核设施纵深防御体系，有效防范技术原因、人为原因和自然灾害造成的威胁，确保核设施安全。

核设施营运单位应当对核设施进行定期安全评价，并接受国务院核安全监督管理部门的审查。

第十七条 核设施营运单位和为其提供设备、工程以及服务等的单位应当建立并实施质量保证体系，有效保证设备、工程和服务等的质量，确保设备的性能满足核安全标准的要求，工程和服务等满足核安全相关要求。

第十八条 核设施营运单位应当严格控制辐射照射，确保有关人员免受超过国家规定剂量限值的辐射照射，确保辐射照射保持在合理、可行和尽可能低的水平。

第十九条 核设施营运单位应当对核设施周围环境中所含的放射性核素的种类、浓度以及核设施流出物中的放射性核素总量实施监测，并定期向国务院环境保护主管部门和所在地省、自治区、直辖市人民政府环境保护主管部门报告监测结果。

第二十条 核设施营运单位应当按照国家有关规定，制定培训计划，对从业人员进行核安全教育和技能培训并进行考核。

核设施营运单位应当为从业人员提供相应的劳动防护和职业健康检查，保障从业人员的安全和健康。

第二十一条 省、自治区、直辖市人民政府应当对国家规划确定的核动力厂等重要核设施的厂址予以保护，在规划期内不得变更厂址用途。

省、自治区、直辖市人民政府应当在核动力厂等重要核设施周围划定规划限制区，经国务院核安全监督管理部门同意后实施。

禁止在规划限制区内建设可能威胁核设施安全的易燃、易爆、腐蚀性物品的生产、贮存设施以及人口密集场所。

第二十二条 国家建立核设施安全许可制度。

核设施营运单位进行核设施选址、建造、运行、退役等活动，应当向国务院核安全监督管理部门申请许可。

核设施营运单位要求变更许可文件规定条件的，应当报国务院核安全监督管理部门批准。

第二十三条 核设施营运单位应当对地质、地震、气象、水文、环境和人口分布等因素进行科学评估，在满足核安全技术评价要求的前提下，向国务院核安全监督管理部门提交核设施选址安全分析报告，经审查符合核安全要求后，取得核设施场址选择审查意见书。

第二十四条 核设施设计应当符合核安全标准，采用科学合理的构筑物、系统和设备参数与技术要求，提供多样保护和多重屏障，确保核设施运行可靠、稳定和便于操作，满足核安全要求。

第二十五条 核设施建造前，核设施营运单位应当向国务院核安全监督管理部门提出建造申请，并提交下列材料：

（一）核设施建造申请书；

（二）初步安全分析报告；

（三）环境影响评价文件；

（四）质量保证文件；

（五）法律、行政法规规定的其他材料。

第二十六条 核设施营运单位取得核设施建造许可证后，应当确保核设施整体性能满足核安全标准的要求。

核设施建造许可证的有效期不得超过十年。有效期届满，需要延期建造的，应当报国务院核安全监督管理部门审查批准。但是，有下列情形之一且经评估不存在安全风险的除外：

（一）国家政策或者行为导致核设施延期建造；

（二）用于科学研究的核设施；

（三）用于工程示范的核设施；

（四）用于乏燃料后处理的核设施。

核设施建造完成后应当进行调试，验证其是否满足设计的核安全要求。

第二十七条 核设施首次装投料前，核设施营运单位应当向国务院核安全监督管理部门提出运行申请，并提交下列材料：

（一）核设施运行申请书；

（二）最终安全分析报告；

（三）质量保证文件；

（四）应急预案；

（五）法律、行政法规规定的其他材料。

核设施营运单位取得核设施运行许可证后，应当按照许可证的规定运行。

核设施运行许可证的有效期为设计寿期。在有效期内，国务院核安全监督管理部门可以根据法律、行政法规和新的核安全标准的要求，对许可证规定的事项作出合理调整。

核设施营运单位调整下列事项的，应当报国务院核安全监督管理部门批准：

（一）作为颁发运行许可证依据的重要构筑物、系统和设备；

（二）运行限值和条件；

（三）国务院核安全监督管理部门批准的与核安全有关的程序和其他文件。

第二十八条　核设施运行许可证有效期届满需要继续运行的，核设施营运单位应当于有效期届满前五年，向国务院核安全监督管理部门提出延期申请，并对其是否符合核安全标准进行论证、验证，经审查批准后，方可继续运行。

第二十九条　核设施终止运行后，核设施营运单位应当采取安全的方式进行停闭管理，保证停闭期间的安全，确保退役所需的基本功能、技术人员和文件。

第三十条　核设施退役前，核设施营运单位应当向国务院核安全监督管理部门提出退役申请，并提交下列材料：

（一）核设施退役申请书；

（二）安全分析报告；

（三）环境影响评价文件；

（四）质量保证文件；

（五）法律、行政法规规定的其他材料。

核设施退役时，核设施营运单位应当按照合理、可行和尽可能低的原则处理、处置核设施场址的放射性物质，将构筑物、系统和设备的放射性水平降低至满足标准的要求。

核设施退役后，核设施所在地省、自治区、直辖市人民政府环境保护主管部门应当对核设施场址及其周围环境中所含的放射性核素的种类和浓度组织监测。

第三十一条　进口核设施，应当满足中华人民共和国有关核安全法律、行政法规和标准的要求，并报国务院核安全监督管理部门审查批准。

出口核设施，应当遵守中华人民共和国有关核设施出口管制的规定。

第三十二条　国务院核安全监督管理部门应当依照法定条件和程序，对核设施安全许可申请组织安全技术审查，满足核安全要求的，在技术审查完成之日起二十日内，依法作出准予许可的决定。

国务院核安全监督管理部门审批核设施建造、运行许可申请时，应当向国务院有关部门和核设施所在地省、自治区、直辖市人民政府征询意见，被征询意见的单位应当在三个月内给予答复。

第三十三条　国务院核安全监督管理部门组织安全技术审查时，应当委托与许可申请单位没有利益关系的技术支持单位进行技术审评。受委托的技术支持单位应当对其技术评价结论的真实性、准确性负责。

第三十四条　国务院核安全监督管理部门成立核安全专家委员会，为核安全决策提供咨询意见。

制定核安全规划和标准，进行核设施重大安全问题技术决策，应当咨询核安全专家委员会的意见。

第三十五条　国家建立核设施营运单位核安全报告制度，具体办法由国务院有关部门制定。

国务院有关部门应当建立核安全经验反馈制度，并及时处理核安全报告信息，实现信息共享。

核设施营运单位应当建立核安全经验反馈体系。

第三十六条 为核设施提供核安全设备设计、制造、安装和无损检验服务的单位，应当向国务院核安全监督管理部门申请许可。境外机构为境内核设施提供核安全设备设计、制造、安装和无损检验服务的，应当向国务院核安全监督管理部门申请注册。

国务院核安全监督管理部门依法对进口的核安全设备进行安全检验。

第三十七条 核设施操纵人员以及核安全设备焊接人员、无损检验人员等特种工艺人员应当按照国家规定取得相应资格证书。

核设施营运单位以及核安全设备制造、安装和无损检验单位应当聘用取得相应资格证书的人员从事与核设施安全专业技术有关的工作。

第三章 核材料和放射性废物安全

第三十八条 核设施营运单位和其他有关单位持有核材料，应当按照规定的条件依法取得许可，并采取下列措施，防止核材料被盗、破坏、丢失、非法转让和使用，保障核材料的安全与合法利用：

（一）建立专职机构或者指定专人保管核材料；

（二）建立核材料衡算制度，保持核材料收支平衡；

（三）建立与核材料保护等级相适应的实物保护系统；

（四）建立信息保密制度，采取保密措施；

（五）法律、行政法规规定的其他措施。

第三十九条 产生、贮存、运输、后处理乏燃料的单位应当采取措施确保乏燃料的安全，并对持有的乏燃料承担核安全责任。

第四十条 放射性废物应当实行分类处置。

低、中水平放射性废物在国家规定的符合核安全要求的场所实行近地表或者中等深度处置。

高水平放射性废物实行集中深地质处置，由国务院指定的单位专营。

第四十一条 核设施营运单位、放射性废物处理处置单位应当对放射性废物进行减量化、无害化处理、处置，确保永久安全。

第四十二条 国务院核工业主管部门会同国务院有关部门和省、自治区、直辖市人民政府编制低、中水平放射性废物处置场所的选址规划，报国务院批准后组织实施。

国务院核工业主管部门会同国务院有关部门编制高水平放射性废物处置场所的选址规划，报国务院批准后组织实施。

放射性废物处置场所的建设应当与核能发展的要求相适应。

第四十三条　国家建立放射性废物管理许可制度。

专门从事放射性废物处理、贮存、处置的单位，应当向国务院核安全监督管理部门申请许可。

核设施营运单位利用与核设施配套建设的处理、贮存设施，处理、贮存本单位产生的放射性废物的，无需申请许可。

第四十四条　核设施营运单位应当对其产生的放射性固体废物和不能经净化排放的放射性废液进行处理，使其转变为稳定的、标准化的固体废物后，及时送交放射性废物处置单位处置。

核设施营运单位应当对其产生的放射性废气进行处理，达到国家放射性污染防治标准后，方可排放。

第四十五条　放射性废物处置单位应当按照国家放射性污染防治标准的要求，对其接收的放射性废物进行处置。

放射性废物处置单位应当建立放射性废物处置情况记录档案，如实记录处置的放射性废物的来源、数量、特征、存放位置等与处置活动有关的事项。记录档案应当永久保存。

第四十六条　国家建立放射性废物处置设施关闭制度。

放射性废物处置设施有下列情形之一的，应当依法办理关闭手续，并在划定的区域设置永久性标记：

（一）设计服役期届满；

（二）处置的放射性废物已经达到设计容量；

（三）所在地区的地质构造或者水文地质等条件发生重大变化，不适宜继续处置放射性废物；

（四）法律、行政法规规定的其他需要关闭的情形。

第四十七条　放射性废物处置设施关闭前，放射性废物处置单位应当编制放射性废物处置设施关闭安全监护计划，报国务院核安全监督管理部门批准。

安全监护计划应当包括下列主要内容：

（一）安全监护责任人及其责任；

（二）安全监护费用；

（三）安全监护措施；

（四）安全监护期限。

放射性废物处置设施关闭后，放射性废物处置单位应当按照经批准的安全监护计划进行安全监护；经国务院核安全监督管理部门会同国务院有关部门批准后，将其交由省、自治区、直辖市人民政府进行监护管理。

第四十八条　核设施营运单位应当按照国家规定缴纳乏燃料处理处置费用，列入生产成本。

核设施营运单位应当预提核设施退役费用、放射性废物处置费用，列入投资概算、生产成本，专门用于核设施退役、放射性废物处置。具体办法由国务院财政部门、价格主管部门会同国务院核安全监督管理部门、核工业主管部门和能源主管部门制定。

第四十九条 国家对核材料、放射性废物的运输实行分类管理，采取有效措施，保障运输安全。

第五十条 国家保障核材料、放射性废物的公路、铁路、水路等运输，国务院有关部门应当加强对公路、铁路、水路等运输的管理，制定具体的保障措施。

第五十一条 国务院核工业主管部门负责协调乏燃料运输管理活动，监督有关保密措施。

公安机关对核材料、放射性废物道路运输的实物保护实施监督，依法处理可能危及核材料、放射性废物安全运输的事故。通过道路运输核材料、放射性废物的，应当报启运地县级以上人民政府公安机关按照规定权限批准；其中，运输乏燃料或者高水平放射性废物的，应当报国务院公安部门批准。

国务院核安全监督管理部门负责批准核材料、放射性废物运输包装容器的许可申请。

第五十二条 核材料、放射性废物的托运人应当在运输中采取有效的辐射防护和安全保卫措施，对运输中的核安全负责。

乏燃料、高水平放射性废物的托运人应当向国务院核安全监督管理部门提交有关核安全分析报告，经审查批准后方可开展运输活动。

核材料、放射性废物的承运人应当依法取得国家规定的运输资质。

第五十三条 通过公路、铁路、水路等运输核材料、放射性废物，本法没有规定的，适用相关法律、行政法规和规章关于放射性物品运输、危险货物运输的规定。

第四章 核事故应急

第五十四条 国家设立核事故应急协调委员会，组织、协调全国的核事故应急管理工作。

省、自治区、直辖市人民政府根据实际需要设立核事故应急协调委员会，组织、协调本行政区域内的核事故应急管理工作。

第五十五条 国务院核工业主管部门承担国家核事故应急协调委员会日常工作，牵头制定国家核事故应急预案，经国务院批准后组织实施。国家核事故应急协调委员会成员单位根据国家核事故应急预案部署，制定本单位核事故应急预案，报国务院核工业主管部门备案。

省、自治区、直辖市人民政府指定的部门承担核事故应急协调委员会的日常工作，负责制定本行政区域内场外核事故应急预案，报国家核事故应急协调委员会审批后组织实施。

核设施营运单位负责制定本单位场内核事故应急预案，报国务院核工业主管部门、能源主管部门和省、自治区、直辖市人民政府指定的部门备案。

中国人民解放军和中国人民武装警察部队按照国务院、中央军事委员会的规定，制定本系统支援地方的核事故应急工作预案，报国务院核工业主管部门备案。

应急预案制定单位应当根据实际需要和情势变化，适时修订应急预案。

第五十六条 核设施营运单位应当按照应急预案，配备应急设备，开展应急工作人员培训和演练，做好应急准备。

核设施所在地省、自治区、直辖市人民政府指定的部门，应当开展核事故应急知识普及活动，按照应急预案组织有关企业、事业单位和社区开展核事故应急演练。

第五十七条 国家建立核事故应急准备金制度，保障核事故应急准备与响应工作所需经费。核事故应急准备金管理办法，由国务院制定。

第五十八条 国家对核事故应急实行分级管理。

发生核事故时，核设施营运单位应当按照应急预案的要求开展应急响应，减轻事故后果，并立即向国务院核工业主管部门、核安全监督管理部门和省、自治区、直辖市人民政府指定的部门报告核设施状况，根据需要提出场外应急响应行动建议。

第五十九条 国家核事故应急协调委员会按照国家核事故应急预案部署，组织协调国务院有关部门、地方人民政府、核设施营运单位实施核事故应急救援工作。

中国人民解放军和中国人民武装警察部队按照国务院、中央军事委员会的规定，实施核事故应急救援工作。

核设施营运单位应当按照核事故应急救援工作的要求，实施应急响应支援。

第六十条 国务院核工业主管部门或者省、自治区、直辖市人民政府指定的部门负责发布核事故应急信息。

国家核事故应急协调委员会统筹协调核事故应急国际通报和国际救援工作。

第六十一条 各级人民政府及其有关部门、核设施营运单位等应当按照国务院有关规定和授权，组织开展核事故后的恢复行动、损失评估等工作。

核事故的调查处理，由国务院或者其授权的部门负责实施。

核事故场外应急行动的调查处理，由国务院或者其指定的机构负责实施。

第六十二条 核材料、放射性废物运输的应急应当纳入所经省、自治区、直辖市场外核事故应急预案或者辐射应急预案。发生核事故时，由事故发生地省、自治区、直辖市人民政府负责应急响应。

第五章 信息公开和公众参与

第六十三条 国务院有关部门及核设施所在地省、自治区、直辖市人民政府指定的部门应当在各自职责范围内依法公开核安全相关信息。

国务院核安全监督管理部门应当依法公开与核安全有关的行政许可，以及核安全有关活动的安全监督检查报告、总体安全状况、辐射环境质量和核事故等信息。

国务院应当定期向全国人民代表大会常务委员会报告核安全情况。

第六十四条 核设施营运单位应当公开本单位核安全管理制度和相关文件、核设施安全状况、流出物和周围环境辐射监测数据、年度核安全报告等信息。具体办法由国务院核安全监督管理部门制定。

第六十五条 对依法公开的核安全信息，应当通过政府公告、网站以及其他便于公众知晓的方式，及时向社会公开。

公民、法人和其他组织，可以依法向国务院核安全监督管理部门和核设施所在地省、自治区、直辖市人民政府指定的部门申请获取核安全相关信息。

第六十六条 核设施营运单位应当就涉及公众利益的重大核安全事项通过问卷调查、听证会、论证会、座谈会，或者采取其他形式征求利益相关方的意见，并以适当形式反馈。

核设施所在地省、自治区、直辖市人民政府应当就影响公众利益的重大核安全事项举行听证会、论证会、座谈会，或者采取其他形式征求利益相关方的意见，并以适当形式反馈。

第六十七条 核设施营运单位应当采取下列措施，开展核安全宣传活动：

（一）在保证核设施安全的前提下，对公众有序开放核设施；

（二）与学校合作，开展对学生的核安全知识教育活动；

（三）建设核安全宣传场所，印制和发放核安全宣传材料；

（四）法律、行政法规规定的其他措施。

第六十八条 公民、法人和其他组织有权对存在核安全隐患或者违反核安全法律、行政法规的行为，向国务院核安全监督管理部门或者其他有关部门举报。

公民、法人和其他组织不得编造、散布核安全虚假信息。

第六十九条 涉及国家秘密、商业秘密和个人信息的政府信息公开，按照国家有关规定执行。

第六章　监督检查

第七十条 国家建立核安全监督检查制度。

国务院核安全监督管理部门和其他有关部门应当对从事核安全活动的单位遵守核安全法律、行政法规、规章和标准的情况进行监督检查。

国务院核安全监督管理部门可以在核设施集中的地区设立派出机构。国务院核安全监督管理部门或者其派出机构应当向核设施建造、运行、退役等现场派遣监督检查人员，进行核安全监督检查。

第七十一条 国务院核安全监督管理部门和其他有关部门应当加强核安全监管能力建设，提高核安全监管水平。

国务院核安全监督管理部门应当组织开展核安全监管技术研究开发，保持与核安全监督管理相适应的技术评价能力。

第七十二条 国务院核安全监督管理部门和其他有关部门进行核安全监督检查时，有权采取下列措施：

（一）进入现场进行监测、检查或者核查；

（二）调阅相关文件、资料和记录；

（三）向有关人员调查、了解情况；

（四）发现问题的，现场要求整改。

国务院核安全监督管理部门和其他有关部门应当将监督检查情况形成报告，建立档案。

第七十三条　对国务院核安全监督管理部门和其他有关部门依法进行的监督检查，从事核安全活动的单位应当予以配合，如实说明情况，提供必要资料，不得拒绝、阻挠。

第七十四条　核安全监督检查人员应当忠于职守，勤勉尽责，秉公执法。

核安全监督检查人员应当具备与监督检查活动相应的专业知识和业务能力，并定期接受培训。

核安全监督检查人员执行监督检查任务，应当出示有效证件，对获知的国家秘密、商业秘密和个人信息，应当依法予以保密。

第七章　法律责任

第七十五条　违反本法规定，有下列情形之一的，对直接负责的主管人员和其他直接责任人员依法给予处分：

（一）国务院核安全监督管理部门或者其他有关部门未依法对许可申请进行审批的；

（二）国务院有关部门或者核设施所在地省、自治区、直辖市人民政府指定的部门未依法公开核安全相关信息的；

（三）核设施所在地省、自治区、直辖市人民政府未就影响公众利益的重大核安全事项征求利益相关方意见的；

（四）国务院核安全监督管理部门或者其他有关部门未将监督检查情况形成报告，或者未建立档案的；

（五）核安全监督检查人员执行监督检查任务，未出示有效证件，或者对获知的国家秘密、商业秘密、个人信息未依法予以保密的；

（六）国务院核安全监督管理部门或者其他有关部门，省、自治区、直辖市人民政府有关部门有其他滥用职权、玩忽职守、徇私舞弊行为的。

第七十六条　违反本法规定，危害核设施、核材料安全，或者编造、散布核安全虚假信息，构成违反治安管理行为的，由公安机关依法给予治安管理处罚。

第七十七条　违反本法规定，有下列情形之一的，由国务院核安全监督管理部门或者其他有关部门责令改正，给予警告；情节严重的，处二十万元以上一百万元以下的罚款；拒不改正的，责令停止建设或者停产整顿：

（一）核设施营运单位未设置核设施纵深防御体系的；

（二）核设施营运单位或者为其提供设备、工程以及服务等的单位未建立或者未实施质量保证体系的；

（三）核设施营运单位未按照要求控制辐射照射剂量的；

（四）核设施营运单位未建立核安全经验反馈体系的；

（五）核设施营运单位未就涉及公众利益的重大核安全事项征求利益相关方意见的。

第七十八条 违反本法规定，在规划限制区内建设可能威胁核设施安全的易燃、易爆、腐蚀性物品的生产、贮存设施或者人口密集场所的，由国务院核安全监督管理部门责令限期拆除，恢复原状，处十万元以上五十万元以下的罚款。

第七十九条 违反本法规定，核设施营运单位有下列情形之一的，由国务院核安全监督管理部门责令改正，处一百万元以上五百万元以下的罚款；拒不改正的，责令停止建设或者停产整顿；有违法所得的，没收违法所得；造成环境污染的，责令限期采取治理措施消除污染，逾期不采取措施的，指定有能力的单位代为履行，所需费用由污染者承担；对直接负责的主管人员和其他直接责任人员，处五万元以上二十万元以下的罚款：

（一）未经许可，从事核设施建造、运行或者退役等活动的；

（二）未经许可，变更许可文件规定条件的；

（三）核设施运行许可证有效期届满，未经审查批准，继续运行核设施的；

（四）未经审查批准，进口核设施的。

第八十条 违反本法规定，核设施营运单位有下列情形之一的，由国务院核安全监督管理部门责令改正，给予警告；情节严重的，处五十万元以上二百万元以下的罚款；造成环境污染的，责令限期采取治理措施消除污染，逾期不采取措施的，指定有能力的单位代为履行，所需费用由污染者承担：

（一）未对核设施进行定期安全评价，或者不接受国务院核安全监督管理部门审查的；

（二）核设施终止运行后，未采取安全方式进行停闭管理，或者未确保退役所需的基本功能、技术人员和文件的；

（三）核设施退役时，未将构筑物、系统或者设备的放射性水平降低至满足标准的要求的；

（四）未将产生的放射性固体废物或者不能经净化排放的放射性废液转变为稳定的、标准化的固体废物，及时送交放射性废物处置单位处置的；

（五）未对产生的放射性废气进行处理，或者未达到国家放射性污染防治标准排放的。

第八十一条 违反本法规定，核设施营运单位未对核设施周围环境中所含的放射性核素的种类、浓度或者核设施流出物中的放射性核素总量实施监测，或者未按照规定报告监测结果的，由国务院环境保护主管部门或者所在地省、自治区、直辖市人民政府环境保护主管部门责令改正，处十万元以上五十万元以下的罚款。

第八十二条 违反本法规定，受委托的技术支持单位出具虚假技术评价结论的，由国务院核安全监督管理部门处二十万元以上一百万元以下的罚款；有违法所得的，没收违法所得；对直接负责的主管人员和其他直接责任人员处十万元以上二十万元以下的罚款。

第八十三条　违反本法规定，有下列情形之一的，由国务院核安全监督管理部门责令改正，处五十万元以上一百万元以下的罚款；有违法所得的，没收违法所得；对直接负责的主管人员和其他直接责任人员处二万元以上十万元以下的罚款：

（一）未经许可，为核设施提供核安全设备设计、制造、安装或者无损检验服务的；

（二）未经注册，境外机构为境内核设施提供核安全设备设计、制造、安装或者无损检验服务的。

第八十四条　违反本法规定，核设施营运单位或者核安全设备制造、安装、无损检验单位聘用未取得相应资格证书的人员从事与核设施安全专业技术有关的工作的，由国务院核安全监督管理部门责令改正，处十万元以上五十万元以下的罚款；拒不改正的，暂扣或者吊销许可证，对直接负责的主管人员和其他直接责任人员处二万元以上十万元以下的罚款。

第八十五条　违反本法规定，未经许可持有核材料的，由国务院核工业主管部门没收非法持有的核材料，并处十万元以上五十万元以下的罚款；有违法所得的，没收违法所得。

第八十六条　违反本法规定，有下列情形之一的，由国务院核安全监督管理部门责令改正，处十万元以上五十万元以下的罚款；情节严重的，处五十万元以上二百万元以下的罚款；造成环境污染的，责令限期采取治理措施消除污染，逾期不采取措施的，指定有能力的单位代为履行，所需费用由污染者承担：

（一）未经许可，从事放射性废物处理、贮存、处置活动的；

（二）未建立放射性废物处置情况记录档案，未如实记录与处置活动有关的事项，或者未永久保存记录档案的；

（三）对应当关闭的放射性废物处置设施，未依法办理关闭手续的；

（四）关闭放射性废物处置设施，未在划定的区域设置永久性标记的；

（五）未编制放射性废物处置设施关闭安全监护计划的；

（六）放射性废物处置设施关闭后，未按照经批准的安全监护计划进行安全监护的。

第八十七条　违反本法规定，核设施营运单位有下列情形之一的，由国务院核安全监督管理部门责令改正，处十万元以上五十万元以下的罚款；对直接负责的主管人员和其他直接责任人员，处二万元以上五万元以下的罚款：

（一）未按照规定制定场内核事故应急预案的；

（二）未按照应急预案配备应急设备，未开展应急工作人员培训或者演练的；

（三）未按照核事故应急救援工作的要求，实施应急响应支援的。

第八十八条　违反本法规定，核设施营运单位未按照规定公开相关信息的，由国务院核安全监督管理部门责令改正；拒不改正的，处十万元以上五十万元以下的罚款。

第八十九条　违反本法规定，对国务院核安全监督管理部门或者其他有关部门依法进行的监督检查，从事核安全活动的单位拒绝、阻挠的，由国务院核安全监督管理部门或者其他有关部门责令改正，可以处十万元以上五十万元以下的罚款；拒不改正的，暂扣或者吊销其许可证；构成违反治安管理行为的，由公安机关依法给予治安管理处罚。

第九十条 因核事故造成他人人身伤亡、财产损失或者环境损害的，核设施营运单位应当按照国家核损害责任制度承担赔偿责任，但能够证明损害是因战争、武装冲突、暴乱等情形造成的除外。

为核设施营运单位提供设备、工程以及服务等的单位不承担核损害赔偿责任。核设施营运单位与其有约定的，在承担赔偿责任后，可以按照约定追偿。

核设施营运单位应当通过投保责任保险、参加互助机制等方式，作出适当的财务保证安排，确保能够及时、有效履行核损害赔偿责任。

第九十一条 违反本法规定，构成犯罪的，依法追究刑事责任。

第八章 附 则

第九十二条 军工、军事核安全，由国务院、中央军事委员会依照本法规定的原则另行规定。

第九十三条 本法中下列用语的含义：

核事故，是指核设施内的核燃料、放射性产物、放射性废物或者运入运出核设施的核材料所发生的放射性、毒害性、爆炸性或者其他危害性事故，或者一系列事故。

纵深防御，是指通过设定一系列递进并且独立的防护、缓解措施或者实物屏障，防止核事故发生，减轻核事故后果。

核设施营运单位，是指在中华人民共和国境内，申请或者持有核设施安全许可证，可以经营和运行核设施的单位。

核安全设备，是指在核设施中使用的执行核安全功能的设备，包括核安全机械设备和核安全电气设备。

乏燃料，是指在反应堆堆芯内受过辐照并从堆芯永久卸出的核燃料。

停闭，是指核设施已经停止运行，并且不再启动。

退役，是指采取去污、拆除和清除等措施，使核设施不再使用的场所或者设备的辐射剂量满足国家相关标准的要求。

经验反馈，是指对核设施的事件、质量问题和良好实践等信息进行收集、筛选、评价、分析、处理和分发，总结推广良好实践经验，防止类似事件和问题重复发生。

托运人，是指在中华人民共和国境内，申请将托运货物提交运输并获得批准的单位。

第九十四条 本法自 2018 年 1 月 1 日起施行。

中华人民共和国民用核设施安全监督管理条例

（1986年10月29日国务院发布）

第一章　总　则

第一条　为了在民用核设施的建造和营运中保证安全，保障工作人员和群众的健康，保护环境，促进核能事业的顺利发展，制定本条例。

第二条　本条例适用于下列民用核设施的安全监督管理：（一）核动力厂（核电厂、核热电厂、核供汽供热厂等）；（二）核动力厂以外的其他反应堆（研究堆、实验堆、临界装置等）；（三）核燃料生产、加工、贮存及后处理设施；（四）放射性废物的处理和处置设施；（五）其他需要严格监督管理的核设施。

第三条　民用核设施的选址、设计、建造、运行和退役必须贯彻安全第一的方针；必须有足够的措施保证质量，保证安全运行，预防核事故，限制可能产生的有害影响；必须保障工作人员、群众和环境不致遭到超过国家规定限值的辐射照射和污染，并将辐射照射和污染减至可以合理达到的尽量低的水平。

第二章　监督管理职责

第四条　国家核安全局对全国核设施安全实施统一监督，独立行使核安全监督权，其主要职责是：（一）组织起草、制定有关核设施安全的规章和审查有关核安全的技术标准；（二）组织审查、评定核设施的安全性能及核设施营运单位保障安全的能力，负责颁发或者吊销核设施安全许可证件；（三）负责实施核安全监督；（四）负责核安全事故的调查、处理；（五）协同有关部门指导和监督核设施应急计划的制订和实施；（六）组织有关部门开展对核设施的安全与管理的科学研究、宣传教育及国际业务联系；（七）会同有关部门调解和裁决核安全的纠纷。

第五条　国家核安全局在核设施集中的地区可以设立派出机构，实施安全监督。国家核安全局可以组织核安全专家委员会。该委员会协助制订核安全法规和核安全技术发展规划，参与核安全的审评、监督等工作。

第六条　核设施主管部门负责所属核设施的安全管理，接受国家核安全局的核安全监督，其主要职责是：（一）负责所属核设施的安全管理，保证给予所属核设施的营运单位必要的支持，并对其进行督促检查；（二）参与有关核安全法规的起草和制订，组织制订有关核安全的技术标准，并向国家核安全局备案；（三）组织所属核设施的场内应急计划的制订和实施，参与场外应急计划的制订和实施；（四）负责对所属核设施中各类人员的技术培训和考核；（五）组织核能发展方面的核安全科学研究工作。

第七条　核设施营运单位直接负责所营运的核设施的安全，其主要职责是：（一）遵守国家有关法律、行政法规和技术标准，保证核设施的安全；（二）接受国家核安全局的核安全监督，及时、如实地报告安全情况，并提供有关资料；（三）对所营运的核设施的安全、核材料的安全、工作人员和群众以及环境的安全承担全面责任。

第三章　安全许可制度

第八条　国家实行核设施安全许可制度，由国家核安全局负责制定和批准颁发核设施安全许可证件，许可证件包括：（一）核设施建造许可证；（二）核设施运行许可证；（三）核设施操纵员执照；（四）其他需要批准的文件。

第九条　核设施营运单位，在核设施建造前，必须向国家核安全局提交《核设施建造申请书》、《初步安全分析报告》以及其他有关资料，经审核批准获得《核设施建造许可证》后，方可动工建造。核设施的建造必须遵守《核设施建造许可证》所规定的条件。

第十条　核设施营运单位在核设施运行前，必须向国家核安全局提交《核设施运行申请书》、《最终安全分析报告》以及其他有关资料，经审核批准获得允许装料（或投料）、调试的批准文件后，方可开始装载核燃料（或投料）进行启动调试工作；在获得《核设施运行许可证》后，方可正式运行。核设施的运行必须遵守《核设施运行许可证》所规定的条件。

第十一条　国家核安全局在审批核设施建造申请书及运行申请书的过程中，应当向国务院有关部门以及核设施所在省、自治区、直辖市人民政府征询意见，国务院有关部门、地方人民政府应当在三个月内给予答复。

第十二条　具备下列条件的，方可批准发给《核设施建造许可证》和《核设施运行许可证》：（一）所申请的项目已按照有关规定经主管部门及国家计划部门或省、自治区、直辖市人民政府的计划部门批准；（二）所选定的厂址已经国务院或省、自治区、直辖市人民政府的城乡建设环境保护部门、计划部门和国家核安全局批准；（三）所申请的核设施符合国家有关的法律及核安全法规的规定；（四）申请者具有安全营运所申请的核设施的能力，并保证承担全面的安全责任。

第十三条　核设施操纵员执照分《操纵员执照》和《高级操纵员执照》两种。持《操纵员执照》的人员方可担任操纵核设施控制系统的工作。持《高级操纵员执照》的人员方可担任操纵或者指导他人操纵核设施控制系统的工作。

第十四条　具备下列条件的，方可批准发给《操纵员执照》：（一）身体健康，无职业禁忌症；（二）具有中专以上文化程度或同等学力，核动力厂操纵人员应具有大专以上文化程度或同等学力；（三）经过运行操作培训，并经考核合格。具备下列条件的，方可批准发给《高级操纵员执照》：（一）身体健康，无职业禁忌症；（二）具有大专以上文化程度或同等学力；（三）经运行操作培训，并经考核合格；（四）担任操纵员二年以上，成绩优秀者。

第十五条　核设施的迁移、转让或退役必须向国家核安全局提出申请，经审查批准后方可进行。

第四章　核安全监督

第十六条　国家核安全局及其派出机构可向核设施制造、建造和运行现场派驻监督组（员）执行下列核安全监督任务：（一）审查所提交的安全资料是否符合实际；（二）监督是否按照已批准的设计进行建造；（三）监督是否按照已批准的质量保证大纲进行管理；（四）监督核设施的建造和运行是否符合有关核安全法规和《核设施建造许可证》、《核设施运行许可证》所规定的条件；（五）考察营运人员是否具备安全运行及执行应急计划的能力；（六）其他需要监督的任务。核安全监督员由国家核安全局任命并发给《核安全监督员证》。

第十七条　核安全监督员在执行任务时，凭其证件有权进入核设施制造、建造和运行现场，调查情况，收集有关核安全资料。

第十八条　国家核安全局在必要时有权采取强制性措施，命令核设施营运单位采取安全措施或停止危及安全的活动。

第十九条　核设施营运单位有权拒绝有害于安全的任何要求，但对国家核安全局的强制性措施必须执行。

第五章　奖励和处罚

第二十条　对保证核设施安全有显著成绩和贡献的单位和个人，国家核安全局或核设施主管部门应给予适当的奖励。

第二十一条　凡违反本条例的规定，有下列行为之一的，国家核安全局可依其情节轻重，给予警告、限期改进、停工或者停业整顿、吊销核安全许可证件的处罚：（一）未经批准或违章从事核设施建造、运行、迁移、转让和退役的；（二）谎报有关资料或事实，或无故拒绝监督的；（三）无执照操纵或违章操纵的；（四）拒绝执行强制性命令的。

第二十二条　当事人对行政处罚不服的，可在接到处罚通知之日起十五日内向人民法院起诉。但是，对吊销核安全许可证件的决定应当立即执行。对处罚决定不履行逾期又不起诉的，由国家核安全局申请人民法院强制执行。

第二十三条　对于不服管理、违反规章制度，或者强令他人违章冒险作业，因而发生核事故，造成严重后果，构成犯罪的，由司法机关依法追究刑事责任。

第六章 附 则

第二十四条 本条例中下列用语的含义是：（一）“核设施”是指本条例第二条中所列出的各项民用核设施。（二）“核设施安全许可证件”是指为了进行与核设施有关的选址定点、建造、调试、运行和退役等特定活动，由国家核安全局颁发的书面批准文件。（三）“营运单位”是指申请或持有核设施安全许可证，可以经营和运行核设施的组织。（四）“核设施主管部门”是指对核设施营运单位负有领导责任的国务院和省、自治区、直辖市人民政府的有关行政机关。（五）“核事故”是指核设施内的核燃料、放射性产物、废料或运入运出核设施的核材料所发生的放射性、毒害性、爆炸性或其他危害性事故，或一系列事故。

第二十五条 国家核安全局应根据本条例制定实施细则。

第二十六条 本条例自发布之日起施行。

核电厂核事故应急管理条例

（1993年8月4日中华人民共和国国务院令第124号发布，依据2011年1月8日《国务院关于废止和修改部分行政法规的决定》修订）

第一章　总　则

第一条　为了加强核电厂核事故应急管理工作，控制和减少核事故危害，制定本条例。

第二条　本条例适用于可能或者已经引起放射性物质释放、造成重大辐射后果的核电厂核事故（以下简称核事故）应急管理工作。

第三条　核事故应急管理工作实行常备不懈，积极兼容，统一指挥，大力协同，保护公众，保护环境的方针。

第二章　应急机构及其职责

第四条　全国的核事故应急管理工作由国务院指定的部门负责，其主要职责是：

（一）拟定国家核事故应急工作政策；

（二）统一协调国务院有关部门、军队和地方人民政府的核事故应急工作；

（三）组织制定和实施国家核事故应急计划，审查批准场外核事故应急计划；

（四）适时批准进入和终止场外应急状态；

（五）提出实施核事故应急响应行动的建议；

（六）审查批准核事故公报、国际通报，提出请求国际援助的方案。

必要时，由国务院领导、组织、协调全国的核事故应急管理工作。

第五条　核电厂所在地的省、自治区、直辖市人民政府指定的部门负责本行政区域内的核事故应急管理工作，其主要职责是：

（一）执行国家核事故应急工作的法规和政策；

（二）组织制定场外核事故应急计划，做好核事故应急准备工作；

（三）统一指挥场外核事故应急响应行动；

（四）组织支援核事故应急响应行动；

（五）及时向相邻的省、自治区、直辖市通报核事故情况。

必要时，由省、自治区、直辖市人民政府领导、组织、协调本行政区域内的核事故应急管理工作。

第六条 核电厂的核事故应急机构的主要职责是：

（一）执行国家核事故应急工作的法规和政策；

（二）制定场内核事故应急计划，做好核事故应急准备工作；

（三）确定核事故应急状态等级，统一指挥本单位的核事故应急响应行动；

（四）及时向上级主管部门、国务院核安全部门和省级人民政府指定的部门报告事故情况，提出进入场外应急状态和采取应急防护措施的建议；

（五）协助和配合省级人民政府指定的部门做好核事故应急管理工作。

第七条 核电厂的上级主管部门领导核电厂的核事故应急工作。

国务院核安全部门、环境保护部门和卫生部门等有关部门在各自的职责范围内做好相应的核事故应急工作。

第八条 中国人民解放军作为核事故应急工作的重要力量，应当在核事故应急响应中实施有效的支援。

第三章 应急准备

第九条 针对核电厂可能发生的核事故，核电厂的核事故应急机构、省级人民政府指定的部门和国务院指定的部门应当预先制定核事故应急计划。

核事故应急计划包括场内核事故应急计划、场外核事故应急计划和国家核事故应急计划。各级核事故应急计划应当相互衔接、协调一致。

第十条 场内核事故应急计划由核电厂核事故应急机构制定，经其主管部门审查后，送国务院核安全部门审评并报国务院指定的部门备案。

第十一条 场外核事故应急计划由核电厂所在地的省级人民政府指定的部门组织制定，报国务院指定的部门审查批准。

第十二条 国家核事故应急计划由国务院指定的部门组织制定。

国务院有关部门和中国人民解放军总部应当根据国家核事故应急计划，制定相应的核事故应急方案，报国务院指定的部门备案。

第十三条 场内核事故应急计划、场外核事故应急计划应当包括下列内容：

（一）核事故应急工作的基本任务；

（二）核事故应急响应组织及其职责；

（三）烟羽应急计划区和食入应急计划区的范围；

（四）干预水平和导出干预水平；

（五）核事故应急准备和应急响应的详细方案；

（六）应急设施、设备、器材和其他物资；

（七）核电厂核事故应急机构同省级人民政府指定的部门之间以及同其他有关方面相互配合、支援的事项及措施。

第十四条 有关部门在进行核电厂选址和设计工作时，应当考虑核事故应急工作的要求。

新建的核电厂必须在其场内和场外核事故应急计划审查批准后，方可装料。

第十五条　国务院指定的部门、省级人民政府指定的部门和核电厂的核事故应急机构应当具有必要的应急设施、设备和相互之间快速可靠的通讯联络系统。

核电厂的核事故应急机构和省级人民政府指定的部门应当具有辐射监测系统、防护器材、药械和其他物资。

用于核事故应急工作的设施、设备和通讯联络系统、辐射监测系统以及防护器材、药械等，应当处于良好状态。

第十六条　核电厂应当对职工进行核安全、辐射防护和核事故应急知识的专门教育。

省级人民政府指定的部门应当在核电厂的协助下对附近的公众进行核安全、辐射防护和核事故应急知识的普及教育。

第十七条　核电厂的核事故应急机构和省级人民政府指定的部门应当对核事故应急工作人员进行培训。

第十八条　核电厂的核事故应急机构和省级人民政府指定的部门应当适时组织不同专业和不同规模的核事故应急演习。

在核电厂首次装料前，核电厂的核事故应急机构和省级人民政府指定的部门应当组织场内、场外核事故应急演习。

第四章　应急对策和应急防护措施

第十九条　核事故应急状态分为下列四级：

（一）应急待命。出现可能导致危及核电厂核安全的某些特定情况或者外部事件，核电厂有关人员进入戒备状态。

（二）厂房应急。事故后果仅限于核电厂的局部区域，核电厂人员按照场内核事故应急计划的要求采取核事故应急响应行动，通知厂外有关核事故应急响应组织。

（三）场区应急。事故后果蔓延至整个场区，场区内的人员采取核事故应急响应行动，通知省级人民政府指定的部门，某些厂外核事故应急响应组织可能采取核事故应急响应行动。

（四）场外应急。事故后果超越场区边界，实施场内和场外核事故应急计划。

第二十条　当核电厂进入应急待命状态时，核电厂核事故应急机构应当及时向核电厂的上级主管部门和国务院核安全部门报告情况，并视情况决定是否向省级人民政府指定的部门报告。当出现可能或者已经有放射性物质释放的情况时，应当根据情况，及时决定进入厂房应急或者场区应急状态，并迅速向核电厂的上级主管部门、国务院核安全部门和省级人民政府指定的部门报告情况；在放射性物质可能或者已经扩散到核电厂场区以外时，应当迅速向省级人民政府指定的部门提出进入场外应急状态并采取应急防护措施的建议。

省级人民政府指定的部门接到核电厂核事故应急机构的事故情况报告后，应当迅速采取相应的核事故应急对策和应急防护措施，并及时向国务院指定的部门报告情况。需要决定进入场外应急状态时，应当经国务院指定的部门批准；在特殊情况下，省级人民政府指定的部门可以先行决定进入场外应急状态，但是应当立即向国务院指定的部门报告。

第二十一条 核电厂的核事故应急机构和省级人民政府指定的部门应当做好核事故后果预测与评价以及环境放射性监测等工作，为采取核事故应急对策和应急防护措施提供依据。

第二十二条 省级人民政府指定的部门应当适时选用隐蔽、服用稳定性碘制剂、控制通道、控制食物和水源、撤离、迁移、对受影响的区域去污等应急防护措施。

第二十三条 省级人民政府指定的部门在核事故应急响应过程中应当将必要的信息及时地告知当地公众。

第二十四条 在核事故现场，各核事故应急响应组织应当实行有效的剂量监督。现场核事故应急响应人员和其他人员都应当在辐射防护人员的监督和指导下活动，尽量防止接受过大剂量的照射。

第二十五条 核电厂的核事故应急机构和省级人民政府指定的部门应当做好核事故现场接受照射人员的救护、洗消、转运和医学处置工作。

第二十六条 在核事故应急进入场外应急状态时，国务院指定的部门应当及时派出人员赶赴现场，指导核事故应急响应行动，必要时提出派出救援力量的建议。

第二十七条 因核事故应急响应需要，可以实行地区封锁。省、自治区、直辖市行政区域内的地区封锁，由省、自治区、直辖市人民政府决定；跨省、自治区、直辖市的地区封锁，以及导致中断干线交通或者封锁国境的地区封锁，由国务院决定。

地区封锁的解除，由原决定机关宣布。

第二十八条 有关核事故的新闻由国务院授权的单位统一发布。

第五章 应急状态的终止和恢复措施

第二十九条 场外应急状态的终止由省级人民政府指定的部门会同核电厂核事故应急机构提出建议，报国务院指定的部门批准，由省级人民政府指定的部门发布。

第三十条 省级人民政府指定的部门应当根据受影响地区的放射性水平，采取有效的恢复措施。

第三十一条 核事故应急状态终止后，核电厂核事故应急机构应当向国务院指定的部门、核电厂的上级主管部门、国务院核安全部门和省级人民政府指定的部门提交详细的事故报告；省级人民政府指定的部门应当向国务院指定的部门提交场外核事故应急工作的总结报告。

第三十二条 核事故使核安全重要物项的安全性能达不到国家标准时，核电厂的重新起动计划应当按照国家有关规定审查批准。

第六章 资金和物资保障

第三十三条 国务院有关部门、军队、地方各级人民政府和核电厂在核事故应急准备工作中应当充分利用现有组织机构、人员、设施和设备等，努力提高核事故应急准备资金和物资的使用效益，并使核事故应急准备工作与地方和核电厂的发展规划相结合。各有关单位应当提供支援。

第三十四条　场内核事故应急准备资金由核电厂承担，列入核电厂工程项目投资概算和运行成本。

场外核事故应急准备资金由核电厂和地方人民政府共同承担，资金数额由国务院指定的部门会同有关部门审定。核电厂承担的资金，在投产前根据核电厂容量、在投产后根据实际发电量确定一定的比例交纳，由国务院计划部门综合平衡后用于地方场外核事故应急准备工作；其余部分由地方人民政府解决。具体办法由国务院指定的部门会同国务院计划部门和国务院财政部门规定。

国务院有关部门和军队所需的核事故应急准备资金，根据各自在核事故应急工作中的职责和任务，充分利用现有条件进行安排，不足部分按照各自的计划和资金渠道上报。

第三十五条　国家的和地方的物资供应部门及其他有关部门应当保证供给核事故应急所需的设备、器材和其他物资。

第三十六条　因核电厂核事故应急响应需要，执行核事故应急响应行动的行政机关有权征用非用于核事故应急响应的设备、器材和其他物资。

对征用的设备、器材和其他物资，应当予以登记并在使用后及时归还；造成损坏的，由征用单位补偿。

第七章　奖励与处罚

第三十七条　在核事故应急工作中有下列事迹之一的单位和个人，由主管部门或者所在单位给予表彰或者奖励：

（一）完成核事故应急响应任务的；

（二）保护公众安全和国家的、集体的和公民的财产，成绩显著的；

（三）对核事故应急准备与响应提出重大建议，实施效果显著的；

（四）辐射、气象预报和测报准确及时，从而减轻损失的；

（五）有其他特殊贡献的。

第三十八条　有下列行为之一的，对有关责任人员视情节和危害后果，由其所在单位或者上级机关给予行政处分；属于违反治安管理行为的，由公安机关依照治安管理处罚法的规定予以处罚；构成犯罪的，由司法机关依法追究刑事责任：

（一）不按照规定制定核事故应急计划，拒绝承担核事故应急准备义务的；

（二）玩忽职守，引起核事故发生的；

（三）不按照规定报告、通报核事故真实情况的；

（四）拒不执行核事故应急计划，不服从命令和指挥，或者在核事故应急响应时临阵脱逃的；

（五）盗窃、挪用、贪污核事故应急工作所用资金或者物资的；

（六）阻碍核事故应急工作人员依法执行职务或者进行破坏活动的；

（七）散布谣言，扰乱社会秩序的；

（八）有其他对核事故应急工作造成危害的行为的。

第八章　附　则

第三十九条　本条例中下列用语的含义：

（一）核事故应急，是指为了控制或者缓解核事故、减轻核事故后果而采取的不同于正常秩序和正常工作程序的紧急行动。

（二）场区，是指由核电厂管理的区域。

（三）应急计划区，是指在核电厂周围建立的，制定有核事故应急计划并预计采取核事故应急对策和应急防护措施的区域。

（四）烟羽应急计划区，是指针对放射性烟云引起的照射而建立的应急计划区。

（五）食入应急计划区，是指针对食入放射性污染的水或者食物引起照射而建立的应急计划区。

（六）干预水平，是指预先规定的用于在异常状态下确定需要对公众采取应急防护措施的剂量水平。

（七）导出干预水平，是指由干预水平推导得出的放射性物质在环境介质中的浓度或者水平。

（八）应急防护措施，是指在核事故情况下用于控制工作人员和公众所接受的剂量而采取的保护措施。

（九）核安全重要物项，是指对核电厂安全有重要意义的建筑物、构筑物、系统、部件和设施等。

第四十条　除核电厂外，其他核设施的核事故应急管理，可以根据具体情况，参照本条例的有关规定执行。

第四十一条　对可能或者已经造成放射性物质释放超越国界的核事故应急，除执行本条例的规定外，并应当执行中华人民共和国缔结或者参加的国际条约的规定，但是中华人民共和国声明保留的条款除外。

第四十二条　本条例自发布之日起施行。

放射性废物安全管理条例

（2011年11月30日国务院第183次常务会议通过，2011年12月20日中华人民共和国国务院令第612号公布，自2012年3月1日起施行）

第一章　总　则

第一条　为了加强对放射性废物的安全管理，保护环境，保障人体健康，根据《中华人民共和国放射性污染防治法》，制定本条例。

第二条　本条例所称放射性废物，是指含有放射性核素或者被放射性核素污染，其放射性核素浓度或者比活度大于国家确定的清洁解控水平，预期不再使用的废弃物。

第三条　放射性废物的处理、贮存和处置及其监督管理等活动，适用本条例。

本条例所称处理，是指为了能够安全和经济地运输、贮存、处置放射性废物，通过净化、浓缩、固化、压缩和包装等手段，改变放射性废物的属性、形态和体积的活动。

本条例所称贮存，是指将废旧放射源和其他放射性固体废物临时放置于专门建造的设施内进行保管的活动。

本条例所称处置，是指将废旧放射源和其他放射性固体废物最终放置于专门建造的设施内并不再回取的活动。

第四条　放射性废物的安全管理，应当坚持减量化、无害化和妥善处置、永久安全的原则。

第五条　国务院环境保护主管部门统一负责全国放射性废物的安全监督管理工作。

国务院核工业行业主管部门和其他有关部门，依照本条例的规定和各自的职责负责放射性废物的有关管理工作。

县级以上地方人民政府环境保护主管部门和其他有关部门依照本条例的规定和各自的职责负责本行政区域放射性废物的有关管理工作。

第六条　国家对放射性废物实行分类管理。

根据放射性废物的特性及其对人体健康和环境的潜在危害程度，将放射性废物分为高水平放射性废物、中水平放射性废物和低水平放射性废物。

第七条　放射性废物的处理、贮存和处置活动，应当遵守国家有关放射性污染防治标准和国务院环境保护主管部门的规定。

第八条　国务院环境保护主管部门会同国务院核工业行业主管部门和其他有关部门

建立全国放射性废物管理信息系统，实现信息共享。

国家鼓励、支持放射性废物安全管理的科学研究和技术开发利用，推广先进的放射性废物安全管理技术。

第九条 任何单位和个人对违反本条例规定的行为，有权向县级以上人民政府环境保护主管部门或者其他有关部门举报。接到举报的部门应当及时调查处理，并为举报人保密；经调查情况属实的，对举报人给予奖励。

第二章 放射性废物的处理和贮存

第十条 核设施营运单位应当将其产生的不能回收利用并不能返回原生产单位或者出口方的废旧放射源（以下简称废旧放射源），送交取得相应许可证的放射性固体废物贮存单位集中贮存，或者直接送交取得相应许可证的放射性固体废物处置单位处置。

核设施营运单位应当对其产生的除废旧放射源以外的放射性固体废物和不能经净化排放的放射性废液进行处理，使其转变为稳定的、标准化的固体废物后自行贮存，并及时送交取得相应许可证的放射性固体废物处置单位处置。

第十一条 核技术利用单位应当对其产生的不能经净化排放的放射性废液进行处理，转变为放射性固体废物。

核技术利用单位应当及时将其产生的废旧放射源和其他放射性固体废物，送交取得相应许可证的放射性固体废物贮存单位集中贮存，或者直接送交取得相应许可证的放射性固体废物处置单位处置。

第十二条 专门从事放射性固体废物贮存活动的单位，应当符合下列条件，并依照本条例的规定申请领取放射性固体废物贮存许可证：

（一）有法人资格；

（二）有能保证贮存设施安全运行的组织机构和 3 名以上放射性废物管理、辐射防护、环境监测方面的专业技术人员，其中至少有 1 名注册核安全工程师；

（三）有符合国家有关放射性污染防治标准和国务院环境保护主管部门规定的放射性固体废物接收、贮存设施和场所，以及放射性检测、辐射防护与环境监测设备；

（四）有健全的管理制度以及符合核安全监督管理要求的质量保证体系，包括质量保证大纲、贮存设施运行监测计划、辐射环境监测计划和应急方案等。

核设施营运单位利用与核设施配套建设的贮存设施，贮存本单位产生的放射性固体废物的，不需要申请领取贮存许可证；贮存其他单位产生的放射性固体废物的，应当依照本条例的规定申请领取贮存许可证。

第十三条 申请领取放射性固体废物贮存许可证的单位，应当向国务院环境保护主管部门提出书面申请，并提交其符合本条例第十二条规定条件的证明材料。

国务院环境保护主管部门应当自受理申请之日起 20 个工作日内完成审查，对符合条件的颁发许可证，予以公告；对不符合条件的，书面通知申请单位并说明理由。

国务院环境保护主管部门在审查过程中，应当组织专家进行技术评审，并征求国务院其他有关部门的意见。技术评审所需时间应当书面告知申请单位。

第十四条　放射性固体废物贮存许可证应当载明下列内容：

（一）单位的名称、地址和法定代表人；

（二）准予从事的活动种类、范围和规模；

（三）有效期限；

（四）发证机关、发证日期和证书编号。

第十五条　放射性固体废物贮存单位变更单位名称、地址、法定代表人的，应当自变更登记之日起20日内，向国务院环境保护主管部门申请办理许可证变更手续。

放射性固体废物贮存单位需要变更许可证规定的活动种类、范围和规模的，应当按照原申请程序向国务院环境保护主管部门重新申请领取许可证。

第十六条　放射性固体废物贮存许可证的有效期为10年。

许可证有效期届满，放射性固体废物贮存单位需要继续从事贮存活动的，应当于许可证有效期届满90日前，向国务院环境保护主管部门提出延续申请。

国务院环境保护主管部门应当在许可证有效期届满前完成审查，对符合条件的准予延续；对不符合条件的，书面通知申请单位并说明理由。

第十七条　放射性固体废物贮存单位应当按照国家有关放射性污染防治标准和国务院环境保护主管部门的规定，对其接收的废旧放射源和其他放射性固体废物进行分类存放和清理，及时予以清洁解控或者送交取得相应许可证的放射性固体废物处置单位处置。

放射性固体废物贮存单位应当建立放射性固体废物贮存情况记录档案，如实完整地记录贮存的放射性固体废物的来源、数量、特征、贮存位置、清洁解控、送交处置等与贮存活动有关的事项。

放射性固体废物贮存单位应当根据贮存设施的自然环境和放射性固体废物特性采取必要的防护措施，保证在规定的贮存期限内贮存设施、容器的完好和放射性固体废物的安全，并确保放射性固体废物能够安全回取。

第十八条　放射性固体废物贮存单位应当根据贮存设施运行监测计划和辐射环境监测计划，对贮存设施进行安全性检查，并对贮存设施周围的地下水、地表水、土壤和空气进行放射性监测。

放射性固体废物贮存单位应当如实记录监测数据，发现安全隐患或者周围环境中放射性核素超过国家规定的标准的，应当立即查找原因，采取相应的防范措施，并向所在地省、自治区、直辖市人民政府环境保护主管部门报告。构成辐射事故的，应当立即启动本单位的应急方案，并依照《中华人民共和国放射性污染防治法》、《放射性同位素与射线装置安全和防护条例》的规定进行报告，开展有关事故应急工作。

第十九条　将废旧放射源和其他放射性固体废物送交放射性固体废物贮存、处置单位贮存、处置时，送交方应当一并提供放射性固体废物的种类、数量、活度等资料和废旧放射源的原始档案，并按照规定承担贮存、处置的费用。

第三章　放射性废物的处置

第二十条　国务院核工业行业主管部门会同国务院环境保护主管部门根据地质、环境、社会经济条件和放射性固体废物处置的需要，在征求国务院有关部门意见并进行环境影响评价的基础上编制放射性固体废物处置场所选址规划，报国务院批准后实施。

有关地方人民政府应当根据放射性固体废物处置场所选址规划，提供放射性固体废物处置场所的建设用地，并采取有效措施支持放射性固体废物的处置。

第二十一条　建造放射性固体废物处置设施，应当按照放射性固体废物处置场所选址技术导则和标准的要求，与居住区、水源保护区、交通干道、工厂和企业等场所保持严格的安全防护距离，并对场址的地质构造、水文地质等自然条件以及社会经济条件进行充分研究论证。

第二十二条　建造放射性固体废物处置设施，应当符合放射性固体废物处置场所选址规划，并依法办理选址批准手续和建造许可证。不符合选址规划或者选址技术导则、标准的，不得批准选址或者建造。

高水平放射性固体废物和 α 放射性固体废物深地质处置设施的工程和安全技术研究、地下实验、选址和建造，由国务院核工业行业主管部门组织实施。

第二十三条　专门从事放射性固体废物处置活动的单位，应当符合下列条件，并依照本条例的规定申请领取放射性固体废物处置许可证：

（一）有国有或者国有控股的企业法人资格。

（二）有能保证处置设施安全运行的组织机构和专业技术人员。低、中水平放射性固体废物处置单位应当具有 10 名以上放射性废物管理、辐射防护、环境监测方面的专业技术人员，其中至少有 3 名注册核安全工程师；高水平放射性固体废物和 α 放射性固体废物处置单位应当具有 20 名以上放射性废物管理、辐射防护、环境监测方面的专业技术人员，其中至少有 5 名注册核安全工程师。

（三）有符合国家有关放射性污染防治标准和国务院环境保护主管部门规定的放射性固体废物接收、处置设施和场所，以及放射性检测、辐射防护与环境监测设备。低、中水平放射性固体废物处置设施关闭后应满足 300 年以上的安全隔离要求；高水平放射性固体废物和 α 放射性固体废物深地质处置设施关闭后应满足 1 万年以上的安全隔离要求。

（四）有相应数额的注册资金。低、中水平放射性固体废物处置单位的注册资金应不少于 3 000 万元；高水平放射性固体废物和 α 放射性固体废物处置单位的注册资金应不少于 1 亿元。

（五）有能保证其处置活动持续进行直至安全监护期满的财务担保。

（六）有健全的管理制度以及符合核安全监督管理要求的质量保证体系，包括质量保证大纲、处置设施运行监测计划、辐射环境监测计划和应急方案等。

第二十四条　放射性固体废物处置许可证的申请、变更、延续的审批权限和程序，以及许可证的内容、有效期限，依照本条例第十三条至第十六条的规定执行。

第二十五条　放射性固体废物处置单位应当按照国家有关放射性污染防治标准和国务院环境保护主管部门的规定，对其接收的放射性固体废物进行处置。

放射性固体废物处置单位应当建立放射性固体废物处置情况记录档案，如实记录处置的放射性固体废物的来源、数量、特征、存放位置等与处置活动有关的事项。放射性固体废物处置情况记录档案应当永久保存。

第二十六条　放射性固体废物处置单位应当根据处置设施运行监测计划和辐射环境监测计划，对处置设施进行安全性检查，并对处置设施周围的地下水、地表水、土壤和空气进行放射性监测。

放射性固体废物处置单位应当如实记录监测数据，发现安全隐患或者周围环境中放射性核素超过国家规定的标准的，应当立即查找原因，采取相应的防范措施，并向国务院环境保护主管部门和核工业行业主管部门报告。构成辐射事故的，应当立即启动本单位的应急方案，并依照《中华人民共和国放射性污染防治法》、《放射性同位素与射线装置安全和防护条例》的规定进行报告，开展有关事故应急工作。

第二十七条　放射性固体废物处置设施设计服役期届满，或者处置的放射性固体废物已达到该设施的设计容量，或者所在地区的地质构造或者水文地质等条件发生重大变化导致处置设施不适宜继续处置放射性固体废物的，应当依法办理关闭手续，并在划定的区域设置永久性标记。

关闭放射性固体废物处置设施的，处置单位应当编制处置设施安全监护计划，报国务院环境保护主管部门批准。

放射性固体废物处置设施依法关闭后，处置单位应当按照经批准的安全监护计划，对关闭后的处置设施进行安全监护。放射性固体废物处置单位因破产、吊销许可证等原因终止的，处置设施关闭和安全监护所需费用由提供财务担保的单位承担。

第四章　监督管理

第二十八条　县级以上人民政府环境保护主管部门和其他有关部门，依照《中华人民共和国放射性污染防治法》和本条例的规定，对放射性废物处理、贮存和处置等活动的安全性进行监督检查。

第二十九条　县级以上人民政府环境保护主管部门和其他有关部门进行监督检查时，有权采取下列措施：

（一）向被检查单位的法定代表人和其他有关人员调查、了解情况；

（二）进入被检查单位进行现场监测、检查或者核查；

（三）查阅、复制相关文件、记录以及其他有关资料；

（四）要求被检查单位提交有关情况说明或者后续处理报告。

被检查单位应当予以配合，如实反映情况，提供必要的资料，不得拒绝和阻碍。

县级以上人民政府环境保护主管部门和其他有关部门的监督检查人员依法进行监督检查时，应当出示证件，并为被检查单位保守技术秘密和业务秘密。

第三十条 核设施营运单位、核技术利用单位和放射性固体废物贮存、处置单位，应当按照放射性废物危害的大小，建立健全相应级别的安全保卫制度，采取相应的技术防范措施和人员防范措施，并适时开展放射性废物污染事故应急演练。

第三十一条 核设施营运单位、核技术利用单位和放射性固体废物贮存、处置单位，应当对其直接从事放射性废物处理、贮存和处置活动的工作人员进行核与辐射安全知识以及专业操作技术的培训，并进行考核；考核合格的，方可从事该项工作。

第三十二条 核设施营运单位、核技术利用单位和放射性固体废物贮存单位应当按照国务院环境保护主管部门的规定定期如实报告放射性废物产生、排放、处理、贮存、清洁解控和送交处置等情况。

放射性固体废物处置单位应当于每年 3 月 31 日前，向国务院环境保护主管部门和核工业行业主管部门如实报告上一年度放射性固体废物接收、处置和设施运行等情况。

第三十三条 禁止将废旧放射源和其他放射性固体废物送交无相应许可证的单位贮存、处置或者擅自处置。

禁止无许可证或者不按照许可证规定的活动种类、范围、规模和期限从事放射性固体废物贮存、处置活动。

第三十四条 禁止将放射性废物和被放射性污染的物品输入中华人民共和国境内或者经中华人民共和国境内转移。具体办法由国务院环境保护主管部门会同国务院商务主管部门、海关总署、国家出入境检验检疫主管部门制定。

第五章　法律责任

第三十五条 负有放射性废物安全监督管理职责的部门及其工作人员违反本条例规定，有下列行为之一的，对直接负责的主管人员和其他直接责任人员，依法给予处分；直接负责的主管人员和其他直接责任人员构成犯罪的，依法追究刑事责任：

（一）违反本条例规定核发放射性固体废物贮存、处置许可证的；

（二）违反本条例规定批准不符合选址规划或者选址技术导则、标准的处置设施选址或者建造的；

（三）对发现的违反本条例的行为不依法查处的；

（四）在办理放射性固体废物贮存、处置许可证以及实施监督检查过程中，索取、收受他人财物或者谋取其他利益的；

（五）其他徇私舞弊、滥用职权、玩忽职守行为。

第三十六条 违反本条例规定，核设施营运单位、核技术利用单位有下列行为之一的，由审批该单位立项环境影响评价文件的环境保护主管部门责令停止违法行为，限期改正；

逾期不改正的，指定有相应许可证的单位代为贮存或者处置，所需费用由核设施营运单位、核技术利用单位承担，可以处 20 万元以下的罚款；构成犯罪的，依法追究刑事责任：

（一）核设施营运单位未按照规定，将其产生的废旧放射源送交贮存、处置，或者将其产生的其他放射性固体废物送交处置的；

（二）核技术利用单位未按照规定，将其产生的废旧放射源或者其他放射性固体废物送交贮存、处置的。

第三十七条　违反本条例规定，有下列行为之一的，由县级以上人民政府环境保护主管部门责令停止违法行为，限期改正，处 10 万元以上 20 万元以下的罚款；造成环境污染的，责令限期采取治理措施消除污染，逾期不采取治理措施，经催告仍不治理的，可以指定有治理能力的单位代为治理，所需费用由违法者承担；构成犯罪的，依法追究刑事责任：

（一）核设施营运单位将废旧放射源送交无相应许可证的单位贮存、处置，或者将其他放射性固体废物送交无相应许可证的单位处置，或者擅自处置的；

（二）核技术利用单位将废旧放射源或者其他放射性固体废物送交无相应许可证的单位贮存、处置，或者擅自处置的；

（三）放射性固体废物贮存单位将废旧放射源或者其他放射性固体废物送交无相应许可证的单位处置，或者擅自处置的。

第三十八条　违反本条例规定，有下列行为之一的，由省级以上人民政府环境保护主管部门责令停产停业或者吊销许可证；有违法所得的，没收违法所得；违法所得 10 万元以上的，并处违法所得 1 倍以上 5 倍以下的罚款；没有违法所得或者违法所得不足 10 万元的，并处 5 万元以上 10 万元以下的罚款；造成环境污染的，责令限期采取治理措施消除污染，逾期不采取治理措施，经催告仍不治理的，可以指定有治理能力的单位代为治理，所需费用由违法者承担；构成犯罪的，依法追究刑事责任：

（一）未经许可，擅自从事废旧放射源或者其他放射性固体废物的贮存、处置活动的；

（二）放射性固体废物贮存、处置单位未按照许可证规定的活动种类、范围、规模、期限从事废旧放射源或者其他放射性固体废物的贮存、处置活动的；

（三）放射性固体废物贮存、处置单位未按照国家有关放射性污染防治标准和国务院环境保护主管部门的规定贮存、处置废旧放射源或者其他放射性固体废物的。

第三十九条　放射性固体废物贮存、处置单位未按照规定建立情况记录档案，或者未按照规定进行如实记录的，由省级以上人民政府环境保护主管部门责令限期改正，处 1 万元以上 5 万元以下的罚款；逾期不改正的，处 5 万元以上 10 万元以下的罚款。

第四十条　核设施营运单位、核技术利用单位或者放射性固体废物贮存、处置单位未按照本条例第三十二条的规定如实报告有关情况的，由县级以上人民政府环境保护主管部门责令限期改正，处 1 万元以上 5 万元以下的罚款；逾期不改正的，处 5 万元以上 10 万元以下的罚款。

第四十一条　违反本条例规定，拒绝、阻碍环境保护主管部门或者其他有关部门的监督检查，或者在接受监督检查时弄虚作假的，由监督检查部门责令改正，处 2 万元以下的罚款；构成违反治安管理行为的，由公安机关依法给予治安管理处罚；构成犯罪的，依法追究刑事责任。

第四十二条 核设施营运单位、核技术利用单位或者放射性固体废物贮存、处置单位未按照规定对有关工作人员进行技术培训和考核的，由县级以上人民政府环境保护主管部门责令限期改正，处 1 万元以上 5 万元以下的罚款；逾期不改正的，处 5 万元以上 10 万元以下的罚款。

第四十三条 违反本条例规定，向中华人民共和国境内输入放射性废物或者被放射性污染的物品，或者经中华人民共和国境内转移放射性废物或者被放射性污染的物品的，由海关责令退运该放射性废物或者被放射性污染的物品，并处 50 万元以上 100 万元以下的罚款；构成犯罪的，依法追究刑事责任。

第六章 附 则

第四十四条 军用设施、装备所产生的放射性废物的安全管理，依照《中华人民共和国放射性污染防治法》第六十条的规定执行。

第四十五条 放射性废物运输的安全管理、放射性废物造成污染事故的应急处理，以及劳动者在职业活动中接触放射性废物造成的职业病防治，依照有关法律、行政法规的规定执行。

第四十六条 本条例自 2012 年 3 月 1 日起施行。

中华人民共和国核材料管制条例

（1987 年 6 月 15 日国务院发布，自发布之日起施行）

第一章　总　则

第一条　为保证核材料的安全与合法利用，防止被盗、破坏、丢失、非法转让和非法使用，保护国家和人民群众的安全，促进核能事业的发展，制定本条例。

第二条　本条例管制的核材料是：

（一）铀-235，含铀-235 的材料和制品；

（二）铀-233，含铀-233 的材料和制品；

（三）钚-239，含钚-239 的材料和制品；

（四）氚，含氚的材料和制品；

（五）锂-6，含锂-6 的材料和制品；

（六）其他需要管制的核材料。

铀矿石及其初级产品，不属于本条例管制范围。已移交给军队的核制品的管制办法由国防部门制定。

第三条　国家对核材料实行许可证制度。

第四条　核材料管制的基本要求是：

（一）保证符合国家利益及法律的规定；

（二）保证国家和人民群众的安全；

（三）保证国家对核材料的控制，在必要时国家可以征收所有核材料。

第五条　一切持有、使用、生产、储存、运输和处置第二条所列核材料的部门和单位必须遵守本条例。

第二章　监督管理职责

第六条　国家核安全局负责民用核材料的安全监督，在核材料管制方面的主要职责是：

（一）拟订核材料管制法规；

（二）监督民用核材料管制法规的实施；

（三）核准核材料许可证。

第七条　核工业部负责管理全国的核材料，在核材料管制方面的主要职责是：

（一）负责实施全国核材料管制；

（二）负责审查、颁发核材料许可证；

（三）拟订核材料管制规章制度；

（四）负责全国核材料账务系统的建立和检查。

第八条 国防科学技术工业委员会负责涉及国防的核材料的安全监督和核准核材料许可证。

第三章 核材料管制办法

第九条 持有核材料数量达到下列限额的单位必须申请核材料许可证：

（一）累计的调入量或生产量大于或等于 0.01 有效公斤的铀、含铀材料和制品（以铀的有效公斤量计）；

（二）任何量的钚-239、含钚-239 的材料和制品；

（三）累计的调入量或生产量大于或等于 3.7×10^{13} 贝可（1 000 居里）的氚、含氚材料和制品（以氚量计）；

（四）累计的调入量或生产量大于或等于 1 公斤的浓缩锂、含浓缩锂材料和制品（以锂-6 量计）。

累计调入或生产核材料数量小于上列限额者，可免予办理许可证，但必须向核工业部办理核材料登记手续。

对不致危害国家和人民群众安全的少量的核材料制品可免予登记，其品种和数量限额由核工业部规定。

第十条 核材料许可证的申请程序是：

（一）核材料许可证的申请单位向核工业部提交许可证申请书以及申请单位的上级领导部门的审核批准文件；

（二）核工业部审查并报国家核安全局或国防科学技术工业委员会核准；

（三）核工业部颁发核材料许可证。

第十一条 核材料许可证持有单位必须建立专职机构或指定专人负责保管核材料，严格交接手续，建立账目与报告制度，保证账物相符。

许可证持有单位必须建立核材料衡算制度和分析测量系统，应用批准的分析测量方法和标准，达到规定的衡算误差要求，保持核材料收支平衡。

第十二条 许可证持有单位应当在当地公安部门的指导下，对生产、使用、贮存和处置核材料的场所，建立严格的安全保卫制度，采用可靠的安全防范措施，严防盗窃、破坏、火灾等事故的发生。

第十三条 运输核材料必须遵守国家的有关规定，核材料托运单位负责与有关部门制定运输保卫方案，落实保卫措施。运输部门、公安部门和其他有关部门要密切配合，确保核材料运输途中安全。

第十四条　核材料持有单位必须切实做好核材料及其有关文件、资料的安全保密工作。凡涉及国家秘密的文件、资料，要按照国家保密规定，准确划定密级，制定严格的保密制度，防止失密、泄密和窃密。

对接触核材料及其秘密的人员，应当按照国家有关规定进行审查。

第十五条　发现核材料被盗、破坏、丢失、非法转让和非法使用的事件，当事单位必须立即追查原因、追回核材料，并迅速报告其上级领导部门、核工业部、国防科学技术工业委员会和国家核安全局。对核材料被盗、破坏、丢失等事件，必须迅速报告当地公安机关。

第四章　许可证持有单位及其上级领导部门的责任

第十六条　核材料许可证持有单位的责任是：

（一）遵守国家的法律和法规；

（二）对所持有的核材料负全面安全责任，直至核材料安全责任合法转移为止；

（三）接受管理和监督。

第十七条　核材料许可证持有单位的上级领导部门应当给所属持有单位以必要的支持和督促检查，并承担领导责任。

第五章　奖励和处罚

第十八条　对核材料管制工作做出显著成绩的单位、个人，由国家核安全局、国防科学技术工业委员会或核工业部给予表扬和奖励。

第十九条　凡违反本条例的规定，有下列行为之一的，国家核安全局可依其情节轻重，给予警告、限期改进、罚款和吊销许可证的处罚，但吊销许可证的处罚需经核工业部同意。

（一）未经批准或违章从事核材料生产、使用、贮存和处置的；

（二）不按照规定报告或谎报有关事实和资料的；

（三）拒绝监督检查的；

（四）不按照规定管理，造成事故的。

第二十条　当事人对行政处罚不服的，可在接到处罚通告之日起十五日内向人民法院起诉。但是，对吊销许可证的决定应当立即执行。对处罚决定不履行又不起诉的，由国家核安全局申请人民法院强制执行。

第二十一条　对于不服从核材料管制、违反规章制度，因而发生重大事故，造成严重后果的，或者盗窃、抢劫、破坏本条例管制的核材料，构成犯罪的，由司法机关依法追究刑事责任。

第六章　附　则

第二十二条　本条例下列用语的含义：

（一）“浓缩锂”——指锂-6 同位素原子百分含量大于天然锂的；

（二）“铀的有效公斤”——指铀（包括加浓铀、天然铀、贫化铀）按如下方法计算的有效公斤：

1．对于铀-235 同位素原子百分含量不小于 1%的铀，以公斤为单位的铀的实际量乘以铀-235 同位素原子百分含量的平方。

2．对于铀-235 同位素原子百分含量小于 1%，大于 0.5%的铀，以公斤为单位的铀的实际重量乘以 0.000 1。

3．对于铀-235 同位素原子百分含量不大于 0.5%的铀，以公斤为单位的铀的实际重量乘以 0.000 05。

4．对于铀-233，其有效公斤计算方法与铀-235 相同。

第二十三条 本条例由国家核安全局负责解释；本条例的实施细则由国家核安全局会同国防科学技术工业委员会、核工业部制定。

第二十四条 本条例自发布之日起施行。

民用核安全设备监督管理条例

（2007 年 7 月 11 日中华人民共和国国务院令第 500 号发布，依据 2016 年 2 月 6 日《国务院关于修改部分行政法规的决定》第一次修订，依据 2019 年 3 月 2 日《国务院关于修改部分行政法规的决定》第二次修订）

第一章　总　则

第一条　为了加强对民用核安全设备的监督管理，保证民用核设施的安全运行，预防核事故，保障工作人员和公众的健康，保护环境，促进核能事业的顺利发展，制定本条例。

第二条　本条例所称民用核安全设备，是指在民用核设施中使用的执行核安全功能的设备，包括核安全机械设备和核安全电气设备。

民用核安全设备目录由国务院核安全监管部门商国务院有关部门制定并发布。

第三条　民用核安全设备设计、制造、安装和无损检验活动适用本条例。

民用核安全设备运离民用核设施现场进行的维修活动，适用民用核安全设备制造活动的有关规定。

第四条　国务院核安全监管部门对民用核安全设备设计、制造、安装和无损检验活动实施监督管理。

国务院核行业主管部门和其他有关部门依照本条例和国务院规定的职责分工负责有关工作。

第五条　民用核安全设备设计、制造、安装和无损检验单位，应当建立健全责任制度，加强质量管理，并对其所从事的民用核安全设备设计、制造、安装和无损检验活动承担全面责任。

民用核设施营运单位，应当对在役的民用核安全设备进行检查、试验、检验和维修，并对民用核安全设备的使用和运行安全承担全面责任。

第六条　民用核安全设备设计、制造、安装和无损检验活动应当符合国家有关产业政策。

国家鼓励民用核安全设备设计、制造、安装和无损检验的科学技术研究，提高安全水平。

第七条　任何单位和个人对违反本条例规定的行为，有权向国务院核安全监管部门举报。国务院核安全监管部门接到举报，应当及时调查处理，并为举报人保密。

第二章 标 准

第八条 民用核安全设备标准是从事民用核安全设备设计、制造、安装和无损检验活动的技术依据。

第九条 国家建立健全民用核安全设备标准体系。制定民用核安全设备标准，应当充分考虑民用核安全设备的技术发展和使用要求，结合我国的工业基础和技术水平，做到安全可靠、技术成熟、经济合理。

民用核安全设备标准包括国家标准、行业标准和企业标准。

第十条 涉及核安全基本原则和技术要求的民用核安全设备国家标准，由国务院核安全监管部门组织拟定，由国务院标准化主管部门和国务院核安全监管部门联合发布；其他的民用核安全设备国家标准，由国务院核行业主管部门组织拟定，经国务院核安全监管部门认可，由国务院标准化主管部门发布。

民用核安全设备行业标准，由国务院核行业主管部门组织拟定，经国务院核安全监管部门认可，由国务院核行业主管部门发布，并报国务院标准化主管部门备案。

制定民用核安全设备国家标准和行业标准，应当充分听取有关部门和专家的意见。

第十一条 尚未制定相应国家标准和行业标准的，民用核安全设备设计、制造、安装和无损检验单位应当采用经国务院核安全监管部门认可的标准。

第三章 许 可

第十二条 民用核安全设备设计、制造、安装和无损检验单位应当依照本条例规定申请领取许可证。

第十三条 申请领取民用核安全设备设计、制造、安装或者无损检验许可证的单位，应当具备下列条件：

（一）具有法人资格；

（二）有与拟从事活动相关或者相近的工作业绩，并且满 5 年以上；

（三）有与拟从事活动相适应的、经考核合格的专业技术人员，其中从事民用核安全设备焊接和无损检验活动的专业技术人员应当取得相应的资格证书；

（四）有与拟从事活动相适应的工作场所、设施和装备；

（五）有健全的管理制度和完善的质量保证体系，以及符合核安全监督管理规定的质量保证大纲。

申请领取民用核安全设备制造许可证或者安装许可证的单位，还应当制作有代表性的模拟件。

第十四条 申请领取民用核安全设备设计、制造、安装或者无损检验许可证的单位，应当向国务院核安全监管部门提出书面申请，并提交符合本条例第十三条规定条件的证明材料。

第十五条　国务院核安全监管部门应当自受理申请之日起 45 个工作日内完成审查，并对符合条件的颁发许可证，予以公告；对不符合条件的，书面通知申请单位并说明理由。

国务院核安全监管部门在审查过程中，应当组织专家进行技术评审，并征求国务院核行业主管部门和其他有关部门的意见。技术评审所需时间不计算在前款规定的期限内。

第十六条　民用核安全设备设计、制造、安装和无损检验许可证应当载明下列内容：

（一）单位名称、地址和法定代表人；

（二）准予从事的活动种类和范围；

（三）有效期限；

（四）发证机关、发证日期和证书编号。

第十七条　民用核安全设备设计、制造、安装和无损检验单位变更单位名称、地址或者法定代表人的，应当自变更工商登记之日起 20 日内，向国务院核安全监管部门申请办理许可证变更手续。

民用核安全设备设计、制造、安装和无损检验单位变更许可证规定的活动种类或者范围的，应当按照原申请程序向国务院核安全监管部门重新申请领取许可证。

第十八条　民用核安全设备设计、制造、安装和无损检验许可证有效期为 5 年。

许可证有效期届满，民用核安全设备设计、制造、安装和无损检验单位需要继续从事相关活动的，应当于许可证有效期届满 6 个月前，向国务院核安全监管部门提出延续申请。

国务院核安全监管部门应当在许可证有效期届满前作出是否准予延续的决定；逾期未作决定的，视为准予延续。

第十九条　禁止无许可证擅自从事或者不按照许可证规定的活动种类和范围从事民用核安全设备设计、制造、安装和无损检验活动。

禁止委托未取得相应许可证的单位进行民用核安全设备设计、制造、安装和无损检验活动。

禁止伪造、变造、转让许可证。

第四章　设计、制造、安装和无损检验

第二十条　民用核安全设备设计、制造、安装和无损检验单位，应当提高核安全意识，建立完善的质量保证体系，确保民用核安全设备的质量和可靠性。

民用核设施营运单位，应当对民用核安全设备设计、制造、安装和无损检验活动进行质量管理和过程控制，做好监造和验收工作。

第二十一条　民用核安全设备设计、制造、安装和无损检验单位，应当根据其质量保证大纲和民用核设施营运单位的要求，在民用核安全设备设计、制造、安装和无损检验活动开始前编制项目质量保证分大纲，并经民用核设施营运单位审查同意。

第二十二条　民用核安全设备设计单位，应当在设计活动开始 30 日前，将下列文件报国务院核安全监管部门备案：

（一）项目设计质量保证分大纲和程序清单；

（二）设计内容和设计进度计划；

（三）设计遵循的标准和规范目录清单，设计中使用的计算机软件清单；

（四）设计验证活动清单。

第二十三条 民用核安全设备制造、安装单位，应当在制造、安装活动开始 30 日前，将下列文件报国务院核安全监管部门备案：

（一）项目制造、安装质量保证分大纲和程序清单；

（二）制造、安装技术规格书；

（三）分包项目清单；

（四）制造、安装质量计划。

第二十四条 民用核安全设备设计、制造、安装和无损检验单位，不得将国务院核安全监管部门确定的关键工艺环节分包给其他单位。

第二十五条 民用核安全设备制造、安装、无损检验单位和民用核设施营运单位，应当聘用取得民用核安全设备焊工、焊接操作工和无损检验人员资格证书的人员进行民用核安全设备焊接和无损检验活动。

民用核安全设备焊工、焊接操作工和无损检验人员由国务院核安全监管部门核准颁发资格证书。

民用核安全设备焊工、焊接操作工和无损检验人员在民用核安全设备焊接和无损检验活动中，应当严格遵守操作规程。

第二十六条 民用核安全设备无损检验单位应当客观、准确地出具无损检验结果报告。无损检验结果报告经取得相应资格证书的无损检验人员签字方为有效。

民用核安全设备无损检验单位和无损检验人员对无损检验结果报告负责。

第二十七条 民用核安全设备设计单位应当对其设计进行设计验证。设计验证由未参与原设计的专业人员进行。

设计验证可以采用设计评审、鉴定试验或者不同于设计中使用的计算方法的其他计算方法等形式。

第二十八条 民用核安全设备制造、安装单位应当对民用核安全设备的制造、安装质量进行检验。未经检验或者经检验不合格的，不得交付验收。

第二十九条 民用核设施营运单位应当对民用核安全设备质量进行验收。有下列情形之一的，不得验收通过：

（一）不能按照质量保证要求证明质量受控的；

（二）出现重大质量问题未处理完毕的。

第三十条 民用核安全设备设计、制造、安装和无损检验单位，应当对本单位所从事的民用核安全设备设计、制造、安装和无损检验活动进行年度评估，并于每年 4 月 1 日前向国务院核安全监管部门提交上一年度的评估报告。

评估报告应当包括本单位工作场所、设施、装备和人员等变动情况，质量保证体系实施情况，重大质量问题处理情况以及国务院核安全监管部门和民用核设施营运单位提出的整改要求落实情况等内容。

民用核安全设备设计、制造、安装和无损检验单位对本单位在民用核安全设备设计、制造、安装和无损检验活动中出现的重大质量问题，应当立即采取处理措施，并向国务院核安全监管部门报告。

第五章　进出口

第三十一条　为中华人民共和国境内民用核设施进行民用核安全设备设计、制造、安装和无损检验活动的境外单位，应当具备下列条件：

（一）遵守中华人民共和国的法律、行政法规和核安全监督管理规定；

（二）已取得所在国核安全监管部门规定的相应资质；

（三）使用的民用核安全设备设计、制造、安装和无损检验技术是成熟的或者经过验证的；

（四）采用中华人民共和国的民用核安全设备国家标准、行业标准或者国务院核安全监管部门认可的标准。

第三十二条　为中华人民共和国境内民用核设施进行民用核安全设备设计、制造、安装和无损检验活动的境外单位，应当事先到国务院核安全监管部门办理注册登记手续。国务院核安全监管部门应当将境外单位注册登记情况抄送国务院核行业主管部门和其他有关部门。

注册登记的具体办法由国务院核安全监管部门制定。

第三十三条　国务院核安全监管部门及其所属的检验机构应当依法对进口的民用核安全设备进行安全检验。

进口的民用核安全设备在安全检验合格后，由海关进行商品检验。

第三十四条　国务院核安全监管部门根据需要，可以对境外单位为中华人民共和国境内民用核设施进行的民用核安全设备设计、制造、安装和无损检验活动实施核安全监督检查。

第三十五条　民用核设施营运单位应当在对外贸易合同中约定有关民用核安全设备监造、装运前检验和监装等方面的要求。

第三十六条　民用核安全设备的出口管理依照有关法律、行政法规的规定执行。

第六章　监督检查

第三十七条　国务院核安全监管部门及其派出机构，依照本条例规定对民用核安全设备设计、制造、安装和无损检验活动进行监督检查。监督检查分为例行检查和非例行检查。

第三十八条　国务院核安全监管部门及其派出机构在进行监督检查时，有权采取下列措施：

（一）向被检查单位的法定代表人和其他有关人员调查、了解情况；

（二）进入被检查单位进行现场调查或者核查；

（三）查阅、复制相关文件、记录以及其他有关资料；

（四）要求被检查单位提交有关情况说明或者后续处理报告；

（五）对有证据表明可能存在重大质量问题的民用核安全设备或者其主要部件，予以暂时封存。

被检查单位应当予以配合，如实反映情况，提供必要资料，不得拒绝和阻碍。

第三十九条 国务院核安全监管部门及其派出机构在进行监督检查时，应当对检查的内容、发现的问题以及处理情况作出记录，并由监督检查人员和被检查单位的有关负责人签字确认。被检查单位的有关负责人拒绝签字的，监督检查人员应当将有关情况记录在案。

第四十条 民用核安全设备监督检查人员在进行监督检查时，应当出示证件，并为被检查单位保守技术秘密和业务秘密。

民用核安全设备监督检查人员不得滥用职权侵犯企业的合法权益，或者利用职务上的便利索取、收受财物。

民用核安全设备监督检查人员不得从事或者参与民用核安全设备经营活动。

第四十一条 国务院核安全监管部门发现民用核安全设备设计、制造、安装和无损检验单位有不符合发证条件的情形的，应当责令其限期整改。

第四十二条 国务院核行业主管部门应当加强对本行业民用核设施营运单位的管理，督促本行业民用核设施营运单位遵守法律、行政法规和核安全监督管理规定。

第七章 法律责任

第四十三条 国务院核安全监管部门及其民用核安全设备监督检查人员有下列行为之一的，对直接负责的主管人员和其他直接责任人员，依法给予处分；直接负责的主管人员和其他直接责任人员构成犯罪的，依法追究刑事责任：

（一）不依照本条例规定颁发许可证的；

（二）发现违反本条例规定的行为不予查处，或者接到举报后不依法处理的；

（三）滥用职权侵犯企业的合法权益，或者利用职务上的便利索取、收受财物的；

（四）从事或者参与民用核安全设备经营活动的；

（五）在民用核安全设备监督管理工作中有其他违法行为的。

第四十四条 无许可证擅自从事民用核安全设备设计、制造、安装和无损检验活动的，由国务院核安全监管部门责令停止违法行为，处 50 万元以上 100 万元以下的罚款；有违法所得的，没收违法所得；对直接负责的主管人员和其他直接责任人员，处 2 万元以上 10 万元以下的罚款。

第四十五条　民用核安全设备设计、制造、安装和无损检验单位不按照许可证规定的活动种类和范围从事民用核安全设备设计、制造、安装和无损检验活动的，由国务院核安全监管部门责令停止违法行为，限期改正，处 10 万元以上 50 万元以下的罚款；有违法所得的，没收违法所得；逾期不改正的，暂扣或者吊销许可证，对直接负责的主管人员和其他直接责任人员，处 2 万元以上 10 万元以下的罚款。

第四十六条　民用核安全设备设计、制造、安装和无损检验单位变更单位名称、地址或者法定代表人，未依法办理许可证变更手续的，由国务院核安全监管部门责令限期改正；逾期不改正的，暂扣或者吊销许可证。

第四十七条　单位伪造、变造、转让许可证的，由国务院核安全监管部门收缴伪造、变造的许可证或者吊销许可证，处 10 万元以上 50 万元以下的罚款；有违法所得的，没收违法所得；对直接负责的主管人员和其他直接责任人员，处 2 万元以上 10 万元以下的罚款；构成违反治安管理行为的，由公安机关依法予以治安处罚；构成犯罪的，依法追究刑事责任。

第四十八条　民用核安全设备设计、制造、安装和无损检验单位未按照民用核安全设备标准进行民用核安全设备设计、制造、安装和无损检验活动的，由国务院核安全监管部门责令停止违法行为，限期改正，禁止使用相关设计、设备，处 10 万元以上 50 万元以下的罚款；有违法所得的，没收违法所得；逾期不改正的，暂扣或者吊销许可证，对直接负责的主管人员和其他直接责任人员，处 2 万元以上 10 万元以下的罚款。

第四十九条　民用核安全设备设计、制造、安装和无损检验单位有下列行为之一的，由国务院核安全监管部门责令停止违法行为，限期改正，处 10 万元以上 50 万元以下的罚款；逾期不改正的，暂扣或者吊销许可证，对直接负责的主管人员和其他直接责任人员，处 2 万元以上 10 万元以下的罚款：

（一）委托未取得相应许可证的单位进行民用核安全设备设计、制造、安装和无损检验活动的；

（二）聘用未取得相应资格证书的人员进行民用核安全设备焊接和无损检验活动的；

（三）将国务院核安全监管部门确定的关键工艺环节分包给其他单位的。

第五十条　民用核安全设备设计、制造、安装和无损检验单位对本单位在民用核安全设备设计、制造、安装和无损检验活动中出现的重大质量问题，未按照规定采取处理措施并向国务院核安全监管部门报告的，由国务院核安全监管部门责令停止民用核安全设备设计、制造、安装和无损检验活动，限期改正，处 5 万元以上 20 万元以下的罚款；逾期不改正的，暂扣或者吊销许可证，对直接负责的主管人员和其他直接责任人员，处 2 万元以上 10 万元以下的罚款。

第五十一条　民用核安全设备设计、制造、安装和无损检验单位有下列行为之一的，由国务院核安全监管部门责令停止民用核安全设备设计、制造、安装和无损检验活动，限期改正；逾期不改正的，处 5 万元以上 20 万元以下的罚款，暂扣或者吊销许可证：

（一）未按照规定编制项目质量保证分大纲并经民用核设施营运单位审查同意的；

（二）在民用核安全设备设计、制造和安装活动开始前，未按照规定将有关文件报国务院核安全监管部门备案的；

（三）未按照规定进行年度评估并向国务院核安全监管部门提交评估报告的。

第五十二条 民用核安全设备无损检验单位出具虚假无损检验结果报告的，由国务院核安全监管部门处 10 万元以上 50 万元以下的罚款，吊销许可证；有违法所得的，没收违法所得；对直接负责的主管人员和其他直接责任人员，处 2 万元以上 10 万元以下的罚款；构成犯罪的，依法追究刑事责任。

第五十三条 民用核安全设备焊工、焊接操作工违反操作规程导致严重焊接质量问题的，由国务院核安全监管部门吊销其资格证书。

第五十四条 民用核安全设备无损检验人员违反操作规程导致无损检验结果报告严重错误的，由国务院核安全监管部门吊销其资格证书。

第五十五条 民用核安全设备设计单位未按照规定进行设计验证，或者民用核安全设备制造、安装单位未按照规定进行质量检验以及经检验不合格即交付验收的，由国务院核安全监管部门责令限期改正，处 10 万元以上 50 万元以下的罚款；有违法所得的，没收违法所得；逾期不改正的，吊销许可证，对直接负责的主管人员和其他直接责任人员，处 2 万元以上 10 万元以下的罚款。

第五十六条 民用核设施营运单位有下列行为之一的，由国务院核安全监管部门责令限期改正，处 100 万元以上 500 万元以下的罚款；逾期不改正的，吊销其核设施建造许可证或者核设施运行许可证，对直接负责的主管人员和其他直接责任人员，处 2 万元以上 10 万元以下的罚款：

（一）委托未取得相应许可证的单位进行民用核安全设备设计、制造、安装和无损检验活动的；

（二）对不能按照质量保证要求证明质量受控，或者出现重大质量问题未处理完毕的民用核安全设备予以验收通过的。

第五十七条 民用核安全设备设计、制造、安装和无损检验单位被责令限期整改，逾期不整改或者经整改仍不符合发证条件的，由国务院核安全监管部门暂扣或者吊销许可证。

第五十八条 拒绝或者阻碍国务院核安全监管部门及其派出机构监督检查的，由国务院核安全监管部门责令限期改正；逾期不改正或者在接受监督检查时弄虚作假的，暂扣或者吊销许可证。

第五十九条 违反本条例规定，被依法吊销许可证的单位，自吊销许可证之日起 1 年内不得重新申请领取许可证。

第八章 附 则

第六十条 申请领取民用核安全设备设计、制造、安装或者无损检验许可证的单位，应当按照国家有关规定缴纳技术评审的费用。

第六十一条　本条例下列用语的含义：

（一）核安全机械设备，包括执行核安全功能的压力容器、钢制安全壳（钢衬里）、储罐、热交换器、泵、风机和压缩机、阀门、闸门、管道（含热交换器传热管）和管配件、膨胀节、波纹管、法兰、堆内构件、控制棒驱动机构、支承件、机械贯穿件以及上述设备的铸锻件等。

（二）核安全电气设备，包括执行核安全功能的传感器（包括探测器和变送器）、电缆、机柜（包括机箱和机架）、控制台屏、显示仪表、应急柴油发电机组、蓄电池（组）、电动机、阀门驱动装置、电气贯穿件等。

第六十二条　本条例自 2008 年 1 月 1 日起施行。

放射性物品运输安全管理条例

（2009年9月7日国务院第80次常务会议通过，2009年9月14日中华人民共和国国务院令第562号公布，自2010年1月1日起施行）

第一章 总 则

第一条 为了加强对放射性物品运输的安全管理，保障人体健康，保护环境，促进核能、核技术的开发与和平利用，根据《中华人民共和国放射性污染防治法》，制定本条例。

第二条 放射性物品的运输和放射性物品运输容器的设计、制造等活动，适用本条例。

本条例所称放射性物品，是指含有放射性核素，并且其活度和比活度均高于国家规定的豁免值的物品。

第三条 根据放射性物品的特性及其对人体健康和环境的潜在危害程度，将放射性物品分为一类、二类和三类。

一类放射性物品，是指Ⅰ类放射源、高水平放射性废物、乏燃料等释放到环境后对人体健康和环境产生重大辐射影响的放射性物品。

二类放射性物品，是指Ⅱ类和Ⅲ类放射源、中等水平放射性废物等释放到环境后对人体健康和环境产生一般辐射影响的放射性物品。

三类放射性物品，是指Ⅳ类和Ⅴ类放射源、低水平放射性废物、放射性药品等释放到环境后对人体健康和环境产生较小辐射影响的放射性物品。

放射性物品的具体分类和名录，由国务院核安全监管部门会同国务院公安、卫生、海关、交通运输、铁路、民航、核工业行业主管部门制定。

第四条 国务院核安全监管部门对放射性物品运输的核与辐射安全实施监督管理。

国务院公安、交通运输、铁路、民航等有关主管部门依照本条例规定和各自的职责，负责放射性物品运输安全的有关监督管理工作。

县级以上地方人民政府环境保护主管部门和公安、交通运输等有关主管部门，依照本条例规定和各自的职责，负责本行政区域放射性物品运输安全的有关监督管理工作。

第五条 运输放射性物品，应当使用专用的放射性物品运输包装容器（以下简称运输容器）。

放射性物品的运输和放射性物品运输容器的设计、制造，应当符合国家放射性物品运输安全标准。

国家放射性物品运输安全标准，由国务院核安全监管部门制定，由国务院核安全监管部门和国务院标准化主管部门联合发布。国务院核安全监管部门制定国家放射性物品运输安全标准，应当征求国务院公安、卫生、交通运输、铁路、民航、核工业行业主管部门的意见。

第六条 放射性物品运输容器的设计、制造单位应当建立健全责任制度，加强质量管理，并对所从事的放射性物品运输容器的设计、制造活动负责。

放射性物品的托运人（以下简称托运人）应当制定核与辐射事故应急方案，在放射性物品运输中采取有效的辐射防护和安全保卫措施，并对放射性物品运输中的核与辐射安全负责。

第七条 任何单位和个人对违反本条例规定的行为，有权向国务院核安全监管部门或者其他依法履行放射性物品运输安全监督管理职责的部门举报。

接到举报的部门应当依法调查处理，并为举报人保密。

第二章 放射性物品运输容器的设计

第八条 放射性物品运输容器设计单位应当建立健全和有效实施质量保证体系，按照国家放射性物品运输安全标准进行设计，并通过试验验证或者分析论证等方式，对设计的放射性物品运输容器的安全性能进行评价。

第九条 放射性物品运输容器设计单位应当建立健全档案制度，按照质量保证体系的要求，如实记录放射性物品运输容器的设计和安全性能评价过程。

进行一类放射性物品运输容器设计，应当编制设计安全评价报告书；进行二类放射性物品运输容器设计，应当编制设计安全评价报告表。

第十条 一类放射性物品运输容器的设计，应当在首次用于制造前报国务院核安全监管部门审查批准。

申请批准一类放射性物品运输容器的设计，设计单位应当向国务院核安全监管部门提出书面申请，并提交下列材料：

（一）设计总图及其设计说明书；

（二）设计安全评价报告书；

（三）质量保证大纲。

第十一条 国务院核安全监管部门应当自受理申请之日起45个工作日内完成审查，对符合国家放射性物品运输安全标准的，颁发一类放射性物品运输容器设计批准书，并公告批准文号；对不符合国家放射性物品运输安全标准的，书面通知申请单位并说明理由。

第十二条 设计单位修改已批准的一类放射性物品运输容器设计中有关安全内容的，应当按照原申请程序向国务院核安全监管部门重新申请领取一类放射性物品运输容器设计批准书。

第十三条 二类放射性物品运输容器的设计，设计单位应当在首次用于制造前，将设计总图及其设计说明书、设计安全评价报告表报国务院核安全监管部门备案。

第十四条 三类放射性物品运输容器的设计，设计单位应当编制设计符合国家放射性物品运输安全标准的证明文件并存档备查。

第三章 放射性物品运输容器的制造与使用

第十五条 放射性物品运输容器制造单位，应当按照设计要求和国家放射性物品运输安全标准，对制造的放射性物品运输容器进行质量检验，编制质量检验报告。

未经质量检验或者经检验不合格的放射性物品运输容器，不得交付使用。

第十六条 从事一类放射性物品运输容器制造活动的单位，应当具备下列条件：

（一）有与所从事的制造活动相适应的专业技术人员；

（二）有与所从事的制造活动相适应的生产条件和检测手段；

（三）有健全的管理制度和完善的质量保证体系。

第十七条 从事一类放射性物品运输容器制造活动的单位，应当申请领取一类放射性物品运输容器制造许可证（以下简称制造许可证）。

申请领取制造许可证的单位，应当向国务院核安全监管部门提出书面申请，并提交其符合本条例第十六条规定条件的证明材料和申请制造的运输容器型号。

禁止无制造许可证或者超出制造许可证规定的范围从事一类放射性物品运输容器的制造活动。

第十八条 国务院核安全监管部门应当自受理申请之日起 45 个工作日内完成审查，对符合条件的，颁发制造许可证，并予以公告；对不符合条件的，书面通知申请单位并说明理由。

第十九条 制造许可证应当载明下列内容：

（一）制造单位名称、住所和法定代表人；

（二）许可制造的运输容器的型号；

（三）有效期限；

（四）发证机关、发证日期和证书编号。

第二十条 一类放射性物品运输容器制造单位变更单位名称、住所或者法定代表人的，应当自工商变更登记之日起 20 日内，向国务院核安全监管部门办理制造许可证变更手续。

一类放射性物品运输容器制造单位变更制造的运输容器型号的，应当按照原申请程序向国务院核安全监管部门重新申请领取制造许可证。

第二十一条 制造许可证有效期为 5 年。

制造许可证有效期届满，需要延续的，一类放射性物品运输容器制造单位应当于制造许可证有效期届满 6 个月前，向国务院核安全监管部门提出延续申请。

国务院核安全监管部门应当在制造许可证有效期届满前作出是否准予延续的决定。

第二十二条 从事二类放射性物品运输容器制造活动的单位，应当在首次制造活动开始30日前，将其具备与所从事的制造活动相适应的专业技术人员、生产条件、检测手段，以及具有健全的管理制度和完善的质量保证体系的证明材料，报国务院核安全监管部门备案。

第二十三条 一类、二类放射性物品运输容器制造单位，应当按照国务院核安全监管部门制定的编码规则，对其制造的一类、二类放射性物品运输容器统一编码，并于每年1月31日前将上一年度的运输容器编码清单报国务院核安全监管部门备案。

第二十四条 从事三类放射性物品运输容器制造活动的单位，应当于每年1月31日前将上一年度制造的运输容器的型号和数量报国务院核安全监管部门备案。

第二十五条 放射性物品运输容器使用单位应当对其使用的放射性物品运输容器定期进行保养和维护，并建立保养和维护档案；放射性物品运输容器达到设计使用年限，或者发现放射性物品运输容器存在安全隐患的，应当停止使用，进行处理。

一类放射性物品运输容器使用单位还应当对其使用的一类放射性物品运输容器每两年进行一次安全性能评价，并将评价结果报国务院核安全监管部门备案。

第二十六条 使用境外单位制造的一类放射性物品运输容器的，应当在首次使用前报国务院核安全监管部门审查批准。

申请使用境外单位制造的一类放射性物品运输容器的单位，应当向国务院核安全监管部门提出书面申请，并提交下列材料：

（一）设计单位所在国核安全监管部门颁发的设计批准文件的复印件；

（二）设计安全评价报告书；

（三）制造单位相关业绩的证明材料；

（四）质量合格证明；

（五）符合中华人民共和国法律、行政法规规定，以及国家放射性物品运输安全标准或者经国务院核安全监管部门认可的标准的说明材料。

国务院核安全监管部门应当自受理申请之日起45个工作日内完成审查，对符合国家放射性物品运输安全标准的，颁发使用批准书；对不符合国家放射性物品运输安全标准的，书面通知申请单位并说明理由。

第二十七条 使用境外单位制造的二类放射性物品运输容器的，应当在首次使用前将运输容器质量合格证明和符合中华人民共和国法律、行政法规规定，以及国家放射性物品运输安全标准或者经国务院核安全监管部门认可的标准的说明材料，报国务院核安全监管部门备案。

第二十八条 国务院核安全监管部门办理使用境外单位制造的一类、二类放射性物品运输容器审查批准和备案手续，应当同时为运输容器确定编码。

第四章　放射性物品的运输

第二十九条　托运放射性物品的，托运人应当持有生产、销售、使用或者处置放射性物品的有效证明，使用与所托运的放射性物品类别相适应的运输容器进行包装，配备必要的辐射监测设备、防护用品和防盗、防破坏设备，并编制运输说明书、核与辐射事故应急响应指南、装卸作业方法、安全防护指南。

运输说明书应当包括放射性物品的品名、数量、物理化学形态、危害风险等内容。

第三十条　托运一类放射性物品的，托运人应当委托有资质的辐射监测机构对其表面污染和辐射水平实施监测，辐射监测机构应当出具辐射监测报告。

托运二类、三类放射性物品的，托运人应当对其表面污染和辐射水平实施监测，并编制辐射监测报告。

监测结果不符合国家放射性物品运输安全标准的，不得托运。

第三十一条　承运放射性物品应当取得国家规定的运输资质。承运人的资质管理，依照有关法律、行政法规和国务院交通运输、铁路、民航、邮政主管部门的规定执行。

第三十二条　托运人和承运人应当对直接从事放射性物品运输的工作人员进行运输安全和应急响应知识的培训，并进行考核；考核不合格的，不得从事相关工作。

托运人和承运人应当按照国家放射性物品运输安全标准和国家有关规定，在放射性物品运输容器和运输工具上设置警示标志。

国家利用卫星定位系统对一类、二类放射性物品运输工具的运输过程实行在线监控。具体办法由国务院核安全监管部门会同国务院有关部门制定。

第三十三条　托运人和承运人应当按照国家职业病防治的有关规定，对直接从事放射性物品运输的工作人员进行个人剂量监测，建立个人剂量档案和职业健康监护档案。

第三十四条　托运人应当向承运人提交运输说明书、辐射监测报告、核与辐射事故应急响应指南、装卸作业方法、安全防护指南，承运人应当查验、收存。托运人提交文件不齐全的，承运人不得承运。

第三十五条　托运一类放射性物品的，托运人应当编制放射性物品运输的核与辐射安全分析报告书，报国务院核安全监管部门审查批准。

放射性物品运输的核与辐射安全分析报告书应当包括放射性物品的品名、数量、运输容器型号、运输方式、辐射防护措施、应急措施等内容。

国务院核安全监管部门应当自受理申请之日起 45 个工作日内完成审查，对符合国家放射性物品运输安全标准的，颁发核与辐射安全分析报告批准书；对不符合国家放射性物品运输安全标准的，书面通知申请单位并说明理由。

第三十六条　放射性物品运输的核与辐射安全分析报告批准书应当载明下列主要内容：

（一）托运人的名称、地址、法定代表人；

（二）运输放射性物品的品名、数量；

（三）运输放射性物品的运输容器型号和运输方式；

（四）批准日期和有效期限。

第三十七条　一类放射性物品启运前，托运人应当将放射性物品运输的核与辐射安全分析报告批准书、辐射监测报告，报启运地的省、自治区、直辖市人民政府环境保护主管部门备案。

收到备案材料的环境保护主管部门应当及时将有关情况通报放射性物品运输的途经地和抵达地的省、自治区、直辖市人民政府环境保护主管部门。

第三十八条　通过道路运输放射性物品的，应当经公安机关批准，按照指定的时间、路线、速度行驶，并悬挂警示标志，配备押运人员，使放射性物品处于押运人员的监管之下。

通过道路运输核反应堆乏燃料的，托运人应当报国务院公安部门批准。通过道路运输其他放射性物品的，托运人应当报启运地县级以上人民政府公安机关批准。具体办法由国务院公安部门商国务院核安全监管部门制定。

第三十九条　通过水路运输放射性物品的，按照水路危险货物运输的法律、行政法规和规章的有关规定执行。

通过铁路、航空运输放射性物品的，按照国务院铁路、民航主管部门的有关规定执行。

禁止邮寄一类、二类放射性物品。邮寄三类放射性物品的，按照国务院邮政管理部门的有关规定执行。

第四十条　生产、销售、使用或者处置放射性物品的单位，可以依照《中华人民共和国道路运输条例》的规定，向设区的市级人民政府道路运输管理机构申请非营业性道路危险货物运输资质，运输本单位的放射性物品，并承担本条例规定的托运人和承运人的义务。

申请放射性物品非营业性道路危险货物运输资质的单位，应当具备下列条件：

（一）持有生产、销售、使用或者处置放射性物品的有效证明；

（二）有符合本条例规定要求的放射性物品运输容器；

（三）有具备辐射防护与安全防护知识的专业技术人员和经考试合格的驾驶人员；

（四）有符合放射性物品运输安全防护要求，并经检测合格的运输工具、设施和设备；

（五）配备必要的防护用品和依法经定期检定合格的监测仪器；

（六）有运输安全和辐射防护管理规章制度以及核与辐射事故应急措施。

放射性物品非营业性道路危险货物运输资质的具体条件，由国务院交通运输主管部门会同国务院核安全监管部门制定。

第四十一条　一类放射性物品从境外运抵中华人民共和国境内，或者途经中华人民共和国境内运输的，托运人应当编制放射性物品运输的核与辐射安全分析报告书，报国务院核安全监管部门审查批准。审查批准程序依照本条例第三十五条第三款的规定执行。

二类、三类放射性物品从境外运抵中华人民共和国境内，或者途经中华人民共和国境内运输的，托运人应当编制放射性物品运输的辐射监测报告，报国务院核安全监管部门备案。

托运人、承运人或者其代理人向海关办理有关手续，应当提交国务院核安全监管部门颁发的放射性物品运输的核与辐射安全分析报告批准书或者放射性物品运输的辐射监测报告备案证明。

第四十二条 县级以上人民政府组织编制的突发环境事件应急预案，应当包括放射性物品运输中可能发生的核与辐射事故应急响应的内容。

第四十三条 放射性物品运输中发生核与辐射事故的，承运人、托运人应当按照核与辐射事故应急响应指南的要求，做好事故应急工作，并立即报告事故发生地的县级以上人民政府环境保护主管部门。接到报告的环境保护主管部门应当立即派人赶赴现场，进行现场调查，采取有效措施控制事故影响，并及时向本级人民政府报告，通报同级公安、卫生、交通运输等有关主管部门。

接到报告的县级以上人民政府及其有关主管部门应当按照应急预案做好应急工作，并按照国家突发事件分级报告的规定及时上报核与辐射事故信息。

核反应堆乏燃料运输的核事故应急准备与响应，还应当遵守国家核应急的有关规定。

第五章　监督检查

第四十四条 国务院核安全监管部门和其他依法履行放射性物品运输安全监督管理职责的部门，应当依据各自职责对放射性物品运输安全实施监督检查。

国务院核安全监管部门应当将其已批准或者备案的一类、二类、三类放射性物品运输容器的设计、制造情况和放射性物品运输情况通报设计、制造单位所在地和运输途经地的省、自治区、直辖市人民政府环境保护主管部门。省、自治区、直辖市人民政府环境保护主管部门应当加强对本行政区域放射性物品运输安全的监督检查和监督性监测。

被检查单位应当予以配合，如实反映情况，提供必要的资料，不得拒绝和阻碍。

第四十五条 国务院核安全监管部门和省、自治区、直辖市人民政府环境保护主管部门以及其他依法履行放射性物品运输安全监督管理职责的部门进行监督检查，监督检查人员不得少于 2 人，并应当出示有效的行政执法证件。

国务院核安全监管部门和省、自治区、直辖市人民政府环境保护主管部门以及其他依法履行放射性物品运输安全监督管理职责的部门的工作人员，对监督检查中知悉的商业秘密负有保密义务。

第四十六条 监督检查中发现经批准的一类放射性物品运输容器设计确有重大设计安全缺陷的，由国务院核安全监管部门责令停止该型号运输容器的制造或者使用，撤销一类放射性物品运输容器设计批准书。

第四十七条 监督检查中发现放射性物品运输活动有不符合国家放射性物品运输安全标准情形的，或者一类放射性物品运输容器制造单位有不符合制造许可证规定条件情形的，应当责令限期整改；发现放射性物品运输活动可能对人体健康和环境造成核与辐射危害的，应当责令停止运输。

第四十八条　国务院核安全监管部门和省、自治区、直辖市人民政府环境保护主管部门以及其他依法履行放射性物品运输安全监督管理职责的部门，对放射性物品运输活动实施监测，不得收取监测费用。

国务院核安全监管部门和省、自治区、直辖市人民政府环境保护主管部门以及其他依法履行放射性物品运输安全监督管理职责的部门，应当加强对监督管理人员辐射防护与安全防护知识的培训。

第六章　法律责任

第四十九条　国务院核安全监管部门和省、自治区、直辖市人民政府环境保护主管部门或者其他依法履行放射性物品运输安全监督管理职责的部门有下列行为之一的，对直接负责的主管人员和其他直接责任人员依法给予处分；直接负责的主管人员和其他直接责任人员构成犯罪的，依法追究刑事责任：

（一）未依照本条例规定作出行政许可或者办理批准文件的；

（二）发现违反本条例规定的行为不予查处，或者接到举报不依法处理的；

（三）未依法履行放射性物品运输核与辐射事故应急职责的；

（四）对放射性物品运输活动实施监测收取监测费用的；

（五）其他不依法履行监督管理职责的行为。

第五十条　放射性物品运输容器设计、制造单位有下列行为之一的，由国务院核安全监管部门责令停止违法行为，处 50 万元以上 100 万元以下的罚款；有违法所得的，没收违法所得：

（一）将未取得设计批准书的一类放射性物品运输容器设计用于制造的；

（二）修改已批准的一类放射性物品运输容器设计中有关安全内容，未重新取得设计批准书即用于制造的。

第五十一条　放射性物品运输容器设计、制造单位有下列行为之一的，由国务院核安全监管部门责令停止违法行为，处 5 万元以上 10 万元以下的罚款；有违法所得的，没收违法所得：

（一）将不符合国家放射性物品运输安全标准的二类、三类放射性物品运输容器设计用于制造的；

（二）将未备案的二类放射性物品运输容器设计用于制造的。

第五十二条　放射性物品运输容器设计单位有下列行为之一的，由国务院核安全监管部门责令限期改正；逾期不改正的，处 1 万元以上 5 万元以下的罚款：

（一）未对二类、三类放射性物品运输容器的设计进行安全性能评价的；

（二）未如实记录二类、三类放射性物品运输容器设计和安全性能评价过程的；

（三）未编制三类放射性物品运输容器设计符合国家放射性物品运输安全标准的证明文件并存档备查的。

第五十三条 放射性物品运输容器制造单位有下列行为之一的，由国务院核安全监管部门责令停止违法行为，处50万元以上100万元以下的罚款；有违法所得的，没收违法所得：

（一）未取得制造许可证从事一类放射性物品运输容器制造活动的；

（二）制造许可证有效期届满，未按照规定办理延续手续，继续从事一类放射性物品运输容器制造活动的；

（三）超出制造许可证规定的范围从事一类放射性物品运输容器制造活动的；

（四）变更制造的一类放射性物品运输容器型号，未按照规定重新领取制造许可证的；

（五）将未经质量检验或者经检验不合格的一类放射性物品运输容器交付使用的。

有前款第（三）项、第（四）项和第（五）项行为之一，情节严重的，吊销制造许可证。

第五十四条 一类放射性物品运输容器制造单位变更单位名称、住所或者法定代表人，未依法办理制造许可证变更手续的，由国务院核安全监管部门责令限期改正；逾期不改正的，处2万元的罚款。

第五十五条 放射性物品运输容器制造单位有下列行为之一的，由国务院核安全监管部门责令停止违法行为，处5万元以上10万元以下的罚款；有违法所得的，没收违法所得：

（一）在二类放射性物品运输容器首次制造活动开始前，未按照规定将有关证明材料报国务院核安全监管部门备案的；

（二）将未经质量检验或者经检验不合格的二类、三类放射性物品运输容器交付使用的。

第五十六条 放射性物品运输容器制造单位有下列行为之一的，由国务院核安全监管部门责令限期改正；逾期不改正的，处1万元以上5万元以下的罚款：

（一）未按照规定对制造的一类、二类放射性物品运输容器统一编码的；

（二）未按照规定将制造的一类、二类放射性物品运输容器编码清单报国务院核安全监管部门备案的；

（三）未按照规定将制造的三类放射性物品运输容器的型号和数量报国务院核安全监管部门备案的。

第五十七条 放射性物品运输容器使用单位未按照规定对使用的一类放射性物品运输容器进行安全性能评价，或者未将评价结果报国务院核安全监管部门备案的，由国务院核安全监管部门责令限期改正；逾期不改正的，处1万元以上5万元以下的罚款。

第五十八条 未按照规定取得使用批准书使用境外单位制造的一类放射性物品运输容器的，由国务院核安全监管部门责令停止违法行为，处50万元以上100万元以下的罚款。

未按照规定办理备案手续使用境外单位制造的二类放射性物品运输容器的，由国务院核安全监管部门责令停止违法行为，处5万元以上10万元以下的罚款。

第五十九条　托运人未按照规定编制放射性物品运输说明书、核与辐射事故应急响应指南、装卸作业方法、安全防护指南的，由国务院核安全监管部门责令限期改正；逾期不改正的，处1万元以上5万元以下的罚款。

托运人未按照规定将放射性物品运输的核与辐射安全分析报告批准书、辐射监测报告备案的，由启运地的省、自治区、直辖市人民政府环境保护主管部门责令限期改正；逾期不改正的，处1万元以上5万元以下的罚款。

第六十条　托运人或者承运人在放射性物品运输活动中，有违反有关法律、行政法规关于危险货物运输管理规定行为的，由交通运输、铁路、民航等有关主管部门依法予以处罚。

违反有关法律、行政法规规定邮寄放射性物品的，由公安机关和邮政管理部门依法予以处罚。在邮寄进境物品中发现放射性物品的，由海关依照有关法律、行政法规的规定处理。

第六十一条　托运人未取得放射性物品运输的核与辐射安全分析报告批准书托运一类放射性物品的，由国务院核安全监管部门责令停止违法行为，处50万元以上100万元以下的罚款。

第六十二条　通过道路运输放射性物品，有下列行为之一的，由公安机关责令限期改正，处2万元以上10万元以下的罚款；构成犯罪的，依法追究刑事责任：

（一）未经公安机关批准通过道路运输放射性物品的；

（二）运输车辆未按照指定的时间、路线、速度行驶或者未悬挂警示标志的；

（三）未配备押运人员或者放射性物品脱离押运人员监管的。

第六十三条　托运人有下列行为之一的，由启运地的省、自治区、直辖市人民政府环境保护主管部门责令停止违法行为，处5万元以上20万元以下的罚款：

（一）未按照规定对托运的放射性物品表面污染和辐射水平实施监测的；

（二）将经监测不符合国家放射性物品运输安全标准的放射性物品交付托运的；

（三）出具虚假辐射监测报告的。

第六十四条　未取得放射性物品运输的核与辐射安全分析报告批准书或者放射性物品运输的辐射监测报告备案证明，将境外的放射性物品运抵中华人民共和国境内，或者途经中华人民共和国境内运输的，由海关责令托运人退运该放射性物品，并依照海关法律、行政法规给予处罚；构成犯罪的，依法追究刑事责任。托运人不明的，由承运人承担退运该放射性物品的责任，或者承担该放射性物品的处置费用。

第六十五条　违反本条例规定，在放射性物品运输中造成核与辐射事故的，由县级以上地方人民政府环境保护主管部门处以罚款，罚款数额按照核与辐射事故造成的直接损失的 20%计算；构成犯罪的，依法追究刑事责任。

托运人、承运人未按照核与辐射事故应急响应指南的要求，做好事故应急工作并报告事故的，由县级以上地方人民政府环境保护主管部门处 5 万元以上 20 万元以下的罚款。

因核与辐射事故造成他人损害的，依法承担民事责任。

第六十六条 拒绝、阻碍国务院核安全监管部门或者其他依法履行放射性物品运输安全监督管理职责的部门进行监督检查，或者在接受监督检查时弄虚作假的，由监督检查部门责令改正，处 1 万元以上 2 万元以下的罚款；构成违反治安管理行为的，由公安机关依法给予治安管理处罚；构成犯罪的，依法追究刑事责任。

第七章 附 则

第六十七条 军用放射性物品运输安全的监督管理，依照《中华人民共和国放射性污染防治法》第六十条的规定执行。

第六十八条 本条例自 2010 年 1 月 1 日起施行。

放射性同位素与射线装置安全和防护条例

（2005 年 9 月 14 日中华人民共和国国务院令第 449 号公布，依据 2014 年 7 月 29 日《国务院关于修改部分行政法规的决定》第一次修订，依据 2019 年 3 月 2 日《国务院关于修改部分行政法规的决定》第二次修订）

第一章　总　则

第一条　为了加强对放射性同位素、射线装置安全和防护的监督管理，促进放射性同位素、射线装置的安全应用，保障人体健康，保护环境，制定本条例。

第二条　在中华人民共和国境内生产、销售、使用放射性同位素和射线装置，以及转让、进出口放射性同位素的，应当遵守本条例。

本条例所称放射性同位素包括放射源和非密封放射性物质。

第三条　国务院生态环境主管部门对全国放射性同位素、射线装置的安全和防护工作实施统一监督管理。

国务院公安、卫生等部门按照职责分工和本条例的规定，对有关放射性同位素、射线装置的安全和防护工作实施监督管理。

县级以上地方人民政府生态环境主管部门和其他有关部门，按照职责分工和本条例的规定，对本行政区域内放射性同位素、射线装置的安全和防护工作实施监督管理。

第四条　国家对放射源和射线装置实行分类管理。根据放射源、射线装置对人体健康和环境的潜在危害程度，从高到低将放射源分为Ⅰ类、Ⅱ类、Ⅲ类、Ⅳ类、Ⅴ类，具体分类办法由国务院生态环境主管部门制定；将射线装置分为Ⅰ类、Ⅱ类、Ⅲ类，具体分类办法由国务院生态环境主管部门商国务院卫生主管部门制定。

第二章　许可和备案

第五条　生产、销售、使用放射性同位素和射线装置的单位，应当依照本章规定取得许可证。

第六条　除医疗使用Ⅰ类放射源、制备正电子发射计算机断层扫描用放射性药物自用的单位外，生产放射性同位素、销售和使用Ⅰ类放射源、销售和使用Ⅰ类射线装置的单位的许可证，由国务院生态环境主管部门审批颁发。

除国务院生态环境主管部门审批颁发的许可证外，其他单位的许可证，由省、自治区、直辖市人民政府生态环境主管部门审批颁发。

国务院生态环境主管部门向生产放射性同位素的单位颁发许可证前，应当将申请材料印送其行业主管部门征求意见。

生态环境主管部门应当将审批颁发许可证的情况通报同级公安部门、卫生主管部门。

第七条 生产、销售、使用放射性同位素和射线装置的单位申请领取许可证，应当具备下列条件：

（一）有与所从事的生产、销售、使用活动规模相适应的，具备相应专业知识和防护知识及健康条件的专业技术人员；

（二）有符合国家环境保护标准、职业卫生标准和安全防护要求的场所、设施和设备；

（三）有专门的安全和防护管理机构或者专职、兼职安全和防护管理人员，并配备必要的防护用品和监测仪器；

（四）有健全的安全和防护管理规章制度、辐射事故应急措施；

（五）产生放射性废气、废液、固体废物的，具有确保放射性废气、废液、固体废物达标排放的处理能力或者可行的处理方案。

第八条 生产、销售、使用放射性同位素和射线装置的单位，应当事先向有审批权的生态环境主管部门提出许可申请，并提交符合本条例第七条规定条件的证明材料。

使用放射性同位素和射线装置进行放射诊疗的医疗卫生机构，还应当获得放射源诊疗技术和医用辐射机构许可。

第九条 生态环境主管部门应当自受理申请之日起 20 个工作日内完成审查，符合条件的，颁发许可证，并予以公告；不符合条件的，书面通知申请单位并说明理由。

第十条 许可证包括下列主要内容：

（一）单位的名称、地址、法定代表人；

（二）所从事活动的种类和范围；

（三）有效期限；

（四）发证日期和证书编号。

第十一条 持证单位变更单位名称、地址、法定代表人的，应当自变更登记之日起 20 日内，向原发证机关申请办理许可证变更手续。

第十二条 有下列情形之一的，持证单位应当按照原申请程序，重新申请领取许可证：

（一）改变所从事活动的种类或者范围的；

（二）新建或者改建、扩建生产、销售、使用设施或者场所的。

第十三条 许可证有效期为 5 年。有效期届满，需要延续的，持证单位应当于许可证有效期届满 30 日前，向原发证机关提出延续申请。原发证机关应当自受理延续申请之日起，在许可证有效期届满前完成审查，符合条件的，予以延续；不符合条件的，书面通知申请单位并说明理由。

第十四条 持证单位部分终止或者全部终止生产、销售、使用放射性同位素和射线装置活动的，应当向原发证机关提出部分变更或者注销许可证申请，由原发证机关核查合格后，予以变更或者注销许可证。

第十五条　禁止无许可证或者不按照许可证规定的种类和范围从事放射性同位素和射线装置的生产、销售、使用活动。

禁止伪造、变造、转让许可证。

第十六条　国务院对外贸易主管部门会同国务院生态环境主管部门、海关总署和生产放射性同位素的单位的行业主管部门制定并公布限制进出口放射性同位素目录和禁止进出口放射性同位素目录。

进口列入限制进出口目录的放射性同位素，应当在国务院生态环境主管部门审查批准后，由国务院对外贸易主管部门依据国家对外贸易的有关规定签发进口许可证。进口限制进出口目录和禁止进出口目录之外的放射性同位素，依据国家对外贸易的有关规定办理进口手续。

第十七条　申请进口列入限制进出口目录的放射性同位素，应当符合下列要求：

（一）进口单位已经取得与所从事活动相符的许可证；

（二）进口单位具有进口放射性同位素使用期满后的处理方案，其中，进口Ⅰ类、Ⅱ类、Ⅲ类放射源的，应当具有原出口方负责回收的承诺文件；

（三）进口的放射源应当有明确标号和必要说明文件，其中，Ⅰ类、Ⅱ类、Ⅲ类放射源的标号应当刻制在放射源本体或者密封包壳体上，Ⅳ类、Ⅴ类放射源的标号应当记录在相应说明文件中；

（四）将进口的放射性同位素销售给其他单位使用的，还应当具有与使用单位签订的书面协议以及使用单位取得的许可证复印件。

第十八条　进口列入限制进出口目录的放射性同位素的单位，应当向国务院生态环境主管部门提出进口申请，并提交符合本条例第十七条规定要求的证明材料。

国务院生态环境主管部门应当自受理申请之日起 10 个工作日内完成审查，符合条件的，予以批准；不符合条件的，书面通知申请单位并说明理由。

海关验凭放射性同位素进口许可证办理有关进口手续。进口放射性同位素的包装材料依法需要实施检疫的，依照国家有关检疫法律、法规的规定执行。

对进口的放射源，国务院生态环境主管部门还应当同时确定与其标号相对应的放射源编码。

第十九条　申请转让放射性同位素，应当符合下列要求：

（一）转出、转入单位持有与所从事活动相符的许可证；

（二）转入单位具有放射性同位素使用期满后的处理方案；

（三）转让双方已经签订书面转让协议。

第二十条　转让放射性同位素，由转入单位向其所在地省、自治区、直辖市人民政府生态环境主管部门提出申请，并提交符合本条例第十九条规定要求的证明材料。

省、自治区、直辖市人民政府生态环境主管部门应当自受理申请之日起 15 个工作日内完成审查，符合条件的，予以批准；不符合条件的，书面通知申请单位并说明理由。

第二十一条 放射性同位素的转出、转入单位应当在转让活动完成之日起 20 日内，分别向其所在地省、自治区、直辖市人民政府生态环境主管部门备案。

第二十二条 生产放射性同位素的单位，应当建立放射性同位素产品台账，并按照国务院生态环境主管部门制定的编码规则，对生产的放射源统一编码。放射性同位素产品台账和放射源编码清单应当报国务院生态环境主管部门备案。

生产的放射源应当有明确标号和必要说明文件。其中，Ⅰ类、Ⅱ类、Ⅲ类放射源的标号应当刻制在放射源本体或者密封包壳体上，Ⅳ类、Ⅴ类放射源的标号应当记录在相应说明文件中。

国务院生态环境主管部门负责建立放射性同位素备案信息管理系统，与有关部门实行信息共享。

未列入产品台账的放射性同位素和未编码的放射源，不得出厂和销售。

第二十三条 持有放射源的单位将废旧放射源交回生产单位、返回原出口方或者送交放射性废物集中贮存单位贮存的，应当在该活动完成之日起 20 日内向其所在地省、自治区、直辖市人民政府生态环境主管部门备案。

第二十四条 本条例施行前生产和进口的放射性同位素，由放射性同位素持有单位在本条例施行之日起 6 个月内，到其所在地省、自治区、直辖市人民政府生态环境主管部门办理备案手续，省、自治区、直辖市人民政府生态环境主管部门应当对放射源进行统一编码。

第二十五条 使用放射性同位素的单位需要将放射性同位素转移到外省、自治区、直辖市使用的，应当持许可证复印件向使用地省、自治区、直辖市人民政府生态环境主管部门备案，并接受当地生态环境主管部门的监督管理。

第二十六条 出口列入限制进出口目录的放射性同位素，应当提供进口方可以合法持有放射性同位素的证明材料，并由国务院生态环境主管部门依照有关法律和我国缔结或者参加的国际条约、协定的规定，办理有关手续。

出口放射性同位素应当遵守国家对外贸易的有关规定。

第三章 安全和防护

第二十七条 生产、销售、使用放射性同位素和射线装置的单位，应当对本单位的放射性同位素、射线装置的安全和防护工作负责，并依法对其造成的放射性危害承担责任。

生产放射性同位素的单位的行业主管部门，应当加强对生产单位安全和防护工作的管理，并定期对其执行法律、法规和国家标准的情况进行监督检查。

第二十八条 生产、销售、使用放射性同位素和射线装置的单位，应当对直接从事生产、销售、使用活动的工作人员进行安全和防护知识教育培训，并进行考核；考核不合格的，不得上岗。

辐射安全关键岗位应当由注册核安全工程师担任。辐射安全关键岗位名录由国务院生态环境主管部门商国务院有关部门制定并公布。

第二十九条 生产、销售、使用放射性同位素和射线装置的单位，应当严格按照国家关于个人剂量监测和健康管理的规定，对直接从事生产、销售、使用活动的工作人员进行个人剂量监测和职业健康检查，建立个人剂量档案和职业健康监护档案。

第三十条 生产、销售、使用放射性同位素和射线装置的单位，应当对本单位的放射性同位素、射线装置的安全和防护状况进行年度评估。发现安全隐患的，应当立即进行整改。

第三十一条 生产、销售、使用放射性同位素和射线装置的单位需要终止的，应当事先对本单位的放射性同位素和放射性废物进行清理登记，作出妥善处理，不得留有安全隐患。生产、销售、使用放射性同位素和射线装置的单位发生变更的，由变更后的单位承担处理责任。变更前当事人对此另有约定的，从其约定；但是，约定中不得免除当事人的处理义务。

在本条例施行前已经终止的生产、销售、使用放射性同位素和射线装置的单位，其未安全处理的废旧放射源和放射性废物，由所在地省、自治区、直辖市人民政府生态环境主管部门提出处理方案，及时进行处理。所需经费由省级以上人民政府承担。

第三十二条 生产、进口放射源的单位销售Ⅰ类、Ⅱ类、Ⅲ类放射源给其他单位使用的，应当与使用放射源的单位签订废旧放射源返回协议；使用放射源的单位应当按照废旧放射源返回协议规定将废旧放射源交回生产单位或者返回原出口方。确实无法交回生产单位或者返回原出口方的，送交有相应资质的放射性废物集中贮存单位贮存。

使用放射源的单位应当按照国务院生态环境主管部门的规定，将Ⅳ类、Ⅴ类废旧放射源进行包装整备后送交有相应资质的放射性废物集中贮存单位贮存。

第三十三条 使用Ⅰ类、Ⅱ类、Ⅲ类放射源的场所和生产放射性同位素的场所，以及终结运行后产生放射性污染的射线装置，应当依法实施退役。

第三十四条 生产、销售、使用、贮存放射性同位素和射线装置的场所，应当按照国家有关规定设置明显的放射性标志，其入口处应当按照国家有关安全和防护标准的要求，设置安全和防护设施以及必要的防护安全联锁、报警装置或者工作信号。射线装置的生产调试和使用场所，应当具有防止误操作、防止工作人员和公众受到意外照射的安全措施。

放射性同位素的包装容器、含放射性同位素的设备和射线装置，应当设置明显的放射性标识和中文警示说明；放射源上能够设置放射性标识的，应当一并设置。运输放射性同位素和含放射源的射线装置的工具，应当按照国家有关规定设置明显的放射性标志或者显示危险信号。

第三十五条 放射性同位素应当单独存放，不得与易燃、易爆、腐蚀性物品等一起存放，并指定专人负责保管。贮存、领取、使用、归还放射性同位素时，应当进行登记、检查，做到账物相符。对放射性同位素贮存场所应当采取防火、防水、防盗、防丢失、防破坏、防射线泄漏的安全措施。

对放射源还应当根据其潜在危害的大小，建立相应的多层防护和安全措施，并对可移动的放射源定期进行盘存，确保其处于指定位置，具有可靠的安全保障。

第三十六条 在室外、野外使用放射性同位素和射线装置的，应当按照国家安全和防护标准的要求划出安全防护区域，设置明显的放射性标志，必要时设专人警戒。

在野外进行放射性同位素示踪试验的，应当经省级以上人民政府生态环境主管部门商同级有关部门批准方可进行。

第三十七条 辐射防护器材、含放射性同位素的设备和射线装置，以及含有放射性物质的产品和伴有产生 X 射线的电器产品，应当符合辐射防护要求。不合格的产品不得出厂和销售。

第三十八条 使用放射性同位素和射线装置进行放射诊疗的医疗卫生机构，应当依据国务院卫生主管部门有关规定和国家标准，制定与本单位从事的诊疗项目相适应的质量保证方案，遵守质量保证监测规范，按照医疗照射正当化和辐射防护最优化的原则，避免一切不必要的照射，并事先告知患者和受检者辐射对健康的潜在影响。

第三十九条 金属冶炼厂回收冶炼废旧金属时，应当采取必要的监测措施，防止放射性物质熔入产品中。监测中发现问题的，应当及时通知所在地设区的市级以上人民政府生态环境主管部门。

第四章　辐射事故应急处理

第四十条 根据辐射事故的性质、严重程度、可控性和影响范围等因素，从重到轻将辐射事故分为特别重大辐射事故、重大辐射事故、较大辐射事故和一般辐射事故四个等级。

特别重大辐射事故，是指Ⅰ类、Ⅱ类放射源丢失、被盗、失控造成大范围严重辐射污染后果，或者放射性同位素和射线装置失控导致 3 人以上（含 3 人）急性死亡。

重大辐射事故，是指Ⅰ类、Ⅱ类放射源丢失、被盗、失控，或者放射性同位素和射线装置失控导致 2 人以下（含 2 人）急性死亡或者 10 人以上（含 10 人）急性重度放射病、局部器官残疾。

较大辐射事故，是指Ⅲ类放射源丢失、被盗、失控，或者放射性同位素和射线装置失控导致 9 人以下（含 9 人）急性重度放射病、局部器官残疾。

一般辐射事故，是指Ⅳ类、Ⅴ类放射源丢失、被盗、失控，或者放射性同位素和射线装置失控导致人员受到超过年剂量限值的照射。

第四十一条 县级以上人民政府生态环境主管部门应当会同同级公安、卫生、财政等部门编制辐射事故应急预案，报本级人民政府批准。辐射事故应急预案应当包括下列内容：

（一）应急机构和职责分工；

（二）应急人员的组织、培训以及应急和救助的装备、资金、物资准备；

（三）辐射事故分级与应急响应措施；

（四）辐射事故调查、报告和处理程序。

生产、销售、使用放射性同位素和射线装置的单位，应当根据可能发生的辐射事故的风险，制定本单位的应急方案，做好应急准备。

第四十二条　发生辐射事故时，生产、销售、使用放射性同位素和射线装置的单位应当立即启动本单位的应急方案，采取应急措施，并立即向当地生态环境主管部门、公安部门、卫生主管部门报告。

生态环境主管部门、公安部门、卫生主管部门接到辐射事故报告后，应当立即派人赶赴现场，进行现场调查，采取有效措施，控制并消除事故影响，同时将辐射事故信息报告本级人民政府和上级人民政府生态环境主管部门、公安部门、卫生主管部门。

县级以上地方人民政府及其有关部门接到辐射事故报告后，应当按照事故分级报告的规定及时将辐射事故信息报告上级人民政府及其有关部门。发生特别重大辐射事故和重大辐射事故后，事故发生地省、自治区、直辖市人民政府和国务院有关部门应当在 4 小时内报告国务院；特殊情况下，事故发生地人民政府及其有关部门可以直接向国务院报告，并同时报告上级人民政府及其有关部门。

禁止缓报、瞒报、谎报或者漏报辐射事故。

第四十三条　在发生辐射事故或者有证据证明辐射事故可能发生时，县级以上人民政府生态环境主管部门有权采取下列临时控制措施：

（一）责令停止导致或者可能导致辐射事故的作业；

（二）组织控制事故现场。

第四十四条　辐射事故发生后，有关县级以上人民政府应当按照辐射事故的等级，启动并组织实施相应的应急预案。

县级以上人民政府生态环境主管部门、公安部门、卫生主管部门，按照职责分工做好相应的辐射事故应急工作：

（一）生态环境主管部门负责辐射事故的应急响应、调查处理和定性定级工作，协助公安部门监控追缴丢失、被盗的放射源；

（二）公安部门负责丢失、被盗放射源的立案侦查和追缴；

（三）卫生主管部门负责辐射事故的医疗应急。

生态环境主管部门、公安部门、卫生主管部门应当及时相互通报辐射事故应急响应、调查处理、定性定级、立案侦查和医疗应急情况。国务院指定的部门根据生态环境主管部门确定的辐射事故的性质和级别，负责有关国际信息通报工作。

第四十五条　发生辐射事故的单位应当立即将可能受到辐射伤害的人员送至当地卫生主管部门指定的医院或者有条件救治辐射损伤病人的医院，进行检查和治疗，或者请求医院立即派人赶赴事故现场，采取救治措施。

第五章　监督检查

第四十六条　县级以上人民政府生态环境主管部门和其他有关部门应当按照各自职责对生产、销售、使用放射性同位素和射线装置的单位进行监督检查。

被检查单位应当予以配合，如实反映情况，提供必要的资料，不得拒绝和阻碍。

第四十七条　县级以上人民政府生态环境主管部门应当配备辐射防护安全监督员。辐射防护安全监督员由从事辐射防护工作，具有辐射防护安全知识并经省级以上人民政府生态环境主管部门认可的专业人员担任。辐射防护安全监督员应当定期接受专业知识培训和考核。

第四十八条　县级以上人民政府生态环境主管部门在监督检查中发现生产、销售、使用放射性同位素和射线装置的单位有不符合原发证条件的情形的，应当责令其限期整改。

监督检查人员依法进行监督检查时，应当出示证件，并为被检查单位保守技术秘密和业务秘密。

第四十九条　任何单位和个人对违反本条例的行为，有权向生态环境主管部门和其他有关部门检举；对生态环境主管部门和其他有关部门未依法履行监督管理职责的行为，有权向本级人民政府、上级人民政府有关部门检举。接到举报的有关人民政府、生态环境主管部门和其他有关部门对有关举报应当及时核实、处理。

第六章　法律责任

第五十条　违反本条例规定，县级以上人民政府生态环境主管部门有下列行为之一的，对直接负责的主管人员和其他直接责任人员，依法给予行政处分；构成犯罪的，依法追究刑事责任：

（一）向不符合本条例规定条件的单位颁发许可证或者批准不符合本条例规定条件的单位进口、转让放射性同位素的；

（二）发现未依法取得许可证的单位擅自生产、销售、使用放射性同位素和射线装置，不予查处或者接到举报后不依法处理的；

（三）发现未经依法批准擅自进口、转让放射性同位素，不予查处或者接到举报后不依法处理的；

（四）对依法取得许可证的单位不履行监督管理职责或者发现违反本条例规定的行为不予查处的；

（五）在放射性同位素、射线装置安全和防护监督管理工作中有其他渎职行为的。

第五十一条　违反本条例规定，县级以上人民政府生态环境主管部门和其他有关部门有下列行为之一的，对直接负责的主管人员和其他直接责任人员，依法给予行政处分；构成犯罪的，依法追究刑事责任：

（一）缓报、瞒报、谎报或者漏报辐射事故的；

（二）未按照规定编制辐射事故应急预案或者不依法履行辐射事故应急职责的。

第五十二条　违反本条例规定，生产、销售、使用放射性同位素和射线装置的单位有下列行为之一的，由县级以上人民政府生态环境主管部门责令停止违法行为，限期改正；逾期不改正的，责令停产停业或者由原发证机关吊销许可证；有违法所得的，没收违法所得；违法所得 10 万元以上的，并处违法所得 1 倍以上 5 倍以下的罚款；没有违法所得或者违法所得不足 10 万元的，并处 1 万元以上 10 万元以下的罚款：

（一）无许可证从事放射性同位素和射线装置生产、销售、使用活动的；

（二）未按照许可证的规定从事放射性同位素和射线装置生产、销售、使用活动的；

（三）改变所从事活动的种类或者范围以及新建、改建或者扩建生产、销售、使用设施或者场所，未按照规定重新申请领取许可证的；

（四）许可证有效期届满，需要延续而未按照规定办理延续手续的；

（五）未经批准，擅自进口或者转让放射性同位素的。

第五十三条　违反本条例规定，生产、销售、使用放射性同位素和射线装置的单位变更单位名称、地址、法定代表人，未依法办理许可证变更手续的，由县级以上人民政府生态环境主管部门责令限期改正，给予警告；逾期不改正的，由原发证机关暂扣或者吊销许可证。

第五十四条　违反本条例规定，生产、销售、使用放射性同位素和射线装置的单位部分终止或者全部终止生产、销售、使用活动，未按照规定办理许可证变更或者注销手续的，由县级以上人民政府生态环境主管部门责令停止违法行为，限期改正；逾期不改正的，处 1 万元以上 10 万元以下的罚款；造成辐射事故，构成犯罪的，依法追究刑事责任。

第五十五条　违反本条例规定，伪造、变造、转让许可证的，由县级以上人民政府生态环境主管部门收缴伪造、变造的许可证或者由原发证机关吊销许可证，并处 5 万元以上 10 万元以下的罚款；构成犯罪的，依法追究刑事责任。

违反本条例规定，伪造、变造、转让放射性同位素进口和转让批准文件的，由县级以上人民政府生态环境主管部门收缴伪造、变造的批准文件或者由原批准机关撤销批准文件，并处 5 万元以上 10 万元以下的罚款；情节严重的，可以由原发证机关吊销许可证；构成犯罪的，依法追究刑事责任。

第五十六条　违反本条例规定，生产、销售、使用放射性同位素的单位有下列行为之一的，由县级以上人民政府生态环境主管部门责令限期改正，给予警告；逾期不改正的，由原发证机关暂扣或者吊销许可证：

（一）转入、转出放射性同位素未按照规定备案的；

（二）将放射性同位素转移到外省、自治区、直辖市使用，未按照规定备案的；

（三）将废旧放射源交回生产单位、返回原出口方或者送交放射性废物集中贮存单位贮存，未按照规定备案的。

第五十七条　违反本条例规定，生产、销售、使用放射性同位素和射线装置的单位有下列行为之一的，由县级以上人民政府生态环境主管部门责令停止违法行为，限期改正；逾期不改正的，处 1 万元以上 10 万元以下的罚款：

（一）在室外、野外使用放射性同位素和射线装置，未按照国家有关安全和防护标准的要求划出安全防护区域和设置明显的放射性标志的；

（二）未经批准擅自在野外进行放射性同位素示踪试验的。

第五十八条 违反本条例规定，生产放射性同位素的单位有下列行为之一的，由县级以上人民政府生态环境主管部门责令限期改正，给予警告；逾期不改正的，依法收缴其未备案的放射性同位素和未编码的放射源，处 5 万元以上 10 万元以下的罚款，并可以由原发证机关暂扣或者吊销许可证：

（一）未建立放射性同位素产品台账的；

（二）未按照国务院生态环境主管部门制定的编码规则，对生产的放射源进行统一编码的；

（三）未将放射性同位素产品台账和放射源编码清单报国务院生态环境主管部门备案的；

（四）出厂或者销售未列入产品台账的放射性同位素和未编码的放射源的。

第五十九条 违反本条例规定，生产、销售、使用放射性同位素和射线装置的单位有下列行为之一的，由县级以上人民政府生态环境主管部门责令停止违法行为，限期改正；逾期不改正的，由原发证机关指定有处理能力的单位代为处理或者实施退役，费用由生产、销售、使用放射性同位素和射线装置的单位承担，并处 1 万元以上 10 万元以下的罚款：

（一）未按照规定对废旧放射源进行处理的；

（二）未按照规定对使用Ⅰ类、Ⅱ类、Ⅲ类放射源的场所和生产放射性同位素的场所，以及终结运行后产生放射性污染的射线装置实施退役的。

第六十条 违反本条例规定，生产、销售、使用放射性同位素和射线装置的单位有下列行为之一的，由县级以上人民政府生态环境主管部门责令停止违法行为，限期改正；逾期不改正的，责令停产停业，并处 2 万元以上 20 万元以下的罚款；构成犯罪的，依法追究刑事责任：

（一）未按照规定对本单位的放射性同位素、射线装置安全和防护状况进行评估或者发现安全隐患不及时整改的；

（二）生产、销售、使用、贮存放射性同位素和射线装置的场所未按照规定设置安全和防护设施以及放射性标志的。

第六十一条 违反本条例规定，造成辐射事故的，由原发证机关责令限期改正，并处 5 万元以上 20 万元以下的罚款；情节严重的，由原发证机关吊销许可证；构成违反治安管理行为的，由公安机关依法予以治安处罚；构成犯罪的，依法追究刑事责任。

因辐射事故造成他人损害的，依法承担民事责任。

第六十二条 生产、销售、使用放射性同位素和射线装置的单位被责令限期整改，逾期不整改或者经整改仍不符合原发证条件的，由原发证机关暂扣或者吊销许可证。

第六十三条　违反本条例规定，被依法吊销许可证的单位或者伪造、变造许可证的单位，5 年内不得申请领取许可证。

第六十四条　县级以上地方人民政府生态环境主管部门的行政处罚权限的划分，由省、自治区、直辖市人民政府确定。

第七章　附　则

第六十五条　军用放射性同位素、射线装置安全和防护的监督管理，依照《中华人民共和国放射性污染防治法》第六十条的规定执行。

第六十六条　劳动者在职业活动中接触放射性同位素和射线装置造成的职业病的防治，依照《中华人民共和国职业病防治法》和国务院有关规定执行。

第六十七条　放射性同位素的运输，放射性同位素和射线装置生产、销售、使用过程中产生的放射性废物的处置，依照国务院有关规定执行。

第六十八条　本条例中下列用语的含义：

放射性同位素，是指某种发生放射性衰变的元素中具有相同原子序数但质量不同的核素。

放射源，是指除研究堆和动力堆核燃料循环范畴的材料以外，永久密封在容器中或者有严密包层并呈固态的放射性材料。

射线装置，是指 X 线机、加速器、中子发生器以及含放射源的装置。

非密封放射性物质，是指非永久密封在包壳里或者紧密地固结在覆盖层里的放射性物质。

转让，是指除进出口、回收活动之外，放射性同位素所有权或者使用权在不同持有者之间的转移。

伴有产生 X 射线的电器产品，是指不以产生 X 射线为目的，但在生产或者使用过程中产生 X 射线的电器产品。

辐射事故，是指放射源丢失、被盗、失控，或者放射性同位素和射线装置失控导致人员受到意外的异常照射。

第六十九条　本条例自 2005 年 12 月 1 日起施行。1989 年 10 月 24 日国务院发布的《放射性同位素与射线装置放射防护条例》同时废止。

第三部分

核安全相关部门规章

【通用系列】

生态环境部令第 8 号替代原 HAF001/01 和 HAF001/03

核动力厂、研究堆、核燃料循环设施安全许可程序规定

（2019 年 8 月 26 日生态环境部令第 8 号公布，自 2019 年 10 月 1 日起施行）

第一章　总　则

第一条　为规范民用核动力厂、研究堆、核燃料循环设施等核设施安全许可活动，根据《中华人民共和国核安全法》《中华人民共和国行政许可法》《中华人民共和国民用核设施安全监督管理条例》，制定本规定。

第二条　在中华人民共和国领域及管辖的其他海域内，民用核动力厂、研究堆、核燃料循环设施（以下统称核设施）的选址、建造、运行、退役等安全许可事项的许可程序，适用本规定。

核设施转让、变更营运单位和迁移等活动的审查批准，适用本规定。

第三条　核动力厂、研究堆、核燃料循环设施，是指：

（一）核电厂、核热电厂、核供汽供热厂等核动力厂及装置；

（二）核动力厂以外的研究堆、实验堆、临界装置等其他反应堆（以下统称研究堆），根据潜在危害由大到小可划分为Ⅰ类、Ⅱ类、Ⅲ类研究堆；

（三）核燃料生产、加工、贮存和后处理设施等核燃料循环设施。

核设施配套建设的放射性废物处理、贮存设施的安全许可，应当在主体核设施的安全许可中一并办理许可手续。

第四条　核设施营运单位申请核设施安全许可，以及办理核设施安全许可的变更、延续，应当依照本规定，报国家核安全局审查批准。

第二章　申请与受理

第五条　核设施营运单位，应当具备保障核设施安全运行的能力，并符合下列条件：

（一）有满足核安全要求的组织管理体系和质量保证、安全管理、岗位责任等制度；

（二）有规定数量、合格的专业技术人员和管理人员；

（三）具备与核设施安全相适应的安全评价、资源配置和财务能力；

（四）具备必要的核安全技术支撑和持续改进能力；

（五）具备应急响应能力和核损害赔偿财务保障能力；

（六）法律、行政法规规定的其他条件。

第六条 核设施营运单位应当按照有关核设施场址选择的要求完成核设施场址的安全评估论证，并在满足核安全技术评价要求的前提下，向国家核安全局提交核设施场址选择审查申请书和核设施选址安全分析报告，经审查符合核安全要求后，取得核设施场址选择审查意见书。

第七条 核设施建造前，核设施营运单位应当向国家核安全局提出建造申请，并提交下列材料：

（一）核设施建造申请书；

（二）初步安全分析报告；

（三）环境影响评价文件；

（四）质量保证文件；

（五）法律、行政法规规定的其他材料。

核设施营运单位取得核设施建造许可证后，方可开始与核设施安全有关的重要构筑物的建造（安装）或者基础混凝土的浇筑，并按照核设施建造许可证规定的范围和条件从事相关的建造活动。

核设施营运单位在提交核设施建造申请书时，本条第一款规定的初步安全分析报告中关于调试大纲的内容不具备提交条件的，可以在征得国家核安全局同意后，由核设施营运单位根据核设施建造进展情况，按照国家核安全局的要求补充提交。

核设施建造许可证的有效期不得超过十年。

第八条 有下列情形之一的，核设施营运单位可以一并向国家核安全局提交核设施场址选择审查申请书和核设施建造申请书。国家核安全局在核发核设施建造许可证的同时出具核设施场址选择审查意见书：

（一）新选场址拟建核设施为Ⅲ类研究堆的；

（二）在现有场址新建研究堆，若新建研究堆对场址的安全要求不高于该场址已有核设施，且该场址已经过安全技术评价并得到国家核安全局的批准的；

（三）在现有核燃料生产基地内建设核燃料循环前端设施（铀纯化转化、铀浓缩和元件制造设施）的；

（四）由工厂制造或者总装，并在工厂内完成首次装料和调试的浮动式或者移动式核动力装置，其场址已经过安全评价并得到国家核安全局的批准的。

第九条 核设施首次装投料前，核设施营运单位应当向国家核安全局提出运行申请，并提交下列材料：

（一）核设施运行申请书；

（二）最终安全分析报告；

（三）质量保证文件；

（四）应急预案；

（五）法律、行政法规规定的其他材料。

核设施营运单位取得核设施运行许可证后，方可装投料，并应当按照核设施运行许可证规定的范围和条件进行装投料，以及装投料后的调试和运行等活动。

第十条　核设施营运单位在提交核设施运行申请书时，本规定第九条规定的最终安全分析报告中下列章节或者内容不具备提交条件的，可以在征得国家核安全局同意后，由核设施营运单位根据核设施建造调试进展情况，按照国家核安全局的要求向国家核安全局补充提交：

（一）维修大纲（不适用Ⅲ类研究堆及核燃料循环设施）；

（二）在役检查大纲（不适用Ⅲ类研究堆及核燃料循环设施）；

（三）装换料大纲（不适用Ⅲ类研究堆及核燃料循环设施）；

（四）役前检查结果报告（不适用Ⅲ类研究堆及核燃料循环设施）；

（五）实验和应用大纲（不适用研究堆之外的核设施）；

（六）核设施装投料前调试报告。

第十一条　核设施营运单位取得核设施运行许可证后，应当按照许可证规定的范围和条件运行核设施。

核设施营运单位应当按照批准的调试大纲所确定的顺序、方法等要求完成调试试验项目。核设施营运单位应当在调试大纲确定的所有调试试验项目完成后两个月内，向国家核安全局提交调试报告。

国家核安全局对核设施首次装投料以及装投料后的重要调试活动，可以设置控制点，并在运行许可文件中载明。

第十二条　核设施运行许可证的有效期为设计寿期。

运行许可证有效期内，核设施营运单位应当按照要求对核设施进行定期安全评价，评价周期根据核设施具体情况和核安全法规和标准的变化情况确定，一般为十年。评价结果应当提交国家核安全局审查。

第十三条　用于科学研究的核燃料循环设施，根据设施潜在风险和复杂程度，核设施营运单位可以向国家核安全局申请合并办理核设施安全许可事项。

第十四条　拟转让核设施的，核设施拟受让单位应当符合本规定第五条规定的条件，并重新申请核设施安全许可。

前款规定的核设施安全许可申请，由持有核设施安全许可证的核设施营运单位和核设施拟受让单位共同向国家核安全局提出申请，并提交以下材料：

（一）转让核设施的申请书；

（二）核设施拟受让单位质量保证文件；

（三）核设施拟受让单位应急预案；

（四）其他需要申明的事项。

拟变更核设施营运单位的，依照本条第一款、第二款的规定执行。

第十五条 国家核安全局审查认可转让核设施或者变更核设施营运单位的，向核设施的受让单位或者变更后的核设施营运单位重新颁发核设施安全许可证，并同时注销原核设施安全许可证。

核设施的受让单位或者变更后的核设施营运单位，应当继承原核设施营运单位在核设施安全管理方面的全部义务，并遵守原核设施营运单位在申请原核设施安全许可证时所作的全部承诺，但经核设施的受让单位和变更后的核设施营运单位申请并得到国家核安全局审查认可免除的义务和承诺除外。

第十六条 迁移核设施的，核设施营运单位应当向国家核安全局提出申请，并提交下列材料：

（一）核设施迁移申请书；

（二）新场址的选址安全分析报告；

（三）新场址的环境影响报告书；

（四）新场址的应急预案；

（五）核设施迁移活动的质量保证文件；

（六）核设施安全分析报告相关内容的修订文件；

（七）法律、行政法规规定的其他材料。

迁移核设施的申请取得国家核安全局批准后，核设施营运单位方可开始进行核设施迁移活动。

核设施迁移过程中存在核设施转让或者变更核设施营运单位情形的，适用本规定第十四条、第十五条的有关规定。

第十七条 核设施终止运行后，核设施营运单位应当制定停闭期间的安全管理措施，采取安全的方式进行停闭管理，保证停闭期间的安全，确保退役所需的基本功能、技术人员和文件，并接受国家核安全局的监督检查。

第十八条 核设施退役前，核设施营运单位应当向国家核安全局提出退役申请，并提交下列材料：

（一）核设施退役申请书；

（二）退役安全分析报告；

（三）环境影响评价文件；

（四）质量保证文件；

（五）法律、行政法规规定的其他材料。

国家核安全局向核设施营运单位颁发退役批准书。核设施营运单位应当按照退役批准书的内容开展退役活动。

第十九条　国家核安全局按照规定对核设施安全许可申请材料进行形式审查，申请材料不齐全或者不符合法定形式的，在五个工作日内一次告知申请单位需要补正的全部内容。对于申请材料齐全、符合法定形式，或者申请单位按照要求提交全部补正申请材料的，应当受理核设施安全许可申请。

国家核安全局受理或者不予受理核设施安全许可申请，应当出具书面凭证；需要对核设施安全许可申请组织技术审查的，应当一并告知申请单位技术审查的流程、计划节点和预计的技术审查时间。

第二十条　核设施营运单位对核设施安全许可申请材料的真实性、准确性负责。核设施安全许可申请材料的格式和编写内容及形式，应当符合如下规定：

（一）格式和内容满足国家核安全局相应的要求；

（二）应当具有总目录；对篇幅较长的，应当有分卷目录；

（三）所有文字、图纸和图表应当清晰，不使用放大设备能直接阅读；

（四）对所使用的图例、符号应当给予说明；

（五）涉及国家秘密、商业秘密和个人信息的内容应当予以注明。

第三章　审查与决定

第二十一条　国家核安全局依照法定条件和程序，对核设施安全许可申请组织安全技术审查。

技术审查内容包括申请材料与法规标准的符合情况、分析计算结果复核、试验结果审核等。

技术审查流程包括文件审查、校核计算、试验验证、技术交流和专家咨询等。

国家核安全局根据核设施的种类和复杂程度，对技术审查时间作出适当的安排。核设施营运单位应当按照国家核安全局的要求答复国家核安全局在技术审查中提出的问题，必要时补充相关文件资料予以说明。

技术审查时间不计入作出核设施安全许可的期限。

第二十二条　国家核安全局组织安全技术审查时，应当委托与许可申请单位没有利益关系的技术支持单位进行审评。受委托的技术支持单位应当对其技术评价结论的真实性、准确性负责。

国家核安全局在进行核设施重大安全问题技术决策时，应当咨询核安全专家委员会的意见。

第二十三条　国家核安全局对满足核安全要求的核设施安全许可申请，在技术审查完成之日起二十个工作日内，依法作出准予许可的决定，予以公告；对不满足核安全要求的，应当书面通知申请单位并说明理由。

国家核安全局审批核设施建造、运行许可申请以及核设施转让或者变更核设施营运单位申请时，应当向国务院有关部门和核设施所在地省、自治区、直辖市人民政府征询意见。

国家核安全局审批核设施迁移申请时，应当向国务院有关部门以及核设施迁出地、迁入地的省、自治区、直辖市人民政府征询意见。

第二十四条 核设施安全许可证件应当载明下列内容：

（一）核设施安全许可的单位名称、注册地址和法定代表人；

（二）核设施的名称和所在地址；

（三）准予从事的核设施安全许可活动范围和条件；

（四）有效期限；

（五）发证机关、发证日期和证书编号。

第二十五条 在核设施运行许可证的有效期内，国家核安全局可以根据法律、行政法规和新的核安全标准的要求，对许可证规定的事项作出合理调整。

第二十六条 国家核安全局依法公开核设施安全许可文件。涉及国家秘密、商业秘密和个人信息的，按照国家有关规定执行。

第四章　变更与延续

第二十七条 核设施营运单位变更单位名称、注册地址和法定代表人的，应当自变更之日起二十个工作日内，向国家核安全局办理许可证变更手续。

第二十八条 核设施建造许可证有效期届满，尚未建造完成的，核设施营运单位应当在核设施建造许可证有效期届满三十日前向国家核安全局办理延期手续，经国家核安全局审查批准后方可继续建造活动。有下列情形之一且经评估不存在安全风险的，无需办理延期审批手续，核设施营运单位应当将安全风险评估报告提交国家核安全局备案：

（一）国家政策或者行为导致核设施延期建造；

（二）用于科学研究的核设施；

（三）用于工程示范的核设施；

（四）用于乏燃料后处理的核设施。

第二十九条 核设施营运单位调整下列事项的，应当报国家核安全局批准：

（一）作为颁发运行许可证依据的重要构筑物、系统和设备；

（二）运行限值和条件；

（三）国家核安全局批准的与核安全有关的程序和其他文件。

第三十条 对在运行许可证有效期内长期不启动运行的核设施，需要改变原有运行限值和条件或者其他安全管理措施的，核设施营运单位应当制定长期停堆（运）计划和相应的管理措施，并依据本规定第二十九条的有关规定，报国家核安全局批准。

实施长期停堆（运）管理的核设施如需恢复正常运行的，应当依据本规定第二十九条的有关规定，报国家核安全局批准。

第三十一条　核设施运行许可证有效期届满需要继续运行的，核设施营运单位应当对核设施是否符合核安全标准进行论证、验证。满足核安全标准要求的，应当于许可证有效期届满前五年，向国家核安全局提出运行许可证有效期延续申请，并提交下列材料：

（一）核设施运行许可证有效期延续申请书；

（二）核设施运行许可证有效期延续的安全论证、验证报告，以及老化管理大纲、修订的环境影响评价文件、核安全相关的工程改进措施和计划等与核设施安全论证、验证相关的材料；

（三）增补或者修改的最终安全分析报告；

（四）法律、行政法规规定的其他材料。

核设施运行许可证有效期届满，运行许可证有效期延续申请经国家核安全局审查批准后，核设施方可继续运行。未获得国家核安全局批准的，核设施不得继续运行。

第三十二条　核设施运行许可证有效期延续的期限按照核设施的实际状态和安全评估情况确定，但每次不超过二十年。

第五章　附　则

第三十三条　本规定有关的术语定义为：

研究堆：核动力厂以外的研究堆、实验堆、临界装置以及由外源驱动带功率运行的次临界系统等核设施或装置的统称，包括反应堆堆芯、辐照孔道、考验回路等实验装置，以及为支持其运行、保证安全和辐射防护的目的所设置的所有系统和构筑物，还包括燃料贮存、放射性废物贮存、放射性热室、实物保护系统等反应堆场址内与反应堆或实验装置有关的一切其他设施。

Ⅰ类研究堆：功率、剩余反应性和裂变产物总量都较高的研究堆，热功率范围 10～300 MW。这类研究堆一般在强迫循环下运行，通常必须设置高度可靠的停堆系统，需要设置应急冷却系统以保证堆芯余热的有效排出；对反应堆厂房或者其他包容结构需要有特殊的密封要求。

Ⅱ类研究堆：功率、剩余反应性和裂变产物总量属于中等的研究堆，热功率范围 500 kW～10 MW。这类研究堆可采用自然对流冷却方式或强迫循环冷却方式排出热量；反应堆需要设置可靠的停堆系统，停堆后必须保证堆芯在要求的时间内得到冷却，对反应堆厂房无特殊密封性要求。

Ⅲ类研究堆：功率低、剩余反应性小、停堆余热极少、裂变产物总量有限的研究堆，其热功率小于 500 kW，如果具有较高的固有安全特性，热功率范围可扩展至 1 MW。这类研究堆通常无特殊的冷却要求，或通过冷却剂自然对流冷却即可排出热量；利用负反馈效应或简单的停堆手段即可使反应堆停堆并保持安全状态；对反应堆厂房无密封要求。

核设施迁移：是指将核设施由一个场址搬迁至一个新的场址。

安全重要构筑物：是指具有安全要求并执行核安全功能的构筑物，包括其失效可能导致核设施安全水平的降低或者事故，以及用以缓解事故可能引起的辐射照射后果的构筑物。

长期停堆（运）：是指核设施运行期间一种较长时间的停堆（运）状态。在此状态下，核设施处于卸料状态，或处于深度次临界状态且无需采取冷却措施，核设施不必采取与正常运行要求完全一致的监测、试验、维护和检查等措施。

第三十四条 本规定自 2019 年 10 月 1 日起施行。1993 年 12 月 31 日国家核安全局发布的《核电厂安全许可证件的申请和颁发》、2006 年 1 月 28 日国家核安全局发布的《研究堆安全许可证件的申请和颁发规定》同时废止。

（附表一～附表七略）

生态环境部、国家发展和改革委员会令第 22 号替代原 HAF001/01/01

民用核设施操作人员资格管理规定

（2021 年 1 月 27 日生态环境部、国家发展和改革委员会令第 22 号公布，自 2021 年 7 月 1 日起施行）

第一章　总　则

第一条　为了加强民用核设施（以下简称核设施）操作人员的资格管理，根据《中华人民共和国核安全法》《中华人民共和国民用核设施安全监督管理条例》等有关法律法规，制定本规定。

第二条　本规定适用于下列核设施操作人员（以下简称操作人员）的执照申请、培训、考核、颁发，以及相关监督管理工作：

（一）核电厂、核热电厂、核供汽供热厂等核动力厂及装置（以下统称核动力厂）；

（二）核动力厂以外的研究堆、实验堆、临界装置等其他反应堆（以下统称研究堆）；

（三）核燃料后处理生产设施（以下统称后处理设施）。

本规定所称操作人员，是指《中华人民共和国核安全法》《中华人民共和国民用核设施安全监督管理条例》等法律法规规定的核设施操纵人员或者核设施操纵员，即在核设施主控室中担任操作或者指导他人操作核设施控制系统工作的运行值班人员。

第三条　操作人员应当按照本规定申请《操作员执照》或者《高级操作员执照》（以下统称执照）。

持有《操作员执照》的人员方可担任操作核设施控制系统的工作；持有《高级操作员执照》的人员方可担任操作或者指导他人操作核设施控制系统的工作。

申请执照人员，需要使用核设施控制系统进行操作培训的，应当取得核设施营运单位临时授权并在操作人员监护下方可进行。核设施营运单位和进行监护的操作人员对上述培训人员的活动负责。

第四条　国务院核安全监督管理部门负责批准颁发执照，组织研究堆和后处理设施操作人员执照培训和考核，对操作人员资格有关工作进行监督管理。

国务院能源主管部门负责组织核动力厂操作人员执照培训和考核。

第五条　对核设施营运单位实施控股管理的企业集团（以下简称企业集团）应当承担

或者委托有能力的核设施营运单位承担执照申请、培训和考核工作。

无前款所称企业集团的核设施营运单位具备能力的，可以自行承担前款相关工作；没有能力的，应当委托有能力的单位承担。

第六条 核设施营运单位应当聘用取得执照的人员从事核设施操作工作，加强岗位管理。

第二章 申请与颁发

第七条 申请《操作员执照》的人员应当具备下列条件：

（一）身体健康；

（二）具有中专及以上文化程度，其中核动力厂操作人员应当具有大专及以上文化程度；

（三）经过培训，且考核合格。

第八条 申请《高级操作员执照》的人员应当具备下列条件：

（一）身体健康；

（二）具有大专及以上文化程度；

（三）经过培训，且考核合格；

（四）担任操作员两年以上，且成绩优秀。

申请核动力厂《高级操作员执照》的人员，前款第四项规定的成绩优秀应当包括担任操作员两年内参加运行值班至少一千六百小时的条件。

第九条 申请研究堆和后处理设施执照的人员，由承担执照申请工作的单位组织向国务院核安全监督管理部门提交申请材料。

申请核动力厂执照的人员，应当先参加国务院能源主管部门组织的执照培训和考核，并通过国务院能源主管部门审查后，由承担执照申请工作的单位组织向国务院核安全监督管理部门提交申请材料。

第十条 申请材料应当通过全国一体化在线政务服务平台生态环境部政务服务大厅（网址：http://zwfw.mee.gov.cn，以下简称政务服务大厅）或者邮寄、当面递交等方式提交，包括下列内容：

（一）申请表；

（二）学历证明；

（三）健康检查结果；

（四）培训和考核情况。

申请核动力厂执照的，还应当提交国务院能源主管部门的审查意见；申请《高级操作员执照》的，还应当提交成绩证明材料。

申请材料应当真实、准确、完整。

第十一条 国务院核安全监督管理部门对收到的申请材料进行审查。

申请材料不齐全或者不符合法定形式的，应当在五个工作日内一次告知需要补正的全部内容；逾期不告知的，自收到申请材料之日起即视为受理。

申请材料齐全、符合法定形式，或者按照要求提交全部补正申请材料的，应当在五个工作日内受理申请。

第十二条　国务院核安全监督管理部门组织对受理的申请进行技术审查。

技术审查应当委托与承担执照申请工作的单位没有利益关系的技术支持单位进行。受委托的技术支持单位应当对其审查意见的真实性、准确性负责。

技术审查过程中，国务院核安全监督管理部门或者受委托的技术支持单位可以根据需要要求提交必要的支持性材料。

第十三条　国务院核安全监督管理部门在技术审查完成之日起二十日内作出是否批准颁发执照的决定。执照包括下列内容：

（一）持照人员身份信息；

（二）所在核设施营运单位；

（三）执照种类；

（四）核设施名称；

（五）执照有效期；

（六）执照编号。

第十四条　执照有效期为五年。

执照有效期届满拟继续从事核设施操作工作的人员，应当在执照有效期届满三个月前申请延续执照。

第十五条　延续申请材料应当通过政务服务大厅或者邮寄、当面递交等方式提交，包括下列内容：

（一）延续申请表；

（二）执照有效期内健康检查结果；

（三）再培训和延续考核情况。

申请延续核动力厂执照的，还应当提交国务院能源主管部门的审查意见。

第十六条　国务院核安全监督管理部门应当自受理延续申请之日起，在执照有效期届满前完成审查，符合条件的予以延续，换发新执照；不符合条件的，不予延续。

第十七条　执照有效期内拟转至执照载明的核设施以外的其他核设施继续从事核设施操作工作的人员，应当在执照有效期内申请变更执照。

第十八条　变更申请材料应当通过政务服务大厅或者邮寄、当面递交等方式提交，包括下列内容：

（一）变更申请表；

（二）执照有效期内健康检查结果；

（三）差异性培训和变更考核情况。

申请变更核动力厂执照的，还应当提交国务院能源主管部门的审查意见。

国务院核安全监督管理部门应当及时进行审查，符合条件的予以变更，换发新执照；不符合条件的，不予变更。

第十九条 有下列情形之一的人员，不得申请执照：

（一）被吊销执照的人员，自执照吊销之日起未满三年的；

（二）按照本规定第三十八条、第三十九条的规定，受到不得申请执照的处理，期限尚未届满的。

第三章 培训与考核

第二十条 申请执照的人员应当按照本规定的要求完成培训并通过申请考核。

前款所指申请考核包括笔试、口试和操作考试。

第二十一条 申请《操作员执照》的人员应当培训和考核下列知识技能：

（一）核设施的基础理论、系统设备、辐射防护等相关知识；

（二）核设施的运行技术规格书等操作知识；

（三）操作核设施控制系统的能力。

第二十二条 申请《高级操作员执照》的人员应当培训和考核下列知识技能：

（一）本规定第二十一条规定的知识技能；

（二）核设施运行管理知识；

（三）指导他人操作核设施控制系统的能力。

第二十三条 申请延续执照的人员应当完成规定的再培训并通过延续考核，保持应当具备的知识技能并掌握核设施经验反馈、技术变更等情况。

申请延续执照的人员，执照有效期内工作成绩符合规定的，可以免予笔试，仅参加口试和操作考试；其中核动力厂操作人员的工作成绩中应当包括参加运行值班至少两千小时的条件。

第二十四条 申请变更执照的人员应当根据拟转至核设施与原所在核设施对操作人员知识技能要求的差异，完成规定的差异性培训并通过变更考核。变更考核包括差异性笔试、口试和操作考试。

无法实施差异性培训和变更考核的，应当重新申请执照。

第二十五条 操作人员培训应当按照培训大纲实施，兼顾理论知识与实际操作，注重安全文化和行为规范的培育。

培训大纲由承担培训工作的单位制定，包括培训组织分工、培训内容设置、培训管理评价以及培训资源保障等内容。

核动力厂培训大纲应当由国务院能源主管部门审定。研究堆和后处理设施培训大纲应当由国务院核安全监督管理部门审定。

第二十六条 操作人员考核应当按照考核标准实施。

核动力厂操作人员考核标准由国务院能源主管部门制定，国务院核安全监督管理部门核准。研究堆、后处理设施考核标准由国务院核安全监督管理部门制定。

考核标准应当包括参加考核人员应当具备的条件、考评组织组成原则、考题编制要求、考核评定准则和合格标准等内容。

第二十七条　申请、延续或者变更执照的人员所参加的笔试、口试和操作考试成绩均达到合格标准的，属于考核合格。

第四章　监督与管理

第二十八条　操作人员资格管理有关责任单位应当明确责任部门，合理配置资源，建立并有效实施相关管理制度，严格落实有关要求。

各责任单位主要负责人应当加强对有关责任部门和人员履职情况的督促检查，切实履行管理责任。

第二十九条　操作人员岗位配置应当满足安全运行需要，并在核设施营运单位提交给国务院核安全监督管理部门的最终安全分析报告中予以明确。

第三十条　核设施运行值班负责人应当由具备相关工作经历、成绩优秀的操作人员担任。

核动力厂、Ⅰ类和Ⅱ类研究堆、后处理设施的运行值班负责人应当具有两个以上操作人员岗位工作的经历，且持有《高级操作员执照》。

第三十一条　核设施营运单位应当明确负责核设施运行管理的部门（以下简称运行部门）。

核动力厂、Ⅰ类和Ⅱ类研究堆、后处理设施运行部门的主要负责人和分管运行的负责人应当具有担任运行值班负责人的经历，且至少一人持有所在核设施《高级操作员执照》。持有《高级操作员执照》的核动力厂运行部门负责人，运行值班应当同时满足下列条件：

（一）每十二个月参加运行值班至少一百小时；

（二）执照有效期内执行或者指导过启动、升降功率、换料运行等重要工作。

Ⅲ类研究堆运行部门的负责人中应当至少有一人持有《操作员执照》或者《高级操作员执照》。

第三十二条　核设施营运单位应当严格操作人员岗位管理，明确岗位职责和任职要求，对操作人员进行岗位授权，合理安排运行值班、培训；对身体健康状况、参加培训情况、运行值班情况等不满足规定要求的操作人员，应当取消其岗位授权。

核动力厂操作人员的运行值班应当同时满足下列条件：

（一）每十二个月参加运行值班至少四百小时；

（二）每六个月参加运行值班至少一百五十小时。

不能同时满足前款规定条件的，核设施营运单位应当取消操作人员岗位授权。

第三十三条　取消岗位授权的操作人员拟重新参加运行值班的，核设施营运单位应当安排必要的补充培训、岗位实践等，经评估合格后方可重新授权。

第三十四条 操作人员应当遵守职业操守和行为规范，杜绝违规操作和弄虚作假，提高知识技能，严格尽职履责。

操作人员存在因饮酒、使用药物等可能影响履行岗位职责情形的，应当及时向所在核设施营运单位报告。核设施营运单位应当根据情况确定该操作人员是否可以参加运行值班。

第三十五条 国务院核安全监督管理部门对操作人员资格管理有关工作进行监督检查。监督检查主要围绕以下事项开展：

（一）培训大纲、培训计划、培训实施等培训管理情况；

（二）考评组织、考核试题、考核实施、考核结果等考核管理情况；

（三）人员配置、授权管理、运行值班等岗位管理情况。

监督检查主要通过文件审查、现场检查、记录确认或者谈话等方式进行，必要时可以抽查复验。

第三十六条 对国务院核安全监督管理部门依法进行的监督检查，被检查单位和人员应当予以配合，如实反映情况，提供必要资料，不得拒绝和阻挠。

第三十七条 操作人员有下列情形之一的，国务院核安全监督管理部门应当依法办理执照注销手续：

（一）因身体健康等原因无法继续满足执照申请条件的；

（二）执照依法被撤销、吊销的；

（三）法律、行政法规规定的应当注销执照的其他情形。

第五章　罚　则

第三十八条 申请执照的人员隐瞒有关情况或者提供虚假材料的，国务院核安全监督管理部门依据《中华人民共和国行政许可法》的有关规定不予受理或者不予许可，并给予警告；被警告人员一年内不得再次申请。

第三十九条 申请执照的人员以欺骗、贿赂等不正当手段取得执照的，由国务院核安全监督管理部门依据《中华人民共和国行政许可法》的有关规定撤销其执照，三年内不得再次申请。

第四十条 操作人员有下列情形之一的，属于《中华人民共和国民用核设施安全监督管理条例》第二十一条第三项规定的“违章操纵”，国务院核安全监督管理部门应当依法予以处罚：

（一）操作人员不符合核安全法律法规和本规定的条件的；

（二）未按照规定程序操作导致后果的，或者虽未导致后果但在工作中未按照程序操作两次以上的；

（三）超出执照范围从事核设施操作工作的。

第四十一条　操作人员资格管理有关责任单位有下列情形之一的，由国务院核安全监督管理部门责令改正，给予警告，并可以处三万元以下的罚款：

（一）执照申请过程中存在弄虚作假，谎报有关资料、事实等行为的；

（二）未按有关规定对操作人员进行岗位授权或者取消岗位授权，或者隐瞒操作人员违章操作的。

第四十二条　核设施营运单位聘用未取得《操作员执照》或者《高级操作员执照》的人员从事核设施操作工作的，依据《中华人民共和国核安全法》的相关规定予以处罚。

对国务院核安全监督管理部门或者其他有关部门依法进行的监督检查，企业集团或者核设施营运单位拒绝、阻挠的，依据《中华人民共和国核安全法》的相关规定予以处罚。

第四十三条　操作人员考核工作人员有下列情形之一的，由国务院核安全监督管理部门、国务院能源主管部门按照职责分工，依据国家有关专业技术人员资格考试违纪违规处理规定，予以处理：

（一）以不正当手段协助他人取得考核资格或者取得执照的；

（二）泄露考务实施工作中应当保密的信息的；

（三）在评阅卷工作中，擅自更改评分标准或者不按评分标准进行评卷的；

（四）指使或者纵容他人作弊，或者参与考场内外串通作弊的；

（五）其他严重违纪违规行为。

第六章　附　则

第四十四条　本规定中下列用语的含义：

（一）核设施控制系统，对于核动力厂和研究堆，是指影响反应堆反应性或者功率水平，或者影响专设安全设施状态的控制设备和装置；对于后处理设施，是指影响核设施物理、化学或者核过程的控制设备和装置。

（二）身体健康，是指体能、感知、表达和情绪等各方面能够满足从事核设施操作工作需要，不存在可能影响履行职责的健康问题，包括但不限于神经系统、心血管系统、内分泌系统、听觉、视觉、精神疾病或者缺陷。健康检查的具体判定由具备条件的医疗机构按照国家有关医学标准实施。

第四十五条　本规定自 2021 年 7 月 1 日起施行。1993 年 12 月 31 日国家核安全局发布的《核电厂操纵人员执照颁发和管理程序》同时废止。

HAF001/02

核设施的安全监督

（1995 年 6 月 14 日国家核安全局发布，自 1995 年 10 月 1 日起施行）

第一章 总 则

第一条 根据《中华人民共和国民用核设施安全监督管理条例》（以下简称《条例》）第二十五条的规定，制定本实施细则。

第二条 核安全监督的目的是通过检查核安全管理要求和许可证件规定条件的履行情况，督促纠正不符合核安全管理要求和许可证件规定条件的事项，必要时可采取强制性措施，以保障核设施的安全。

第三条 本实施细则适用于对核设施在选址、设计、建造、调试、运行和退役各阶段与核安全有关的全部物项和活动（以下简称核设施物项与活动）的核安全监督。

第四条 核安全监督的依据是：

（一）国家核安全法规：

（1）《中华人民共和国民用核设施安全监督管理条例》及其实施细则；

（2）《中华人民共和国核材料管制条例》及其实施细则；

（3）《中华人民共和国核电厂核事故应急管理条例》；

（4）《核电厂厂址选择安全规定》；

（5）《核电厂设计安全规定》；

（6）《核电厂运行安全规定》；

（7）《核电厂质量保证安全规定》；

（8）《核电厂放射性废物管理安全规定》；

（9）《民用核承压设备安全监督管理规定》及其实施细则；

（10）《研究堆设计安全规定》；

（11）《研究堆运行安全规定》；

（12）《民用核燃料循环设施安全规定》；

（13）国家核安全局发布的其他核安全法规。

（二）国家的与原子能、辐射防护、环境保护、公安、卫生和交通等有关的其他法律与法规。

（三）核设施环境影响报告批准书。

（四）核设施许可证件规定条件。

（五）国家核安全局审查认可或批准的文件：

（1）核设施安全分析报告及其安全评价报告；

（2）核设施质量保证大纲；

（3）核设施调试大纲；

（4）核事故应急计划；

（5）其他认可或批准的文件。

（六）国家核安全部门发布的其他有关指令和文件。

第五条　国家核安全部门的监督并不减轻核设施营运单位及有关单位对核设施所承担的核安全责任。

第二章　核安全监督职责

第六条　核安全监督由国家核安全局及其地区监督站组织实施。

第七条　国家核安全局在核安全监督工作中负领导责任，其具体职责为：

（一）负责培训、考核核安全监督员，并授予核安全监督员证（核安全监督员应具备的条件见附录 A）；

（二）组织编制全国核设施的年度检查计划，批准地区监督站辖区内核设施的年度检查计划；

（三）组织编制核设施监督项目表、监督检查大纲、检查程序等监督文件；

（四）负责组织由局实施的例行核安全检查和非例行核安全检查；

（五）负责组织对重大不符合项和核安全相关事件等进行评价，并对核设施的安全状况进行综合评价；

（六）监督操纵人员资格的考核工作；

（七）负责建立核设施运行状态数据库、事件库，并进行经验反馈的分析研究；

（八）采取或授权采取执法行动。

第八条　地区监督站作为国家核安全局的派出机构，负责派驻区核设施的核安全监督。其具体职责为：

（一）编制和实施辖区内核设施的年度检查计划；

（二）负责向核设施现场派遣并管理核安全检查组和核安全监督员；

（三）负责日常核安全检查，组织由站实施的或参加由局实施的例行核安全检查和非例行核安全检查；

（四）检查与督促营运单位执行报告制度；

（五）参与检查操纵人员资格的考核工作；

（六）评价或参与评价不符合项、核安全相关事件及核设施的安全状况；

（七）处理违反核安全管理要求和许可证件规定条件的事项，对重大事项，及时向国家核安全局报告，并提出采取执法行动的建议，在国家核安全局授权时采取执法行动。

第九条　现场核安全监督员是核安全监督的执行人员，其具体职责为：

（一）向核设施营运单位及有关单位和人员宣传国家核安全政策和法规，并监督其执行法规和贯彻核安全文化的情况；

（二）参加日常、例行和非例行核安全检查工作；

（三）监督已批准的不符合项处理程序的实施，并向地区监督站提出评价意见的建议；

（四）检查与核实核设施营运单位及有关单位遵守核安全管理要求和许可证件规定条件的情况，及时报地区监督站；

（五）有权要求营运单位停止明显违反核安全管理要求和许可证件规定条件的行为以及紧急危及核安全的活动，并必须立即报地区监督站和国家核安全局追认核准。

第十条　执行专项任务的核安全检查组、核安全监督员及受国家核安全局或地区监督站委托的人员（以下简称受委托人员）应在依法授权的范围内进行工作。

第十一条　核安全监督员和受委托人员必须遵守营运单位及有关单位的保卫、保密和辐射防护等方面的规定，并保证未经营运单位和/或有关单位同意，不得将保密资料泄漏给任何第三方。

第三章　核安全检查

第十二条　核安全检查连续贯彻于核设施选址、设计、建造、调试、运行和退役的全过程和所有重要活动。

第十三条　核安全检查的目的是核实和监视营运单位及有关单位的核设施物项和活动是否满足核安全管理要求和许可证件规定的条件，督促营运单位及有关单位及时纠正缺陷和异常状态，以确保核设施选址、设计、建造、调试、运行和退役符合批准的文件和有关要求。

第十四条　核安全检查的范围主要是许可证件规定条件中所规定的范围，以及在审批许可证过程中确定需要检查的范围。

第十五条　核安全检查可以分为日常的、例行的和非例行（特殊）的检查。非例行的检查可以是事先通知或事先不通知的。事先通知的检查一般在检查前一个月通知营运单位和/或有关单位，以便做好准备和安排。

第十六条　核安全检查由核安全检查组、核安全监督员或受委托人员进行。核安全检查的主要方法为：

（一）文件检查：对执行程序、试验程序、质量保证记录、试验结果和数据、运行维修记录以及缺陷和异常事件记录等做检查；

（二）现场观察：在现场直接观察核设施物项或活动是否按有关规定和文件实施；

（三）座谈和采访：召开营运单位及有关单位的领导、质保和质检人员以及有关人员参加的座谈会，或向他们专门采访，以了解情况；

（四）测量或试验：必要时，可进行测量或试验，例如，尺寸测量、照相、录像及在营运单位协同下进行取样、放射性检测和无损探伤等。但这种测量、取样或试验并不代替营运单位和/或有关单位应做的测量和试验，也不减轻营运单位和/或有关单位的责任。

第十七条　日常核安全检查是由现场核安全监督员所做的检查。现场核安全监督员应对影响核安全的重要活动、物项和记录进行检查，并做好检查记录。

第十八条　例行核安全检查是核安全检查组或核安全监督员根据国家核安全局制定的检查大纲，对营运单位在核设施选址、设计、建造、调试、运行、退役各阶段的安全重要活动所进行的有计划的核安全检查。例行核安全检查的程序如下：

（一）准备工作：国家核安全局（或地区监督站）在检查开始前一个月将检查的目的、要求和日期通知营运单位及有关单位。营运单位应在检查开始前十五天反馈意见，并做好接受检查的准备。

（二）检查前会议：在检查开始时召开会议，宣布检查的具体目的，提出有关单位应配合的工作内容，并确定检查日程表。

（三）检查的实施：例行核安全检查的实施应按确定的检查项目、程序和检查表格进行。

（四）检查后会议：在检查后会议上通告检查初步结果和要求。营运单位及有关单位可对检查初步结果陈述意见。

（五）检查报告：核安全检查组或核安全监督员在检查工作结束后以规定的格式写出检查报告，主要包括检查项目、经过、结果、评价以及对应采取的强制性措施或修改许可证件规定条件的建议等内容。检查报告经国家核安全局或地区监督站批准后通报营运单位及有关单位。

（六）后续行动：通常由地区监督站对营运单位执行核安全检查报告的要求进行跟踪、核实，如有必要的，可对营运单位和/或有关单位所作的纠正措施提出书面意见。

第十九条　非例行核安全检查是国家核安全局或地区监督站根据工作需要进行的检查，是对意外的、非计划的或异常的情况或事件的响应。非例行核安全检查应根据检查项目具体情况，参照例行核安全检查的程序实施。

第四章　对营运单位及有关单位的要求

第二十条　根据《条例》第七、十六和十七条的规定，营运单位及有关单位应积极主动地按如下要求接受和配合核安全检查：

（一）在接受核安全检查时，必须如实地反映情况，根据检查要求提供或出示有关的工作程序、质保程序、文件和记录、数据和图纸，以及含有建造质量、测试结果、运行情况和维修经过等信息的各种资料；

（二）当国家核安全局认为必要时，营运单位应对调试和运行期间的试验项目予以演示；

（三）应保证核安全监督人员在执行任务时能自由地、迅速地进入核设施和有关生产场所的任何地区。只有当营运单位及有关单位能证明这种进入对安全有威胁时，才能对这种进入要求提出限制；

（四）应在不危及核安全的前提下，保证核安全监督人员在执行任务时能自由地、及时地接触有关人员；

（五）应为执行核安全检查的人员提供必要的条件，充分配合、协助做好核安全检查工作。

第二十一条 国家核安全局可根据工作需要，在核设施建造、调试和运行阶段选定控制点和见证试验项目。营运单位应按国家核安全局的要求提供有关资料，并发出通知。

第二十二条 营运单位应向地区监督站定期报告核设施的活动计划、进度、变更和核安全状况。

第二十三条 营运单位必须执行核设施营运单位报告制度。报告制度包括：

（一）定期报告；

（二）重要活动通知；

（三）建造阶段事件报告；

（四）运行阶段事件报告；

（五）核事故应急报告。

上述报告或通告的报告准则和要求见本细则附件。

第二十四条 营运单位及有关单位内的质量保证、安全防护等部门有权直接向地区监督站或国家核安全局反映问题。他们的职权应受到尊重和保护。

第二十五条 营运单位及有关单位有权检举核安全监督人员的渎职违法行为。

第五章 执 法

第二十六条 根据《条例》第十八条的规定，为了保证现场工作人员、公众和环境辐射防护的需要，国家核安全局有权依法要求营运单位及有关单位消除有关核设施物项和活动中任何不安全因素。

第二十七条 根据《条例》第十八、二十一和二十三条的规定，国家核安全局将按下列各款发布强制性命令：

（一）在核设施选址、设计、建造、调试、运行和退役过程中对轻微违反核安全管理要求或许可证件规定条件，对不报或谎报事实真相，对无故拒绝核安全检查，对无照上岗操作，国家核安全局向营运单位及有关单位发出警告。

（二）在核设施选址、设计、建造、调试、运行和退役过程中对严重违反核安全管理要求或许可证件规定条件的营运单位及有关单位，国家核安全局可责令限期改进或停业整顿；对调试、运行和退役过程中发生可能使现场工作人员和公众面临放射性危害，或者核设施与核安全有关的重要物项严重损坏无法修复，国家核安全局可责令停业整顿或停工；对未经批准从事核设施建造、运行、迁移、转让和退役的营运单位及有关单位，国家核安全局可责令停工。

（三）对拒绝执行强制性命令或严重违章操作致使核设施损坏、功能失常造成长期不合格或严重不合格，或发生对现场工作人员、公众和环境造成不适当的辐射危害和工业危害的，国家核安全局可中止或吊销营运单位核安全许可证件。

第二十八条　被处罚单位或个人对处罚不服时，按照《条例》第二十二条的规定办理。但是，在现场工作人员和公众面临严重超剂量辐射危害和环境可能受到严重污染的情况下，必须采取先执行后申诉的原则。

第二十九条　国家核安全局采取的强制性命令应以书面形式通知核设施营运单位及有关单位。在非常情况下由地区监督站执行，事后补发通知。

第三十条　对于不服从管理、违反规章制度或者强令他人违章作业，因而发生核事故，造成严重后果，构成犯罪的，将依法追究刑事责任。

第六章　附　则

第三十一条　本实施细则中下列用语的定义为：

核安全监督

核安全监督包括检查和处理、处罚、强制性命令，简称检查和执法。

核安全检查

国家核安全局、地区监督站、核安全检查组、核安全监督员或受委托人员对营运单位及有关单位的物项与活动所进行的核实和监视。

核安全管理要求

国家、国家核安全局和其他政府部门发布的与核安全有关的法律、条例、规定和实施细则所规定的要求。

国家核安全部门

国家核安全局及其地区监督站系统称国家核安全部门。

第三十二条　本实施细则由国家核安全局解释、修改和制定相应的附件和附录。其附件与本实施细则具有同等的法律效力，其附录为参考文件。

第三十三条　本实施细则自一九九五年十月一日起施行，一九八八年四月十四日国家核安全局发布的《中华人民共和国民用核设施安全监督管理条例实施细则之二——核电厂的安全监督》及其相应的附件同时废止。

附录 A　核安全监督员应具备的条件

为保证核安全监督的质量，核安全监督员应具备的主要条件是：

（一）具有大学以上文化水平或同等学历；

（二）具有五年以上工程实践或三年以上核安全管理的经验，并能依法履行核安全监督工作及独立作出正确的判断和写出合格的报告；

（三）熟知国家核安全法规，模范地遵守国家的法律和规定；

（四）作风正派，办事公正，工作认真，态度谦虚。

国家核安全局根据工作需要，挑选具有上述条件的人员进行培训考核，考试合格者由国家核安全局发给“核安全监督员证”。

生态环境部令第 13 号替代原 HAF001/02/01

核动力厂营运单位核安全报告规定

（2020 年 11 月 16 日生态环境部令第 13 号公布，自 2021 年 1 月 1 日起施行）

第一章　总　则

第一条　为了规范核动力厂营运单位核安全报告制度，根据《中华人民共和国核安全法》《中华人民共和国民用核设施安全监督管理条例》等法律法规，制定本规定。

第二条　核动力厂营运单位对核安全负有全面责任，应当执行核安全报告制度，按照本规定的要求向国家核安全局或者核动力厂所在地区核与辐射安全监督站提交定期报告、重要活动报告、建造阶段事件报告、运行阶段事件报告和核事故应急报告。

核动力厂营运单位定期报告、重要活动报告、建造阶段事件报告、运行阶段事件报告和核事故应急报告的格式与具体要求，由国家核安全局另行规定。

第二章　定期报告

第三条　核动力厂营运单位定期报告包括建造阶段月度报告、运行阶段月度报告、安全性能指标季度报告、建造阶段年度报告、运行阶段年度报告和设备可靠性数据年度报告。

第四条　核动力厂营运单位应当从取得建造许可证之日起，至取得运行许可证之日止，在每个月第十个工作日前，向核动力厂所在地区核与辐射安全监督站提交上个月建造情况的月度报告。

核动力厂建造多台核电机组的，可以将多台核电机组的建造情况综合成一份月度报告。

第五条　核动力厂建造阶段月度报告包括下列内容：

（一）上个月建造情况总结和下个月建造计划安排；

（二）上个月发生的与建造有关的重要事件综述；

（三）核电机组安全重要构筑物、系统和设备建造中存在的问题、纠正措施和经验反馈；

（四）下个月计划开展的核安全有关重要活动；

（五）其他应当报告的事项或者活动。

第六条 核动力厂营运单位应当从取得运行许可证之日起，至取得退役批准书之日止，在每个月第十个工作日前，向核动力厂所在地区核与辐射安全监督站提交上个月运行情况的月度报告。

核动力厂运行多台核电机组的，可以将多台核电机组的运行情况综合成一份月度报告。

第七条 核动力厂运行阶段月度报告包括下列内容：

（一）核电机组运行数据；

（二）核电机组月运行图；

（三）核电机组安全重要设备状况；

（四）重要修改活动；

（五）核电机组安全屏障的完整性；

（六）流出物排放情况；

（七）固体放射性废物产生、处理、贮存和处置情况；

（八）辐射防护情况；

（九）运行事件与经验反馈；

（十）下个月计划开展的核安全有关重要活动；

（十一）其他应当报告的事项或者活动。

第八条 核动力厂营运单位应当从取得运行许可证之日起，至取得退役批准书之日止，在每个季度的第一个月第十个工作日前，向国家核安全局提交前一季度的核动力厂安全性能指标季度报告。

核动力厂运行多台核电机组的，可以将多台核电机组的安全性能指标情况综合成一份季度报告。

第九条 核动力厂安全性能指标季度报告的内容包括核动力厂安全性能指标相关的统计数据和各指标计算值。

第十条 核动力厂营运单位应当在每年 4 月 1 日前，向国家核安全局提交前一年度建造或者运行情况的年度报告。

核动力厂建造或者运行多台核电机组的，可以将多台核电机组的建造或者运行情况和有关信息综合成一份年度报告。

4 月 1 日是节假日的，核动力厂营运单位提交年度报告的届满之日顺延至节假日后第一个工作日。

第十一条 核动力厂建造阶段年度报告包括下列内容：

（一）核电机组安全重要构筑物、系统和设备建造情况总结和计划完成情况；

（二）报告年份内发生的与核电机组安全重要构筑物、系统和设备建造有关的重要事件综述；

（三）核电机组安全重要构筑物、系统和设备建造中存在的问题、纠正措施和经验反馈综述；

（四）其他应当报告的问题和参考资料清单。

第十二条　核动力厂运行阶段年度报告包括下列内容：

（一）核电机组运行情况综述；

（二）非计划降功率运行和停堆情况综述；

（三）运行事件与经验反馈情况综述；

（四）辐射防护情况综述；

（五）应急准备情况综述；

（六）已辐照核燃料元件的检验结果和核燃料元件的损坏情况；

（七）人员培训情况；

（八）其他应当报告的事项和活动综述。

第十三条　核动力厂营运单位应当从取得运行许可证并完成首次换料大修之日的次日起，至取得退役批准书之日止，在每年 6 月 1 日前，向国家核安全局提交前一年度的核动力厂设备可靠性数据年度报告。

核动力厂运行多台核电机组的，可以将多台核电机组的设备可靠性数据情况综合成一份年度报告。

6 月 1 日是节假日的，核动力厂营运单位提交核动力厂设备可靠性数据年度报告的届满之日顺延至节假日后第一个工作日。

第十四条　核动力厂设备可靠性数据年度报告包括下列内容：

（一）设备类综述、划分原则和设备详细信息等基础信息；

（二）筛选统计准则、设备失效事件分析过程和设备失效事件记录等可靠性数据筛选统计过程；

（三）设备可靠性数据采集统计结果、核电机组安全重要系统设备列的不可用时间与总的需求可用时间等数据统计结果。

第三章　重要活动报告

第十五条　核动力厂营运单位应当从获得选址阶段环境影响报告书批复之日起，至取得退役批准书之日止，对未纳入建造阶段月度报告和运行阶段月度报告的重要活动，以电子邮件等有效方式及时向核动力厂所在地区核与辐射安全监督站报告。

第十六条　本规定第十五条规定的重要活动包括：

（一）核动力厂营运单位组织的与核安全有关的重要调查、审查或者检查活动；

（二）国家核安全局或者核动力厂所在地区核与辐射安全监督站确定的有关控制点的变更和后续计划安排；

（三）核动力厂营运单位涉及核安全的重要活动、重要会议、论证、试验和纠正措施；

（四）核动力厂营运单位进行的固体放射性废物或者乏燃料外运活动；

（五）国家核安全局认为应当报告的涉及核安全的其他重要活动；

（六）核动力厂营运单位认为应当报告的涉及核安全的其他重要活动。

第四章 建造阶段事件报告

第十七条 核动力厂营运单位应当在取得运行许可证前，向国家核安全局报告下列建造事件：

（一）核电机组安全重要构筑物、系统和设备以及与其有关的采购、土建、安装和调试等活动，与相关法律、行政法规、部门规章和国家强制性标准不一致的；

（二）核电机组安全重要构筑物、系统和设备以及与其有关的土建、安装和调试等活动，与核动力厂建造许可文件中认可的初步安全分析报告不一致，导致核电机组安全重要构筑物、系统和设备的安全功能不能满足或者不能确定满足要求的；

（三）核电机组安全重要构筑物、系统和设备及其相关活动，违反核动力厂建造许可文件规定的条件，或者未按照建造许可文件规定的条件完成相关论证、验证工作即开展相关活动的；

（四）核电机组安全重要构筑物、系统和设备以及与其有关的土建、安装和调试等活动，与核动力厂营运单位在建造许可文件中承诺遵守的规范、标准或者技术条件要求不一致，导致核电机组安全重要构筑物、系统和设备的安全功能不能满足或者不能确定满足要求的；

（五）核电机组安全重要构筑物、系统和设备发生共因事件或者故障的；

（六）构成核动力厂安全屏障的重要设备或者构筑物受到严重损伤，导致其安全功能不能满足或者不能确定满足要求的；

（七）核电机组安全重要构筑物、系统和设备的土建、安装和调试等活动中发生原设计未预计的情况，导致安全功能可能受到不利影响的；

（八）在核电机组安全重要构筑物、系统和设备的采购、土建、安装和调试等活动中发现故意破坏、造假和欺骗情形的；

（九）国家核安全局认为应当报告的其他事件；

（十）核动力厂营运单位认为应当报告的其他事件。

第十八条 核动力厂营运单位应当在建造事件发生或者发现后二十四小时内，口头通告国家核安全局和核动力厂所在地区核与辐射安全监督站。口头通告的方式可以采取电话、当面陈述或者其他有效方式。

前款规定的口头通告的内容应当包括核动力厂名称、机组编号、事件发生时间、报告依据、事件摘要和报告人。

第十九条 核动力厂营运单位应当在建造事件发生或者发现后三日内，向国家核安全局和核动力厂所在地区核与辐射安全监督站提交书面通告。第三日是节假日的，核动力厂营运单位提交书面通告的届满之日顺延至节假日后第一个工作日。

前款规定的书面通告的内容应当包括本规定第十八条规定的口头通告的内容，以及出现问题的构筑物、系统和设备及其供货商、制造厂或者施工单位等。

第二十条　核动力厂营运单位应当在建造事件发生或者发现后三十日内，向国家核安全局提交建造事件报告。第三十日是节假日的，核动力厂营运单位提交建造事件报告的届满之日顺延至节假日后第一个工作日。

提交建造事件报告的期限已届满，核动力厂营运单位对建造事件的处理尚没有结论或者没有处理完毕的，可以先向国家核安全局提交阶段性建造事件报告，并在建造事件处理完毕后提交补充信息。

核动力厂建造事件报告的内容应当包括事件背景、事件描述、已经制定的或者正在进行的纠正措施、事件对工程质量和进度的影响、事件的原因分析和经验教训、事件对安全影响的分析等。

第二十一条　国家核安全局认为核动力厂营运单位提交的建造事件报告不够清晰和完整的，应当要求核动力厂营运单位补充或者修改，并提交补充或者修改后的报告。

第五章　运行阶段事件报告

第二十二条　核动力厂营运单位应当从取得运行许可证之日起，至取得退役批准书之日止，向国家核安全局报告下列运行事件：

（一）核动力厂营运单位执行核动力厂运行限值和条件所要求的停堆；

（二）核电机组超出安全限值或者安全系统整定值；

（三）违反核动力厂运行限值和条件规定的操作或者状况；

（四）导致核电机组主要实体屏障严重劣化或者处于明显降低核动力厂安全的没有分析过的状况；

（五）任何对核电机组安全有现实威胁或者明显妨碍核动力厂现场人员执行安全运行有关职责的自然事件或者其他外部事件；

（六）导致反应堆停堆保护系统和专设安全设施自动或者手动触发的事件；

（七）任何可能妨碍构筑物或者系统实现停堆和保持安全停堆状态、排出堆芯余热、控制放射性物质释放、缓解事故后果等安全功能的事件或者状况；

（八）同一原因或者状况导致具有停堆和保持安全停堆状态、排出堆芯余热、控制放射性物质释放、缓解事故后果等安全功能的系统的系列或者通道同时失效的事件；

（九）放射性释放和辐射照射事件；

（十）任何对核电机组安全有现实威胁或者明显妨碍核动力厂现场人员执行安全运行有关职责的内部事件；

（十一）网络攻击事件；

（十二）其他事件。

核动力厂进入应急状态的，核动力厂营运单位应当按照本规定第六章有关核事故应急报告的要求进行报告。

第二十三条 核动力厂营运单位应当在运行事件发生或者发现后二十四小时内，口头通告国家核安全局和核动力厂所在地区核与辐射安全监督站。口头通告的方式可以采取电话、当面陈述或者其他有效方式。

前款规定的口头通告的内容应当包括核动力厂名称、机组编号、事件发生时间、报告依据、事件发生前机组状态和功率水平、事件初步情况，以及口头通告时所处的状况。

第二十四条 核动力厂营运单位应当在运行事件发生或者发现后三日内，向国家核安全局和核动力厂所在地区核与辐射安全监督站提交书面通告，并在书面通告中对运行事件进行初步事件分级。第三日是节假日的，核动力厂营运单位提交书面通告的届满之日顺延至节假日后第一个工作日。

前款规定的书面通告的内容应当包括本规定第二十三条规定的口头通告的内容，以及事件对运行的影响、放射性后果、出现问题的系统或者设备等。

第二十五条 核动力厂营运单位应当在运行事件发生或者发现后三十日内，向国家核安全局提交运行事件报告，并在运行事件报告中对运行事件进行事件分级。第三十日是节假日的，核动力厂营运单位提交运行事件报告的届满之日顺延至节假日后第一个工作日。

提交运行事件报告的期限已届满，核动力厂营运单位对运行事件的处理尚没有结论或者没有处理完毕的，可以先向国家核安全局提交阶段性运行事件报告，并在运行事件处理完毕后提交补充信息。

核动力厂运行事件报告的内容包括事件描述、主要的失效、安全系统响应、事件原因分析、安全后果评估、纠正措施、事件分级、以往类似事件、事件编码等。

第二十六条 国家核安全局认为核动力厂营运单位提交的运行事件报告不够清晰和完整的，应当要求核动力厂营运单位补充或者修改，并提交修改后的报告。

第六章　核事故应急报告

第二十七条 核动力厂进入应急状态、应急状态变更或者应急状态终止后十五分钟内，核动力厂营运单位应当首先用电话，随后用传真或者其他约定的电子信息传输方式向国家核安全局和核动力厂所在地区核与辐射安全监督站发出核事故应急通告。

第二十八条 核动力厂进入应急状态后，核动力厂营运单位应当保持与国家核安全局应急网络平台的畅通，直到应急状态终止。

第二十九条 核动力厂进入厂房应急或者高于厂房应急状态后的一小时内，核动力厂营运单位应当采用电话、传真或者其他约定的电子信息传输方式向国家核安全局和核动力厂所在地区核与辐射安全监督站发出核事故应急报告，并在首次发出核事故应急报告之后持续发出核事故应急报告，直至应急状态终止。

同一应急状态下，核动力厂营运单位连续两次发出核事故应急报告的时间间隔不应超过一小时；事故态势得到控制后，核动力厂营运单位发出核事故应急报告的时间间隔可适当延长，但不得超过四小时。

核动力厂营运单位认为有必要时，可以向国家核安全局和核动力厂所在地区核与辐射安全监督站即时报送核事故应急报告，不受本条规定的时间间隔限制。

第三十条 核动力厂应急状态终止后三十日内，核动力厂营运单位应当向国家核安全局提交核动力厂核事故最终评价报告，并在核事故最终评价报告中对核事件或者事故进行分级。

第三十日是节假日的，核动力厂营运单位提交核事故最终评价报告的届满之日顺延至节假日后第一个工作日。

第七章 附 则

第三十一条 本规定中下列用语的含义：

（一）核动力厂，是指核电厂、核热电厂、核供汽供热厂等核动力厂及装置。

（二）事件或者事故分级，是指按照国际核事件分级标准（INES）对运行事件或者事故进行的分级。考虑核事件对人和环境的影响、对设施放射性包容和控制的影响、对纵深防御能力的影响，将核事件分为七级，其中较低级别称为事件，分别为异常（1 级）、一般事件（2 级）、重要事件（3 级）；较高级别称为事故，分别为影响范围有限的事故（4 级）、影响范围较大的事故（5 级）、重要事故（6 级）和重大事故（7 级）。对不具有安全意义的微小事件称为“偏差”，归为 0 级。

（三）核事故应急状态，根据《核电厂核事故应急管理条例》的有关规定，分为应急待命、厂房应急、场区应急和场外应急四级。

第三十二条 核动力厂营运单位的核安全信息公开，按照《核安全信息公开办法》执行。

第三十三条 本规定由国家核安全局负责解释。

第三十四条 本规定自 2021 年 1 月 1 日起施行。1995 年 6 月 14 日国家核安全局发布的《核电厂营运单位报告制度》同时废止。

HAF001/02/02

研究堆营运单位报告制度

（1995 年 6 月 14 日国家核安全局发布）

根据《中华人民共和国民用核设施安全监督管理条例实施细则之二——核设施的安全监督》第二十三条的规定，制定本报告制度。

本报告制度是《中华人民共和国民用核设施安全监督管理条例实施细则之二》的附件。具有与其同等的法律效力，由国家核安全局负责解释。

本报告制度中“研究堆”是指主要用于产生和利用中子注量率和电离辐射作研究和其他目的用的核反应堆，包括有关的实验设施和临界装置。

1　定期报告

1.1　建造阶段季度报告

1.1.1　报告方式和时间

在研究堆的建造阶段，从领到建造许可证件之日起到首次装料止，营运单位必须以公函形式在每个季度的第一个月最后一天以前，向所在地区监督站递交前一季度的建造情况总结报告。同时抄送国家核安全局。

如果该月最后一天是节假日，则顺延到节假日后第一个工作日递交或投递。

1.1.2　报告内容

（1）建造情况总结和计划完成情况；

（2）该季度内所发生的事件综述；

（3）存在的问题和下一步打算；

（4）需要说明的其他问题和参考资料清单。

1.1.3　季度报告封面格式见表 1。

1.2　运行阶段月报告

1.2.1　报告方式和时间

在研究堆的运行阶段，从首次装料开始到退役止，必须以公函形式在每月 10 日以前向所在地区监督站递交上个月运行情况的总结报告，同时抄送国家核安全局。

如果 10 日是节假日，则顺延到节假日后第一个工作日递交。

1.2.2　报告内容

（1）核设施利用情况（开堆次数，每次持续时间，积分功率和最大功率）；

（2）异常、故障和事故情况，包括紧急停堆和应报告事件的综述及其统计分析；

（3）核设施维修、试验、实验和系统、设备或规程的修改及其可能对安全产生的影响和与安全分析报告的一致性及其分析；

（4）人员培训及主要岗位运行人员的变化情况；

（5）监督试验和检查的结果。

1.2.3　月报告封面格式见表 2。

1.3　年度报告

1.3.1　报告方式和时间

营运单位必须以公函形式在每年 4 月 1 日以前向所在地区监督站递交前一年的年度总结报告，同时抄送国家核安全局。

若 4 月 1 日是节假日，则顺延到节假日后第一个工作日递交。

1.3.2　报告内容

1.3.2.1　建造阶段年度报告的内容

（1）建造情况总结和计划完成情况；

（2）该年内所发生的事件综述；

（3）存在的问题和下一步打算；

（4）需要说明的其他问题和参考资料清单。

1.3.2.2　运行阶段年度报告的内容

（1）核设施利用情况（开堆次数、每次持续时间和最大运行功率，全年的功率水平随时间的变化曲线）；

（2）异常、故障和事故情况，包括紧急停堆和应报告事件的综述和统计分析、概要分析所采取的纠正措施和核设施的安全性能及经验教训；

（3）设施维修、试验、实验、系统、设备或规程的修改及其可能对安全产生的影响和与安全分析报告的一致性及其分析；

（4）固体、液体和气体放射性废物的处理量和排放量；

（5）运行、维修、设计、放射性废物管理、保健物理、环境监测、安全检查等各类人员全年受的放射性剂量情况和集体剂量；

（6）人员培训及主要岗位运行人员的变化情况；

（7）监督试验和检查的结果；

（8）厂址周围环境监测结果；

（9）燃料元件的消耗、库存和损坏情况。

1.3.3　年度报告封面格式见表 3。

2 重要活动通告

在研究堆进行下列活动时，营运单位必须提前 7 天以有效方式通告到所在地区监督站或国家核安全局：

2.1 营运单位组织的与核安全有关的调查、审查或检查活动；

2.2 营运单位进行的与核安全有关的质保检查；

2.3 国家核安全局确定的有关物项的制造、安装、调试、维修、检查工作中控制点和进度的变更；

2.4 涉及核安全的重要会议、论证、试验和纠正措施；

2.5 国家核安全局或营运单位认为需要通告的其他重要活动。

3 建造阶段事件报告

3.1 报告准则

在研究堆建造期间，从领到建造许可证件之日起到首次装料止，发现下列事件时，营运单位必须向国家核安全局和所在地区监督站报告。

3.1.1 违反认可的质保大纲的要求。

3.1.2 最终设计明显违反安全分析报告中的承诺或建造许可证条件。

3.1.3 构筑物、系统或部件的建造缺陷明显偏离安全分析报告中的承诺或建造许可证条件或影响相应的构筑物、系统或部件执行其预期的安全功能。

3.1.4 现场施工明显偏离安全分析报告或建造许可证条件中相应规定或影响相应的构筑物、系统或部件执行其预期的安全功能的重大偏差。

3.1.5 导致工期延误的工作失误、自然事件或其他外部事件。

3.2 事件通告

3.2.1 口头通告

3.2.1.1 营运单位必须在事件发现后 24 小时内口头通告国家核安全局和所在地区监督站。

3.2.1.2 口头通告可以采用电传、传真、电话或面述等方式。地区监督站应做口头通告记录。

3.2.1.3 口头通告的内容包括营运单位名称、核设施名称、事件发生时间和情况以及报告人。

3.2.2 书面通告

3.2.2.1 营运单位必须在事件发现后三天内向国家核安全局和所在地区监督站递交书面通告，节假日期间顺延到节假日后第一个工作日递交。

3.2.2.2 书面通告按表 4 填写。在“报告准则”栏中，如果相应事件不是根据所列的准则报告的，应在“备注”栏中给予具体说明。“摘要（简要说明事件概况）”栏中，应该用简洁明了的语言描述整个事件的概况。

3.2.2.3　事件通告编号

事件通告编号由营运单位代码、核设施代码、年和序号组成。

“营运单位代码”是根据相应的营运单位名称的汉语拼音缩写成的两位字母。

“核设施代码”可以用数字、字母或字母数字组合，最多不超过四位。

“年”是指事件发生的日历年，这里取最后两位数字。

“序号”是指每个设施在每个日历年内所发生事件的序号。

3.3　事件报告

3.3.1　报告方式和时间

营运单位必须以公函形式在事件发现后 30 天内向国家核安全局和所在地区监督站递交事件报告。

3.3.1.1　如果第 30 天是节假日，则顺延到节假日后第一个工作日递交或投递。

3.3.1.2　如果到了递交事件报告的日期，对事件的处理还没有结论或没有处理完毕，必须在原事件报告递交以后提交“补充报告”，直到相应的事件有了最后处理结论为止。

3.3.2　事件报告内容

3.3.2.1　营运单位和核设施名称

3.3.2.2　事件报告编号

事件报告编号的组成与事件通告编号的组成一样。

3.3.2.3　事件名称

事件名称应反映相应事件的主要特征。

3.3.2.4　事件发生时间

某些事件，如文件、程序方面的错误，如果不知道发生时间，可以填发现时间。

3.3.2.5　报告日期

这里是指递交事件报告的日期。

3.3.2.6　报告人

报告人是指营运单位负责编写事件报告和有关联络工作的人员，他应该对相应事件的全过程比较了解，并由他提供该事件的补充信息和其他有关的参考资料。

3.3.2.7　报告准则

该栏填写报告相应事件所依据的“报告准则”。

如果是根据其他规定报告的，应在“备注”栏内给予具体说明。

3.3.2.8　事件的性质及其对安全可能产生的危害

对该事件的分析结论，包括事件的严重性评价和对安全可能产生的危害。

3.3.2.9　报告摘要

用精练的语言简要描述事件的概况，包括事件所包含的全部建造缺陷和不符合项的数量和位置，原因分析、纠正措施、经验教训、经济损失、对相应工程的影响和分析结论及建议。

3.3.2.10 报告正文

报告正文是事件报告的主要内容，它应对事件所涉及的一切过程和现象有层次清晰的准确描述。特别是在事件过程中在场人员看到的、听到的和做过的一切都应记录下来，以便尽可能为分析人员提供更多的信息。

3.3.2.1 至 3.3.2.10 所要求的内容按表 5 填写。

3.3.3 补充报告

在下列情况下，应该提交补充报告：

（1）原事件报告需要补充或修订，如在原事件报告递交以后发现某些内容与事后调查到的情况不符或遗漏某些重要细节，或当时还没有结论或没有决定采取纠正措施，或改变已经确定的计划等，必须提交补充报告。

（2）对复杂的事件，如果国家核安全局认为原事件报告不够详细，营运单位必须根据所指定的范围和内容提交补充报告。

4 运行阶段事件报告

4.1 报告准则

在研究堆的运行和实验期间，从首次装料开始到核设施退役止，发生下列各类事件时，营运单位必须向国家核安全局和所在地区监督站报告。

4.1.1 核安全法规或安全分析报告要求的停堆事件

这类事件的事例有：在运行或实验期间，由于反应堆运行人员或实验人员发现异常而立即停堆，在反应堆运行期间，由于控制棒卡住而立即停堆，或停堆系统的仪表运行通道数不满足最少通道数的要求而立即停堆；或一次水的水质不符合要求，而且在 24 小时内没有恢复到要求的状态而立即停堆。

4.1.2 违反核安全法规或安全分析报告中运行限值和条件或实验限制条件的运行事件

这类事件包括：

（1）超出安全限值或安全系统整定值；

（2）监督试验或监测周期超过规定的期限；

（3）运行或实验违反核安全法规的规定或安全分析报告中的承诺。

这些事件的事例有：反应堆冷却剂流量、燃料元件的壁面温度或偏离泡核沸腾比（DNBR）偏离规定的限值；反应堆功率倍增周期小于规定值，在接近临界时，堆芯反应性引入速率超过规定值，向堆芯引入的反应性超出规定的限值，停堆裕度或安全棒的反应性当量偏离规定的限值；通道校核、刻度或功能试验周期超过规定的限值；运行限值和条件不满足时没有采取适当的安全措施而继续运行等。

4.1.3 任何导致核设施的安全屏障或重要设备受到严重损伤或出现下列工况的事件

（1）明显危及安全的没有分析过的工况；

（2）超出相应核设施的设计基准的工况；

（3）在相应核设施的运行规程或应急规程中没有考虑的工况。

这类事件的事例有：堆芯或燃料池内燃料元件包壳破损或装卸时受到机械损伤，辐照过的燃料元件在储存或运输时失去冷却；反应堆启动后发现燃料装载、控制棒和实验体的布置错误，从而导致功率分布异常；堆内构件倒塌或损坏，慢化剂内混入其他流体或冷水引入堆芯；燃料操作过程中偶然临界、意外的反应性引入或弹棒事故导致瞬发临界，设备故障、实验计划错误或人的操作失误导致反应性引入失控；冷却剂流道阻塞或堆芯旁路导致偏离泡核沸腾比（DNBR）小于限值，反应堆冷却系统出现破口或断流或二回路冷却系统出现类似故障；失去热阱等。

4.1.4　对核设施的安全有现实威胁或明显妨碍其安全运行或实验的自然事件或其他外部事件

这类事件的事例有：地震、洪水、滑坡、地面沉降或隆起、飞机撞击、化学物质或有毒气体释放、森林火灾、工业或军事设施事故、蓄水工程事故、地面交通工具事故和使用爆炸物等。在发生这类事件时应分析判断他们对安全的威胁是否具有现实性，然后再决定是否必须报告。

此外，对来自外部的某些人为事件，例如，经过核实的可能影响核设施安全的敌意举动或有这种企图的行为，也必须报告。

4.1.5　反应性控制系统或反应堆保护系统出现影响安全的故障

这类事件的事例有：控制棒或控制棒驱动机构故障；慢化剂或反射层控制系统故障；事故（应急）排水阀不能开启；用于反应性控制或反应堆保护的核测量系统故障，安全棒或停堆系统或其他专设安全设施故障等。

4.1.6　用于控制放射性物质释放或缓解事故后果的系统故障

这类事件包括下列系统或设备出现故障或损坏：燃料元件或放射性材料的包容系统；屏蔽结构或屏蔽装置；过滤装置或通风设施；反应堆冷却剂净化系统；放射性废液处理或排放系统；辐射监测仪表；应急或辅助冷却系统等。

4.1.7　在核设施运行阶段发现的设计、采购、施工、试验、运行、实验、维修、检查、质保、人员培训和资格考核以及安全审评工作中的重大失误，并有可能对核设施的安全产生有害影响的事件

这类事件的事例有：违反或未经审核而修改认可的质保大纲或质保要求；最终设计违反批准的安全分析报告中承诺或建造、装料、运行许可证条件；不符合法规、标准、技术条件或其他设计要求的设计、采购和施工活动；施工中的重大偏差、缺陷或隐患对安全重要的构筑物、系统、部件或堆芯布置的设计或施工方案修改后没有经过安全审评而投入运行；运行、实验、维修、人员培训或资格考核中的人为失误或程序错误；事故分析或安全审评中使用了错误的或不适用的假设或数学模型。

4.1.8　放射性事件

4.1.8.1　对工作人员或厂址附近公众成员造成的有效剂量当量超过国家标准规定的限值。

4.1.8.2 在厂址边界以外，空气中气载放射性物质在一小时内平均浓度超过国家标准规定的导出空气浓度（DAC）限值的两倍。

4.1.8.3 在厂址边界以外，集中取水口水中所含放射性核素，除氟和溶解的惰性气体外，一小时内平均浓度超过国家标准规定的导出食入浓度（DIC）限值的两倍。

4.1.8.4 放射性物质的转移、储存和放射性废物的排放管理违反国家标准或有关部门的相应规定的。

这类事件的事例有：

（1）在一次事件中，工作人员个人受到的有效剂量当量超过限值。导致该事件的原因可能是违反放射性操作规程、启动或实验事故、屏蔽失效、工作人员误入禁区、辐射监测仪表失灵等；

（2）在厂址边界以外，公众成员在一个日历年内受到的有效剂量当量超过规定值。导致该事件的原因可能是放射性废物排放的方式和数量违反了规定、放射性物质或污染物存放或屏蔽不符合要求、厂址边界出入管理不善等；

（3）导致人员伤亡或需要送医院治疗的辐照事故；

（4）厂区内转移或储存、发运或到货的放射性物质，由于包装不合格或不密封，造成表面剂量超过规定值或有关放射性物质向外泄漏；

（5）在堆内生产的放射性物质或辐照样品丢失；

（6）意外的放射性释放或裂变材料在存放过程中意外临界。

4.1.9 对核设施安全有现实威胁或明显妨碍其安全运行或实验的内部事件

这类事件的事例有：厂房内发生火灾，化学物质、有毒气体或放射性物质释放或发生爆炸等。

4.1.10 其他事件

上述 9 类所不包括的，由国家核安全局或营运单位根据事件的性质及后果确定为对安全有影响的重大事件以及公众普遍关注的事件。

4.2 事件通告

4.2.1 口头通告

4.2.1.1 营运单位必须在事件发生后 24 小时内口头通告国家核安全局和所在地区监督站。

4.2.1.2 口头通告的方式可以是电传、传真、电话或面述。地区监督站应做口头通告记录。

4.2.1.3 口头通告的内容包括营运单位名称、核设施名称、事件发生时间和情况以及报告人。

4.2.2 书面通告

4.2.2.1 营运单位必须在事件发生后三天内向国家核安全局和所在地区监督站递交书面通告。

节假日期间顺延到节假日后第一个工作日递交。

4.2.2.2 书面通告按表 6 填写。在“报告准则”、“事件前核设施状态”和“事件影响”栏中，如果相应事件不属于所列的情况，应在“备注”栏中给予具体说明。“摘要（简要说明事件概况）”栏中，应该用简洁明了的语言描述整个事件的概况。

4.2.2.3　事件通告编号由营运单位代码、核设施代码、年和序号组成。

“营运单位代码”是根据相应的营运单位名称的汉语拼音缩写成的两位字母。

“核设施代码”可以用数字、字母或字母数字组合，最多不超过四位。

“年”是指事件发生时的日历年，这里取最后两位数字。

“序号”是指每个设施在每个日历年内所发生事件的序号。

4.3　事件报告

4.3.1　报告的方式和时间

营运单位必须以公函形式在事件发生后 30 天内向国家核安全局和所在地区监督站递交事件报告。

4.3.1.1　如果第 30 天是节假日，则顺延到节假日第一个工作日递交或投递。

4.3.1.2　在一个事件包含两个以上子事件时，如果它们发生的日期不一样，则第一个子事件的发生日期是该事件的发生日期。如果到了递交事件报告的日期，整个事件还没有结束，在原事件报告递交以后必须以“补充报告”的形式继续报告所发生的情况。

4.3.2　事件报告的内容

4.3.2.1　营运单位和核设施的名称

4.3.2.2　事件报告编号

事件报告编号的组成与事件通告编号的一样。

4.3.2.3　事件名称

事件名称应反映相应事件的主要特征。一般情况下，应反映相应事件所引起的后果。对于仪表故障，在事件名称中应该指明相应仪表的类型和所监测的物理参数。

4.3.2.4　事件发生时间和结束时间

有些事件，如设计、施工或程序方面的失误或设备内在缺陷，如果不知道发生时间，可以填入发现时间。

4.3.2.5　报告日期

这里指递交事件报告的日期。

4.3.2.6　报告人

报告人是指营运单位负责编写该事件报告和有关联络工作的人员，他应对事件的全过程比较了解，并由他提供该事件的补充信息和其他有关参考资料。

4.3.2.7　报告准则

这里填写所报告事件依据的“报告准则”。如果是根据其他规定报告的，应在“备注”栏内给予说明。

4.3.2.8　事件前核设施状态

事件前核设施状态就是指事件刚发生的瞬间的核设施状态。对于隐含的事件，例如在试验、检查或维护期间发现的事件，该栏填报发现时的核设施状态。如果设施状态不属于该栏中所列的情况，应在“备注”栏内说明。

4.3.2.9　事件影响

如果事件对核设施的影响不属于该栏所列的情况，应在“备注”栏内说明。

4.3.2.10　放射性后果

事件对人员和环境造成的放射性后果。

4.3.2.11　安全评定

安全评定是对相应事件的分析结论，包括事件的性质、事件对安全的危害及潜在后果。要说明报告该事件所依据的准则、事件中系统或设备故障的性质以及安全系统的可用性。分析在合理可信的其他情况下，同样的事件所引起的后果。

4.3.2.12　报告摘要

用精练的语言简要说明整个事件的概况，包括事件所包含的全部子事件，所有的系统或部件故障，人的失误，当班人员反应，每个子事件的原因（包括根本原因和直接原因）、后果、发现方法、经验教训、纠正措施和最后结果等。要求文字简单扼要，但不能遗漏重要情节。

4.3.2.13　报告正文

报告正文是事件报告的主要内容，它应对事件所涉及的一切过程和现象有层次清晰的准确描述。特别是在事件发生和发展过程中，设备和人员的状况和反应以及在现场人员看到的、听到的和做过的一切都应记录下来，以便尽可能为事故分析人员提供更多的信息。

4.3.2.1 至 4.3.2.13 所要求的内容按表 7 填写。

4.3.3　补充报告

（1）原事件报告需要补充或修订，例如，在递交事件报告时，整个事件还没有结束或设备故障原因没有查明，或在递交后发现事件报告的某些内容与事后调查到的情况不符或遗漏某些重要细节，或当时还没有决定是否采取纠正措施或改变已经作出的决定等。

（2）对复杂的事件，如果国家核安全局认为原事件报告不够详细，营运单位必须根据所指定的范围和内容提交补充报告。

5　核事故应急报告

在研究堆发生核事故时，营运单位必须及时向国家核安全局和所在地区监督站报告。

5.1　核事故应急通告

5.1.1　主营运单位必须在发生事故并进入厂房应急状态后 30 分钟内发出应急通告。

5.1.2　在向国家核安全局应急中心和所在地区监督站发通告时，采用电话传真方式。

5.1.3　应急通告的内容按表 8 填写。

5.2　核事故应急报告

5.2.1　初始报告和后续报告

5.2.1.1　营运单位必须在核事故发生并进入厂房应急状态后1小时内用电话传真方式向国家核安全局应急中心和所在地区监督站发出应急报告。

5.2.1.2　在初始报告发出后，每隔2小时用电话传真方式向国家核安全局应急中心和所在地区监督站发一次后续报告。

5.2.1.3　在事故源项或应急状态级别变更时，应立即用电话传真方式向国家核安全局应急中心和所在地区监督站发后续报告。然后，每隔2小时发一次后续报告。

5.2.1.4　在核事故势态得到控制后，每隔6小时用电话传真方式向国家核安全局应急中心和所在地区监督站发一次后续报告。直至退出应急状态为止。

5.2.1.5　初始报告和后续报告按表9填写。

5.2.2　最终报告

5.2.2.1　营运单位必须在退出应急状态以后 30 天内向国家核安全局和所在地区监督站提交核事故最终评价报告。

5.2.2.2　如果第30天是节假日，则顺延到节假日后第一个工作日递交或投递。

5.2.2.3　核事故最终评价报告按表10填写。

（附表1～附表10略）

HAF001/02/03

核燃料循环设施的报告制度

（1995 年 6 月 14 日国家核安全局批准发布）

根据《中华人民共和国民用核设施安全监督管理条例实施细则之二——核设施的安全监督》第二十二条的规定，制定本报告制度。

本报告制度是《中华人民共和国民用核设施安全监督管理条例实施细则之二》的附件，具有与其同等的法律效力，由国家核安全局负责解释。

1 定期报告

1.1 建造阶段季度报告

1.1.1 报告的方式和时间

在核燃料循环设施的建造阶段，即从领到建造许可证之日起至冷调试结束止，营运单位必须以公函形式在每一季度的第一个月内向所在地区监督站递交前一季度的建造情况总结报告，同时抄送国家核安全局。

如果该月最后一天是节假日，则顺延到节假日后第一个工作日递交。

1.1.2 报告内容

（1）建造活动的进展情况；

（2）质保大纲的执行情况；

（3）该季度内所发生的事件综述及分析；

（4）安全重要构筑物、系统和部件（或设备）的修改或变更；

（5）安全重要系统和设备在安装、调试中所存在的安全问题及纠正措施；

（6）下一步的计划安排；

（7）国家核安全局或营运单位认为需要报告的其他事项。

1.1.3 季度报告封面格式见表 1。

1.2 运行阶段月报告

1.2.1 报告方式和时间

在核燃料循环设施的运行阶段，即从热调试之日起，营运单位必须以公函形式在每一个月的 10 日前向所在地区监督站递交上个月运行情况的总结报告。同时抄送国家核安全局。如果10日是节假日，则顺延到节假日后第一个工作日递交。

1.2.2　报告内容

（1）本月的生产情况，安全重要构筑物、系统和部件（或设备）的运行性能及对其进行监督、检查、试验和维修的情况；

（2）安全重要构筑物、系统和部件（或设备）的修改或变更以及对运行规程的修改；

（3）核临界安全的控制（包括临界物理参数监控仪表运行情况、监测结果及与运行限值的比较）；

（4）放射性废物的贮存、处理及处置情况及存在的安全问题及采取的预防措施；

（5）运行中发生的事件综述与分析，构筑物、系统和部件（或设备）存在的或潜在的安全问题及其所采取的措施；

（6）核材料变动情况；

（7）国家核安全局或营运单位认为需要报告的其他事项。

1.2.3　月报告封面格式见表2。

1.3　年度报告

1.3.1　报告方式和时间

营运单位必须以公函形式在下一年度的4月1日前向所在地区监督站递交前一年的年度总结报告。同时抄送国家核安全局。

如果4月1日是节假日，则顺延到节假日后的第一个工作日递交或投递。

1.3.2　报告内容

1.3.2.1　建造阶段年报内容包括：

（1）年度计划的完成情况；

（2）一年内发生的事件综述、原因分析及其经验教训；

（3）构筑物、系统和部件（或设备）存在的安全有关问题及其纠正措施；

（4）下一年度的计划安排；

（5）国家核安全局或营运单位认为需要报告的其他事项。

1.3.2.2　运行阶段年报内容包括：

（1）安全重要构筑物、设备和系统的运行性能及其自检情况；

（2）工作人员受到的辐射照射剂量分布和集体剂量；

（3）排放至环境的放射性核素的组分、浓度和总量；

（4）核材料衡算管理和实物保护情况；

（5）放射性废物的贮存、处理和处置情况及存在的安全问题及采取的预防措施；

（6）核临界安全的控制（包括临界物理参数监控仪表运行情况、监测结果及与运行限值的比较）；

（7）一年内发生的事件综述、原因分析及其经验教训；

（8）构筑物、系统和设备存在的或潜在的安全问题及解决办法；

（9）国家核安全局或营运单位认为需要报告的其他重要事项。

1.3.3 年度报告封面格式见表 3。

2 重要活动通告

在核燃料循环设施进行下列活动时，营运单位必须提前 7 天以有效方式通告到所在地区监督站或国家核安全局。

2.1 营运单位组织的与核安全有关的调查、审查或检查活动；

2.2 营运单位进行的与核安全有关的质保检查；

2.3 国家核安全局确定的有关物项的制造、安装、调试、运行、维修和检查工作中的控制点和进度的变更；

2.4 涉及核安全的重要会议、论证、试验和纠正措施；

2.5 收发核燃料的时间、类型和数量，核材料盘存计划；

2.6 实物保护中技术防范设施的变更、检修活动；

2.7 国家核安全局或营运单位认为需要通告的其他重要活动。

3 建造阶段事件报告

3.1 报告准则

在核燃料循环设施建造阶段，发现下列事件时，营运单位必须向国家核安全局和所在地区监督站报告。

3.1.1 违反认可的质量保证大纲的要求；

3.1.2 最终设计明显违反被认可的安全分析报告中的承诺或建造许可证条件；

3.1.3 不符合法规、标准、技术条件或其他设计要求的建造活动或物项；

3.1.4 建造中可能导致构筑物、系统和部件（或设备）不能满足预期使用要求和安全功能的重大偏差、缺陷、故障或损坏，或者需要重新评价验证的活动；

3.1.5 国家核安全局或营运单位认为需要报告的其他重要事件。

3.2 事件通告

3.2.1 通告方式和时间营运单位必须在事件发生后三天内向国家核安全局和所在地区监督站发出书面通告。节假日期间顺延到节假日后第一个工作日发出。

3.2.2 通告内容

事件通告的内容按表 4 填写。

3.3 事件报告

3.3.1 报告方式和时间

营运单位必须以公函形式在事件发生后 30 天内向国家核安全局和所在地区监督站递交事件报告。

如果第 30 天是节假日，则顺延到节假日后第一个工作日递交。

3.3.2　报告内容

事件报告的格式和内容按表 5 填写。下面给出表中各项的填写说明。

（1）核设施名称；

（2）报告编号由核设施代码、年和序号组成，其中“年”是指事件发生的日历年，这里取最后两位数字，“序号”是指核设施发生的事件的序号；

（3）填写事件通告编号的目的是为了建立某一事件的事件报告与事件通告的对应关系；

（4）事件名称应能反映事件的主要特征及出现异常的设备或系统；

（5）事件发生时间和结束时间：有些事件，如设计和施工中的问题，或设备内在缺陷，如不知道其发生时间，则可填写发现时间；

（6）报告递交日期是指递交事件报告的日期；

（7）事件的描述一栏中应详细描述事件发生的整个过程，层次清晰准确地描述事件涉及的一切过程和现象，以便为事件分析提供更多的资料；

（8）事件的原因一栏是要求说明导致事件发生的直接原因和根本原因；

（9）已采取的措施和目前情况；

（10）事件评价是要求通过对事件进行的分析，给出事件的性质、严重程度及对今后运行安全影响的意见；

（11）纠正措施和经验教训；

（12）报告人、审核人、批准人、营运单位。

3.3.3　补充报告在下列情况下，应提交补充报告：

（1）原事件报告需要补充或修正，如在原事件报告递交以后发现某些内容与事实不符或遗漏了某些重要细节，或当时还没有结论，或没有决定采取纠正措施，或改变已经确定的计划等，必须提交补充报告；

（2）对复杂的事件，如果国家核安全局认为原事件报告不够详细，营运单位必须根据所指定的范围和内容提交补充报告。

4　运行阶段事件报告

4.1　报告准则

在核燃料循环设施运行阶段，发现下列事件时，营运单位必须向国家核安全局和所在地区监督站报告。

4.1.1　违反安全限值和条件的事件

例如：（1）核燃料元件厂的气化罐工作压力和气化温度超过规定的限值；

（2）UF6 水解液铀浓度、料浆槽内 ADU 浆体含水量等超过规定的限值；

（3）核燃料后处理厂在乏燃料接收和储存中违反安全限值，如接收和储存的乏燃料数量超过技术规定的限值，乏燃料组件特性（富集度、冷却时间等）不满足技术规定的要求，以及起吊设备的操作、储存水池池水温度、池水放射性浓度、池水液位等违反所规定的运行限制条件；

（4）剪切、溶解、共去污等工艺的重要设备操作和运行超过所规定的安全限值和运行限制条件；

（5）偏离临界控制参数及条件的事件；

（6）废物储存、处理及处置中违反安全限值及条件的事件等。

4.1.2 导致密封屏障失效或损坏的事件

例如：（1）乏燃料组件、容器在吊运过程中坠落，造成乏燃料组件及容器损坏或水池损坏，致使密封屏障失效；

（2）工艺容器或管道、废液贮存罐等密封失效或损坏造成泄漏；

（3）后处理设备，如容器焊接、机械剪切、塔槽类容器和单元间隔的多重屏障或防泄漏构造受到破坏，产品贮存设施的密封性受到破坏；

（4）通风设备出现故障，手套箱和构筑物的负压未达到设计要求；

（5）溶解器排气系统碘吸附器失效，造成碘释放超过规定标准等。

4.1.3 可能导致临界的事件

例如：（1）含裂变物质的溶液从几何安全容器转移至其他容器中；

（2）向容器中引入过量的裂变物质或其溶液；

（3）裂变物质溶液浓度超过规定限值；

（4）加入了中子慢化剂或反射剂；

（5）加入的中子毒物失效；

（6）阀门泄漏导致某些临界控制方式被破坏；

（7）影响临界安全的人因事件等。

4.1.4 安全重要构筑物、系统和部件（或设备）故障、损坏失效的事件

例如：（1）乏燃料贮存设施如水池构造、材料腐蚀及冷却、检漏系统和水位报警装置受到损坏；

（2）泄漏监测、报警装置失灵；

（3）辐射监测系统仪表、报警装置失灵；

（4）通风系统故障；

（5）核临界事故探测与报警系统故障或损坏；

（6）火灾与爆炸的探测及报警系统失灵；

（7）应急电源系统故障或失效等。

4.1.5 放射性物质释放失去控制的事件

例如：（1）导致工作人员和厂区附近公众个人有效剂量当量超过国家规定的允许限值；

（2）向环境排放的气体和液体放射性物质的量超过排放量控制值；

（3）工作场所表面放射性物质污染水平超过国家规定的表面污染事故等级的事件；

（4）导致人员伤亡或需要送医院治疗的核起因事件等。

4.1.6　核材料被盗、破坏、丢失、非法转让和非法使用的事件

4.1.7　在运行阶段发现的设计、制造、安装、维修中的重大失误以致影响或可能影响安全的事件

例如：最终设计违反批准的安全分析报告中的承诺或许可证条件；不符合法规标准和技术条件的设计、建造、制造和安装中的重大偏差、缺陷或隐患等。

4.1.8　对核燃料循环设施的安全有现实威胁的自然事件和其他事件

例如：影响工厂安全或导致放射性物质及其相关化学物质泄漏或释放的地震、洪水、龙卷风、厂内火灾、飞射物入侵、厂区附近的工业爆炸等。

4.1.9　国家核安全局或营运单位认为需要报告的其他事件

4.2　事件通告

同建造阶段事件通告。

4.3　事件报告

同建造阶段事件报告。

5　核事故应急报告

在核燃料循环设施发生核事故时必须及时报告国家核安全局和所在地区监督站。

5.1　核事故应急通告

5.1.1　营运单位必须在发生核事故并进入应急状态 1 小时内用传真向国家核安全局应急中心和所在地区监督站发出应急通告。

5.1.2　核事故应急通告按表 6 填写。

5.2　核事故应急报告

5.2.1　营运单位必须在核事故的势态得到控制后用传真向国家核安全局应急中心和所在地区监督站发出后续报告（按表 7 填写）。

5.2.2　在核事故应急状态终止时发出应急状态终止报告（按表 8 填写）。

5.3　核事故评价报告

5.3.1　报告方式和时间

营运单位必须在退出应急状态以后 30 天内以公函形式向国家核安全局和所在地区监督站提交核事故评价报告。

如果第 30 天是节假日，则顺延到节假日后第一个工作日递交。

5.3.2　报告内容

核事故评价报告的格式按表 9 填写，其内容应包括：

（1）事故的始发和演变过程；

（2）事故过程中放射性物质的释放方式，释放的核素及数量；

（3）事故发生的直接原因和根本原因；

（4）事故发生后采取的补救措施和应急防护措施；

（5）对事故后果的估算，包括厂内外剂量分布和人员受照射情况；

（6）事故造成的经济损失；

（7）经验教训及防止再发生的措施。

（附表 1～附表 9 略）

HAF002/01

核电厂营运单位的应急准备和应急响应

（1998 年 5 月 12 日国家核安全局批准发布，自发布之日起施行）

第一章　总　则

第一条　根据《核电厂核事故应急管理条例》的有关规定，制定本实施细则。

第二条　本实施细则适用于核电厂营运单位的应急准备和应急响应活动，以及国家核安全部门对这些活动的审评和监督。

第三条　对核电厂营运单位的应急准备和应急响应进行审评、监督的依据是：

（一）国家核安全法规。

（二）国家的与原子能、辐射防护、环境保护、公安、卫生和交通等有关的法律与法规。

（三）国家核安全部门审查认可或批准的文件以及发布的其他指令。

第四条　国家核安全部门的监督并不减轻核电厂营运单位对核电厂应急准备、应急响应所承担的责任。

第二章　应急计划及相关文件的制定与审评

第五条　在核电厂不同阶段对核电厂营运单位及有关单位应急准备和应急响应的要求：

（一）可行性研究阶段

在可行性研究报告中，应分析推荐厂址区域的人口特点、地理特征及其他环境特征和在核电厂整个预计寿期内执行应急计划的能力。

（二）设计阶段

在核电厂设计阶段，应对核电厂事故状态（包括严重事故）及其后果作出分析，对厂内的应急设施、应急设备和应急撤离路线作出安排。

在初步安全分析报告（PSAR）有关运行管理的章节中，应提出应急计划的初步方案，其内容包括应急计划的目的、依据的法规和适用范围，营运单位所设置的应急组织及其职责的框架，应急计划区范围的初步测算及其环境（人口、道路、交通等）概况，主要应急设施与设备的基本功能和位置，撤离路线。相关资料可引用 PSAR 的其他章节的有关内容。

（三）建造阶段

若新建核电厂厂址的邻近已有正在运行的核电厂，则新建核电厂营运单位应针对正在运行的核电厂在事故编制相应的应急准备程序并进行适宜的应急准备。如正在运行的核电厂发生意外事故影响场外时，新建核电厂营运单位应有效实施应急响应，以保证工作人员的安全。

（四）装料前阶段

营运单位的场内应急计划经主管部门审查后应作为独立文件，与最终安全分析报告一并上报国家核安全部门审批，并按本实施细则第六条第（二）款第 6 项的规定，进行装料前的应急演习。在运行开始前核电厂营运单位必须做好全部应急准备。

新建的核电厂只有在其场内和场外核事故应急计划被审查批准后，方可装料。

（五）运行阶段

在整个核电厂运行阶段，应急准备应做到常备不懈；应急状态下需要使用的设施、设备和通信系统等须妥为维护，处于随时可用状态。应定期进行核事故应急演习和对应急计划进行复审和修订。

在核电厂出现应急状态时，应有效实施应急响应，及时向国家核安全部门报告事故情况并与场外应急机构协调配合，以保证工作人员、公众和环境的安全。

（六）退役阶段

在核电厂退役报告中应有应急计划的内容，说明在退役期间可能出现的应急状态及其对策，考虑待退役的核电厂可能产生的辐射危害，规定营运单位负责控制这些危害的组织和应急设施。在退役期间一旦发生事故，应有效实施应急响应，以保证工作人员、公众和环境的安全。

第六条 应急计划及其实施程序的制定

（一）核电厂营运单位应制定场内应急计划和相应的实施程序。

应急计划应根据核电厂可能发生的事故（包括设计基准事故和严重事故）及其对厂内、外的辐射影响以及核电厂厂址周围的自然条件和设备经济特征等制定。

核电厂营运单位应根据其场内应急计划，编写相应的应急计划实施程序。实施程序清单应列入应急计划中。

（二）应急计划应包括下列主要内容：

1．应急组织及其职责

应概述核电厂营运单位的运行组织和应急组织及其职责；应急组织负责制定应急计划和进行应急准备，统一指挥在应急状态下的应急响应，并负责与国家核安全部门及场外应急机构联系。

2．应急状态、干预水平和应急行动水平

应描述各应急状态的基本特征和不同应急状态下拟采取的应急响应行动，提出各种应急防护措施下使用的干预水平。应根据核电厂的设计特征和厂址特征提出应急行动水平。在申请首次装料批准书时，提出初步制定的应急行动水平；在申请运行许可证时应提交修订后的应急行动水平供审评。

3．应急设施和设备

列出应设置的主要应急响应所配置的设备等。主要的应急设施包括控制室、辅助控制点、应急指挥中心、应急技术支援中心应能获得核电厂的重要安全参数、厂内及其邻近地区的辐射状况，具有向国家核安全部门进行通信联络、实时在线传输核电厂重要安全参数的能力，以及与核电厂所在省（自治区、直辖市）场外应急机构进行通信联络的能力。

4．应急响应行动和防护措施

应规定各应急状态下的通知（通知场内应急部门及人员，国家核安全部门，场外应急机构）与报告、启动应急组织、开展评价工作、采取纠正及补救行动和采取防护行动的决策及其实施的方法和程序。

5．应急终止和恢复

应规定应急终止的条件、批准和发布程序，并概述应急终止后采取的行动、主要恢复措施和实施恢复活动的组织。

6．应急能力的维持

为了维持营运单位的应急响应能力，需规定进行应急培训、应急演习和对应急准备的监查、检查等活动的内容。

应概述应急培训大纲，明确规定培训的对象、要求、类型、教材、设备、频度、教员和记录等内容。在首次装料前应对所有应急人员（包括应急指挥人员）进行一次和在运行寿期内每年至少进行一次与他们预计要完成的应急任务相适应的培训和考核。

应急演习包括厂内应急组织的单项演习（练习）、综合演习和与厂外应急机构的联合演习，练习可以是演习的一个组成部分。综合演习至少每 2 年一次；联合演习按有关规定进行；练习至少每年一次，对通信和数据传输的练习要求更高的频度。应制定演习计划，计划中包括专门为演习或练习设计的合理的事故情景。综合演习计划及其事故情景设计应事先提交国家核安全部门。

7．场内、外应急计划的协调

场内应急计划应和场外应急计划相互补充和协调；应对可能的事故估计放射性物质释放的数量，并提供相应的实施公众防护措施的内容和方法。

（三）应急计划的格式和内容应按有关的规定进行编制。

第七条　营运单位的应急组织应根据应急演习和练习的结果、核电厂实际发生的事件或事故的经验、核安全法规要求的变更、设施和设备的变动以及技术的进步等，对应急计划和实施程序进行定期、不定期复审和修订。营运单位应至少每二年一次对应急计划进行修订，经修订后的应急计划必须报国家核安全部门备案。应急人员替代表内记录的各项内容如有变动应及时更新和报告。

第八条 国家核安全部门对营运单位申请核安全许可证件时提交的文件中关于应急准备、应急计划的有关内容进行的审评：

（一）对可行性研究报告中厂址部分的评价

确定该厂址对实施应急计划和应急措施的可行性，审查厂址周围的人口密度和分布（特别是可能影响采取应急措施的特殊人群组情况）及其在核电厂预计寿期内的变化，特殊的地理特征，周围经济、工业、农业、生态和环境特征。审评结论作为《核电厂厂址选择审查意见书》的内容之一。

（二）对应急计划初步方案的审评

审查初步安全分析报告中有关应急计划的初步方案的资料是否足够，是否满足本实施细则中第五条第（二）款的要求。评价应急设施的设计和设备配置的合理性，应急计划初步方案的适宜性，应急计划区范围和撤离路线的设计是否满足要求。

（三）对应急计划的审评

审查申请者提供的资料是否齐全，是否满足本实施细则第六条第（二）款和有关规定的要求。评价该计划是否能保证在事故情况下采取及时的和后续的适宜的防护措施，包括应急计划所考虑的事故范围是否正确，应急行动水平是否反映核电厂的具体情况，营运单位的场内应急计划与核电厂所在省（直辖市、自治区）政府的场外应急计划是否协调一致。

第三章 对应急准备和应急响应的监督

第九条 在核电厂运行期间，国家核安全部门对核电厂营运单位的应急准备状况执行应急响应的能力进行监督。监督的方式为日常的和例行的检查，检查的主要项目包括对应急组织、应急人员、程序、设施和物资以及对来自厂外的技术支援的检查，验证和检查是否符合有关核安全法规和应急计划的要求、是否做到常备不懈。

检查项目的主要内容如下：

（一）应急组织。检查营运单位的应急组织是否符合应急计划的要求，是否保持高效、快速的应急响应能力，检查与国家核安全部门、场外应急组织联系的组织、人员、条件及程序。

（二）应急状态分级和应急行动水平。检查营运单位的应急状态分级准则和应急水平以及有关人员对这些文件的熟悉情况。

（三）应急人员的应急响应能力。检查应急人员具有完成应急响应的能力和知识，包括检查重要岗位应急人员连续 24 小时的应急能力，应急人员花名册，应急人员及时获得通知的手段及程序，应急人员对自己在应急状态下职责及与其他应急人员的配合关系（包括与场外应急组织的人员的协调关系）的了解和所配备的应急设备和器材，应急人员的培训和再培训及其有效性等。

（四）应急设施和设备。各种重要应急设施、应急设备、通信系统和器材是否齐备及其维护状况，是否保持随时可启用的状态。

（五）应急实施程序。检查营运单位是否有完善的应急计划实施程序及其可操作性，是否符合最新情况。

（六）应急演习。检查营运单位制定和执行的应急演习计划，派核安全监督员现场监督在核电厂装料前和运行期间所进行的综合演习和联合演习，作出评价，并跟踪已发现的缺陷是否得到纠正。

（七）记录和报告制度。

（八）其他监督项目。

对应急准备的监督可以与其他核安全例行检查联合进行，也可以单独进行。

第十条　国家核安全部门对营运单位应急准备的核安全监督的方法及其对营运单位的要求等，执行核安全法规《中华人民共和国民用核设施安全监督管理条例实施细则之二——核设施的安全监督》。为保证与国家核安全部门通信联络的及时可靠，营运单位应向其提供必要的条件（包括通信器材）。

第十一条　在应急响应期间，国家核安全部门应对核电厂营运单位的响应活动和应急决策及其与场外应急组织的协调和提出的或采取的措施进行检查和评估，必要时进行干预；审查终止厂房应急状态及以上应急状态的条件。

在应急状态结束后，审查核电厂营运单位的后续行动和恢复活动，调查出现事故的原因和事故后果，评价营运单位对事故后果的分析，确定核电厂恢复运行、重新取证或退役。

第四章　记录和报告制度

第十二条　核电厂营运单位应做好运行状态下的应急准备工作的年度计划，并对有关活动进行详细记录和存档工作。

根据国家核安全部门的要求提交应急准备工作的年度计划报告和上年度的总结报告。

（一）　应急准备工作的年度计划报告的内容主要包括：

1. 应急培训和演习的计划与内容；

2. 应急设备的维护计划和预计的可能变更；

3. 有关应急文件的修订计划等。

（二）应急准备工作的年度总结报告内容主要包括：

1. 应急培训和演习内容、参加人员和取得的效果等；

2. 应急设施、设备、通信系统和各类应急器材的清单、状况、标定以及检查维修的结果。

（三）运行事件通告和报告，按核安全法规《中华人民共和国民用核设施安全监督管理条例实施细则之二附件一——核电厂营运单位报告制度》执行。

第十三条　营运单位向国家核安全部门提交报告的时间为：

1. 每次综合演习和联合演习结束后一个月内；

2．应急准备工作的年度计划和上年的总结报告在每年的第一季度末提交。

第十四条 核电厂应急状态下和应急终止后的记录和报告：

（一）应详细地记录应急期间的下列内容并存档：

1．事故始发过程和演变过程；

2．应急期间的评价活动、监测结果、采取的补救措施、防护措施和执行的应急行动程序及时序等；

3．事故释放的源项和后果。

（二）营运单位应在发生事故并进入应急待命或高于应急待命状态后 15 分钟内，向国家核安全部门发出应急通告，并在进入厂房应急或以上应急状态后 15 分钟向所在省（自治区、直辖市）应急指挥中心发出应急通告。

（三）营运单位应在核事故发生并进入厂房应急或高于厂房应急状态后的 45 分钟内向国家核安全部门以及所在省（自治区、直辖市）应急指挥中心发出应急报告；在应急初始报告发出后，每隔 1 小时向国家核安全部门和所在省（自治区、直辖市）应急指挥中心发一次后续报告；在事故源项或应急状态级别变更时，必须立即用电话传真方式向国家核安全部门报告。事故发生一段时间后若核电厂事故状态变化相对缓慢，可每隔 2～3 小时报告一次，直到应急状态终止。

（四）营运单位的应急指挥必须及时将终止应急状态的决定向国家核安全部门和终止厂房应急或高于厂房应急状态时应同时向所在省（自治区、直辖市）应急机构提交该报告。

上述报告的内容和格式按核安全法规《中华人民共和国民用核设施安全监督管理条例实施细则之二附件一——核电厂营运单位报告制度》执行。

营运单位对应急状态终止后的恢复措施所制定的详细计划和因事故使核电厂安全重要物项不能执行其规定的安全功能时的重新起动计划，必须上报国家核安全部门审批。实施恢复计划和重新起动计划期间应进行详细记录，并向国家核安全部门报告。

第五章 执 法

第十五条 根据《中华人民共和国民用核设施安全监督管理条例》第三十八条、《中华人民共和国民用核设施安全监督管理条例》第二十一条的规定，有下列行为之一的，国家核安全部门可依其情节轻重，对营运单位给予警告、限期改进、停工或者停业整顿、吊销核安全许可证件的处罚：

（一）不按照本实施细则的规定制定的应急计划，拒绝承担核电厂应急准备义务的；

（二）玩忽职守，不能维持应急响应能力，使主要应急设施和（或）设备丧失功能的；

（三）不按照规定报告、通报核事故真实情况的；

（四）不按照规定执行已经国家核安全部门审批的应急响应计划的；

（五）核事故使核安全重要物项的安全性能达不到规定的核安全标准时，或其他安全功能受到了损坏，未加纠正并未经国家核安全部门的审查批准擅自重新启动核电厂的；

（六）其他违反本实施细则的。

第六章　附　则

第十六条　本实施细则中下列用语的定义为：

应急

需要立即采取某些超出正常工作程序的行动以避免事故发生或减轻事故后果的状态。有时又称为紧急状态。

应急计划区

为在事故时能及时、有效地采取保护公众的防护行动，事先在核电厂周围建立的、制定有应急计划并做好应急准备的区域。

场区

具有确定的边界、在核电厂管理人员有效控制下的核电厂所在领域。

应急行动水平

用作应急状态分级基础的核电厂起始条件，如预先确定的、该核电厂及厂址特有的、可观测的阈值或判据。

应急准备

为应付核事故或辐射应急而进行的准备工作，包括制订应急计划，建立应急组织，准备必要的应急设施、设备与物资，以及进行人员培训与演习等。

应急响应

为控制或减轻核事故或辐射应急状态的后果而采取的紧急行动。

应急（响应）计划

经过审批的，描述营运单位的应急响应能力、组织、设施和设备以及和外部应急机构的协调和相互支持关系的文件。该文件还必须有专门实施程序加以补充。

应急防护措施

应急状态下为避免或减少工作人员和公众所接受的剂量而采取的保护措施。

应急演习

为检验应急计划的有效性、应急准备的完善性、应急能力的适应性和应急人员的协同性所进行的一种模拟应急响应的实践活动。根据其涉及的内容和范围不同，可以分为单项演习（练习）、综合演习和联合演习等。

综合演习

场内、场外应急组织为提高应急能力、检查应急计划和程序的有效性，以及加强应急组织之间的协调配合，组织负有应急任务的全部或主要单位进行的演习。

联合演习

场内、场外应急组织，为提高应急响应能力，特别是协调配合能力，按统一的演习情景，组织所属应急组织的全部或主要单位联合进行的演习。

干预

任何旨在减少或避免不属于受控实践的，或因事故而失控的源所致的照射或照射可能性的行动。

第十七条 对核电厂以外的其他民用核设施的应急准备和应急响应的监督管理，可以根据具体情况，参照本实施细则的有关规定执行。

第十八条 本实施细则由国家核安全局解释、补充和修改。

第十九条 本实施细则自发布之日起施行。

HAF003

核电厂质量保证安全规定

（1991 年 7 月 27 日国家核安全局令第 1 号发布，1991 年修改）

本规定自 1991 年 7 月 27 日起实施。

本规定由国家核安全局负责解释。

1 引　言

1.1　概述

1.1.1　本规定对陆上固定式热中子反应堆核电厂的质量保证提出了必须满足的基本要求。

1.1.2　本规定提出的质量保证原则，除适用于核电厂外，也适用于其他核设施。

1.1.3　为了保证核电厂的安全，必须制定和有效地实施核电厂质量保证总大纲和每一种工作（例如厂址选择、设计、制造、建造、调试、运行和退役）的质量保证分大纲。本规定对制定和实施这些大纲提出了原则和目标。各种质量保证大纲所遵循的原则是相同的。

1.1.4　必须指出：在完成某一特定工作中（例如在厂址选择、设计、制造、建造、调试、运行和退役中），对要达到的质量负主要责任的是该工作的承担者，而不是那些验证质量的人员。

1.1.5　质量保证大纲应包括为使物项或服务达到相应的质量所必需的活动，验证所要求的质量已达到所必需的活动，以及为产生上述活动的客观证据所必需的活动。

1.1.6　质量保证是“有效管理”的一个实质性的方面。通过有效管理促进达到质量要求的途径是：对要完成的任务作透彻的分析，确定所要求的技能，选择和培训合适的人员，使用适当的设备和程序，创造良好的开展工作的环境，明确承担任务者的个人责任等。概括来说，质量保证大纲必须对所有影响质量的活动提出要求及措施，包括验证需要验证的每一种活动是否已正确地进行，是否采取了必要的纠正措施。质量保证大纲还必须规定产生可证明已达到质量要求的文件证据。

1.1.7　各部门执行本规定的具体方法（对于整个核电厂和各种工作）可以有所不同，但在任何情况下，都必须遵循本规定所确定的原则，制定详细的执行程序。还必须指出：质量保证大纲必须周密制定，便于实施，并保证技术性的和管理性的工作两者充分地结合。

1.2 范围

本规定对核电厂的厂址选择、设计、制造、建造、调试、运行和退役期间的质量保证大纲的制定和实施提出了原则和目标。这些原则和目标适用于对安全重要物项和服务的质量具有影响的各种工作，例如设计、采购、加工、制造、装卸、运输、贮存、清洗、土建施工、安装、试验、调试、运行、检查、维护、修理、换料、改进和退役。这些原则和目标适用于所有对核电厂负有责任的人员、核电厂设计人员、设备供应厂商、工程公司、建造人员、运行人员以及参与影响质量活动的其他组织。

附录Ⅰ所列的安全导则是对本规定的说明和补充。

1.3 责任

1.3.1 为了履行保证公众健康和安全的责任，营运单位必须遵照《中华人民共和国民用核设施安全监督管理条例》和本规定的要求制定相应适用的核电厂质量保证总大纲，并报国家核安全部门审核。

1.3.2 对核电厂负有全面责任的营运单位必须负责制定和实施整个核电厂的质量保证总大纲。核电厂营运单位可以委托其他单位制定和实施大纲的全部或其中的一部分，但必须仍对总大纲的有效性负责，同时又不减轻承包者的义务或法律责任。

2 质量保证大纲

2.1 概述

2.1.1 必须根据本规定提出的要求，制定质量保证总大纲，这是核电厂工程不可分割的一部分。总大纲必须对核电厂有关工作（例如厂址选择、设计、制造、建造、调试、运行和退役）的控制作出规定。每一种工作的控制也必须符合本规定的要求。

2.1.2 整个核电厂和某项工作领域的管理人员，必须按照工程进度有效地执行质量保证大纲（包括交货期长的物项的材料采购）。核电厂运行管理部门必须保证在运行期间质量保证大纲的有效执行。

2.1.3 所有大纲必须确定负责计划和执行质量保证活动的组织结构，必须明确规定各有关组织和人员的责任和权力。

2.1.4 大纲的制定必须考虑要进行的各种活动的技术方面。大纲必须包括有关规定，以保证认可的工程规范、标准、技术规格书和实践经验经过核实并得到遵守。除管理性方面的控制之外，质量保证要求还应包括阐述需达到的技术目标的条款。

2.1.5 必须确定质量保证大纲所适用的物项、服务和工艺。对这些物项、服务和工艺必须规定相应的控制和验证的方法或水平。根据已确定的物项对安全的重要性，所有大纲必须相应地制定出控制和验证影响该物项质量活动的规定。

2.1.6 所有大纲必须为完成影响质量的活动规定合适的控制条件。这些规定要包括为达到要求的质量所需要的适当的环境条件、设备和技能等。

2.1.7 所有大纲还必须规定对从事质量活动的人员的培训。

2.1.8　必须定期地对所有大纲进行评价和修订。

2.1.9　所有大纲必须规定文件的语种。必须采取措施保证行使质量保证职能的人员对书写文件的语言具有足够的知识。文件的翻译本必须由合格的人员进行审查，必须验证是否与原文件相一致。

2.2　程序、细则及图纸

2.2.1　所有大纲必须规定，凡影响核电厂质量的活动（包括核电厂运行期间的活动）都必须按适用于该活动的书面程序、细则或图纸来完成。为确定各种重要的活动是否已满意地完成，程序、细则和图纸必须包括适当的定性和（或）定量的验收准则。

2.2.2　从事各项活动的单位，必须制定有计划地、系统地实施核电厂工程各个阶段的质量保证大纲的程序并形成文件。编写的程序必须便于使用，包括所需的专业技能，内容清楚、准确。必须根据需要定期对程序进行审查和修订，以便保证所有影响质量的活动都得到考虑而无遗漏。

2.3　管理部门审查

所有大纲必须规定，参与实施大纲的单位的管理部门要对其负责的那部分质量保证大纲的状况和适用性定期进行审查。当发现大纲有问题时，必须采取纠正措施。

3　组　织

3.1　责任、权限和联络

3.1.1　为了管理、指导和实施质量保证大纲，必须建立一个有明文规定的组织结构并明确规定其职责、权限等级及内外联络渠道。在考虑组织结构和职能分工时，必须明确实施质量保证大纲的人员既包括活动的从事者也包括验证人员，而不是单一方面的责任范围。组织结构和职能分工必须做到：

（1）由被指定负责该工作的人员来实现其质量目标，可以包括由完成该工作的人员所进行的检验、校核和检查；

（2）当有必要验证是否满足规定的要求时，这种验证只能由不对该工作直接负责的人员进行。

3.1.2　必须对负责实施和验证质量保证的人员与部门的权限及职能作出书面规定。上述人员和部门行使下列质量保证职能：

（1）保证制定和有效地实施相应适用的质量保证大纲；

（2）验证各种活动是否正确地按规定进行。

这些人员和部门必须拥有足够的权力和组织独立性，以便鉴别质量问题，建议、推荐或提供解决办法。必要时，对不符合、有缺陷或不满足规定要求的物项采取行动。以制止进行下一步工序、交货、安装或使用，直到作出适当的安排。

3.1.3　负责质量保证职能的人员和部门必须向级别足够高的管理部门上报，以保证上述必需的权力和足够的组织独立性，包括不受经费和进度约束的权力。由于人员数目、进行活动的类型和场所等有所不同，因此，只要行使质量保证职能的人员和部门已经拥有所需要的权力和组织独立性，执行质量保证大纲的组织结构可以采取不同的形式。但是，不管组织结构如何，在进行影响质量的活动的任何场所负责有效地实施质量保证大纲任何部分的一个或几个人，都必须能直接向为有效地实施质量保证大纲所必需的级别足够高的管理部门报告工作。

3.2 单位间的工作接口

在有多个单位的情况下，必须明确规定每个单位的责任，并采取适当的措施以保证各单位间工作的接口和协调。必须对参与影响质量的活动的单位之间和小组之间的联络做出规定。主要信息的交流必须通过相应的文件。必须规定文件的类型，并控制其分发。

3.3 人员配备与培训

3.3.1 为了挑选和培训从事影响质量的活动的人员，必须制定相应的计划。该计划必须反映出工作进度，以便留出充足的时间，用以指定或挑选以及培训所需要的人员。

3.3.2 必须根据从事特定任务所要求的学历、经验和业务熟练程度，对所有从事影响质量的活动的人员进行资格考核。必须制定培训大纲和程序，以便确保这些人员达到并保持足够的业务熟练程度。在某些情况下，必须酌情颁发资格证书，以证明达到和保持的业务水平。安全导则 HAD003/02 列有执行本安全规定这一部分要求的可行方法。

4 文件控制

4.1 文件的编制、审核和批准

必须对工作的执行和验证所需要的文件（例如程序、细则及图纸等）的编制、审核、批准和发放进行控制。控制措施必须包括明确负责编制、审核、批准和发放有关影响质量的活动的文件的人员和单位。负责审核和批准的单位或个人有权查阅作为审核和批准依据的有关背景材料。

4.2 文件的发布和分发

必须按最新的分发清单建立文件发布和分发系统。必须采取措施，使参与活动的人员能够了解并使用完成该项活动所需的正确合适的文件。

4.3 文件变更的控制

变更文件必须按明文规定的程序进行审核和批准。审、批单位有权查阅作为批准依据的有关背景材料，并必须对原文件的要求和意图有足够的了解。变更的文件必须由审核和批准原文件的同一单位进行审核和批准，或者由其专门指定的其他单位审核和批准。必须把文件的修订及其实际情况迅速通知所有有关的人员和单位，以防止使用过时的或不合适的文件。

5 设计控制

5.1 概述

5.1.1 必须制定控制措施并形成文件，以保证把规定的相应设计要求（例如国家核安全部门的要求、设计基准、规范和标准等）都正确地体现在技术规格书、图纸、程序或细则中。设计控制措施还必须包括确保在设计文件中规定和叙述合适的质量标准的条款。必须控制对规定的设计要求和质量标准的变更和偏离。还必须制定措施，对构筑物、系统或部件的功能起重要作用的任何材料、零件、设备和工艺进行选择，并审查其适用性。

5.1.2　必须在下列方面应用设计控制措施：辐射防护；人因；防火；物理和应力分析；热工、水力、地震和事故分析；材料相容性；在役检查、维护和修理的可达性以及检查和试验的验收准则等。

5.1.3　所有设计活动必须形成文件，使未参加原设计的技术人员能进行充分的评价。

5.2　设计接口的控制

必须书面规定从事设计的各单位和各组成部门间的内部和外部接口。必须足够详细地明确规定每一单位和组成部门的责任，包括涉及接口的文件编制、审核、批准、发布、分发和修订。必须为设计各方规定涉及设计接口的设计资料（包括设计变更）交流的方法。资料交流必须用文件记载并予以控制。

5.3　设计验证

5.3.1　设计控制措施必须为验证设计和设计方法是否恰当作出规定（例如通过设计审查、使用其他的计算方法、执行适当的试验大纲等）。设计验证必须由未参加原设计的人员或小组进行。必须由设计单位确定验证方法，并必须按规定的范围用文件给出设计验证结果。

5.3.2　当用一个试验大纲代替其他验证或校核方法来验证具体设计特性是否适当时，必须包括适当的原型试验件的鉴定试验。这个试验必须在受验证的具体设计特性的最苛刻设计工况下进行。当不能在最苛刻设计工况下进行试验时，如果能把结果外推到最苛刻设计工况，并且试验结果能验证具体设计特性时，则允许在其他工况下做试验。

5.4　设计变更

必须制定设计变更（包括现场变更）的程序，并形成文件。必须仔细地考虑变更所产生的技术方面的影响，所要求采取的措施要用文件记载。对这些变更必须采用与原设计相同的设计控制措施。除非专门指定其他单位，设计变更文件必须由审核和批准原设计文件的同一小组或单位审核和批准。在指定其他单位时，必须根据其是否已掌握有关的背景材料，是否已证明能胜任有关的具体设计领域的工作，以及是否足够了解原设计的要求及意图等条件来确定。必须把有关变更资料及时发送到所有有关人员和单位。

6　采购控制

6.1　概述

6.1.1　必须制定措施并形成文件，以保证在采购物项和服务的文件中包括了或引用了国家核安全部门有关的要求、设计基准、标准、技术规格书以及为保证质量所必需的其他要求。

6.1.2　为保证质量，采购要求必须包括（但根据情况不仅限于）下列方面：

（1）供方承担的工作范围的说明；

（2）根据条例、规范、标准、程序、细则及技术规格书等文件（包括其修订版）对物项或服务所规定的技术要求；

（3）试验、检查和验收要求以及任何有关这些活动的专用细则和要求；

（4）当需要到源地进行检查和监查时，为此目的而进入供方设施、查阅记录的规定；

（5）确定适用于物项或服务采购的质量保证要求和质量保证大纲条款。并不要求所有的供方都要有符合本规定所有条款的质量保证大纲，但采购文件必须根据需要的程度，要求承包者或分包者提出符合本规定有关条款的质量保证大纲；

（6）确定所需要的文件，例如编写并提交买方审核或认可的程序、细则、技术规格书、检查和试验记录以及其他质量保证记录；

（7）有控制地分发、保存、维护和处置质量保证记录的规定；

（8）对处理不符合项进行报告和批准的要求；

（9）把有关的采购文件的要求扩展到下一层次分包者和供方的规定，包括买方便于进入设施和查阅记录的规定；

（10）提交文件限期的规定。

6.2 对供方的评价和选择

6.2.1 必须将被评价的供方按照采购文件的要求提供物项或服务的能力作为选择供方的基本依据。

6.2.2 根据情况，对供方的评价包括：

（1）对供用能表明其以往类似采购活动质量的资料的评价；

（2）对供方新近的可供客观评价的、成文的、定性或定量的质量保证记录的评价；

（3）到源地评价供方的技术能力和质量保证体系；

（4）利用抽查产品进行评价。

6.3 对所购物项和服务的控制

6.3.1 必须对所购物项和服务进行控制，以保证符合采购文件的要求。控制包括由承包者提供质量客观证据、对供方进行源地检查和监查以及物项和服务的交货检验等措施。

6.3.2 如有必要，必须在双方同意的地点，对规定的材料样品保存一段规定的时间并加以控制，以便提供作为进一步检验的手段。

6.3.3 证明所购物项和服务（包括用于核电厂运行、换料和维修的备件和更换件）符合采购文件要求的文字证据必须在安装或使用前送到核电厂现场。这个证据必须足以证明该物项和服务满足所有的要求。文字证据可以采用注明该物项或服务已满足各项要求的合格证书形式，但必须能够证明这些证书的真实性。

7 物项控制

7.1 材料、零件和部件的标识

7.1.1 必须按照制造、装配、安装和使用要求，制定标识物项（包括部分加工的组件）的措施。根据要求，通过把批号、零件号、系列号或其他适用的标识方法直接标识在物项上或记载在可以追查到物项的记录上，以保证在整个制造、装配和安装以及使用期间保持标识。标识物项所需要的文件，必须在整个建造过程中都能随时查阅。

7.1.2 必须最大可能地使用实体标识，在实际不可能或不满足要求的情况下，必须采用实体分隔、程序控制或其他适用的方法，以保证标识。这些标识措施必须能在各种场合下防止使用不正确的或有缺陷的材料、零件和部件。

7.1.3 在使用标记的情况下，标记必须清楚，不能含混和被擦掉。在使用这种方法时，不得影响物项的功能。标记不得被表面处理或涂层所遮盖，否则必须用其他的标识方法代替。当把物项分成几部分时，每一部分都必须保持原标识。

7.2 装卸、贮存和运输

7.2.1 必须制定措施并形成文件，以控制装卸、贮存和运输。这些措施必须包括按照已制定的程序、细则或图纸对材料和设备进行清洗、包装和保管，以防损伤、变质和丢失。当特定物项需要时，必须规定和提供专用覆盖物、专用装卸设备及特定的保护环境，并验证是否具备这些措施。

7.3 维护

安全重要物项的维护，必须保证其质量相当于该物项原来所规定的质量。

8 工艺过程控制

8.1 必须按照规定的要求，对核电厂的设计、制造、建造、试验、调试和运行中所使用的影响质量的工艺过程予以控制。当所达到的质量取决于所使用的工艺过程，且不能通过对成品的检查来验证时（例如在焊接、热处理和无损检验中使用的工艺），必须根据有关的规范、标准、技术规格书、准则的要求或其他特殊要求，制定一些措施并形成文件，以保证这些工艺由合格的人员、按照认可的程序和使用合格的设备，按现有标准来完成。对于现有规范、标准、技术规格书和准则尚未包括的工艺或质量要求超出这些文件规定的情况，必须对人员资格、程序或设备的鉴定要求另行作出规定。

9 检查和试验控制

9.1 检查大纲

9.1.1 为了验证物项、服务和影响其质量的各项活动是否符合已形成文件的程序、细则及图纸的要求，必须由从事这些活动的单位或由其他单位为该单位制定并实施关于这些物项、服务和影响其质量活动的检查大纲。必须对保证质量所必需的每一个工作步骤都进行检查。对安全重要的检查必须由未参加被检查活动的人员进行。

9.1.2 如果不能对已加工的物项进行检查或要求附加的工艺监视，大纲必须规定间接控制措施，例如通过对加工方法、设备和人员的监视等。当检查和工艺监视缺一就不能充分控制时，必须同时进行检查和工艺监视。

9.1.3 如果要求在停工待检点进行检查或见证这种检查时，必须在适当的文件中注明这些停工待检点。未经指定的单位批准，不得进行停工待检点以后的工作。如果进行规定的停工待检点以后的工作，则必须在开始该工作之前，以文件形式批准。

9.1.4 必须为已建成的构筑物、系统和部件制定和执行所需要的在役检查大纲，必须对照基准数据评价其结果。

9.2 试验大纲

9.2.1 对于为证明构筑物、系统和部件将能满意地工作所需的所有试验，必须制定试验大纲，以确定试验工作，保证其执行并形成文件。试验大纲必须包括所有需要做的试验，必要时，包括程序的鉴定试验以及设备的鉴定试验、样机鉴定试验、安装前的复核试验、调试试验和运行阶段的监测试验。

9.2.2 必须按书面试验程序做试验。书面程序列有设计文件中规定的要求和验收限值，并包括一些规定，以保证试验的先决条件均已具备，试验是在合适的环境条件下由受过适当训练的人员使用已正确标定的仪表来进行。试验结果必须以文件形式给出并加以评定，以保证满足规定的试验要求。

9.3 测量和试验设备的标定

9.3.1 为了确定是否符合验收准则，必须制定一些措施，以保证所使用的工具、量具、仪表和其他检查、测量、试验设备和装置都具有合适的量程、型号、准确度和精度。

9.3.2 为了使准确度保持在要求的限值内，在规定的时间间隔或在使用之前，对影响质量的活动中所使用的试验和测量设备必须进行标定和调整。当发现偏差超出规定限值时，必须对以前测量和试验的有效性进行评价，并重新评定已试验物项的验收。必须制定控制措施，以保证适当地装卸、贮存和使用已标定过的设备。

9.4 检查、试验和运行状态的显示

9.4.1 核电厂各物项的试验和检查状态，必须通过使用标记、打印、标签、签条、工艺卡、检查记录、实体位置或其他合适的方法予以标识，指明经过试验和检查的物项是否可验收或列为不符合项。必须在物项的整个制造、安装和运行中按需要保持检查和试验状态的标识，以保证只能使用、安装或运行已通过了所要求的检查和试验的物项。

9.4.2 必须制定一些措施，以显示核电厂系统和部件的运行状态，例如在阀门和开关上挂标示牌，以防止误操作。

10 对不符合项的控制

10.1 概述

必须制定一些措施，控制不满足要求的物项，以防止误用或误装。为了保证对不符合要求的物项的控制，在实际可行时必须用标记、标签或实体分隔的方法来标识不符合要求的物项。必须为不符合要求的物项或带有缺陷的物项制定控制下一步工序、交货或安装的措施，形成文件并予以实施。

10.2　对不符合项的审查和处理

必须按文件规定的程序对不符合要求的物项进行审查，并确定是否不加修改地接受、拒收、修理或返工。必须规定对不符合项进行审查的责任和对不符合项进行处理的权限。对已经接受的不符合要求（包括偏离采购要求）的物项，必须通知采购人员，必要时，向指定的机构报告。对已接受的变更、放弃要求或偏差的说明都必须形成文件，以指明不符合要求的物项的“竣工”状态。必须按合适的程序，对经修理和返工的物项重新进行检查。

11　纠正措施

质量保证大纲必须规定采取适当的措施，以保证鉴别和纠正有损于质量的情况，例如故障、失灵、缺陷、偏差、有缺陷或不正确的材料和设备以及其他方面的不符合项。对于严重的有损于质量的情况，大纲必须对查明起因和采取纠正措施作出规定，以防止其再次出现。对于严重的有损于质量的情况，必须用文件阐明其鉴别、起因和所采取的纠正措施，并向有关各级的管理部门报告。

12　记　录

12.1　质量保证记录的编写

必须在质量保证大纲实施中编写足够使用的质量保证记录。记录中必须有质量的客观证据，包括审查、检查、试验、监查、工作执行情况的监视、材料分析等的结果，电厂运行日志以及密切相关的资料，例如人员、程序和设备的鉴定资料、所作的必要的修正和其他有关的文件。所有质量保证记录都必须字迹清楚、完整，并与所记述的物项或服务相对应。

12.2　质量保证记录的收集、贮存和保管

12.2.1　必须按书面程序和细则建立并执行质量保证记录制度。该制度必须能保存足够的记录，以便提供影响质量的活动的证据和说明物项运行前状况的基准数据；必须为记录的鉴别、收集、编入索引、归档、贮存、保管和处置作出规定。记录的贮存方式必须便于检索，并将记录保存在适当的环境中，以尽量减少变质或损坏和防止丢失。

12.2.2　必须以文件的形式对质量保证记录、有关的试验材料和样品的保存时间做出规定。正确地标明核电厂物项“竣工”状态的记录，必须在该物项从制造直到贮存、安装及运行的有效寿期内，由营运单位或由其指定的部门保存。对于不需要全寿期保存的记录，必须根据该记录的类别规定相应的保存时间。必须根据书面程序处置记录。

13　监　查

13.1　概述

必须采取措施验证质量保证大纲的实施及其有效性。必须根据需要执行有计划的、有文件规定的内部及外部监查制度，以验证是否符合质量保证大纲的各个方面，并确定大纲

实施的有效性。监查必须根据书面程序和监查项目表（提问单）进行。负责监查的单位必须选择和指定合格的监查人员。参加监查的人员必须是对所监查的活动不负任何直接责任的。在内部监查时，对被监查的活动的实施负有直接责任的人，不得参与挑选监查小组人员的工作。监查人员必须用文件给出监查结果，必须由对被监查的领域负责的机构对监查中所发现的缺陷进行审核和纠正。必须采取后续行动，以验证纠正措施的实施。

13.2 监查的计划安排

必须根据活动情况及其重要性来安排监查计划，在出现下列一种或多种情况时必须进行监查：

（1）有必要对大纲实施的有效性进行系统或部分的评价时；

（2）在签订合同或发给订货单前，有必要确定承包者执行质量保证大纲的能力时；

（3）已签订合同并在质量保证大纲执行了足够长的一段时间之后，有必要检查有关部门在执行质量保证大纲、有关的规范、标准和其他合同文件中是否行使所规定的职能时；

（4）对质量保证大纲中规定的职能范围进行重大变更（例如机构的重大改组或程序的修订）时；

（5）在认为由于质量保证大纲的缺陷会危及物项或服务的质量时；

（6）有必要验证所要求的纠正措施的实施情况时。

名词解释

在核电厂安全规定中下列名词术语的含义为：

运行状态

正常运行或预计运行事件两类状态的统称。

正常运行

核电厂在规定运行限值和条件范围内的运行，包括停堆状态、功率运行、停堆过程、启动、维护、试验和换料。

预计运行事件

在核电厂运行寿期内预计可能出现一次或数次的偏离正常运行的各种运行过程；由于设计中已采取相应措施，这类事件不致引起安全重要物项的严重损坏，也不致导致事故工况。

事故（事故状态）

事故工况和严重事故两类状态的统称。

事故工况

以偏离运行状态的形式出现的事故，事故工况下放射性物质的释放可由恰当设计的设施限制在可接受限值以内，严重事故不在其列。

设计基准事故

核电厂按确定的设计准则在设计中采取了针对性措施的那些事故工况。

严重事故

严重性超过事故工况的核电厂状态，包括造成堆芯严重损坏的状态。

事故处理

为使核电厂恢复到受控安全状态并减轻事故后果而采取的一系列阶段性行动，行动阶段的顺序如下：

（1）事故序列在发展中，但尚未超出核电厂设计基准的阶段；

（2）发生严重事故，但堆芯尚未损坏的阶段；

（3）堆芯损坏后的阶段。

上述八个术语相互间的关系参见附图 1。

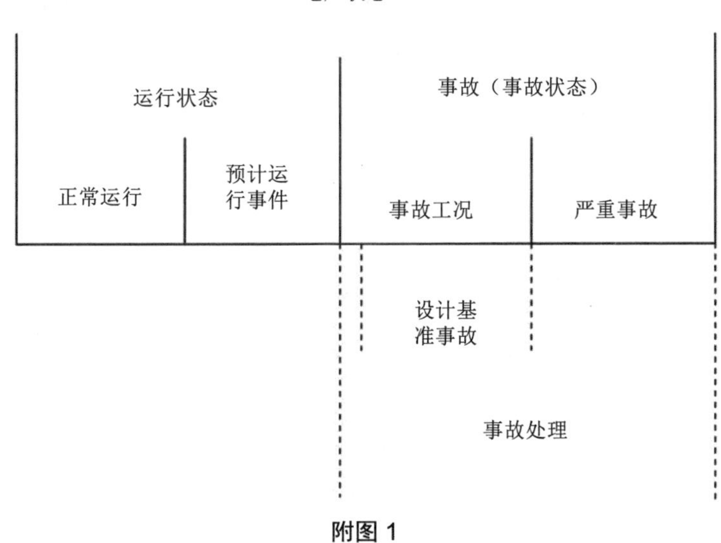

附图 1

核安全（安全）

完成正确的运行工况、事故预防或缓解事故后果从而实现保护厂区人员、公众和环境免遭过量辐射危害。

安全系统

安全上重要的系统，用于保证反应堆安全停堆、从堆芯排出余热或限制预计运行事件和事故工况的后果。

保护系统

由各种电器件、机械器件和线路（从传感器到执行机构的输入端）组成的产生与保护功能相联系的信号系统。

安全执行系统

由保护系统触发用以完成必需的安全动作的设备组合。

安全系统辅助设施

为保护系统和安全执行系统提供所需的冷却、润滑和能源等服务的设备组合。

上述五个术语相互间的关系参见附图 2。

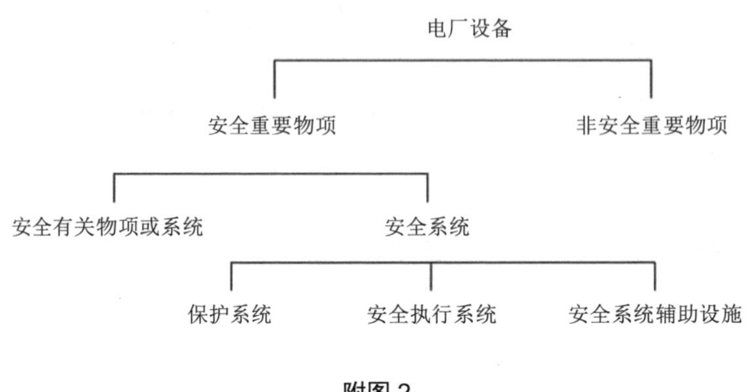

附图 2

可接受限值

国家核安全部门认可的限值。

能动部件

依靠触发、机械运动或动力源等外部输入而行使功能，因而能以主动态影响系统的工作过程的部件（参见“非能动部件”）。

调试

核电厂已安装的部件和系统投入运行并进行性能验证，以确认是否符合设计要求、是否满足性能标准的过程。调试由反应堆装载燃料前和反应堆进入临界、链式裂变反应在持续进行中两种条件下的试验组成。

共因故障

由特定的单一事件或起因导致若干装置或部件功能失效的故障。

建造

包括核电厂的部件制造、组装、土建施工、部件和设备的安装及有关联的试验在内的过程。

退役

核电厂最终退出运行的过程。

设计

制定核电厂及其组成部分的方案和详细图纸，进行支持性计算并制订技术规格书的过程及其成果。

多样性

为执行某一确定功能设置多重部件或系统，这些部件或系统总体来说具有一个或几个不同属性。

燃料组件

作为一个整体装入堆芯，而后又自堆芯撤除的燃料元件组。

燃料元件

以燃料为其主要组成部分的最小独立结构件。

功能隔离

为防止线路或系统的功能受到相邻线路或系统的运行方式或故障的影响所采取的措施。

检查

通过检验、观察或测量等手段，确定材料、零件、部件、系统、构筑物及工艺和程序是否符合规定要求的活动。

许可证（执照）

由国家核安全部门颁发的，申请单位据以确定核电厂厂址，进行核电厂的建造、调试、运行和退役等特定活动的授权证书。

营运单位

持有国家核安全部门许可证（执照），负责经营和运行核电厂的单位。

运行

为实现核电厂的建厂目的而进行的全部活动，包括维护、换料、在役检查及其他有关活动。

运行限值和条件

经国家核安全部门认可的，为核电厂的安全运行列举参数限值、设备的功能和性能及人员执行任务的水平等一整套规定。

非能动部件

无需依赖外部输入而执行功能的部件。非能动部件内一般没有活动的组成部分，其功能的执行系在感受到某种参数，如压力、温度、流量的变化后完成。然而，基于不可逆动作或变化、又十分可靠的部件，可划为这个类别。

实体分隔

（1）几何分隔（增大间距、改变走向等）；

（2）设置适当的屏障；

（3）前两者的结合。

假设始发事件

经鉴明可能导致预计运行事件或事故工况及其后续故障效应的事件。

规定限值

由国家核安全部门确定或认可的限值。

质量保证

为使物项或服务与规定的质量要求相符合并提供足够的置信度所必需的一系列有计

划的系统的活动。

多重性

通过设置数量高于最低需要的单元或系统（相同的或不同的），以达到任一单元或系统的失效不致引起所需总体安全功能丧失的措施。

余热

放射性衰变和停堆后裂变所产生的热量以及积存在反应堆结构材料中和传热介质中的热量之总和。

安全功能

为安全着想必须完成的特定目的。

安全组合

用于完成某一特定假设始发事件下所必需的各种动作的设备组合，其使命是防止事件的后果超过设计基准规定的限值。

安全系统整定值

为防止出现超过安全限值的状态，在发生预计运行事件和事故工况时启动有关自动保护装置的触发点。

单一故障

导致某一部件不能执行其预定安全功能的一种随机故障。由单一随机事件引起的各种继发故障，均视作单一故障的组成部分。

厂址、厂区

具有确定的边界，在核电厂管理人员有效控制下的核电厂所在领域。

厂区人员

在厂内工作的全部人员，包括在编的和临时的。

厂址选择

为核电厂选择合适厂址的过程，包括针对有关设计基准的评定。

试验

为确定或验证物项的性能是否符合规定要求，使之置于一组物理、化学、环境或运行条件考验之下的活动。

最终热阱

接受核电厂所排出余热的大气或水体，或两者的组合。

废物处理

有利于安全或经济的改变废物特性的处理过程，其三种基本途径为：

（1）减容；

（2）去除废物中的放射性核素；

（3）改变成分。

设计基准外部事件

与某个外部事件或几个外部事件组合有关，能表达其特征，选定用于核电厂全部或其任何部分的设计参数值。

外围地带

直接围绕厂区，须在人口分布和密度、山地和水的利用等方面考虑采取应急措施的可能性的地带。

区域

足以把与某一现象有关的或某一特定事件影响所及的所有特征都包含在内的足够大的一个地理区域。

物项

材料、零件、部件、系统、构筑物以及计算机软件的通称。

客观证据

基于观察、测量或试验的，可被验证的，关于某物项或服务质量的定量或定性资料、记录或事实说明。

合格人员

符合特定要求、具备一定条件而且被正式指定执行规定任务和承担责任的人员。

能动断层

在地表或接近地表处有可能引起明显错动的断层。

对供方的评价

对某个供应单位进行评价，以确定供方是否有能力生产或提供规定质量的物项或服务，并是否有能力提供据以验收其物项或服务的证据。

运行人员

厂区人员当中参加核电厂运行的人员。

运行记录

记载着核电厂运行情况的历史资料，如仪表记录纸、各种证书、运行日志、计算机打印输出和磁带等。

核电厂运行管理者

由核电厂营运单位（或其主管部门）委任的负责指挥核电厂运行，并承担直接安全责任的人员（或组织）。

安全限值

过程变量的各种限值，核电厂在这些限值范围内运行已证明是安全的。

记录

为各种物项或服务的质量以及影响质量的各种活动提供客观证据的文件。

技术规格书（技术条件）

一种书面规定，说明产品、服务、材料或工艺必须满足的要求，并指出确定这些规定的要求是否得到满足的程序。

文件

对于质量保证有关的活动、要求、程序或结果加以叙述、定义、说明、报告或证明的文字记录或图表资料。

检验

检查工作的一部分，包括对材料、部件、供应品或服务进行调查，在只靠这种调查就能判断的范围内确定它们是符合规定的要求。

不符合项

性能、文件或程序方面的缺陷，因而使某一物项的质量变得不可接受或不能确定。

监查

通过对客观证据的调查、检查和评价，为确定所制定的大纲、程序、细则、技术规格书、规程、标准、行政管理计划或运行大纲及其他文件是否齐全适用，是否得到切实遵守以及实施效果如何而进行的审核并提出书面报告的工作。

附录 I

核电厂质量保证安全导则目录

HAD 003/01　核电厂质量保证大纲的制定
HAD 003/04　核电厂质量保证记录制度
HAD 003/03　核电厂物项和服务采购中的质量保证
HAD 003/07　核电厂建造期间的质量保证
HAD 003/09　核电厂调试和运行期间的质量保证
HAD 003/06　核电厂设计中的质量保证
HAD 003/02　核电厂质量保证组织
HAD 003/08　核电厂物项制造中的质量保证
HAD 003/05　核电厂质量保证监查
HAD 003/10　核燃料组件采购、设计和制造中的质量保证

核动力厂管理体系安全规定

（2020 年 12 月 31 日生态环境部令第 18 号公布，自 2021 年 3 月 1 日起施行）

第一章　总　则

第一条　为了推进核安全治理体系和治理能力现代化，强化核动力厂安全责任，保护公众和从业人员的安全与健康，保护生态环境，根据《中华人民共和国核安全法》，制定本规定。

第二条　本规定适用于中华人民共和国领域及管辖的其他海域内的核动力厂管理体系的建立和实施，其他民用核设施可以参照本规定执行。

本规定所称核动力厂管理体系，是指为确保核动力厂安全而建立的组织机构、管理制度、资源和工作过程等。

第三条　核动力厂营运单位应当按照国家有关法律法规和本规定要求，建立和有效实施核动力厂管理体系，通过对所有安全相关工作过程（以下简称工作过程）、影响核安全和生态环境保护的要素进行有效管理，实现核安全和生态环境保护等目标。

对核动力厂控股的企业集团（以下简称企业集团）应当在其职责范围内采取有效措施满足本规定的适用要求。

为核动力厂营运单位提供设备、工程和服务等的单位（以下简称相关单位）应当采取有效措施满足本规定的适用要求。

第四条　国务院核安全监督管理部门应当加强对核动力厂管理体系建立和实施情况的监督检查。

第五条　鼓励任何单位和个人对核动力厂的安全隐患、违规操作、弄虚作假及其他影响安全的违法行为，向国务院核安全监督管理部门举报。

国务院核安全监督管理部门应当及时处理举报并对举报人的信息予以保密。对实名举报的，应当反馈处理结果等情况；查证属实的，可以对举报人给予奖励。

严禁举报人所在单位对举报人进行任何形式的压制和打击报复。

第二章　安全责任

第六条　核动力厂营运单位对核动力厂的核安全负全面责任，应当坚持安全第一、预防为主、责任明确、严格管理、纵深防御、全面保障的原则，在核动力厂建立并保持对放射性危害的有效防御，保障核安全，预防和应对核事故，安全利用核能，保护从业人员、公众和环境免受不当危害。

核动力厂营运单位应当承担以下核安全责任：

（一）遵守国家有关法律法规要求，建立健全安全责任制，组织制定相关管理大纲、规章制度和程序，确保安全相关工作的有效实施；

（二）确保核动力厂选址、设计、建造、运行和退役等满足核安全法律法规、标准、许可文件的规定和其他安全监管要求；

（三）加强从业人员辐射防护和职业照射监控，确保从业人员具备管理控制核与辐射风险的相关知识和能力；

（四）确保对核动力厂内所有放射性物质实施严格有效的管理控制，持续开展放射性流出物监测和场址周边辐射环境监测；

（五）确保为核动力厂选址、设计、建造、运行和退役等全寿期安全提供资源保障，包括放射性废物管理以及核动力厂退役或者停闭所需要的资源；

（六）组织制定和实施应急预案，建立应急处置队伍，开展应急预案演练，按照应急预案的要求进行应急响应，减轻事故后果，并及时采取有效措施进行生态环境修复。

第七条　企业集团应当加强核动力厂营运单位人员配置、核安全管理和财务保障，建立和实施有效的监督和考核制度。

第八条　核动力厂营运单位可以通过合同约定的方式将核动力厂管理体系的具体工作委托给相关单位承担；委托行为不转移核动力厂营运单位承担的核安全全面责任。

核动力厂营运单位应当严格审查相关单位的资质或者能力，通过合同明确双方的权利、义务和责任，并对相关单位的活动进行有效管理，确保其满足本规定的要求。

第三章　安全领导

第九条　核动力厂营运单位主要负责人应当在以下方面作出承诺：

（一）制定核安全和生态环境保护等方面的政策、目标和规划，建立清晰、协调、高效的安全决策机制和重大事项的安全审议机制；

（二）明确不同层级从业人员的安全责任、权利和义务，为履行安全责任、实现安全目标提供必要的资源保障和程序方法等支持，建立科学合理的绩效评价和奖惩制度；

（三）持续监督、评价核动力厂安全状况和管理体系运行情况，定期开展管理部门审查，促进全员参与安全管理，持续提升安全业绩，培育核安全文化；

（四）与国务院核安全监督管理部门建立沟通机制，执行核安全相关法律法规规定的报告制度，报告核动力厂管理体系运行情况。

第十条　核动力厂营运单位在安全生产、质量保证、职业健康等方面的政策、目标和规划应当与核安全和生态环境保护政策、目标和规划协调一致。核动力厂营运单位应当制定和有效实施核安全和生态环境保护政策、目标和规划的行动计划，并定期开展适宜性和符合性审查，及时纠正偏差。

第十一条　核动力厂营运单位主要负责人应当履行下列职责：

（一）指挥和调度管理体系的重大事项；

（二）保证安全决策机制和安全审议机制有效运作；

（三）协调解决工作过程之间的重大争议和冲突。

第十二条　核动力厂营运单位负责安全综合管理的部门，应当具有足够的资源、职权和组织独立性，并履行下列职责：

（一）管理、协调、监督、评价管理体系相关工作；

（二）制止并纠正违章指挥、强令冒险作业、违规操作等行为；

（三）发现重大安全隐患时，提出安全管理建议；

（四）对安全相关重大不符合项、事件和事故的处理情况进行跟踪评价；

（五）组织制定和实施管理体系评价计划，督促落实相关整改措施。

第十三条　核动力厂营运单位应当确定管理体系各工作过程的责任部门，责任部门履行下列职责：

（一）制定和实施所负责工作过程的管理大纲、规章制度和程序；

（二）对所负责的工作过程进行有效的管理控制；

（三）及时发现和纠正对安全不利的行为或者状态，实施经验反馈；

（四）向本单位安全综合管理部门报告安全状况和趋势，落实整改措施。

第十四条　核动力厂营运单位安全委员会等安全审议机构应当对重要安全事项进行审议，跟踪审议决议的落实情况，必要时开展风险分析和独立审查。

在核安全和生态环境保护等方面承担重要职责的本单位相关部门负责人、相关单位代表以及相关领域专家应当参加安全审议。

本条第一款规定的重要安全事项包括下列内容：

（一）安全许可申请文件以及重要许可事项的调整；

（二）核安全和生态环境保护等方面的绩效评价方法及改进措施；

（三）安全相关组织机构、职责分工和资源配置等方面的重大调整；

（四）可能影响安全的工作进度、资金等方面的管理制度和计划的重大调整；

（五）本单位内部和对相关单位的绩效评价方法及其重大调整；

（六）供应链管理相关重要事项和重要相关单位的变更；

（七）重大不符合项、重大事件和事故的调查结果及整改措施；

（八）核安全文化评估结果及改进措施；

（九）其他重要安全事项。

第四章　安全管理

第十五条　核动力厂营运单位应当整合、实施、评价和持续改进管理体系，满足以下要求：

（一）综合考虑安全生产、质量保证、生态环境、安全保卫、职业健康，以及组织、人员、社会、进度、经费等要素及其相互影响；

（二）合理设置组织机构，确定承担决策、管理、执行和评价工作的部门职责、权限、接口关系和联络渠道等，有效管理内外部接口；

（三）按照管理体系的要求开展各项工作，及时发现和处理管理体系存在的问题，形成并保存相应证据；

（四）持续监测安全相关要素和工作过程的变化，识别和分析其对安全的影响和潜在风险，及时对管理体系作出适当调整。

第十六条 核动力厂营运单位应当对管理体系文件的策划、编制、审批、发布、分发、修改和使用等提出明确要求，确保其协调自洽、易于理解和便于实施，并有效传达至相关单位。

管理体系文件应当包括下列内容：

（一）管理体系总论，对管理体系进行综合描述与说明；

（二）工作过程的管理大纲和规章制度；

（三）对工作过程进行策划、实施和评价改进的流程、方法与要求。

核动力厂营运单位应当根据核安全和生态环境保护等管理需要，定期审查管理体系文件，及时进行评估和修订。

核动力厂营运单位管理体系文件应当报国务院核安全监督管理部门备案。

第十七条 核动力厂营运单位应当依据分类分级管理原则，综合考虑下列因素，确定核动力厂管理体系的各项要求：

（一）工作过程的安全重要性、复杂性和标准化程度；

（二）相关单位的安全重要性、经验、业绩和人员能力水平；

（三）工作过程实施不当可能造成的安全风险、后果和危害程度；

（四）核动力厂后续阶段检查维修的可行性；

（五）其他应当考虑的安全相关因素。

第十八条 核动力厂营运单位可以对管理体系的下列事项明确分级要求：

（一）管理大纲、规章制度和程序的适用范围、详细程度和审批权限；

（二）人员培训、资格考核、岗位授权的范围和要求；

（三）采购文件的类型、详细程度和可追溯性要求；

（四）对工作过程的管理控制、验证措施和要求；

（五）需要形成和保存的记录及其保存期限。

第十九条 核动力厂营运单位应当对其安全相关能力和资源进行有效管理，在核动力厂选址、设计、建造、运行和退役全寿期以及应急响应期间具备下列能力：

（一）安全领导和安全管理能力；

（二）培育和建设核安全文化的能力；

（三）工作过程的质量保证能力；

（四）有规定数量的、合格的专业技术人员；

（五）安全评价、资源配置和财务能力；

（六）安全相关的技术支撑体系和持续改进能力；

（七）事故应急响应能力和损害赔偿能力。

第二十条　核动力厂营运单位应当采取下列措施，对从业人员进行有效管理，确保其安全有效开展工作：

（一）制定适当的用工政策、激励晋升机制、人员配备和培训计划，确保安全相关岗位从业人员的数量、能力等持续满足需要；

（二）制定和实施培训大纲，采用系统化培训方法开展安全相关知识技能和管理体系的培训，保证从业人员充分参与培训管理；

（三）按照国家有关法律法规的要求，结合岗位的安全重要性，明确资格考核和岗位授权等要求并有效实施。

第二十一条　核动力厂营运单位应当对财务资源进行有效管理，确定核动力厂全寿期财务资源需求，为有效维护核动力厂管理体系提供资金保障。

第二十二条　核动力厂营运单位应当确定安全相关工作场所、软硬件设施、支持保障服务等基础设施和工作条件，并采取下列措施进行有效管理：

（一）提供适宜的工作环境、培训设施、防护装置和物品，定期开展职业健康检查，合理设置工作时间和劳动强度，保障从业人员健康和安全；

（二）明确场地管理和清洁要求，防止安全相关工作场所、设施设备、人员受到不必要的污染或者损伤；

（三）持续监测核动力厂周边环境，有效防范自然或者人为因素对基础设施和核动力厂安全造成的不利影响。

第二十三条　核动力厂营运单位应当采取下列措施，有效管理安全相关知识和信息，为工作实施、经验反馈和知识传承提供支持：

（一）开展知识管理，系统收集、处理、维护和使用安全相关知识和信息，满足岗位及其人员的更迭需要，防止重要知识、信息和经验遗失；

（二）开展信息化建设，利用先进信息技术为知识和信息管理提供安全可靠的平台和工具，采取有效措施保证网络和信息安全；

（三）对用于核动力厂设计、安全分析计算和数据管理的安全重要计算机软件进行验证和确认，对安全重要控制系统软件及其数据进行验证和定期检查，对安全重要软件及其数据进行异地异质备份。

第二十四条　核动力厂营运单位应当采取下列措施，有效管理安全重要物项和其他对核安全有潜在影响的物项：

（一）对安全重要物项进行标识并建立台账，提供适宜的贮存条件、防护措施、运输和装卸设备，防止其错用、损坏、老化、变质、性能下降或者丢失；

（二）对核动力厂系统、部件和构筑物制定定期试验、在役检查、维修等规程并严格执行，确保其可用性和可靠性；

（三）根据安全重要性、使用情况、保质期、交货期、供应链不确定性等因素，适当确定核动力厂备品备件的库存清单和数量并确保其持续满足使用要求；

（四）定期或者在使用前标定或者校准检查、测量、试验设备和装置，确保其具有合适的量程、灵敏度、准确度和精密度；

（五）确定放射性物质、危险化学品和特种设备等有害或者高风险物质资产清单，对其进行有效管理和定期检查，确保其安全贮存、装卸、运输或者使用。

第二十五条 核动力厂营运单位应当采取下列措施，对技术更新和物项替代进行有效管理，防范核动力厂长期运行中因物项老化或者技术过时引起的安全风险：

（一）对已淘汰或者无后续供应物项制定和实施适当的管理策略，评价替换物项，确保其满足安全功能要求；

（二）使用经验证的新技术、新物项取代老旧技术和物项，通过技术改进不断提升安全水平。

第二十六条 核动力厂营运单位应当确定实现安全目标、满足安全要求、交付合格物项或者服务所需要的工作过程，明确工作过程的控制要求，确保工作过程之间的一致性和连续性。

工作过程的控制要求包括下列事项：

（一）在核安全和生态环境保护等方面的适用要求；

（二）存在的危害和风险以及必要时的预防和缓解措施；

（三）工作过程管理、实施和评价验证的责任与接口关系；

（四）工作过程的输入输出、接口及其相互影响和作用；

（五）具体工作内容、流程、控制验证方法和要求；

（六）需要编制、收集和保存的文件和记录要求。

第二十七条 核动力厂营运单位应当根据安全重要性、功能属性和应用范围等因素，对工作过程进行分类管理。

核动力厂营运单位应当对工作过程进行策划、实施、评价和持续改进，识别和提供所需要的资源，确定影响工作过程实施的条件和要求，明确验收准则。

工作过程应当由合格的人员依据相关管理体系文件，使用合格的材料和设备，在适宜的环境条件下实施。特殊工艺过程应当在首次使用前进行验证。

第二十八条 核动力厂营运单位应当采取下列措施对供应链进行有效管理：

（一）采购文件应当充分体现物项或者服务需求，以及物项或者服务在核安全和生态环境保护等方面的要求；

（二）对相关单位进行评价，建立、维护和持续优化合格供应商清单，识别和应对供应链潜在风险，保障供应链安全、可靠、稳定；

（三）对相关单位工作进行验证，监控相关单位的外包行为，对相关单位提交的物项或者服务进行验收，对安全相关商品级物项进行关键性能验证；

（四）对民用核安全设备设计、制造、安装和无损检验单位及其相关活动进行有效管理；

（五）对采用工程总承包模式的核动力厂工程建设项目，要求工程总承包单位建立和有效实施满足本规定要求的工程建设项目的管理制度，并对管理制度的执行情况进行监督检查。

第二十九条　核动力厂营运单位应当按照工作过程的内在逻辑和档案分类要求，有效管理安全相关记录和文档资料，确保档案完整、有效、系统、规范。对记录和文档的编码、收集、归档、索引、修改、复制、转录、借阅、储存和销毁等进行严格控制，保证记录和文档资料安全、完整、持续可读并能追溯涉及的物项或者活动。

第五章　核安全文化

第三十条　核动力厂营运单位应当将核安全文化融入生产、经营、科研和管理等各环节，在制定目标政策、设置机构、分配资源、制定计划、安排进度和控制成本时，始终坚持安全第一的原则，科学规范地开展各项工作。

核动力厂营运单位的决策机构和管理部门应当通过承诺、决策和行为示范等，不断强化法治意识、责任意识、风险意识和诚信意识，持续培育和建设核安全文化。

第三十一条　核动力厂营运单位应当组织开展核安全文化教育培训，制定安全重要岗位的行为准则，明确风险管理要求，及时识别、沟通和有效管控与工作及工作环境有关的风险；设置纵深防御体系，分析技术、人员和组织之间的相互作用和对安全的影响，利用实体屏障、组织管理和防止人为失误等措施，有效防范各类安全威胁。

第三十二条　核动力厂营运单位应当建立核安全经验反馈体系，鼓励从业人员报告安全隐患和管理体系缺陷，对所报告事项、建造和运行事件及经验、行业良好实践和科技进步等信息进行及时筛选、评价和反馈，持续改进和提升安全管理水平。

第三十三条　核动力厂营运单位应当明确违规操作和弄虚作假防控要求与措施，发现相关行为的，及时依法依规处理；审查验证为核动力厂物项或者服务提供检测的机构资质、合格证明文件或者记录等，保证其真实、完整、可追溯。

第三十四条　核动力厂营运单位应当制定与政府相关部门、所有者、投资方、用户、从业人员、供应方、公众、社团组织、国际机构等相关方的沟通策略、计划和要求，妥善处理危机与冲突；依法开展信息公开和公众参与，就涉及公众利益的重大事项征求相关方意见，保障相关方的知情权、参与权和监督权。

第三十五条　核动力厂营运单位应当定期组织开展核安全文化评估，评价本单位的核安全文化状态，促进核安全文化持续改进。

第六章　评价改进

第三十六条　核动力厂营运单位应当开展管理体系日常监督检查，通过巡查、活动观察、会议、工作指导、意见征集等形式，检查管理体系各工作过程的执行情况和存在的问题，并及时整改。

第三十七条　核动力厂营运单位应当持续监测核动力厂安全状态，定期分析评价安全性能指标的变化趋势，调查、分析异常和不良趋势的原因并加以改进。

第三十八条　核动力厂营运单位应当定期组织开展自我评估，并在国务院核安全监督管理部门例行核安全监督检查前对管理体系进行自查，对照监管要求和行业标杆查找问题，持续推动安全业绩提升和管理体系改进。

第三十九条　核动力厂营运单位应当确定核动力厂全寿期不同阶段技术评价的项目、时机、范围、要求和预期结果，通过检查、试验、审查、应急演练、定期安全评价等方式，对安全重要物项和活动进行审查验证，合理可行地加以改进。

第四十条　核动力厂营运单位应当定期组织开展管理体系内部监查，对重要的相关单位适时组织开展外部监查，必要时开展同行评估，系统评价管理体系各要素和工作过程的充分性、符合性和有效性，实施必要的管理改进。

第四十一条　核动力厂营运单位应当定期开展管理部门审查，全面审议管理体系运行情况、安全业绩和核安全文化现状与问题、政策目标和规划实现情况、内外部环境的重大变化及其机遇和挑战等重大事项，确定管理体系的适宜性和有效性，对管理体系实施必要的调整和改进。

第四十二条　核动力厂营运单位应当及时发现在核安全和生态环境保护等方面的不符合、事件或者事故，并按照相关要求进行报告、审查和处理。

第四十三条　核动力厂营运单位应当及时纠正所有安全相关隐患、缺陷和问题，建立清单及信息库并对其进行动态管理；对重要不符合项、事件或者事故以及其他对安全有重要影响的缺陷，应当分析根本原因，制定和实施纠正措施，并建立跟踪系统，确保每项纠正措施得到落实。

第七章　罚　则

第四十四条　企业集团存在下列情形之一的，由国务院核安全监督管理部门责令限期整改，并对其主要负责人进行约谈，约谈结果应当向社会公开：

（一）未为核动力厂营运单位人员配置、核安全管理和财务保障提供支持和便利的；

（二）未建立合理有效的监督和考核制度，未督促干扰核动力厂营运单位依据本规定履行安全责任的。

第四十五条　核动力厂营运单位存在下列情形之一的，由国务院核安全监督管理部门责令限期整改，并对其主要负责人进行约谈，约谈结果应当向社会公开：

（一）未按照本规定要求对管理体系进行整合、实施、评价或者持续改进的；

（二）未按照本规定要求制定或者实施核安全和生态环境保护等方面的政策、目标和规划的；

（三）未按照本规定要求建立或者实施清晰、协调、高效的安全决策机制、重大事项的安全审议机制的；

（四）未按照本规定要求为履行核安全责任提供足够的能力和资源保障的；

（五）未按照本规定要求对供应链进行有效管理的；

（六）未按照本规定要求组织开展核安全文化评估的；

（七）其他在管理体系建立和实施中存在工作推进不力、问题突出的情形的。

第四十六条　核动力厂营运单位和相关单位在管理体系的建立和实施过程中存在违法行为的，依据《中华人民共和国核安全法》等法律法规予以处罚。

第八章　附　则

第四十七条　本规定中下列用语的含义：

（一）核安全文化，是指各有关组织和个人以“安全第一”为根本方针，以维护公众健康和生态环境安全为最终目标，达成共识并付诸实践的价值观、行为准则和特性的总和。

（二）供应链，是指为核动力厂提供材料、零部件、设备、计算机软件、工程和服务等的供应网络，通常涉及核动力厂工程总承包单位、设计单位、制造单位、工程勘探和建设施工单位、技术服务单位、各级供应商和经销商等。

第四十八条　本规定自 2021 年 3 月 1 日起施行。

附件：管理体系总论框架

附件

管理体系总论框架

核安全承诺（主要负责人签字）

一、前言

（一）目的与适用范围

（二）企业简介

（三）术语和定义

（四）编制依据

二、管理体系
（一）管理体系合规性说明
（二）管理体系总要求
（三）管理体系结构说明
（四）管理体系文件
（五）分类分级管理
三、管理职责
（一）安全责任
（二）安全领导和承诺
（三）政策、目标和规划
（四）组织机构和职责
（五）核安全文化
四、资源管理
（一）资源策划和提供
（二）人力资源管理
（三）财务资源管理
（四）基础设施和工作环境
（五）知识和信息管理
（六）物质资产管理
（七）技术更新和物项替代
五、过程实施
（一）过程实施的一般要求
（二）核心工作过程
（三）通用管理过程
（四）支持保障过程
六、评价改进
（一）日常监督
（二）安全状态监测
（三）自我评估
（四）独立评价
（五）管理部门审查
（六）纠正措施
七、管理体系文件清单
八、参考文件

【核动力厂系列】

HAF101

核动力厂厂址评价安全规定

（2023 年修订，2023 年 2 月 27 日国家核安全局发布）

1　引　言

1.1　目的

1.1.1　本规定提出了为发电或其他供热应用（诸如集中供热或海水淡化）而设计的，采用水冷反应堆的陆上固定式核动力厂在厂址选择和评价中涉及核安全方面应遵循的准则和程序，其他核设施在厂址选择和评价方面可参考本规定，但应经过细致的评价和判断。

1.1.2　本规定的目的是给出适用于核动力厂运行状态及事故工况的准则，以提出关于下述各项内容的基本要求：

（1）规定营运单位在厂址评价中的职责；

（2）确定厂址评价过程中采用的资料；

（3）对厂址进行评价，以充分考虑厂址特定危害和安全有关的厂址特征，从而得出适当的厂址特定设计参数，确定与厂址有关的设计基准；

（4）分析厂址区域的人口特征和在核动力厂整个寿期内执行核事故应急预案的能力，以确定在实施核事故应急预案有效性方面是否存在不可克服的困难。

1.1.3　本规定适用于：

（1）确定可能影响核动力厂安全的所有外部自然事件和人为事件；

（2）评估在核动力厂寿期内运行状态和事故工况下厂址与核动力厂之间的相互影响。

1.2　适用范围

1.2.1　本规定的适用范围包括新建和运行核动力厂的厂址评价。对于运行核动力厂，在确定实施新的或补充安全措施时，需要考虑这些措施的安全重要性、经济、社会和环境因素。

1.2.2　核动力厂的选址过程分为两个阶段：

（1）厂址调查，对一个大地区进行调查普选并排除不适宜厂址后，确定候选厂址；

（2）厂址选择，在安全和其他考虑因素的基础上通过筛选、评估、比较和排序来评价候选厂址，以选择一个或若干个优先候选厂址。

1.2.3　厂址的适宜性应在厂址评价过程中确认。厂址评价从选址过程的第二阶段开始，在核动力厂整个寿期内持续进行，包括监测、定期安全审查和确认厂址特定设计参数的其他活动，以及基于定期安全审查结果的安全再评价。

1.2.4　本规定的原则是评价那些与厂址有关的而且必须考虑的因素，以保证核动力厂在整个寿期内不会因厂址原因对人或环境构成不可接受的风险。本规定的内容仅包括那些与核与辐射安全有关的厂址选择及评价方面的问题。本规定的内容不包括核动力厂的非放射性影响评价［如技术、经济、非放射性环境影响和社会经济影响，以及有关各方（包括公众）的意见］，关于这些方面的内容应遵循其他的有关规定。

2　基本要求

2.1　基本安全原则

从核安全的观点考虑，核动力厂厂址评价的主要目的是保护公众和环境免受放射性事故释放所引起的过量辐射影响，同时也应考虑核动力厂正常的放射性物质释放影响。

2.2　安全目标

必须在核动力厂寿期内的所有阶段贯彻基本安全原则，包括规划、选址、设计、建造、运行、退役，以及与之相关的放射性物质运输和放射性废物管理。

2.3　厂址安全评价

必须调查和评价可能影响核动力厂安全的厂址特征。必须根据影响核动力厂安全的外部自然事件和人为事件发生频率和严重程度及其可能的组合，对候选核动力厂厂址的安全性进行审查。必须利用基于外部事件危险性分析得到的发生频率和严重程度的信息来确定核动力厂设计基准，并合理考虑其中的不确定性。必须确定可能影响核事故应急预案可实施性的厂址特征。

2.4　环境影响评价

必须调查和评价核动力厂运行状态和事故工况下可能受到潜在放射性释放影响的区域的环境特征。对于候选厂址，还必须考虑包括厂址所在区域的人口分布、饮食习惯、土地和水的利用情况，以评价核动力厂在运行状态及事故工况（包括那些会导致需要采取应急措施的事故工况）下对厂址所在区域居民的可能辐射影响。需要在核动力厂的整个寿期内对所有这些特征予以监测。

2.5　营运单位的职责

2.5.1　营运单位应当向国务院核安全监督管理部门提交选址安全分析报告，充分说明该厂址具备建造核动力厂的厂址条件，并能在整个寿期内安全运行。选址安全分析报告必须根据本规定和其他有关规定的要求进行编制。

2.5.2　营运单位在核动力厂整个寿期的不同阶段开展厂址评价工作，应当根据本规定和其他有关规定的要求进行。

2.5.3 营运单位必须进行适当的质量保证和过程控制，以控制核动力厂厂址评价各阶段所进行的厂址调查、评价以及工程活动实施的有效性。质量保证控制必须覆盖选址过程中的全部活动。营运单位应妥善保存核动力厂厂址评价过程中所完成的工作记录。

3 厂址评价准则

3.1 厂址评价范围

3.1.1 对于核动力厂所有运行状态和事故工况（包括那些会导致需要采取应急措施的事故工况），厂址评价的范围必须包括与厂址有关的因素以及与厂址和核动力厂之间相互影响有关的因素。

3.1.2 厂址评价包括与核动力厂安全相关的所有外部危险的评价、监测和厂址特定参数的确定。厂址评价的范围必须根据核动力厂对公众和环境的潜在放射性风险确定。

3.1.3 根据安全要求对核动力厂进行厂址评价时，必须考虑核动力厂可能产生的灾害性后果。

3.2 厂址适宜性

3.2.1 厂址的适宜性评价必须在厂址评价的早期阶段进行，目的是评价一个厂址是否适于建造核动力厂，并且必须针对所规划核动力厂的寿期进行确认。

3.2.2 评价核动力厂厂址的适宜性时，必须考虑以下因素：

（1）在某个特定厂址所在区域可能发生的外部自然事件或人为事件对核动力厂的影响；

（2）可能影响所释放的放射性物质从核动力厂向公众和环境迁移的厂址特征和环境特征；

（3）与实施应急措施的可行性及评价个人和群体风险所需要的有关厂址所在区域的人口分布、潜在风险设施等社会环境特征以及地理条件、外部自然事件等自然环境特征。

3.2.3 厂址的适宜性是与拟建核动力厂的设计密切相关的。从核安全角度来看，若安全评价结果表明，3.2.2 中列出的三方面因素中有一项或多项不可接受，且这些缺陷无法通过一系列厂址防护措施、核动力厂工程设计、管理措施得到解决，则必须认为该厂址不适宜作为该核动力厂厂址。

3.2.4 评价厂址适宜性时，必须采用该厂址的特定资料；对无法获得的资料，则可采用与该厂址所在区域相类似的其他区域的适用数据资料。

3.2.5 对于核动力厂来说，应尽可能在选址的最初阶段就确定厂址的总装机容量和堆型。如果后期的总装机容量或影响水平显著高于之前厂址评价阶段接受的结果，则应根据更高的总装机容量进行厂址的适宜性评价。

3.2.6 对厂址适宜性进行评价时，还必须考虑对核动力厂连续安全运行有潜在影响的厂址特征，如冷却水的可用性、极端环境条件等。

3.3 厂址和区域特征

3.3.1 必须调查厂址和区域可能影响核动力厂安全及核动力厂对人员和环境潜在放射性

影响的特征。

3.3.2 必须对区域内可诱发厂址灾害进而可能影响核动力厂安全的自然现象和人为活动进行识别和评价。评价的范围和详细程度应与核动力厂的潜在灾害性后果的严重程度相符。

3.3.3 必须调查和评价厂址所在区域可能受到核动力厂（核动力厂寿期所有阶段的所有运行状态和事故工况）潜在放射性影响的自然环境的特征。

3.3.4 必须根据外部自然和人为事件的特征确定调查区域的范围。确定调查区域范围时，应考虑灾害的大小及灾害源与厂址的距离。对于一些特定的外部自然事件（如海啸和火山等），必须确保调查范围大到足以表征对厂址的潜在影响。

3.3.5 必须评价核动力厂所在区域内影响核动力厂安全的自然因素和人为因素在核动力厂寿期内可预见的演变，并在核动力厂整个寿期内监控这些因素。包括外部自然事件严重程度和发生频率的潜在变化、人口分布的变化、当前和未来土地和水体的利用情况、核动力厂的发展和可能会影响核动力厂安全及其核事故应急预案可实施性的其他设施的建造。

3.4 外部自然和人为事件的筛选和识别

3.4.1 必须通过筛选过程识别出可能影响厂址所在区域的外部自然和人为事件。

3.4.2 筛选过程中外部事件的评价范围，必须覆盖核动力厂设计和安全评价的整个过程，包括会增加总体风险的低概率严重事件。对那些后果虽然较轻，但发生概率较高，会显著增加总的风险的事件，也应当在核动力厂的厂址评价和设计中加以考虑。

3.4.3 若单个事件的后果可被某一事件组合所包络，则可以筛除该事件。此时必须确保被筛除事件的所有潜在后果都能被上述事件组合的后果所包络。

3.4.4 对未被排除的事件，必须根据其对核动力厂安全影响的显著程度进行评价，用以确定厂址特定设计基准和厂址的再评价。

3.5 自然和人为事件引起的外部危险评价

3.5.1 在核动力厂整个寿期内都必须评价自然和人为事件引起的外部危险对核动力厂安全的影响。

3.5.2 核动力厂厂址评价必须考虑可能对核动力厂安全产生影响的自然和人为外部事件的频率和严重程度，以及这些事件的潜在组合。

3.5.3 必须采用恰当的方法表征核动力厂厂址评价和设计相关的灾害。在灾害分析中必须考虑分析方法和输入数据的不确定性。

3.5.4 必须根据灾害的性质、数据的可用性、安全评价的实际需要，确定采用确定论还是概率论灾害分析方法。

3.5.5 采用概率安全分析时，必须根据厂址特定条件建立概率危险性曲线，作为外部事件概率安全分析的输入。

3.5.6 灾害分析中必须说明外部事件组合的可能性，包括同时发生和短时间内前后相继发生两种情况。必须评价外部事件之间的相互作用和因果关系。同时还应考虑反应堆的运行状态。

3.5.7　必须选取和确定恰当的参数来描述厂址特定外部危险的严重性，这些参数应由外部危险分析的结果确定。

3.5.8　评价厂址适宜性时，需要考虑外部危险和厂址特征随时间的变化。考虑到潜在变化预测中的不确定性，必须在确定相关厂址特定设计参数的过程中，留有适当的安全裕度。

3.6　核动力厂对人员和环境的潜在影响

3.6.1　确定核动力厂在运行状态和事故工况（包括可能需要采取应急响应行动的事故工况）下对所在区域可能产生的放射性影响时，必须考虑核动力厂的设计及其安全特性，对放射性物质的潜在释放做出适当的评估。

3.6.2　选址阶段，必须通过考虑假想事故场景（包括由此产生的源项）和在厂址所在区域实施核事故应急预案的可行性，来评估核动力厂对人员和环境的潜在影响。一旦核动力厂设计及其安全特性确定后，必须确认这些评估。

3.6.3　必须评定核动力厂放射性释放可能对公众和环境产生影响的直接和间接途径。在进行该评定时，必须考虑厂址和区域的特定特征，包括该区域的人口分布，同时特别注意放射性核素在生物圈中的迁移和积累。

3.6.4　必须考虑放射性流出物与非放射性流出物之间相互作用的可能性。

3.7　应急响应行动的可实施性

3.7.1　必须评价应急响应行动在厂址所在区域的可实施性，评价时要考虑下述与厂址有关的因素：

（1）人口及分布特征、在应急防护行动中难以隐蔽或撤离的居民组以及在核动力厂寿期内上述各项的变化；

（2）特殊的地理特征，例如：岛屿、跨境及跨行政区划、山地地形、河流；

（3）当地的运输和通讯网络能力；

（4）厂址所在区域的经济、工业、农业、生态和环境特征。

3.7.2　在评价应急响应行动的可实施性时，必须考虑外部事件对厂址所在区域基础设施的影响。

3.7.3　在评价中必须考虑位于同一厂址以及相邻或相近厂址的核设施，特别是那些可能同时发生事故的核设施。

3.8　其他方面的考虑

3.8.1　厂址评价必须考虑外部自然和人为事件影响同一厂址和邻近厂址上多个核设施的可能性。

3.8.2　厂址评价必须考虑可能影响最终热阱可用性和可靠性的特定外部自然和人为事件。

3.8.3　对厂址进行评价时，必须统筹考虑新燃料、乏燃料及放射性废物的贮存和运输等问题。

3.8.4　如确需采用厂址防护措施，在评价外部事件灾害性后果严重程度时，必须恰当考虑其不确定性。厂址防护措施应根据其安全重要性进行分类、设计、建造、维护和操作。

3.9 厂址评价中的资料收集

3.9.1 必须收集必要的数据，用于评估自然和人为外部危险，以及评估环境对核动力厂安全的影响和核动力厂对公众和环境的影响。

3.9.2 必须在核动力厂的整个寿期内收集可能影响核动力厂安全的自然和人为外部危险的资料。必须定期维护和审查资料，在必要时作为核动力厂定期安全审查中厂址评价审查的一部分。

4 外部事件评价要求

4.1 地震

4.1.1 能动断层

（1）必须对大于一定规模且离厂址一定距离内对安全至关重要的断层进行评价，以确定这些断层是否应被视为能动断层。对于能动断层，必须评价地面运动和（或）断层位移危害对核动力厂安全的潜在威胁；

（2）必须评价厂址地表断层活动的可能性（即断层能动性）。所采用的方法和进行的调查必须足够详细，以便能够根据能动断层的定义作出合理的鉴定。断层能动性调查必须包括：

①通过厂址附近地区的或走向指向厂址的断层；

②评价断层可能影响的范围大小。

（3）基于地质、地球物理、大地测量或地震的资料（包括古地震和地形地貌资料），如果符合下述条件之一，则认为该断层为能动断层：

①如果有证据表明：断层在晚更新世 Q3（约 12 万年）以来有过活动［如显著的形变和（或）位移］，并可据此合理推断未来在地表或近地表可能再次出现这种活动，则认为该断层属于能动断层；

②如果断层和一个已经被证明的已知能动断层具有构造联系，当这一能动断层活动时可引起该相关断层在地表或近地表活动；

③如果与某一发震构造相关的最大潜在地震足够大，并且震源位于某一深度，在核动力厂所在区域的构造运动背景条件下，可据此合理推断出地震发生时将会产生地表或近地表处破裂。

（4）如果有可靠证据表明存在对核动力厂安全构成潜在影响的能动断层，且无法通过工程措施解决，则必须考虑另选厂址。

4.1.2 地震动

（1）对推荐厂址必须进行工程地质和区域地质及地震（包括诱发地震）的评价；

（2）必须收集区域内历史的和仪器记录的地震资料，并必须形成文件；

（3）必须根据区域的地震构造评价确定设计基准地震。必须评定最大历史地震烈度和推定潜在地震；

（4）必须考虑区域地震构造特征和特定的厂址条件，以确定核动力厂的设计基准地震动。发生这种地震动时，对于核动力厂而言主要考虑因素是保护公众和环境免受辐射后果的影响。同时还应规定另一个地震动，如果超过这一地震动则必须根据要求对核动力厂进行检查。这些地震动应采用合适的参数（例如地震烈度、地面加速度、加速度反应谱、振动持续时间以及时程曲线）来表示。基于地震构造评价的确定性法和概率法，可互为补充，推导、校核和比较设计基准地震动，以提供在核动力厂寿期内进行确定性和（或）概率安全分析所需的输入；

（5）对于受损后可能会危及核动力厂安全并可能使辐射后果扩大到不可接受程度的建构筑物，必须采用与确定核动力厂设计基准地震动同样的方法确定这些建构筑物的设计基准地震动，并必须评价其对这些建构筑物的影响。

4.2　火山灾害

必须识别并评价核动力厂寿期内可能发生活动且对厂址安全有潜在影响的火山。评价中应按区域特征选取足够大的范围，以恰当考虑各种火山现象引起的灾害性后果。如果评价表明，存在对核动力厂安全构成不可接受影响的火山，则应另选厂址。

4.3　气象

4.3.1　极端气象灾害

（1）必须对可能影响核动力厂安全的极端气象灾害及其可能组合进行评估；

（2）必须根据现有记录对风、降水、冰和雪、气温和水温、湿度、风暴潮和沙尘暴等气象现象及其可信组合进行极值评价。如有必要，必须通过纳入历史气候数据、数值模型和模拟等方式扩展气象灾害数据库；

（3）必须采用适当的方法评价气象灾害，同时考虑可获得的数据（测量数据和历史数据）以及已知的区域内相关特征在过去的变化。

4.3.2　罕见气象事件

（1）龙卷风

①必须依据厂址区域详细的历史和仪器记录资料，评价该区域范围内发生龙卷风的可能性；

②必须确定与龙卷风有关的各种危险性，并以旋转风速、平移风速、最大旋转风速半径、压差和压力变化率等参数来表示；

③在龙卷风危险性评价中，必须考虑龙卷风引发飞射物的影响。

（2）热带气旋

①必须评价厂址所在区域内发生热带气旋的可能性。如果评价表明厂址所在区域内存在发生热带气旋的证据或有发生热带气旋的可能性，则必须收集相关资料；

②必须根据可用资料和适当的物理模型确定与厂址有关的各种热带气旋危险性。热带气旋的这些危险性包括诸如极端风速、气压和降雨量等；

③在热带气旋危险性评价中，必须考虑热带气旋可能引发飞射物的影响。

（3）闪电

必须评价厂址闪电事件发生的可能性以及发生的频率与严重性。

4.4 洪水

4.4.1 降雨和其他原因引起的洪水

（1）必须评估由一种或多种自然原因导致厂址附近地区发生洪水的可能性，如：极端降雨、风暴潮、风浪、海啸或假潮或者上述具有共因（或相对发生频率较高）事件的组合。如果存在这种可能性，则必须收集并鉴别包括水文和气象历史数据资料在内的全部有关数据资料；

（2）必须考虑到上述资料在数量和准确性方面的局限性、积累这些数据资料的历史时间长短以及所有已知的该区域有关特征的历史变化等因素，如有必要，必须收集相关历史洪水和古洪水研究资料用于河流洪水发生频率及量级的估算。必须开发恰当的气象、水文、水力模型用于厂址洪水灾害评估，包括杂物、冰、泥沙淤积等次生影响，并根据此模型确定设计基准洪水；

（3）设计基准洪水必须包括水位（包括波高）、洪水持续时间及其流态；

（4）对沿海厂址及类似厂址，必须审查因高潮位、风对水体的影响及波浪作用的综合因素引起洪水泛滥的可能性，并必须确定有关洪水的设计基准；

（5）必须评估海岸或河道由淤积和侵蚀导致不稳定的可能性。

4.4.2 因地震或其他地质现象导致的洪水波

（1）必须评估当地可能危及核动力厂安全的海啸和假潮，那些在当地由非地震原因引起的海啸和假潮（如海底滑坡）也必须适当予以评估；

（2）如果存在上述可能性，就必须收集厂址所在的沿岸区域产生海啸或假潮的历史资料，并且必须鉴别其可靠性及其与厂址的关系；

（3）必须采用近岸水深、海底地形资料，借鉴类似区域的研究成果，估算厂址所在区域的海啸或假潮的高度、频率及大小，同时考虑海岸形态（包括人工构筑物）引起的放大效应，在适当区域评估当地海啸和假潮所导致的灾害，确定设计基准海啸或假潮；

（4）必须根据已知的地震记录资料及地震构造特征，评价由区域的离岸地震活动引起海啸或假潮的可能性；

（5）有关海啸或假潮的设计基准应包括在厂址上引起波浪爬高和下落的物理作用的可能性，并且必须根据上述资料确定海啸或假潮的设计基准。

4.4.3 挡水构筑物溃决导致的洪水和波浪

（1）必须分析上游水工构筑物的资料，以确定当上游一个或多个挡水构筑物溃决可能导致的灾害，包括与其他原因洪水的组合；

（2）如果核动力厂能够安全的经受住上游一个或多个挡水构筑物溃决所产生的全部影响，则不需要对该水工构筑物作进一步的审查；

（3）如果对核动力厂所作的初步审查表明该核动力厂不能安全地经受上游挡水构筑物

溃决的全部影响，则必须评估这类作用对核动力厂产生的风险。否则，必须采用与确定核动力厂相关风险相同的分析手段对上游构筑物进行分析，以证明这些水工构筑物能够经受住相应的事件；

（4）必须查明各条河流上游或下游堵塞导致的蓄水（如由于滑坡或冰导致的堰塞湖）、土地利用变化导致的洪水和相关事件。

4.5 影响堆芯长期排热的厂址参数

4.5.1 在进行堆芯长期排热的方案设计时，应考虑下列厂址参数：

（1）干球和湿球温度、湿度；

（2）水质特征，包括：浊度、悬浮固体、漂浮碎片以及化学和生物化学变化（自然和人为变化）；

（3）与安全有关的冷却水源的可用流量、最低水位及最低水位的持续时间，并应考虑挡水构筑物失效的可能性。

4.5.2 必须逐一查明那些会使堆芯长期排热所需的系统丧失功能的可能的自然事件和人为事件，例如：河流阻塞或改道、水库排空、水生物或异物（如水母、鱼虾、浒苔和秸秆）聚集、水库或冷却塔因冻结或结冰而阻塞、船只碰撞、油料溢出及起火等。

如果不能将发生这类事件的概率及事件后果减少到可以接受的水平，则在确定核动力厂设计基准时必须考虑这些事件。

4.5.3 如果不能在所有情况下都能保证应急堆芯冷却和堆芯长期排热的最小供水量，则必须认为该厂址是不合适的。

4.6 岩土工程和工程地质

4.6.1 岩土工程特性和基土性能

（1）必须对岩土工程特性和基土性能进行调查，并在考虑基土的不确定性和可能的变化的基础上，确定厂址的岩土剖面；

（2）必须确定厂址基土的静态和动态岩土工程特性，包括回填材料。必须采用适当的取样技术和充分的试验，通过实验室和现场测试的方法来确定厂址基土的每个参数；

（3）必须评价基土的稳定性和承载能力，评价中应考虑在静态和地震荷载下可能发生的沉降；

（4）必须通过适当的方法研究基土和地下水的物理和地球化学性质，并在厂址基土评价时予以考虑。

4.6.2 岩土工程灾害和地质灾害

（1）必须评价岩土工程灾害和地质灾害，包括边坡失稳、塌陷、沉降或隆起、基土液化等对核动力厂安全的影响。

（2）如果存在边坡失稳的可能性，则必须进行详细研究：

①必须对厂址及其邻近地区进行评价，以确定影响核动力厂安全的、由自然或人为因素引发的边坡失稳（如滑坡、岩石坠落和泥石流等）的可能性。自然因素引起边坡失稳的

因素应考虑极端气象条件和罕见气象事件、地震危险，以及土体和地下水特征；

②由于在评价岩土特性时存在的不确定性因素，评价边坡失稳时必须留有安全裕度；

③如果存在边坡失稳的可能性，则必须使用厂址合适的地震危险性和土体及地下水特征参数来评价地震荷载引起的边坡失稳的可能性。

（3）如果存在地表塌陷、沉降或隆起的可能性，则必须进行详细研究：

①必须利用从可靠的调查方法获得的基土条件，评价地面塌陷、沉降或隆起的可能性，这些塌陷、沉降或隆起可能在核动力厂的运行寿期内影响核动力厂的安全；

②必须审查厂址地区的地质图及其他有关资料，以了解是否存在洞穴、岩溶等自然特征和水井、矿井、油井或气井等人为特征；

③如果厂址的评价说明存在着影响厂址安全的地面塌陷、沉降或隆起的可能性，则必须采取切实可行的工程措施，否则必须认为该厂址不合适；

④如果采用的工程措施是可行的，则必须通过可靠的调查方法获得有关地下情况的详细资料，从而确定设计基准。

（4）如果存在基土液化的可能性，则必须进行详细研究：

①必须通过使用厂址特定的地震动和合适的岩土参数来评价厂址基土液化的可能性；

②基土液化的评价必须包括使用公认的现场和实验室测试方法，并结合分析方法进行危害评价，同时留有安全裕度，以补偿在确定基土特性和计算方法上的不确定性；

③如果存在不能接受的基土液化的可能性，而在工程技术上又无切实可行的解决方法，则必须认为该厂址是不合适的。

4.7 其他自然灾害的评价

对厂址区域内特有的、可能影响核动力厂安全的其他外部自然灾害，例如干旱、冰雹、结冰、河流改道、雪崩和水生物或异物聚集必须进行调查和评价，以确定有关这些事件的设计基准或设计参数。

4.8 外部人为事件评价

4.8.1 必须对厂址及所在区域与外部人为事件相关的危害进行评价。这些外部人为事件包括但不限于：

（1）与附近陆地、河流、海洋或航空运输有关的事件（如碰撞和爆炸）；

（2）附近工业设施产生的火灾、爆炸引起的飞射物和释放的有毒有害气体；

（3）电磁干扰；

（4）可能影响自然灾害类型或严重程度的人为活动均必须考虑。

4.8.2 如果这些影响可能使放射性后果的总风险增加到不能接受的程度，而且在工程技术上又无切实可行的解决办法时，则必须认为该厂址是不合适的。

4.8.3 有关化学品爆炸事件的设计基准，必须在考虑距离效应后以超压表示。

4.8.4 飞机坠毁

必须评价飞机坠毁（非恶意撞击）的可能性，同时按实际尽可能考虑未来空中交通和飞机的特点。

（1）如果通过评价表明存在飞机在厂址上坠毁从而影响核动力厂安全的可能性时，则必须对它的风险作出评价；

（2）如果研究表明这种风险是不能接受的，而且又无切实可行的解决办法，则必须认为该厂址是不合适的；

（3）有关飞机坠毁事件的设计基准必须包括撞击、着火和爆炸在内。

4.8.5　化学危害

（1）在厂址周围区域内，当前或可预见的涉及装卸、加工、运输和贮存的可能产生爆燃或爆炸的化学品均必须进行评价；

（2）与化学爆炸或其他释放有关的危害应以热、超压和毒性（如适用）表示，并应考虑距离和大气不利组合的影响；

（3）对于上述活动区域附近的厂址，如果这些活动能使放射后果的总风险增加到不可接受的程度，而且没有切实可行的解决办法时，则必须认为该厂址是不合适的。

5　核动力厂对区域的潜在影响评价

5.1　放射性物质的弥散

5.1.1　必须评价在运行状态和事故工况下从核动力厂释放的放射性物质在大气和水中的弥散。

5.1.2　放射性物质的大气弥散

（1）必须给出厂址所在区域的气象特征，包括对基本气象参数、区域地形地貌和气象条件的描述，如风速和风向、气温、降水量、湿度、大气稳定度参数和持续逆温等；

（2）必须制定气象观测计划，并且在厂址或厂址附近适当的标高与位置上，使用能够观测和记录主要气象参数的仪器完成观测。必须收集至少一整年的数据，包括从其他来源得到的有关数据；

（3）必须基于区域调查所获得的资料，采用适宜的模型来评价放射性物质释放的大气弥散效应。这些模型必须包括所有可能影响大气弥散的重要的厂址和区域地形特征，以及核动力厂的特征。

5.1.3　放射性物质的地表水弥散

（1）必须给出厂址所在区域的地表水水文特征，包括天然水体和人工水体的主要特征、主要挡水构筑物、取水口的位置以及区域内水资源利用的资料；

（2）必须制定地表水水文调查和测验计划，以确定必要范围内的水体稀释和弥散特征，沉积物和生物的再浓集能力，以及放射性核素在水域中的迁移机制与照射途径；

（3）必须采用所收集的资料和数据，用适宜的模型评价地表水污染对公众的潜在影响。

5.1.4　放射性物质的地下水弥散

（1）必须给出厂址所在区域的地下水特征，包括含水构造的主要特征、与地表水的相互作用以及地下水利用的资料；

（2）必须进行水文地质调查，以便评价放射性核素在地下水中迁移的特征。该调查应包括核素在土壤中的迁移和滞留特征、含水层的稀释和弥散特征，以及地下物质的物理和化学性质，其中主要是放射性核素在地下水中的迁移机制与照射途径；

（3）必须采用所收集的资料和数据，用适宜的模型评价地下水污染对公众的潜在影响。

5.2 人口分布和公众照射

5.2.1 必须确定核动力厂寿期内厂址所在区域现有和预期的人口分布，并用于评价在运行状态和事故工况下放射性释放对公众的潜在影响。

5.2.2 必须收集关于该区域现有和预期的人口分布资料，包括常住人口和可能的暂住人口，并在核动力厂的寿期内持续更新。在评估放射性释放的潜在影响并考虑实施防护行动的可行性时，应特别注意特殊人群（如学校、医院、疗养院和监狱）。

5.2.3 人口分布尽量利用该区域的最新人口调查数据，或通过推断的常住人口和暂住人口的最新数据获得的资料。在缺乏可靠数据的情况下，必须进行专门的调查研究。

5.2.4 必须分析人口数据，并以核动力厂反应堆为中心按照不同距离和方位给出人口分布。该资料用于评价放射性物质正常排放和事故释放的潜在放射性影响，包括合理考虑因严重事故造成的释放，并适当使用厂址特定设计参数和模型。

5.3 区域内土地和水体的利用

5.3.1 必须说明土地和水体利用的特征，以评估核动力厂对该区域的潜在影响。

5.3.2 土地和水体利用的描述必须包括调查居民可能利用的土地、地表水和地下水资源，以及可能作为食物链中生物栖息地的土地和水体。具体调查内容包括：

（1）供农业专用的土地面积、主要作物品种及产量；

（2）牧场专用的土地面积及畜、奶产量；

（3）商业、居住和游乐专用的场地面积及其使用特征；

（4）用于商业养殖及娱乐性捕捞的水体，包括水生生物的种类、数量及产量；

（5）用于商业目的（包括航运、公用供水或游乐）的水体；

（6）野生生物赖以生存的水体和土地；

（7）食物链受放射性污染的直接及间接途径。

必须特别注意查清那些对确定放射性物质通过食物链迁移有重要作用的特征。

5.4 辐射环境本底调查

为了能够确定核动力厂的放射性影响，在核动力厂厂址首台机组首次装料前，营运单位必须完成环境本底辐射水平的调查，所获得的数据将作为未来评价的基准。

术　语

外部事件

在核动力厂所在区域内，可能对核动力厂安全或核活动产生影响的事件，包括外部自然事件和外部人为活动引发的事件。

规划限制区

由省级人民政府确认的与非居住区直接相邻的区域。规划限制区内必须限制人口的机械增长，对该区域内的新建和扩建的项目应加以引导或限制，以考虑事故应急状态下采取适当防护措施的可能性。

风险

本规定所用的术语“风险”，是指来自于导致放射性物质释放的某一特殊事件的概率与该事件放射性后果的乘积。从概念上讲，综合风险分析包括下述一系列步骤：分析所有初因事件；伴随每个初因事件的全部可能相关事件序列；与这些序列中每个序列相关的概率值；以及最终对个人、群体和环境造成的后果。

核安全（安全）

完成正确的运行工况、预防事故或缓解事故后果从而实现保护厂区人员、公众和环境免遭过量辐射危害。

营运单位

中华人民共和国境内，申请或者持有核设施安全许可证，可以经营和运行核设施的单位。

质量保证

为使物项或服务与规定的质量要求相符合并提供足够的置信度所必需的一系列有计划的系统化的活动。

试验

为确定或验证物项的性能是否符合规定要求，使之置于一组物理、化学环境或运行条件考验之下的活动。

最终热阱

接受核动力厂所排出余热的大气或水体，或两者的组合。

区域

足以把与某一现象有关的或某一特定事件影响所及的所有特征都包含在内的足够大的地理区域。

能动断层

在地表或接近地表处有可能引起明显错动的断层。

记录

为各种物项或服务的质量以及影响质量的各种活动提供客观证据的文件。

文件

对于质量保证有关的活动、要求、程序或结果加以叙述、定义、说明、报告或证明的文字记录或图表资料。

极端气象灾害

气象参数或气象现象的极端值，一般通过统计分析不同气象参数的测量数据来确定。

罕见气象事件

在任何一个地方发生的频率都非常低，难以在任何特定场所被测量到的气象事件。这些事件具有破坏性影响，可能导致标准测量仪器的损坏。

HAF102

核动力厂设计安全规定

（2016年修订，2016 年 10 月 26 日国家核安全局批准发布）

1　引　言

1.1　目的

为实现核动力厂的安全运行，防止或减轻可能危及安全的事件后果，本规定提出了核动力厂安全重要的构筑物、系统和部件的设计，以及规程和组织流程所必须满足的要求。

本规定适用于核动力厂设计、建造、运行和退役阶段的分析、验证和审查，技术支持以及核安全监督。

1.2　范围

1.2.1　本规定提出了进行全面安全评价的要求，以确定核动力厂在各种运行状态和事故工况下可能产生的潜在危险。安全评价过程涉及确定论安全分析和概率论安全分析这两种互为补充的技术，分析中必须考虑各种假设始发事件，包括可能单独地或组合地影响安全的诸多因素。这些事件有如下几种类型：

（1）源自核动力厂运行本身；

（2）由人员行为引起；

（3）与核动力厂及厂址环境直接相关。

1.2.2　本规定不涉及极不可能影响核安全的一般工业安全和由核动力厂运行所引起的非放射性影响。

1.2.3　本规定中的核动力厂主要是指为发电或其他供热应用（诸如集中供热或海水淡化）而设计的，采用水冷反应堆的陆上固定式核动力厂。

1.2.4　其他类型或采用革新技术的反应堆设计可参照本规定，但应经过细致的评价和判断。

2　安全目标和纵深防御概念

2.1　安全目标

2.1.1　基本安全目标：在核动力厂中建立并保持对放射性危害的有效防御，以保护人与环境免受放射性危害。

2.1.2 为了实现基本安全目标，必须采取以下措施：

（1）控制在运行状态下对人员的辐射照射和放射性物质向环境的释放；

（2）限制导致核动力厂反应堆堆芯、乏燃料、放射性废物或任何其他辐射源失控事件发生的可能性；

（3）如果上述事件发生，减轻这些事件产生的后果。

2.1.3 基本安全目标适用于核动力厂的所有活动，包括规划、选址、设计、制造、建造、调试、运行和退役，以及有关放射性物质的运输、乏燃料和放射性废物的管理等。

2.2 辐射防护设计

2.2.1 为了实现基本安全目标，辐射防护设计必须保证在所有运行状态下核动力厂内的辐射照射或由于该核动力厂任何计划排放放射性物质引起的辐射照射低于规定限值，且可合理达到的尽量低。同时，还应采取措施减轻任何事故的放射性后果。

2.2.2 为了实现基本安全目标，辐射防护设计必须使得核动力厂所有辐射照射的来源都处在严格的技术和管理措施控制之下。但不排除人员受到有限的照射，也不排除法规许可数量的放射性物质从处于运行状态的核动力厂向环境的排放。此种照射和排放必须受到严格控制，并符合运行限值和辐射防护标准，且可合理达到的尽量低。

2.3 安全设计

2.3.1 安全设计必须：

（1）防止由于反应堆堆芯或其他辐射源失控所引起有害后果的事故，并在一旦发生事故时减轻其后果；

（2）保证在设计中考虑的所有事故的放射性后果都低于相关限值，并保持在可合理达到的尽量低的水平；

（3）保证有严重放射性后果的事故发生的可能性极低，并尽最大可能减轻这种事故的放射性后果。

2.3.2 为了证明在核动力厂的设计中实现了基本安全目标，必须对设计进行全面的安全评价，以确定所有辐射照射的来源，并评估核动力厂工作人员和公众可能受到的辐射剂量，以及对环境的可能影响。此种安全评价要考虑以下内容：（1）核动力厂的正常运行；（2）预计运行事件时核动力厂的性能；（3）事故工况。在分析的基础上，确认设计抵御假设始发事件和事故的能力，验证安全重要物项的有效性，以及确定应急计划的输入。

2.3.3 尽管采取措施将所有运行状态下的辐射照射控制在可合理达到的尽量低的水平，并将导致辐射源失控事故的可能性减至最小，但仍然存在发生事故的可能性。这就需要采取措施以保证减轻放射性后果。这些措施包括：安全设施和安全系统，营运单位制定的核动力厂事故管理规程，以及国家和地方有关部门制定的场外干预措施。

2.3.4 核动力厂的安全设计必须采取实际措施，以减轻核与辐射事故对人的生命、健康以及环境造成的影响。必须实际消除可能导致高辐射剂量或大量放射性释放的核动力厂事故序列；必须保证发生频率高的核动力厂事故序列没有或仅有微小的潜在放射性后果。安全设计的基本目标是在技术上实现减轻放射性后果的场外防护行动是有限的甚至是可以取消的。

2.4 纵深防御概念

2.4.1 防止核动力厂发生事故和减轻事故后果的主要手段是应用纵深防御概念。该概念贯彻于安全有关的全部活动，涉及核动力厂各种功率及停堆状态下有关的组织、人员行为或设计，以保证这些活动均置于各种独立的、不同层次措施的防御之下。即使有一种故障发生，它将由适当的措施探测、补偿或纠正。在整个设计和运行中贯彻纵深防御，以应对厂内设备故障或人因引起的各种预计运行事件和事故，以及外部事件引起的后果。

2.4.2 纵深防御概念的应用主要是通过一系列连续和独立的防御层次的结合，防止事故对人员和环境造成危害。如果某一层次的防护失效，则由后一层次提供保护。每一层次防御的独立有效性都是纵深防御的必要组成部分。

（1）第一层次防御的目的是防止偏离正常运行及防止安全重要物项的故障。这一层次要求：按照恰当的质量水平和经验证的工程实践，正确并保守地选址、设计、建造、维修和运行核动力厂。为此，应十分注意选择恰当的设计规范和材料，并对部件的制造、核动力厂的建造和调试进行质量控制。在这一层次，降低内部危险可能性的设计措施有助于事故的预防。还应重视涉及设计、制造、建造、在役检查、维修和试验的过程和规程，以及进行这些活动时良好的可达性、核动力厂的运行方式和运行经验的利用等方面。整个过程以确定核动力厂运行和维修要求及其质量管理要求的详细分析为基础。

（2）第二层次防御的目的是检测和控制偏离正常运行状态，以防止预计运行事件升级为事故工况。尽管注意预防，核动力厂在其寿期内仍然可能发生某些假设始发事件。这一层次要求在设计中设置特定的系统和设施，通过安全分析确认其有效性，并制定运行规程以防止这些始发事件的发生，或尽量减小其造成的后果，使核动力厂回到安全状态。

（3）设置第三层次防御是基于以下假定：尽管极不可能，某些预计运行事件或假设始发事件的升级仍有可能未被前一层次防御所制止，而演变成事故。在核动力厂的设计中，假定这些事故会发生。这就要求必须通过固有安全特性和（或）专设安全设施、安全系统和规程，防止造成反应堆堆芯损伤或需要采取场外干预措施的放射性释放，并能使核动力厂回到安全状态。

（4）第四层次防御的目的是减轻第三层次纵深防御失效所导致的事故后果。通过控制事故进展和减轻严重事故的后果来实现第四层次的防御。安全目标是，在严重事故下仅需要在区域和时间上采取有限的防护行动，且避免场外放射性污染或将其减至最小。这要求可能导致早期放射性释放或者大量放射性释放的事件序列被实际消除。

（5）第五层次，即最后层次防御的目的是减轻可能由事故工况引起的潜在放射性释放造成的放射性后果。该层次要求配备恰当的应急设施，制定用于场内、场外应急响应的应急计划和应急程序。

2.4.3 纵深防御概念应用的另一方面是在设计中设置一系列的实体屏障，并采用能动、非能动设施和固有安全特性的组合，以使实体屏障能够有效地将放射性物质包容在特定区域。所需实体屏障的数目取决于放射性核素总量和同位素成份表征的初始源项、单个屏障的有效性、可能的内部与外部危险以及各种失效的潜在后果。

3 设计安全管理

3.1 设计安全管理职责

营运单位必须保证提交国务院核安全监管部门的设计符合所有适用的安全要求。所有从事与核动力厂安全设计重要活动相关的组织，包括设计单位，都有责任保证将安全事务放在最优先的位置。

3.2 质量保证

3.2.1 必须制定和实施描述核动力厂设计的管理、执行和评价的总体安排的质量保证大纲。该大纲包括保证核动力厂每个构筑物、系统和部件以及总体设计的设计质量的措施，包括确定和纠正设计缺陷、检验设计的恰当性和控制设计变更的措施。

3.2.2 设计，包括变更、修改或安全改进，必须按照合适的工程规范和标准所确定的程序进行，并必须体现适用的要求和设计基准，必须确定和控制设计接口。

3.2.3 设计（包括设计手段和设计输入与输出）的恰当与否，必须由原先从事此工作的人员以外的个人或团体进行验证和确认。在设计和建造过程中应尽早完成验证、确认和批准，最迟不晚于核动力厂首次装料。

3.3 全寿期内保持核动力厂设计的安全和完整性

3.3.1 营运单位对安全负全面责任。营运单位必须建立一套正式的体系，在整个寿期内始终保证核动力厂设计的安全和完整性。

3.3.2 为便于安全分析报告、设计手册和其他设计文件等详细的设计资料转移至营运单位，应尽早设立全面负责设计过程的部门，并制定管理流程，在营运单位的管理体系内负责核动力厂设计安全和完整性。

3.3.3 核动力厂的设计工作可以由许多组织分担：工程公司、反应堆及其辅助系统供应商、主要设备供应商、电气系统的设计单位以及对核动力厂安全重要的其他系统的供应商等。营运单位必须对委托给外部组织的设计活动进行管理。

3.3.4 全面负责设计过程的部门必须保证核动力厂设计满足安全性、可靠性和质量方面的验收准则。这些准则符合相关的法律法规和标准规范。必须建立并明确工作范围和职责，以保证：

（1）设计符合其目标，并满足防护和安全最优化的要求，使辐射风险保持在可合理达到的尽量低的水平；

（2）持续保证设计安全的方式包括设计验证、确定工程规范和标准及要求、采用经验证的工程实践、提供建造经验反馈、批准重要工程文件、开展安全评价和保持安全文化；

（3）安全运行、维修（包括合适的试验周期）和修改所需的设计资料应该是可用的，设计资料应适当考虑以往的运行经验和经验证的研究成果，并由营运单位维护在最新状态；

（4）保持对设计要求和状态控制的管理；

（5）建立和控制责任设计者和参与设计工作的供应商之间必要的接口；

（6）营运单位需维护必要的工程专业资料和科技资料；

（7）所有设计变更都经过审查、验证、形成文档并批准；

（8）维护充分的文件，以便今后开展核动力厂退役工作。

4　主要技术要求

4.1　基本安全功能

4.1.1　必须保证在核动力厂所有状态下实现以下基本安全功能：

（1）控制反应性；

（2）排出堆芯余热，导出乏燃料贮存设施所贮存燃料的热量；

（3）包容放射性物质、屏蔽辐射、控制放射性的计划排放，以及限制事故的放射性释放。

4.1.2　必须用全面、系统的方法来确定完成基本安全功能所必需的安全重要物项，以及在核动力厂所有状态下用于实现或影响基本安全功能的固有特性。

4.1.3　必须提供对核动力厂状态进行监测的手段，以保证实现所要求的安全功能。

4.2　辐射防护

4.2.1　设计必须保证工作人员和公众在整个寿期内受到的辐射剂量，在运行状态下不超过剂量限值，在事故工况下不超过可接受限值，并可合理达到的尽量低。

4.2.2　设计必须实际消除可能导致高辐射剂量或大量放射性释放的核动力厂状态，并必须保证发生可能性较高的核动力厂状态没有或仅有微小的潜在放射性后果。

4.2.3　基于辐射防护目的，必须制定与核动力厂各类状态相对应且符合监管要求的可接受限值。

4.3　设计管理

4.3.1　设计必须保证核动力厂及其安全重要物项具有合适的性能，以保证其能可靠地执行安全功能；在设计寿期内核动力厂能够在运行限值和条件范围内安全运行，并能够安全退役；对环境的影响最小。

4.3.2　设计必须保证满足营运单位的安全要求，满足国务院核安全监管部门和相关法律法规的要求，并适当考虑营运单位人员的能力与局限性以及可能影响人员行为的各种因素。必须提供充分的设计资料，保证核动力厂的安全运行和维修，并允许以后能对核动力厂进行修改。同时推荐可纳入核动力厂管理规程和运行规程的实践（即运行限值和条件）。

4.3.3　设计必须适当考虑其他核动力厂在设计、建造和运行中获得的相关经验，以及相关的研究成果。

4.3.4　设计必须适当考虑确定论安全分析和概率论安全分析的结果，保证已经适当考虑了事故的预防和事故后果的缓解。

4.3.5　设计必须保证采用合适的设计措施以及运行和退役实践，使产生和排放的放射性废物活度和体积达到实际可行的最低水平。

4.4　纵深防御的应用

4.4.1　设计必须体现纵深防御。纵深防御的各层次之间必须尽实际可能地相互独立，避免一个层次防御的失效降低其他层次的有效性。

4.4.2　设计必须应用纵深防御概念，提供多层次防御，预防可能对人与环境产生有害影响的事故后果，并保证在防护失效时，采取适当措施保护人与环境，减轻事故后果。

4.4.3　设计必须适当考虑这样的事实：当缺少某一层次防御时，多层次防御的存在并不能作为继续运行的基础。纵深防御的各层次必须总是可用的，对任何特定运行模式下的放松都必须进行论证。

4.4.4　设计：

（1）必须设置多道实体屏障，阻止放射性物质向环境释放；

（2）必须采用保守的设计和高质量的建造，以保证核动力厂的故障和偏离正常运行减至最少，保证尽实际可能地预防事故，保证核动力厂不存在陡边效应；

（3）必须利用固有特性和工程设施控制核动力厂的行为，尽可能减少或排除那些需要启动安全系统的故障和偏离正常运行；

（4）必须对核动力厂提供附加控制，这些附加控制采用安全系统的自动触发，以能够高置信度地控制那些超出控制系统能力的故障和偏离正常运行，并使得早期阶段对操纵员动作的需求减至最少；

（5）必须提供构筑物、系统和部件以及规程，以控制超出安全系统能力的故障和偏离正常运行的进程，并尽实际可能地限制其后果；

（6）必须提供多种手段来保证实现每项基本安全功能，从而保证各道屏障的有效性，并减轻任何故障和偏离正常运行的后果。

4.4.5　为了贯彻纵深防御概念，设计必须尽实际可能地防止：

（1）出现影响实体屏障完整性的情况；

（2）一道或多道屏障失效；

（3）一道屏障因另一道屏障的失效而失效；

（4）运行和维修差错产生有害后果的可能性。

4.4.6　在核动力厂运行寿期内，设计必须尽实际可能地使第一层次防御至多第二层次防御能够阻止可能发生的所有故障或偏离正常运行升级为事故工况。

4.4.7　用于设计扩展工况的安全设施（如用于减轻燃料熔化事故后果的设施）应尽实际可能地与安全系统独立。

4.5 实物保护

4.5.1 必须设置实物保护措施，即核安保措施，包括实物保护系统和相关管理措施，以防止、侦查和应对涉及核材料和核动力厂相关设施的偷窃、蓄意破坏、未经授权的接触，非法转让或其他恶意行为，以及防范恐怖分子获取材料、破坏核动力厂等。

4.5.2 应根据保护目标的重要程度和潜在风险确定核动力厂实物保护的等级，并按照确定的等级进行实物保护系统设计。应合理布置核动力厂的控制区、保护区和要害区，实现分区保护，并为各区配备相应的设施和设备。

4.5.3 实物保护系统必须考虑出入口控制、探测、报警、集中控制、照明、通讯、供电和巡更等方面，并设置多重实体屏障。

4.5.4 核动力厂应配备武警或守卫，制定实物保护相关管理程序，使得管理措施与技防措施有机结合，以保证实物保护系统的完整、可靠与有效。

4.5.5 应对实物保护设计方案进行风险分析和有效性评估。

4.5.6 必须以统筹兼顾的方式设计和实施核动力厂的核安全措施、核安保措施及国家核材料衡算和控制体系，以免其相互制约。

4.6 经验证的工程实践

4.6.1 必须鉴别和评价用于核动力厂安全重要物项设计准则的规范和标准，以确定其适用性、恰当性和充分性，并根据需要进行补充或修改，以保证设计质量与所需的安全功能相适应。

4.6.2 核动力厂的安全重要物项必须是此前在相当使用条件下验证过的，否则该物项必须具有高质量且其技术经过鉴定或试验。

4.6.3 当引入未经验证的设计或设施，或存在偏离已有工程实践的情况时，必须借助适当的支持性研究计划、特定验收准则的性能试验，或通过其他相关应用中获得的运行经验的检验，来证明其安全性是合适的。新的设计、设施或实践必须在投入使用前经过充分的试验，并在使用中进行监测，以验证达到了预期效果。

4.7 安全评价

4.7.1 必须在核动力厂的整个设计过程中进行全面的确定论安全评价和概率论安全评价，以保证在核动力厂寿期内的各个阶段满足全部设计安全要求，并确认在竣工、运行和修改时交付的设计满足制造和建造的要求。

4.7.2 设计过程中必须尽早开展安全评价。随着设计和确认性分析活动之间的不断迭代，安全评价的范围和详细程度随着设计计划的进展不断地扩大和提高。

4.7.3 必须将安全评价形成文件以便于独立评估。

4.8 便于建造的要求

4.8.1 核动力厂安全重要物项的设计必须使其能够按照确定的流程进行制造、建造、装配和安装，以保证满足设计规范和所要求的安全水平。

4.8.2 核动力厂的建造和运行，必须适当考虑从其他类似核动力厂及其相关构筑物、系统和部件建造中获得的相关经验。如果采用其他相关工业的良好实践，则必须表明其适用于核动力厂。

4.9 放射性废物管理和退役

4.9.1 在设计阶段，必须专门考虑便于核动力厂放射性废物管理以及核动力厂退役和拆除的特性。

4.9.2 在设计中必须适当考虑：

（1）材料的选取，以使放射性废物量尽实际可能地少，并便于去污；

（2）必要的可达性和可操作性；

（3）管理（例如分离或分拣、表征、分类、预处理、处理和整备）和贮存核动力厂在运行过程中产生的放射性废物所需的设施，以及管理核动力厂在退役时所产生的放射性废物的措施。

5 核动力厂总体设计

5.1 总的设计基准

5.1.1 核动力厂状态分类

5.1.1.1 必须确定核动力厂状态并主要按发生频率将核动力厂状态分成有限的几类。

5.1.1.2 核动力厂状态通常包括：

（1）正常运行；

（2）预计运行事件，即在核动力厂运行寿期内预计会发生的事件；

（3）设计基准事故；

（4）设计扩展工况，包括堆芯熔化事故。

5.1.1.3 必须为每类核动力厂状态确定准则，使得发生频率高的核动力厂状态必须没有或仅有微小的放射性后果，而可能导致严重后果的核动力厂状态的发生频率必须很低。

5.1.2 安全重要物项的设计基准

5.1.2.1 安全重要物项的设计基准，必须针对有关的运行状态、事故工况以及由内部和外部危险导致的工况，详细说明其必需的能力、可靠性和功能，以在核动力厂整个寿期内满足特定的验收准则。

5.1.2.2 必须系统地论证安全重要物项设计基准的合理性，并形成文件。这些文件必须能为营运单位安全运行核动力厂提供必要的信息。

5.1.3 设计限值

针对运行状态和事故工况，必须为安全重要物项规定一套相应的设计限值。设计限值必须符合核安全法规和相关的监管要求。

5.1.4 假设始发事件

5.1.4.1 必须使用系统化的方法确定一套全面的假设始发事件，以在设计中考虑所有可预见的具有严重后果的事件和发生频率高的事件。

5.1.4.2　必须在工程判断、确定论和概率论评价相结合的基础上确定假设始发事件。必须论证确定论安全分析和概率论安全分析的应用范围，以表明已考虑所有可预见的事件。

5.1.4.3　假设始发事件必须包括在各种功率及停堆状态下，所有可预见的核动力厂构筑物、系统和部件失效、人员差错，以及内部和外部危险可能引起的失效。

5.1.4.4　必须对假设始发事件进行分析，以确定为执行所要求的安全功能所必需的预防和缓解措施。

5.1.4.5　核动力厂对任何假设始发事件的预期响应，必须是下列可合理达到的情况（按优先顺序）：

（1）依靠核动力厂的固有特性，使假设始发事件不会对安全产生重大影响，或只使核动力厂产生趋向于安全状态的变化；

（2）发生假设始发事件后，可借助非能动安全设施或在此状态下连续运行的系统的作用，以控制该事件，使核动力厂趋于安全；

（3）发生假设始发事件后，可借助为响应该事件而必须投入运行的那些安全系统的作用，使核动力厂趋于安全；

（4）发生假设始发事件后，可借助执行专门规程使核动力厂趋于安全或使核动力厂状态得到控制。

5.1.4.6　在核动力厂总体安全评价和详细分析中，用于确定安全重要物项性能要求的假设始发事件，必须划分成若干具有代表性的事件序列。这些具有代表性的事件序列包络所有同类事件，并为安全重要物项的设计和运行限值提供基准。

5.1.4.7　在设计中从已确定的假设始发事件清单中排除某一假设始发事件，则必须提供技术论证。

5.1.4.8　对于需要立即采取可靠响应行动的假设始发事件，设计必须有自动安全动作来启动所需的安全系统，以防止发展为更严重的工况。

5.1.4.9　对于不需要立即采取响应行动的假设始发事件，可允许依靠手动启动系统或操纵员的其他动作。从探测到异常事件和事故到采取行动之间必须有足够的时间，以及有适当的规程（如管理规程、运行规程和应急规程），以保证这些行动的执行。必须对因操纵员错误操作或错误诊断而导致事故序列恶化的可能性作出评价。

5.1.4.10　如果假设始发事件发生后，需要操纵员的行动来诊断核动力厂的状态并使核动力厂及时进入长期稳定停堆工况，则必须设置适当的仪表以有利于监测核动力厂的状态，同时设置适当的控制措施以便于设备的手动操作。

5.1.4.11　设计必须确定必要的设备及所需的规程，以保持对核动力厂的控制并减轻丧失控制的后果。

5.1.4.12　手动响应和恢复过程所需的任何设备，必须放置在最合适的位置，以保证需要时可用和在预期环境条件下允许人员安全可达。

5.1.5 内部和外部危险

5.1.5.1 必须识别所有可预见的内部和外部危险，包括潜在的可能直接或间接影响核动力厂安全的人为事件，并评价其影响。在核动力厂布置的设计和确定有关的安全重要物项的设计中使用的假设始发事件及其产生的荷载时，都必须考虑内部和外部危险的影响。

5.1.5.2 设计和布置安全重要物项，必须考虑其安全重要性，使其能够承受内部和外部危险的影响，或防御内部和外部危险及其产生的共因失效，同时适当考虑对安全的其他影响。

5.1.5.3 对多机组厂址，设计必须适当考虑特定危险同时影响厂址上若干或所有机组的可能性。

5.1.5.4 设计必须适当考虑内部危险，比如火灾、爆炸、水淹、飞射物、结构坍塌和重物坠落、管道甩击、喷射流冲击以及来自破损系统或现场其他设施的流体释放。必须提供适当的预防和缓解措施，以保证安全不受到损害。

5.1.5.5 设计必须适当考虑在厂址评价过程中识别的自然和人为外部事件（即源于厂外的事件）。在假定可能的危险时，必须考虑其发生的原因和可能性。在短期内，核动力厂的安全不能依赖于诸如电力供应和消防服务等厂外服务。设计必须适当考虑厂址的特定情况，以确定厂外服务就位需要的最大延迟时间。

5.1.5.6 必须采取措施，使得设计基准外部事件发生时，包含有安全重要物项（包括动力电缆和控制电缆）的厂房与其他核动力厂结构之间的相互影响最小。

5.1.5.7 核动力厂设计必须提供适当的裕量，在设计基准外部危险（由厂址危险性评价确定的）发生时保护安全重要物项，并避免产生陡边效应。

5.1.5.8 核动力厂设计还必须提供适当的裕量，在超设计基准自然灾害事件发生时，保护用于防止早期放射性释放或大量放射性释放所需的物项。

5.1.6 设计规范

5.1.6.1 必须规定核动力厂安全重要物项的设计规范，并必须使其符合核安全法规和相关的监管要求，以及经验证的工程实践，同时适当考虑其与核动力厂技术的相关性。

5.1.6.2 设计必须采用保证稳健性设计的方法，必须遵循经验证的工程实践，以保证在所有运行状态和事故工况下执行基本安全功能。

5.1.7 安全运行的运行限值和条件

5.1.7.1 设计必须为核动力厂安全运行确定一套运行限值和条件。

5.1.7.2 核动力厂设计中确定的要求，以及运行限值和条件必须包括：

（1）安全限值；

（2）安全系统整定值；

（3）正常运行限值和条件；

（4）工艺变量和其他重要参数的控制系统限制和规程限制；

（5）对核动力厂的监督、维修、试验和检查的要求，以保证各构筑物、系统和部件执行设计中预定的功能，并使辐射风险保持在可合理达到的尽量低的水平；

（6）规定的运行配置，包括在安全系统或安全相关系统不可用时的运行限制；

（7）行动说明，包括在响应偏离运行限值和条件时所采取行动的完成时间。

5.1.8　设计基准事故

5.1.8.1　必须根据假设始发事件清单得出一套设计基准事故，用于设定核动力厂需承受的边界条件，以保证满足辐射防护限值。

5.1.8.2　必须使用设计基准事故来确定控制设计基准事故所必需的安全系统和其他安全重要物项的设计基准，包括性能准则等，目的是使核动力厂返回到安全状态和减轻事故后果。

5.1.8.3　针对设计基准事故工况，设计必须使核动力厂关键参数不超出规定的设计限值。基本目标是控制所有的设计基准事故以使厂内、外没有或仅有微小的放射性后果，并且无需采取任何场外防护行动。

5.1.8.4　必须用保守的方法来分析设计基准事故。该方法包括在分析中假定安全系统的某些故障模式，规定设计准则，采用保守的假设、模型和输入参数等。

5.1.9　设计扩展工况

5.1.9.1　必须在工程判断、确定论和概率论评价的基础上得出一套设计扩展工况，目的是增强核动力厂应对比设计基准事故更严重的或包含多重故障的事故的承受能力，避免不可接受的放射性后果，以进一步改进核动力厂的安全性。设计必须考虑这些设计扩展工况来确定额外的事故情景，并针对这类事故制定切实可行的预防和缓解措施。

5.1.9.2　必须对核动力厂开展设计扩展工况分析。考虑设计扩展工况的主要技术目标是预防核动力厂发生超过设计基准事故的事故工况，或合理可行地减轻这类事故工况的后果。这可能会要求增设附加的用于设计扩展工况的安全设施，或扩展安全系统的能力，来预防严重事故的发生或减轻严重事故的后果，或保持安全壳的完整性。这些附加的用于设计扩展工况的安全设施或能力扩展的安全系统，必须保证具有控制事故工况的能力，这些事故工况可能导致安全壳内存在大量放射性物质（包括来自堆芯严重损伤所释放的放射性物质）。必须保证核动力厂能进入可控状态并维持安全壳功能，从而能实际消除导致早期放射性释放或大量放射性释放的核动力厂状态发生的可能性。相关的分析可采用最佳估算方法。

5.1.9.3　必须使用设计扩展工况来确定安全设施和其他安全重要物项的设计规格书，这些设施和物项用于预防此类工况的发生或在此类工况发生后用于控制和减轻其后果。

5.1.9.4　所开展的分析必须包括确定用于或能够预防设计扩展工况并减轻其后果的设施。这些设施需满足如下要求：

（1）必须尽实际可能与发生频率更高的事故中使用的设施保持独立；

（2）必须能在设计扩展工况对应的环境条件中执行预期功能；

（3）必须有与要求其实现的功能相符的可靠性。

5.1.9.5　安全壳及其安全设施必须能够承受包括堆芯熔化在内的极端事故情景。必须采用工程判断和概率安全评价结果来选择这些事故情景。

5.1.9.6 设计必须做到实际消除可能导致早期放射性释放或大量放射性释放的核动力厂工况发生的可能性。

5.1.9.7 对于设计扩展工况，保护公众所采取的防护行动在持续时间和范围上必须是有限的，并必须有足够的时间来采取这些防护行动。

5.1.10 事件组合

如果由工程判断、确定论安全分析和概率论安全分析的结果表明事件组合将可能导致预计运行事件或事故工况，则必须主要根据其发生的可能性，将这些事件组合纳入设计基准事故或设计扩展工况。某些事件可能是其他事件的后果，例如地震后的水淹。这种继发效应应视为初始假设始发事件的一部分。

5.1.11 商用飞机的恶意撞击

5.1.11.1 如果核动力厂所处的地形条件使其有可能遭受商用飞机的恶意撞击，则设计上应考虑这种撞击的影响。

5.1.11.2 应合理选定用于评价撞击影响的商用飞机的机型，并根据这种机型起降的机场与核动力厂的相对距离，来确定可能的飞机燃料装载量。

5.1.11.3 可根据核动力厂所处的地形条件和厂房布置，确定可能的撞击角度和速度，并采用现实模型来评价和确定核动力厂抗商用飞机撞击的措施。

5.1.11.4 评价结果应表明，设计可以维持反应堆堆芯的冷却或安全壳的完整性，以及乏燃料的冷却或乏燃料水池的完整性。

5.2 安全系统的独立性

5.2.1 必须通过实体隔离、电气隔离、功能独立和通讯（数据传输）独立等适当手段，防止安全系统之间或一个系统的冗余组成部分之间发生相互干扰。

5.2.2 在核动力厂安全系统中相互冗余的设备（包括电缆和电缆管道）必须易于识别。

5.3 安全分级

5.3.1 必须识别所有安全重要物项，并根据其功能和安全重要性对其进行分级。

5.3.2 划分安全重要物项的安全重要性的方法，必须主要基于确定论方法，并适当辅以概率论方法。使用概率论方法时，应考虑以下因素：

（1）该物项要执行的安全功能；

（2）未能执行其安全功能的后果；

（3）需要该物项执行某一安全功能的可能性；

（4）假设始发事件发生后，需要该物项执行某一安全功能的时刻或持续时间。

5.3.3 设计必须防止物项之间的相互影响，以保证划分为较低级别的物项中的任何故障不会蔓延到划分为较高级别的物项，从而保证安全功能的执行。

5.3.4 对执行多个功能的设备，必须按照其执行的最重要功能划分其安全等级。

5.4 安全重要物项的可靠性

5.4.1 安全重要物项的可靠性必须与其安全重要性相适应。

5.4.2　安全重要物项的设计，必须保证设备可鉴定、采购、安装、调试、操作及维修，使其能够承受该物项设计基准中规定的所有工况，并具有足够的可靠性和有效性。

5.4.3　选择设备时必须考虑到误动作与不安全的故障模式。必须优先选择具有可预见的和已揭示的故障模式的设备，且该设备便于修理或更换。

5.4.4　共因故障

设备的设计必须适当考虑安全重要物项发生共因故障的可能性，以确定应该如何应用多样性、多重性、独立性原则来实现所需的可靠性。

5.4.5　单一故障准则

5.4.5.1　必须对核动力厂设计中所包括的每个安全组合都应用单一故障准则。

5.4.5.2　当把单一故障准则应用于一个安全组合或安全系统时，必须将误动作视为故障的一种模式。

5.4.5.3　不符合单一故障准则的情况必须是极个别的，并必须在安全分析中明确证明是正当的。

5.4.5.4　设计必须适当考虑非能动部件的故障，除非能够在具有高置信度的单一故障分析中证实：该部件的故障极不可能发生，并保持其功能不受到假设始发事件的影响。

5.4.6　故障安全设计

必须恰当地考虑故障安全设计原则，并贯彻到核动力厂安全重要系统和部件的设计中。在适用时，应将安全重要系统和部件设计为故障安全，使其自身的故障或支持设施的故障不妨碍预定安全功能的执行。

5.4.7　支持系统和辅助系统

5.4.7.1　支持系统和辅助系统用于保证构成安全重要系统部分的设备可运行性时，必须相应地分级。

5.4.7.2　支持系统和辅助系统的可靠性、多重性、多样性和独立性，以及用于其隔离和功能试验的措施，必须与其所支持的系统的安全重要性相适应。

5.4.7.3　不允许支持系统和辅助系统的任一失效，同时影响安全系统的多重部件或执行多样化安全功能的安全系统。

5.5　核动力厂全寿期内的安全运行设计

5.5.1　安全重要物项的标定、试验、维护、修理、更换、检查和监测

5.5.1.1　设计应保证安全重要物项能够进行标定、试验、维护、修理或更换、检查和监测，以在设计基准规定的所有条件下保证其执行功能的能力并保持功能的完整性。

5.5.1.2　核动力厂布置必须便于执行标定、试验、维护、修理或更换、检查和监测等活动。这些活动能够按照相关的规范和标准执行，并必须与所执行的安全功能的重要性相一致，且工作人员不致受到过量的照射。

5.5.1.3　在功率运行期间，设计必须使安全重要物项在进行标定、试验或维护时各系统安全功能的可靠性没有显著降低。设计必须考虑在停堆期间执行安全重要物项标定、试验、

维护、修理、更换或检查的有关措施，以便于在开展这些活动时相关物项所执行的安全功能的可靠性没有显著降低。

5.5.1.4 如果某项安全重要物项的设计不能满足试验、检查或监测的要求，必须采取下列方法以说明其正当性：

（1）指定其他经过验证的替代方法和（或）间接方法，如监视参考物项的试验，或使用经过验证和确认的计算方法；

（2）采用保守的安全裕度或其他适当的预防措施，以应对可能预计不到的故障。

5.5.2 安全重要物项的鉴定

5.5.2.1 必须采用安全重要物项的鉴定程序来确认核动力厂安全重要物项，这些物项能够在其整个设计寿期内以及支配性环境条件下执行其必要的预期功能，这里考虑的环境条件包括核动力厂的维修和试验。

5.5.2.2 在核动力厂安全重要物项的鉴定程序中，所考虑的环境条件必须包括核动力厂设计基准中所预期的周围环境条件的变化。

5.5.2.3 安全重要物项鉴定程序必须考虑到安全重要物项预期寿期内由各种环境因素（如振动、辐照、湿度、温度）引起的老化效应。对于易遭受到外部自然事件的影响并需要在这种事件中及事件后执行其安全功能的安全重要物项，鉴定程序必须通过试验、分析或者两者的结合的方式，尽可能地复现安全重要物项所经受的工况。

5.5.2.4 在鉴定程序中必须考虑合理可预计的环境条件，以及可能由特定运行工况（如安全壳泄漏率定期试验）引起的异常环境条件。在可能的范围内，应该以合理的可信度表明在严重事故中必须运行的设备（如某些仪表）能够达到设计要求。

5.5.3 老化管理

5.5.3.1 必须确定核动力厂安全重要物项的设计寿命。设计必须提供适当的裕度，以考虑有关老化、中子辐照脆化和磨损机理，以及与服役年限有关的性能劣化的可能性，从而保证安全重要物项在其整个设计寿期内执行所必需的安全功能的能力。

5.5.3.2 必须考虑到在所有正常运行状态，包括试验、维修和维修停役，以及在假设始发事件中及其后的核动力厂状态下的老化和磨损效应。

5.5.3.3 必须采取监测、试验、取样和检查措施，以评价设计阶段预计的老化机理，以及识别在使用中可能发生的未预期到的行为或性能劣化。

5.6 人因

5.6.1 优化运行人员效能的设计

5.6.1.1 必须在核动力厂设计过程初期就系统地考虑人因（包括人机接口），并贯彻于设计全过程。

5.6.1.2 必须规定运行人员的最低配置，以满足核动力厂进入安全状态所需全部同步操作的要求。

5.6.1.3 应尽实际可能地促使有类似核动力厂运行经验的运行人员积极参与设计过程，以保证在设计过程中尽早考虑未来的运行和设备维护的需求。

5.6.1.4　设计必须支持运行人员履行职责和执行任务，并必须限制操作差错的可能性及其对安全造成的影响。设计过程必须适当考虑核动力厂布置、设备布置，以及包括维修程序和检查程序在内的有关程序，以便于在核动力厂各种状态下运行人员和核动力厂之间的互动。

5.6.1.5　人机接口的设计必须能按照决策所需时间和行动所需时间给操纵员提供全面且易于管理的信息。向操纵员提供的用于决策和行动所需的信息必须简洁明了且无歧义。

5.6.1.6　必须向操纵员提供能够进行下列工作的必要信息：

（1）评估核动力厂在任何工况下的总体状态；

（2）在系统和设备规定的参数限值（运行限值和条件）内运行核动力厂；

（3）确认启动安全系统所需的安全动作在需要时自动触发，且相关系统按预期要求执行功能；

（4）确定手动启动特定安全动作的必要性和时间。

5.6.1.7　在适当考虑可用时间、预期工况和操纵员心理压力的情况下，设计必须有利于操纵员动作的成功执行。

5.6.1.8　必须把对操纵员在短时间内进行干预的需求降至最低，并必须证明操纵员有足够的时间作出决策和采取行动。

5.6.1.9　设计必须能够保证当某一影响核动力厂的事件发生后，控制室或辅助控制室以及通往辅助控制室的通道的环境条件不会损害运行人员的防护和安全。

5.6.1.10　运行人员的工作场所和工作环境的设计必须符合工效学概念。

5.6.1.11　在适当阶段必须对人因有关的特性进行验证和确认（包括使用模拟机），以确认操纵员确需采取的动作，并确认这些动作能够正确执行。

5.7　其他设计考虑

5.7.1　多机组核动力厂的安全系统和用于设计扩展工况的安全设施

5.7.1.1　多机组核动力厂中的每台机组，必须具备各自的安全系统和用于设计扩展工况的安全设施。

5.7.1.2　为进一步提高安全性，设计应适当考虑允许多机组核动力厂各机组间相互连接的手段。

5.7.2　含有易裂变或放射性物质的系统

核动力厂中所有可能含有易裂变或放射性物质的系统的设计，必须能够：防止可能导致放射性不受控制地向环境释放的事件发生；防止出现意外临界和过热；保证放射性释放量在正常运行工况下保持在允许的排放限值内，在事故工况下保持在可接受的限值内，并可合理达到的尽量低；便于减轻事故的放射性后果。

5.7.3　用于热电联产、供热或海水淡化的核动力厂

与热利用装置（如区域集中供热）和/或海水淡化装置连接的核动力厂的设计，必须能够防止在运行状态和事故工况下放射性核素从核动力厂迁移到海水淡化装置或区域集中

供热装置。

5.7.4 撤离路线

5.7.4.1 核动力厂内必须设置足够数量的撤离路线。这些路线必须具有持久醒目的标识，并配备可靠的应急照明、通风和其他辅助设施。

5.7.4.2 撤离路线必须符合辐射分区、防火、工业安全，以及核动力厂安保方面的有关要求。

5.7.4.3 设计中考虑的内、外部事件或多个事件的组合发生后，必须至少有一条路线可供位于场区内工作场所和其他区域的人员撤离。

5.7.5 通信系统

5.7.5.1 必须在整个核动力厂范围内设置有效的通信手段，以有助于所有正常运行模式下的安全运行，并在所有假设始发事件后和在事故工况下可用。

5.7.5.2 必须设置适当的警报系统和通信手段，以便在各种运行状态下和事故工况下，所有在核动力厂现场和厂区的人员都能得到警报和指令。

5.7.5.3 必须设置适当且多样化的通信手段，以满足在核动力厂范围内和毗邻区域的安全所需，以及与相关场外机构进行通信的需要。

5.7.6 核动力厂出入口控制

5.7.6.1 必须适当布置各种构筑物，使核动力厂与其周围环境隔离，并控制核动力厂的出入口。

5.7.6.2 必须在厂房设计和厂区布置时，采取必要的措施控制运行人员和（或）设备（包括应急响应人员和车辆）进出核动力厂，并必须考虑防止未经授权的人员和物品进入核动力厂。

5.7.7 防止擅自接近或干扰安全重要物项

必须防止未经批准接近或干扰安全重要物项，包括计算机硬件和软件。

5.7.8 防止安全重要系统间不利的相互作用

5.7.8.1 如果存在要求核动力厂安全重要系统同时运行的情况，必须评价其可能的不利相互作用，并必须防止任何不利相互作用的影响。

5.7.8.2 在安全重要系统可能的不利相互作用分析中，必须适当考虑实体的相互连接，以及一个系统的运行、误操作或故障对其他重要系统局部环境的影响，以保证环境条件的变化不会影响到系统或部件执行预定功能的可靠性。

5.7.8.3 如果两个安全重要流体系统相互连接，并在不同的压力下运行，则两个系统都必须设计成能够承受较高的压力，或必须采取措施防止在较低压力下运行的系统出现超出其设计压力的情况。

5.7.9 电网对核动力厂的影响

核动力厂安全重要物项的功能应不受电网扰动（包括预期的电网电压和频率变化）的影响。

5.8　安全分析

5.8.1　核动力厂设计的安全分析

5.8.1.1　必须对核动力厂的设计进行安全分析，在分析中必须采用确定论和概率论的安全分析方法来论证在核动力厂各类状态下是否安全。

5.8.1.2　在安全分析的基础上，必须确认安全重要物项的设计基准，以及其与始发事件和事件序列的联系。必须论证所设计的核动力厂能够满足各类运行状态下批准的排放限值和剂量限值，并能够满足事故工况下的可接受限值。

5.8.1.3　安全分析必须保证在核动力厂设计中已实施纵深防御。

5.8.1.4　安全分析必须保证在核动力厂设计中适当考虑了不确定性。尤其是应有适当的裕量，以避免出现陡边效应以及早期放射性释放或大量放射性释放。

5.8.1.5　必须基于当前状态或竣工状态，更新和验证核动力厂设计中所采用的各项分析假设、方法的适用性和保守程度。

5.8.2　确定论方法

确定论安全分析方法必须包括：

（1）制定和确认所有安全重要物项的设计基准；

（2）表征与核动力厂设计和厂址相适应的假设始发事件；

（3）分析和评价假设始发事件导致的事件序列，以确认鉴定要求；

（4）将分析结果与验收准则、设计限值、剂量限值以及可接受限值进行比较，以满足辐射防护要求；

（5）论证通过安全系统的自动响应并结合所规定的操纵员动作，能够管理预计运行事件和设计基准事故；

（6）论证通过安全系统的自动响应和利用安全设施功能并结合预期的操纵员动作，能够管理设计扩展工况。

5.8.3　概率论方法

设计必须适当考虑核动力厂所有运行模式和所有状态（包括停堆工况）下的概率安全分析，特别是：

（1）论证整个设计是平衡的，没有任何一个设施或假设始发事件对于总的风险会有过大的或明显不确定的贡献，且纵深防御的各层次应尽实际可能独立；

（2）确认核动力厂不存在陡边效应；

（3）将分析结果和已规定的风险准则进行比较。

6　核动力厂系统设计要求

6.1　反应堆堆芯和相关特性

6.1.1　燃料元件和燃料组件性能

设计必须使核动力厂燃料元件和燃料组件能够保持结构完整性，并在考虑运行状态下所有可能导致其性能劣化的因素后，能够承受预期的堆内辐照和环境条件。

6.1.1.1 需考虑如下原因引起的性能劣化：

（1）膨胀差和形变差；

（2）冷却剂外压；

（3）燃料元件内裂变产物叠加氦气导致的附加内压；

（4）燃料组件中燃料和其他材料的辐照效应；

（5）功率变化引起的温度和压力变化；

（6）化学效应；

（7）静态和动态载荷，包括流致振动和机械振动；

（8）由于变形和化学效应导致的传热性能变化。

设计必须为数据、计算和制造中的不确定性因素留有裕量。

6.1.1.2 燃料设计限值必须包括预计运行事件中容许的燃料裂变产物泄漏量限值，从而使燃料仍能继续使用。

6.1.1.3 燃料元件和燃料组件必须能够承受燃料吊装过程中的载荷和应力。

6.1.2 反应堆堆芯结构性能

在运行工况以及除严重事故外的其他事故工况下，设计必须使核动力厂燃料元件和燃料组件及其支撑件能够维持可冷却的几何形状且不妨碍控制棒插入。

6.1.3 反应堆堆芯控制

6.1.3.1 在核动力厂各种状态（包括停堆后、换料期间和换料后、预计运行事件和未导致堆芯严重损伤的事故工况）下，堆芯中子注量率分布必须具有固有稳定性。堆芯设计应尽量减少依赖控制系统使中子注量率分布、水平和稳定性在各种运行状态下保持在规定限值内。

6.1.3.2 必须提供用于检测堆内中子注量率分布以及变化的适当方法，保证堆芯内不存在任何超过设计限值的部位。

6.1.3.3 反应性控制装置的设计，必须适当考虑到磨损以及辐照效应（如燃耗、物理特性的变化和气体的产生）。

6.1.3.4 在运行状态和未导致反应堆堆芯严重损伤的事故工况下，必须对最大的正反应性引入量及其引入速率加以限制，以保证不致引起反应堆压力边界失效，维持堆芯冷却能力和防止反应堆堆芯严重损伤。

6.1.4 反应堆停堆

6.1.4.1 必须提供在运行状态和事故工况下安全停堆的手段。必须保证即使在堆芯具有最大反应性的情况下，仍能维持停堆状态。

6.1.4.2 停堆手段的有效性、动作速度和停堆深度必须足以保证不超出规定的燃料设计限值。

6.1.4.3 判断停堆手段是否足够时，必须考虑到发生在核动力厂任何部位的、可导致一部分停堆手段失灵（如控制棒插入故障）或可能引起共因故障的故障。

6.1.4.4 反应堆停堆手段必须至少由两个多样化的且独立的系统组成。

6.1.4.5 即使在堆芯处于反应性最大的状态下，必须至少有一个系统能够独立地以足够的深度和高可靠性使反应堆保持次临界状态。

6.1.4.6 停堆手段必须足以防止，在停堆期间、换料操作期间或停堆状态下其他例行或非例行操作期间，出现的任何可预见的反应性增加而导致的意外临界。

6.1.4.7 必须设置仪表并规定各项试验，以保证停堆手段总是处于所规定的状态。

6.2 反应堆冷却剂系统

6.2.1 反应堆冷却剂系统的设计

6.2.1.1 核动力厂反应堆冷却剂系统部件的设计和制造，必须具有高质量的材料、恰当的设计标准、可检查性和高质量的加工，以尽量降低其发生故障的可能性。

6.2.1.2 与核动力厂反应堆冷却剂系统压力边界相连接的管道，必须设置适当的隔离装置，以限制放射性流体（一回路冷却剂） 的任何丧失，并防止冷却剂通过接口系统流失。

6.2.1.3 反应堆冷却剂压力边界的设计必须使产生裂纹的可能性极小；已产生的裂纹也极不易于按快速裂纹扩展方式发展成为失稳断裂，以便允许及时探测到裂纹。

6.2.1.4 反应堆冷却剂系统的设计必须保证避免使反应堆冷却剂压力边界的部件可能出现脆性断裂的核动力厂状态。

6.2.1.5 必须使反应堆冷却剂压力边界内部件（如泵的叶轮和阀门部件）的设计，在所有运行状态和设计基准事故下失效的可能性以及随后对一回路系统内其他安全重要部件造成的损伤最小，并为使用中可能发生的性能劣化留有适当的裕量。

6.2.2 反应堆冷却剂压力边界的超压保护

必须采取措施保证卸压装置的动作能够避免反应堆冷却剂系统压力边界出现超压，并不会导致放射性物质从核动力厂向环境直接释放。

6.2.3 反应堆冷却剂的装量

必须采取措施来控制反应堆冷却剂的装量、温度和压力，以在核动力厂任何运行状态下（恰当考虑容积变化和泄漏）使其均不超过规定的设计限值。

6.2.4 反应堆冷却剂的净化

6.2.4.1 必须在核动力厂内设置适当的设施，以去除反应堆冷却剂中的放射性物质（包括活化腐蚀产物和源自燃料的裂变产物）和非放射性物质。

6.2.4.2 所需系统的能力必须基于规定的容许燃料泄漏设计限值和保守的裕量，以保证核动力厂可在回路中的放射性水平可合理达到的尽量低的情况下运行。同时保证放射性释放低于规定排放限值，并可合理达到的尽量低。

6.2.5 反应堆堆芯的余热排出

在核动力厂停堆状态下，必须为排出反应堆堆芯余热提供手段，以使燃料、反应堆冷却剂压力边界和安全重要构筑物不超出设计限值。

6.2.6 反应堆堆芯的应急冷却

6.2.6.1 必须提供冷却手段，以在核动力厂事故工况下（即使没有保持一回路冷却剂系统压力边界的完整性），能够恢复和维持燃料的冷却。

6.2.6.2 冷却反应堆堆芯的手段必须能够保证：

（1）不超过包壳或燃料完整性参数限值（如温度）；

（2）可能出现的化学反应保持在可接受水平；

（3）应急堆芯冷却手段可有效补偿燃料和堆内结构变形的影响；

（4）反应堆堆芯冷却能保持足够长的时间。

6.2.6.3 必须提供设计手段（如泄漏探测系统、适当的互相连接和隔离能力）及考虑适当的多重性和多样性，以对每个假设始发事件都切实地满足 6.2.6.2 节的要求。

6.2.7 热量向最终热阱的传输

6.2.7.1 在核动力厂所有状态下，都必须保证具有将热量传输到最终热阱的能力。

6.2.7.2 在必须由热量传输系统实现传热功能的核动力厂状态下，热量传输系统必须具有足够的可靠性。这可能要求采用多样化的最终热阱或多样化的排热途径将热量传输至最终热阱。

6.2.7.3 在比设计基准自然灾害（由厂址危险性评价确定的）更严重水平下仍能够实现传热功能。

6.3 安全壳结构和安全壳系统

6.3.1 安全壳系统

必须设置安全壳系统，以保证或有助于核动力厂实现以下安全功能：

（1）在运行状态和事故工况下包容放射性物质；

（2）保护反应堆使其免受外部自然事件和人为事件的影响；

（3）在运行状态和事故工况下屏蔽辐射。

6.3.2 控制放射性从安全壳释放

6.3.2.1 安全壳的设计必须能够保证从核动力厂向环境的任何放射性释放是可合理达到的尽量低的水平，在运行状态下不高于监管排放限值，以及在事故工况下满足可接受的限值。

6.3.2.2 安全壳结构及影响安全壳系统密封性的系统和部件的设计和建造，在安全壳的所有贯穿件安装完成后和在核动力厂运行寿期内，必须能够进行泄漏率试验，并在安全壳的设计压力下能够进行泄漏率试验。

6.3.2.3 安全壳贯穿件的数量必须保持尽实际可能的少，所有贯穿件都必须满足与安全壳结构本身同样的设计要求。必须保护贯穿件，使其能够承受由管道位移引起的反作用力，或承受诸如外部或内部事件产生的飞射物、喷射力和管道甩击引起的事故载荷。

6.3.3 安全壳隔离

6.3.3.1 在依靠安全壳密封性，防止放射性物质向环境的释放超过可接受限值的事故中，贯穿安全壳且属于反应堆冷却剂压力边界组成部分的或直接与安全壳大气相通的每根管线，必须能自动且可靠地封闭。

6.3.3.2 贯穿安全壳且属于反应堆冷却剂压力边界组成部分的或直接与安全壳大气相通的管线，必须至少串联设置两个合适的安全壳隔离阀或止回阀，并必须配备适当的泄漏探测系统。通常应在安全壳内外各设置一个安全壳隔离阀或止回阀，安全壳隔离阀或止回阀必须尽实际可能地靠近安全壳，每个阀门能够可靠和独立地动作及进行定期试验。如采取其他的设置方式则应论证其满足设计要求。

6.3.3.3 对于仪表管线等特定类别的管线，或在应用第 6.3.3.2 节中所述安全壳隔离方法将会降低包含安全壳贯穿件的安全系统可靠性的情况下，可允许第 6.3.3.2 节中所述的安全壳隔离要求存在例外情况。

6.3.3.4 贯穿安全壳，但既非反应堆冷却剂压力边界的组成部分，又不直接与安全壳内大气相通的管线，必须至少设置一个适当的安全壳隔离阀。安全壳隔离阀必须安装在安全壳外侧，并尽实际可能地靠近安全壳。

6.3.4 安全壳的进入

6.3.4.1 运行人员必须通过若干道气封闸门进入核动力厂安全壳。这些闸门是联锁的，以保证反应堆功率运行和事故工况期间，至少有一道闸门是关闭的。

6.3.4.2 当运行人员出于监督目的进入安全壳时，设计必须采取特定措施，以保证运行人员的防护和安全。如果有设备气密闸门，设计中也必须采取措施，以保证运行人员的防护和安全。

6.3.4.3 贯穿安全壳的设备或材料运输闸门的设计，必须保证在需要对安全壳进行隔离时能够快速和可靠地关闭。

6.3.5 安全壳状态控制

6.3.5.1 必须采取措施控制核动力厂安全壳内的压力和温度，控制裂变产物或其他气态、液态或固态物质的任何积累，这些物质可能在安全壳内释放并可能影响安全重要系统运行。

6.3.5.2 设计必须为安全壳内各独立隔间之间提供足够的气流通道。隔间之间各种开口的截面尺寸，必须能够保证在事故工况压力平衡期间产生的压力差，不会对承压结构或减轻事故工况后果的重要系统造成不可接受的损坏。

6.3.5.3 必须保证安全壳的排热能力，以在发生任何高能流体意外释放事故后，能够降低安全壳中的压力和温度并使之维持在可接受的水平。执行从安全壳中排热功能的系统，必须具有足够的可靠性和多重性，以保证排热功能得到实现。

6.3.5.4 必须采取设计措施以防止在核动力厂所有状态下丧失安全壳结构的完整性。该措施必须不会导致早期放射性释放或大量放射性释放。

6.3.5.5 设计必须包含能安全使用移动设备恢复安全壳排热能力的手段，这些移动设备不必在厂区贮存。

6.3.5.6 必要时，必须控制可能释放到安全壳中的裂变产物、氢气、氧气和其他物质，以便：

（1）减少事故工况下可能释放到环境中的裂变产物数量；

（2）控制事故工况下安全壳大气中的氢气、氧气和其他物质的浓度，以防止可能危及安全壳完整性的燃爆或爆燃载荷。

6.3.6 覆盖层、保温材料和涂层

必须审慎选择安全壳系统内部件和结构的覆盖层、保温材料和涂层，并必须明确规定其使用方法，以保证这些部件和结构的安全功能得到实现，并在覆盖层、保温材料和涂层劣化时尽量减少对其他安全功能的影响。

6.4 仪器仪表和控制系统

6.4.1 仪器仪表

6.4.1.1 必须设置用于以下目的的仪器仪表：确定可能影响核动力厂裂变过程、反应堆堆芯完整性、反应堆冷却剂系统完整性和安全壳完整性的所有主要变量的值；获得核动力厂安全和可靠运行所需的重要信息；确定核动力厂在事故工况下的状态以及用于事故管理的决策。

6.4.1.2 必须设置仪器仪表和记录设备，以保证获得必不可少的信息，用于监测重要设备的状况和事故过程，预测可能出现放射性物质释放的位置和从设计预期释放位置外逸的放射性物质释放量，以及进行事故后分析。

6.4.2 控制系统

必须设置适当且可靠的控制系统，使得相关的过程变量保持在规定的运行范围内。

6.4.3 保护系统

6.4.3.1 必须设置能够探测不安全状态并自动触发安全动作的保护系统，以启动必要的安全系统来实现和维持核动力厂安全状态。

6.4.3.2 保护系统的设计必须：

（1）能够超越控制系统的不安全动作；

（2）具备故障安全特性，以在保护系统发生故障时能使核动力厂达到安全状态。

6.4.3.3 设计：

（1）必须防止操纵员在运行状态和事故工况下采取可能损害保护系统有效性的动作，但不得阻碍操纵员在事故工况下采取正确行动；

（2）必须能够执行用于启动安全系统的各种安全动作，以在预计运行事件或事故工况开始后的合理时间范围内无需操纵员干预；

（3）必须向操纵员提供相关信息，用于监测自动动作的效果。

6.4.4 仪表和控制系统的可靠性和可试验性

6.4.4.1 核动力厂安全重要物项的仪表和控制系统，必须具有与所执行的安全功能相适应的高可靠性和定期可试验性。

6.4.4.2　必须在实际可行的范围内采用各种设计技术，如可试验性（必要时包括自检能力）、故障安全特性、功能多样性、部件设计或工作原理的多样性等，以防止安全功能的丧失。

6.4.4.3　安全系统必须具有可在核动力厂运行时对其功能进行定期试验的条件，包括各通道分别进行试验的可能性，以查明可能发生的故障和多重性的丧失。设计必须允许对包括从传感器到最终的触发驱动器和显示单元所有环节的定期试验。

6.4.4.4　设计应考虑，当安全系统或安全系统的一部分由于试验或维修而必须退出运行时，在此期间应采取适当的措施对保护系统旁通状态进行明确的指示。

6.4.5　基于计算机的设备在安全重要系统中的应用

6.4.5.1　当安全重要系统设计成依赖于基于计算机的设备时，必须确定或制定用于开发和测试/验证计算机软、硬件的适当的标准和规范，并在整个寿期内执行，特别是在软件开发过程中应执行这些标准和规范。整个开发过程必须遵循质量保证大纲。

6.4.5.2　安全系统或安全有关系统中基于计算机的设备：

（1）基于系统对安全的重要性，必须使用高质量和最佳实践的硬件和软件；

（2）整个开发过程，包括设计变更的控制、试验和调试，必须系统地形成文件，并可供审查；

（3）必须由独立于设计者和供应商的专业人员，对基于计算机的设备进行评价，以保证其高可靠性；

（4）在安全功能对实现和保持安全状态至关重要，且不能高置信度的证明设备具有必要的高可靠性时，必须提供多样化手段以保证安全功能的执行；

（5）必须考虑由软件引起的共因故障；

（6）必须提供防止系统运行意外中断或受到蓄意干扰的保护措施。

6.4.6　保护系统和控制系统的分隔

6.4.6.1　必须通过分隔、避免相互连接或采用适当的功能独立来防止核动力厂保护系统和控制系统之间的相互干扰。

6.4.6.2　如果保护系统和控制系统共用信号，必须保证适当的分隔措施（如有效的去耦），且信号系统必须按照属于保护系统的一部分来分级。

6.4.7　控制室

6.4.7.1　必须设置控制室，以进行下述活动：在各种运行状态下以自动或手动方式安全地运行核动力厂；出现预计运行事件和事故工况后，采取相应措施，以使核动力厂保持在安全状态或回到安全状态。

6.4.7.2　必须采取适当的措施（包括在核动力厂控制室和外部环境之间设置屏障），并向控制室人员提供足够的信息，以在较长时间内保护控制室人员免于受到事故工况下形成的高辐照水平、放射性物质的释放、火灾、易爆或有毒气体的危害。

6.4.7.3　必须特别关注对可能危及控制室连续运行的（控制室） 内、外部事件的识别。

设计中必须采取合理可行的措施，将这些事件的后果减至最小。

6.4.7.4　控制室设计必须提供恰当的裕量，以应对比设计中考虑的自然灾害水平（由厂址危险性评价确定的）更为严重的自然灾害。

6.4.7.5　控制室设计必须考虑工效学的因素。控制室内仪表的布置和信息显示的方式必须便于运行人员正确掌握核动力厂现状和性能的全貌。必须设置有效的可视装置和适当的声响装置，用于指示偏离正常和可能危及安全的运行状态和过程。

6.4.8　辅助控制室

6.4.8.1　必须在核动力厂内与控制室实体分隔、电气隔离和功能隔离的一个独立地点设置辅助控制室，并配置仪表和控制设备。辅助控制室应能在控制室丧失执行重要安全功能时完成下述任务：使反应堆进入并保持在停堆状态，排出余热以及监测核动力厂的重要参数。

6.4.8.2　第 6.4.7.2 节中的相关要求，如果适当也可用于核动力厂辅助控制室。

6.5　场内应急设施

6.5.1　场内应急设施通常包括应急控制中心、技术支持中心和运行支持中心，其设计必须保证工作人员在事故（包括严重事故）和灾害情况下能够在此执行预期的应急任务。

6.5.2　应根据需要向应急设施提供核动力厂重要参数和核动力厂内及其外围放射性状况的信息。每个应急设施应适当配备联络核动力厂控制室、辅助控制室和其他重要场所，以及场内、场外应急响应组织的通信手段。

6.6　应急动力供应

6.6.1　应对丧失场外电源的设计

6.6.1.1　核动力厂应设有应急动力源，以在任何预计运行事件或设计基准事故下一旦丧失场外电源时提供必要的动力供应。还应设有替代动力源，以在设计扩展工况下提供必要的动力供应。

6.6.1.2　核动力厂应急动力源、替代动力源的设计，必须包括能力、可用性、持续时间、容量和持续性等方面的要求。

6.6.1.3　用于提供应急动力的综合手段（如柴油机、蓄电池、水轮机、汽轮机或燃气轮机），必须具备与需要其提供动力的安全系统所有要求相适应的可靠性和类型，必须能够进行功能试验。

6.6.1.4　在同时丧失场外电源和应急动力源的情况下，替代动力源必须能够提供必要的动力，以保证反应堆冷却剂系统的完整性并防止堆芯和乏燃料出现严重损伤。

6.6.1.5　用于减轻反应堆堆芯熔化后果所必需的设备，必须能够通过任何可用的动力源提供动力。

6.6.1.6　替代动力源应与应急动力源相互独立并进行实体隔离，替代电源接入时间应与蓄电池组放电时间相匹配。

6.6.1.7　在交流电源丧失的情况下，应保证核动力厂关键参数监测以及完成安全必要的短期行动的持续动力供应。

6.6.1.8　为安全重要物项提供应急动力源的任何柴油机或其他原动机的设计基准，必须包括：

（1）相关的燃油贮存和供应系统在规定时间内满足需求的能力；

（2）原动机在所有规定工况下和在所要求的时间成功启动和运行的能力；

（3）原动机的辅助系统，如冷却系统。

6.6.1.9　设计也应包含通过一些移动设备的安全投运来恢复必要的动力供应，这些移动设备不必在厂区贮存。

6.7　支持系统和辅助系统

6.7.1　热传输系统

6.7.1.1　必须设置适当的辅助系统，以排出核动力厂运行状态和事故工况下要求运行的系统和部件的热量。

6.7.1.2　热传输系统的设计必须保证其非关键部分能够被隔离。

6.7.2　工艺取样系统和事故后取样系统

6.7.2.1　必须设计工艺取样系统和事故后取样系统，以在所有核动力厂运行状态和事故工况下，及时测定流体工艺系统中和取自核动力厂系统或环境的气体或液体样品中，特定的放射性核素的浓度。

6.7.2.2　必须在核动力厂内提供适当的手段，以监测可能造成重大污染的流体系统的活度以及收集工艺样品。

6.7.3　压缩空气系统

必须在压缩空气系统设计基准中，明确为核动力厂安全重要物项服务的所有压缩空气的品质、流量和清洁度要求。

6.7.4　空调系统和通风系统

6.7.4.1　必须在核动力厂辅助房间或其他区域提供适当的空调、采暖、空冷和通风系统，以在所有核动力厂状态下保持安全重要系统和部件所需的环境条件。

6.7.4.2　必须为核动力厂内的建筑物配备具有适当净化能力的通风系统，以便：

（1）防止气载放射性物质在核动力厂内不可接受的扩散；

（2）降低特定区域内气载放射性物质的浓度，使之符合人员进入所要求的水平；

（3）保持核动力厂内气载放射性物质的放射性水平在规定限值之内，并符合可合理达到的尽量低的原则；

（4）在不影响放射性流出物的控制能力的条件下，维持含有惰性气体或有害气体的房间的通风；

（5）控制气态放射性物质向环境的释放，保持在规定限值之内，并可合理达到的尽量低。

6.7.4.3　核动力厂内污染较高的区域与污染较低的区域和其他可进入的区域之间，必须维持适当的负压差。

6.7.5 消防系统

6.7.5.1 必须在适当考虑火灾危害分析结果的情况下设置消防系统，包括火灾探测系统和灭火系统、防火封隔屏障以及烟雾控制系统。

6.7.5.2 安装的消防系统应能安全地处理各种类型假设火灾事件。

6.7.5.3 如果适当，灭火系统必须能够自动启动。灭火系统的设计和布置要保证其破裂、误动作或意外操作不会显著影响安全重要物项的性能。

6.7.5.4 火灾探测系统必须能及时为运行人员提供有关火灾位置和火灾蔓延情况的信息。

6.7.5.5 应对假设始发事件发生后可能的火灾所需的探测系统和灭火系统，必须具备抵御假设始发事件影响的适当能力。

6.7.5.6 必须尽可能使用不可燃或阻燃材料和耐热材料，特别是在安全壳和控制室内。

6.7.6 照明系统

在运行状态和事故工况下，必须为核动力厂内的所有操作区提供充足的照明。

6.7.7 核动力厂起重设备

核动力厂中用于吊运安全重要物项以及在安全重要物项附近区域吊运其他物项的起重设备，其设计应满足以下要求：

（1）应采取必要的措施防止超载；

（2）应采取保守的设计手段防止可能影响安全重要物项的重物的意外跌落；

（3）核动力厂厂房布置应考虑起重设备及其所吊物项的吊运安全；

（4）应保证起重设备在核动力厂规定的状态下完成操作（设置安全联锁）；

（5）在有安全重要物项的区域使用的起重设备，需要进行抗震鉴定。

6.8 其他动力转换系统

6.8.1 蒸汽供应系统、给水系统和汽轮发电机

6.8.1.1 核动力厂蒸汽供应系统、给水系统和汽轮发电机的设计必须能够保证在运行状态或事故工况下，反应堆冷却剂压力边界不超过设计限值。

6.8.1.2 蒸汽供应系统必须设计有适当等级的、经鉴定的蒸汽隔离阀，其能够在运行状态和事故工况的特定条件下关闭。

6.8.1.3 蒸汽供应系统及给水系统应具备足够的能力，且设计必须避免预计运行事件升级为事故工况。

6.8.1.4 必须为汽轮发电机提供适当的保护，如超速保护和振动保护，并必须采取措施将汽轮发电机产生的飞射物对安全重要物项的可能影响降至最低。

6.9 放射性废物处理和流出物排放

6.9.1 为使放射性物质排放总量及浓度保持在规定限值以内并可合理达到的尽量低，核动力厂必须设置适当的处理放射性固体、液体和气体废物的系统。

6.9.2 必须设置适当的系统，以管理放射性废物和在一段期限内在现场安全地贮存这些废物，该期限应与相应的废物处置方案相适应。

6.9.3　核动力厂必须具备适当设施，以便于放射性废物的转移、运输和装卸。必须考虑设施的可达性以及吊装和包装的能力。

6.9.4　核动力厂必须具备适当手段，以控制液态和气态流出物向环境的排放保持在规定限值以内，并可合理达到的尽量低。

6.9.5　为使气载放射性物质向环境的释放保持在规定的限值以内，净化设备必须具备必需的滞留因子。过滤系统必须具有测试其效率的条件，能够在寿期内定期监测其性能和功能，并能更换滤芯且同时保持通风量。

6.10　燃料装卸和贮存系统

6.10.1　必须在核动力厂建立燃料装卸和贮存系统，以保证在燃料装卸和贮存期间始终保持燃料的完整性和特性。

6.10.2　设计必须包括适当的设施，以便于新燃料和乏燃料的起吊、移动和装卸。

6.10.3　设计必须能够防止在燃料或屏蔽容器移动过程中或发生燃料或屏蔽容器坠落时对安全重要物项造成任何显著损坏。

6.10.4　燃料装卸和贮存系统的设计必须：

（1）通过采用物理手段或工艺措施（应优先采用几何安全布置） 并留有规定的裕量，保证即使在最佳慢化的条件下也不会临界；

（2）允许对燃料进行检查；

（3）允许对安全重要部件进行维护、定期检查和试验；

（4）防止对燃料造成损坏；

（5）防止燃料在转运过程中跌落；

（6）能够识别每个燃料组件；

（7）提供满足相关辐射防护要求的适当手段；

（8）保证具有适当的操作程序和核材料衡算控制，以防止核燃料丢失或丧失对核燃料的控制。

6.10.5　已辐照燃料的装卸和贮存系统的设计还必须：

（1）允许在运行状态和事故工况下充分地排出燃料的热量；

（2）防止给燃料元件或燃料组件造成不可接受的操作应力；

（3）防止乏燃料运输容器、起重设备或其他重物跌落在燃料上对燃料造成可能的损坏；

（4）能安全地贮存疑似损坏或已损坏的燃料元件或燃料组件；

（5）可溶中子吸收材料在用于临界安全时应控制其浓度水平；

（6）燃料装卸和贮存设施应便于维修和退役；

（7）必要时燃料装卸和贮存区域和设备应便于去污；

（8）根据预定的堆芯管理策略和整个堆芯中的燃料数量，能够容纳从反应堆中卸出的全部燃料并且有足够的裕量；

（9）便于从贮存设施中移出燃料和对其进行厂外运输的准备。

6.10.6 对于采用水池系统进行燃料贮存的反应堆，其设计必须防止在所有与乏燃料水池有关的核动力厂状态下发生燃料组件裸露，实际消除导致早期放射性释放或大量放射性释放工况发生的可能性，以避免在厂区形成高辐射区域。核动力厂的设计：

（1）必须提供必要的燃料冷却能力；

（2）在乏燃料水池泄漏或管道破口工况下，必须提供相应的手段防止燃料组件发生裸露；

（3）必须提供恢复水装量的能力。

设计还必须包括能够使用移动设备进行补水，以保证水池有足够的水量来长期冷却乏燃料和辐射屏蔽。

6.10.7 设计必须包括：

（1）在运行状态和与乏燃料水池有关的事故工况下，具有监测和控制乏燃料水池池水温度和水位的手段；

（2）在运行状态下具有监测和控制乏燃料水池池水和空气放射性活度的手段，并在与乏燃料水池有关的事故工况下具有监测乏燃料水池池水和空气放射性活度的手段；

（3）在运行状态下具有监测和控制乏燃料水池水化学的手段。

6.11 辐射防护

6.11.1 辐射防护设计

6.11.1.1 必须采取措施保证核动力厂的工作人员接受的剂量不超过规定限值，并保持在可合理达到的尽量低的水平，并考虑相关的剂量约束。

6.11.1.2 必须全面识别核动力厂的各种辐射源，将来自各种辐射源的照射和辐射风险保持在可合理达到的尽量低的水平，维持燃料元件包壳的完整性，控制腐蚀产物和活化产物的产生和迁移。

6.11.1.3 在合理可实施的情况下，用于制造构筑物、系统和部件的材料应选用不易辐照活化的材料。

6.11.1.4 必须采取措施防止来自核动力厂各种放射性物质、放射性废物和污染的释放或扩散。

6.11.1.5 核动力厂的布置必须保证存在辐射危害和可能放射性污染区域的出入得到有效控制，并通过出入控制和通风的方式防止或减少运行人员所受的辐射照射和污染。

6.11.1.6 核动力厂的布置必须尽量减少运行人员在正常运行、换料、维修和检查时的辐照剂量，贯彻可合理达到的尽量低原则。为满足上述要求，在设计上应充分考虑提供专用工具的必要性。

6.11.1.7 应根据在运行状态（包括换料、维修和检查）下区域的预期停留时间、辐射水平和表面污染水平，以及事故工况下潜在辐射水平和表面污染水平，将核动力厂划分为不同的辐射分区。通过屏蔽设计防止或降低辐射照射。

6.11.1.8 必须将经常进行维护或手动操作的设备，布置在剂量率较低的区域，以减少对工作人员的照射。

6.11.1.9　必须为运行人员和核动力厂设备提供合适的去污设施。

6.11.2　辐射监测

6.11.2.1　必须设置相应的辐射监测设备，以保证在运行状态下和设计基准事故工况下提供充分的辐射监测，以及在设计扩展工况下提供尽实际可行的辐射监测。

6.11.2.2　必须提供固定式剂量率仪表，在运行人员日常出入的场所和在运行状态下辐射水平的变化使得仅能允许在某些规定时段内出入的场所，监测辐射剂量率。

6.11.2.3　必须在适当的地点安装固定式剂量率仪表，以反映在事故工况下核动力厂的总体辐射水平。在主控室或运行人员能够采取纠正行动的适当控制位置，固定式剂量率仪表必须给出充分的信息。

6.11.2.4　必须安装固定式监测设备，在运行人员日常停留的区域和气载放射性物质的活度水平可能达到须采取保护措施程度的区域，测量空气中放射性物质的活度。当探测到放射性活度高时，这些系统必须在主控室或其他适当地点给出指示。还必须在因设备故障或其他异常情况可能会造成污染的区域提供监测设备。

6.11.2.5　必须设置固定式设备和实验室设施，在运行状态和事故工况下流体工艺系统中，及时测定选定放射性核素的浓度，以及在核动力厂系统或环境中采集的气体和液体样品中，及时测定选定放射性核素的浓度。

6.11.2.6　必须设置固定式设备，在核动力厂向环境排放之前或在排放期间，监测放射性流出物和可能被污染的流出物的活度浓度。

6.11.2.7　必须设置用于测量表面污染的仪器仪表。必须在辐射监督区和控制区的主要出入口设置固定式监测设备（如门式辐射监测仪、手足监测仪），以监测运行人员和设备。

6.11.2.8　必须设置用于测量运行人员所受照射和污染的设施。必须制定用于评定和记录工作人员随时间所受累积剂量的程序。

6.11.2.9　必须根据核动力厂周围区域剂量率或放射性浓度的环境监测，对照射和其他辐射影响的评价作出安排，特别是：

（1）对人的照射途径，包括食物链；

（2）对当地环境的辐射影响；

（3）放射性物质在环境中的可能积聚和积累；

（4）是否存在任何未经批准的放射性释放路径的可能性。

名词解释

在核动力厂安全规定中下述名词术语的含义为：

实际消除

如果该工况实质上不可能发生或高置信度极不可能发生，则认为该工况被实际消除。

能动部件

依靠触发、机械运动或动力源等外部输入而行使功能的部件。

共因故障

由特定的单一事件或起因导致两个或多个构筑物、系统或部件失效的故障。

多样性

为执行某一确定功能设置两个或多个独立（或冗余）的系统或部件，这些不同的系统或部件具有不同的属性，从而减少了共因故障（包括共模故障）的可能性。

功能隔离

防止一个线路或一个系统的运行模式或故障对另一个线路或系统造成有害后果。

安全重要物项

属于某一安全组合的一部分，其失效或故障可能导致对厂区人员或公众的辐射照射的物项。

非能动部件

不依靠触发、机械运动或动力源等外部输入而行使功能的部件。

实体隔离

由几何分隔（距离、方位等）、适当的屏障或二者结合形成的隔离。

事故管理

在超设计基准事故*发展过程中所采取的一系列行动：

（1）防止事件升级为严重事故；

（2）减轻严重事故的后果；

（3）实现长期稳定的安全状态。

为了减轻严重事故后果的事故管理也称严重事故管理。

核动力厂设备

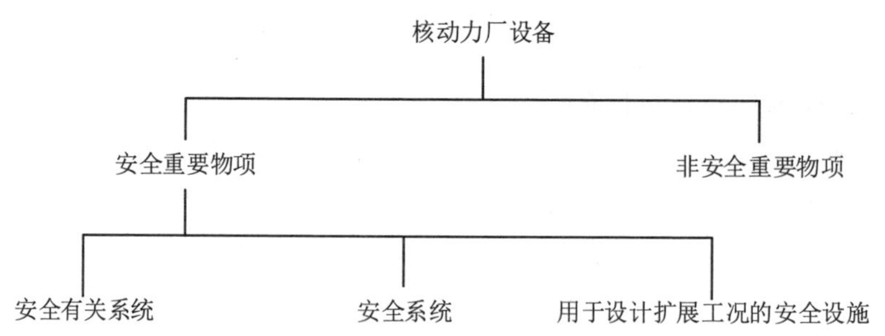

预计运行事件

在核动力厂运行寿期内预计至少发生一次的偏离正常运行的各种运行过程；由于设计中已采取相应措施，这类事件不至于引起安全重要物项的严重损坏，也不至于导致事

* 超设计基准事故是指假定的比设计基准事故的事故工况更为严重的事故。

故工况。

正常运行

核动力厂在规定的运行限值和条件范围内的运行。

运行状态

正常运行和预计运行事件两类状态的统称。

严重事故

严重性超过设计基准事故并造成堆芯明显恶化的事故工况。

假设始发事件

设计期间确定的可能导致预计运行事件或事故工况的假设事件。

保护系统

监测反应堆的运行，并根据探测到的异常工况信号，自动触发动作以防止发生不安全或潜在的不安全工况的系统。

安全功能

为了保证设施或活动能够预防和缓解核动力厂正常运行、预计运行瞬态和事故工况下的放射性后果，保证安全而必须达到的特定目的。

安全组合

用于完成某一特定假设始发事件下所必需的各种动作的设备组合，其使命是防止预计运行事件和设计基准事故的后果超过设计基准中的规定限值。

安全系统

安全上重要的系统，用于保证反应堆安全停堆、从堆芯排出余热或限制预计运行事件和设计基准事故的后果。

单一故障

导致单一系统或部件不能执行其预定安全功能的一种故障，以及由此引起的各种继发故障。

最终热阱

即使所有其他的排热手段已经丧失或不足以排出热量时，总是能够接受核动力厂所排出余热的一种介质。这种介质通常是水体或大气。

可控状态

一种核动力厂状态，即在发生预计运行事件或事故工况后，核动力厂能够保证并维持基本安全功能，以便有足够的时间采取有效措施使其达到安全状态。

设计中考虑的核动力厂状态

<table>
<tr><th colspan="2">运行状态</th><th colspan="3">事故工况</th></tr>
<tr><td rowspan="2">正常运行</td><td rowspan="2">预计运行事件</td><td rowspan="2">设计基准事故</td><td colspan="2">设计扩展工况</td></tr>
<tr><td>没有造成堆芯明显损伤</td><td>堆芯熔化（严重事故）</td></tr>
</table>

事故工况

偏离正常运行，比预计运行事件发生频率低但更严重的工况。事故工况包括设计基准事故和设计扩展工况。

设计基准事故

导致核动力厂事故工况的假设事故，这些事故的放射性物质释放在可接受限值以内，该核动力厂是按确定的设计准则和保守的方法来设计的。

设计扩展工况

不在设计基准事故考虑范围的事故工况，在设计过程中应该按最佳估算方法加以考虑，并且该事故工况的放射性物质释放在可接受限值以内。设计扩展工况包括没有造成堆芯明显损伤的工况和堆芯熔化（严重事故）工况。

安全状态

核动力厂在发生预计运行事件或事故工况后，反应堆处于次临界，并能够保证基本安全功能且长期保持稳定的状态。

用于设计扩展工况的安全设施

在设计扩展工况中执行某种安全功能或具有某种安全功能的物项。

安全系统整定值

为防止出现超过安全限值的状态，在发生预计运行事件或设计基准事故时启动有关自动保护装置的触发点。

陡边效应

在核动力厂中，由微小变化的输入引发核动力厂状态的重大突变。例如，由参数微小的偏离导致核动力厂从一种状态突变到另一种状态的严重异常行为。

原动机

可由驱动装置驱动，将能量转化为动力的部件（如发动机、电磁操作器或气动操作器）。

大量放射性释放

需要厂外防护行动，但是这些行动受到时间长度和使用区域的限制，从而不足以保护人员和环境而导致的放射性释放。

早期放射性释放

必要的场外防护行动在预期时间内不可能全面有效执行的放射性释放。

HAF103

核动力厂调试和运行安全规定

（国核安发〔2022〕97号）

1　引　言

1.1　目的

为实现核动力厂的安全运行，防止或减轻可能危及安全的事件发生及其后果，根据《中华人民共和国核安全法》《中华人民共和国民用核设施安全监督管理条例》，制定本规定。本规定提出了核动力厂调试和运行应当满足的基本安全要求。

1.2　范围

本规定适用于陆上固定式核动力厂的管理、调试和运行（含退役准备）中有关核安全的方面，不涉及不影响核安全的工业安全和由核动力厂运行所引起的非放射性影响。其他类型核动力厂可参照本规定执行。

2　核动力厂营运单位

2.1　总的要求

2.1.1　营运单位对核安全负全面责任。这一责任应当涵盖与调试和运行相关的一切活动，包括营运单位本身对核动力厂的调试和运行活动，以及核动力厂其他相关方所从事的与核安全相关活动。

2.1.2　控股核动力厂的企业集团应当按照相关规定的要求，在核动力厂营运单位人员配置、核安全管理和财务保障等方面，建立和实施有效的监督和考核制度，确保营运单位能够履行核安全的全面责任。

2.1.3　营运单位应当建立并以文件确定运行组织机构，以确保履行实现核动力厂安全运行的职能。营运单位运行组织机构应当适合核动力厂安全运行管理的特点。

2.1.4　营运单位应当系统地审查运行组织机构的变动，并将安全重要的变动提交国家核安全局审查。

2.1.5　营运单位运行组织机构应当具备如下管理职能：

（1）决策职能，包括确定管理目标，制定核安全文化和质量保证政策；分配财力、物力和人力资源以确保核安全相关活动有效开展；批准各类核安全活动管理大纲并确保其实施；明确人员职责并授予职权；制定员工能胜任工作的政策并实施培训，以使其能够胜任其工作；根据在实现管理目标的过程中取得的绩效，制定必要的变更计划。

（2）运行职能，包括在运行状态和事故工况下为核动力厂安全运行作出管理决策和采取行动。

（3）支持职能，包括从厂内外组织获得为履行运行职能所需的技术与行政管理服务和设施，建立联络渠道，以确保传递信息、专门知识和经验以及响应安全问题的能力；若拥有多台机组，应当统筹安排厂址共用的安全相关资源；提供公共咨询和沟通渠道，并对核动力厂相关信息进行公开。

（4）审查职能，包括监测和评价运行职能和支持职能的履行情况。监测的目的在于验证是否符合核动力厂安全运行的规定目标，尽早地发现偏离、缺陷和设备故障，并为及时采取纠正措施及进行改进提供信息。审查职能还包括对营运单位的整个安全绩效进行审查，以便评价安全管理的有效性和确定改进的可能性。

2.1.6 营运单位应当提供培育和改进核安全文化的手段，营造良好的核安全文化氛围，使核安全文化体现在组织和员工的价值观、行为举止、工作态度之中，从而确保核动力厂调试和运行的安全。应当通过建立和增强全体人员良好的安全意识和规范行为，来培育和保持强有力的核安全文化，完成与核安全相关活动。

2.1.7 营运单位应当根据已制定的程序开展可能影响安全的所有活动。

2.1.8 营运单位应当明文规定岗位职责、授权级别和内、外联络渠道，以确保核动力厂在所有运行状态下安全运行、减轻事故后果以及对应急状态作出正确响应。

2.1.9 营运单位应当配备充足的合格管理人员和专业技术人员，关键岗位人员应当有资格、并经授权。管理人员和专业技术人员应当具有高度的安全意识，并掌握能够正确履行其安全职责的技术和管理要求。对待安全的态度应当是工作人员业绩评价、聘用和晋升管理人员的标准之一。

2.1.10 营运单位应当明文规定直接从事运行和支持性工作的人员配备，应当使用包含人力资源配置和关键岗位职责的职能组织图表来直观表明核动力厂自身职能或依靠外部机构完成的职能。

2.1.11 营运单位应当确保可能影响安全的所有活动由具备资格且经授权的人员来完成，实施这些活动应当由营运单位批准并进行有效地控制和监管。

2.1.12 营运单位应当定期评价核动力厂的安全运行状况，并根据评价结果采取必要的纠正措施。

2.1.13 营运单位应当制定和执行核动力厂配置管理制度，确保设计要求、实际配置和核动力厂文件之间的一致性。该制度应当确保对核动力厂安全重要物项所作的修改能被识别、筛选、设计、审批、实施、评价和记录，并定期升版相关的许可证申请文件。

2.1.14 营运单位应当建立核动力厂配置状态的风险管理体系，在核动力厂因为设备失效、维修、试验等导致配置状态发生改变时能够进行快速有效的风险评价，并采取相适应的风险管理措施。

2.1.15　营运单位在使用风险指引型综合决策技术方法对安全基准进行修改时，应当评价概率安全分析模型的技术适当性，应当确保所使用模型的详细程度和数据能够支持其决策和变更，并对不确定性进行评估和处理。

2.2　质量保证

2.2.1　营运单位应当制定和有效实施质量保证大纲。质量保证大纲应当覆盖可能影响核动力厂安全相关的所有活动。质量保证的原则和方法应当系统地用于管理过程、安全相关活动以及绩效的评价。

2.2.2　营运单位应当建立防造假机制和制度，采取措施防止造假行为，并在质量保证大纲中落实，以防止假冒和欺诈物项和服务进入核动力厂。

2.2.3　营运单位及其他与核动力厂安全相关活动有关的组织和人员应当遵守核动力厂质量保证有关规定的要求。

2.3　经验反馈

2.3.1　营运单位应当建立经验反馈体系，定期或不定期地通过自我评估或同行评估等方式对经验反馈体系的有效性进行评价。

2.3.2　营运单位应当系统地评价核动力厂的运行经验和教训。营运单位应当调查安全重要的异常事件以确定其直接原因和根本原因。营运单位的调查应当提出明确的建议，针对异常事件的直接原因、根本原因和促成因素及时采取纠正行动，预防事件重复发生。营运单位应当确保这些评价及调查所得的信息及时反馈给核动力厂有关工作人员。

2.3.3　营运单位应当获得并评价其他核动力厂的运行经验和教训，采取自查或改进行动。营运单位还应当考虑其他工业的相关经验教训。

2.3.4　营运单位应当与国内和国际相关机构和单位进行经验交流及信息共享，特别是对于同类型核动力厂的经验反馈交流和信息共享。

2.3.5　营运单位应当研究运行经验，以发现不利于安全的先兆或趋势，并采取纠正行动。

2.3.6　营运单位应当授权富有经验并掌握相关领域知识技能的人员从事运行经验反馈评价工作。

2.3.7　营运单位应当要求所有工作人员及时报告核动力厂发生的所有事件，包括“与核动力厂安全相关的作为实际事件后果本来可能发生，但由于核动力厂当时的条件而实际没有发生的潜在重要事件”。

2.3.8　营运单位应当与有关单位（制造单位、研究单位、设计单位）保持联系，以向其反馈运行经验的信息，获得与处理设备故障或异常事件有关的建议。

2.3.9　营运单位应当收集和保存运行经验的数据，用作核动力厂老化管理、概率安全分析、核动力厂配置状态的风险管理、维修有效性评价和定期安全评价等的输入数据。

2.4 实物保护

2.4.1 营运单位应当采取预防措施来防止蓄意的或未经授权的可能危害安全的行动。

2.4.2 营运单位应当采取实物保护措施，以预防、探测和阻止非授权进入、闯入、偷窃、攻击以及内部或外部对安全重要物项及核材料的破坏。

2.4.3 营运单位应当制定并实施计划和程序，为厂区提供足够保卫和实物保护。

2.4.4 营运单位应当定期开展实物保护系统有效性评估及突发事件处置演练，以确保实物保护措施有效。

2.5 防火安全

2.5.1 营运单位应当定期更新防火安全状态相关文件，并据此作出必要的防火安排变更。防火安排应当涵盖为核动力厂安全所需构筑物、系统和设备提供防火保护的火灾预防、火灾自动报警和灭火、防止火灾蔓延、降低火灾后果等方面，至少包括：

（1）应用纵深防御概念；

（2）评价核动力厂修改对防火的影响；

（3）对可燃物和点燃源的控制；

（4）防火措施的检查、维修和试验；

（5）保障人工防火能力；

（6）对核动力厂工作人员进行防火安全培训。

2.5.2 营运单位在制定灭火预案时，应当特别注意火灾叠加发生放射性物质释放危险的情况，制定关于灭火人员辐射防护和控制向环境排放的技术和管理措施。

2.5.3 营运单位应当保留影响火灾危害性分析的相关资料和数据，定期进行火灾危害分析的更新与评价，以确保防火措施的有效性。

2.5.4 营运单位应当配备适当设备和人员，以便与防火相关的所有外部服务部门有效协调和合作。营运单位应当定期组织开展防火训练和演习，以评估防火响应能力的有效性。

2.6 应急准备

2.6.1 营运单位应当制定并落实场内核事故应急预案。场内核事故应急预案应当包括由营运单位实施或负责的各项活动，应当考虑到非核危害与核危害同时发生所形成的应急状态，诸如火灾与严重辐射危害或污染同时发生、有毒气体或窒息性气体与辐射和污染并存等。

2.6.2 营运单位应当建立必要的应急组织并规定其应急职责。

2.6.3 营运单位应当对场区人员进行应急培训，以确保其具备完成特定应急任务，履行应急响应职责所需的专业知识、技能和态度。

2.6.4 营运单位应当在核动力厂获得运行许可证前确保做好全部应急准备工作。

2.6.5 在核动力厂获得运行许可证前，营运单位应当进行应急演习以检验场内核事故应急预案的有效性。

2.6.6 营运单位应当根据应急演习实践和经验反馈定期评价场内核事故应急预案的有效

性，并修订升版。

2.6.7　营运单位应当有措施将在应急时要采取的行动通知场区内的所有人员。营运单位应当确保应急状态时需要使用的仪器、工具、设备、物资、文件和通讯系统得到妥善保管和维护，使之处于随时可用状态，并且不至于受到事故影响或因事故影响导致失效。

3　人员的资格和培训

3.1　培训的总体要求

3.1.1　营运单位应当对人员资格负责并以必要的资源和设施支持培训部门。各级管理者应当对其下属人员的岗位胜任力负责，在决定培训的必要性和保证培训内容考虑运行经验方面，他们应当提出建议。各级管理者和值班长应当确保给下属人员安排的工作不会妨碍培训大纲的有效实施。

3.1.2　营运单位应当根据工作任务及职责，制定各类人员相应的初始培训和再培训大纲，应当制定评价和改进培训大纲的管理程序。培训大纲的内容应当是系统的。培训大纲应当促进受培训人员关注安全问题。培训大纲应当规定对运行人员进行定期考核及定期再培训。

3.1.3　营运单位对人员的培训应当强调安全第一的原则。营运单位应当充分利用调试活动的有利条件，为核动力厂人员提供进一步的培训，使其获得直接经验。

3.1.4　营运单位应当确保培训教员在其负责的范围中具有相应的知识水平和必要的教学技能。

3.1.5　营运单位应当为课堂培训和单独学习提供适当的设施。营运单位应当提供合适的培训教材，以促进受培训人员了解核动力厂及其系统。营运单位应当制定及时改进和更新培训设施和培训教材的制度，以确保培训设施和教材能准确地反映核动力厂的状况。

3.1.6　营运单位应当使用有代表性的模拟装置来进行培训。营运单位应当确保模拟机培训结合了运行状态和事故工况。

3.1.7　营运单位应当制定管理程序来确保本核动力厂以及其他核动力厂的有关运行事件的经验纳入培训大纲。

3.2　执行安全相关任务的人员的资格和培训

3.2.1　营运单位应当规定执行安全相关任务的人员的资格和培训要求。营运单位应当挑选合格的人员并给予必要的培训和指导，确保他们充分了解核动力厂及其安全设施，使他们能在核动力厂各种运行状态和事故工况下按照规程正确地履行职责。

3.2.2　营运单位应当制定和实施员工健康制度，以确保执行安全相关任务的人员的身体状况和心理状况能够胜任工作。

3.2.3　营运单位应当确保对运行负有直接责任的运行人员接受运行限值和条件方面的培训并熟练掌握。

3.2.4　营运单位应当确保实施事故管理相关人员接受必要的培训并熟练掌握。

3.2.5 营运单位应当确保执行安全相关任务的外部人员的资格和培训，适合其应履行的职责。

4 核动力厂调试

4.1 调试大纲

4.1.1 营运单位应当制定和实施调试大纲，以验证建成的核动力厂满足设计要求和安全要求，能够在运行限值和条件范围内运行。

4.1.2 调试大纲应当包括验证工作所必需的全部安全相关试验。调试大纲应当规定调试工作主要原则、调试组织方式、调试主要阶段划分、调试各具体试验实施的阶段、试验目的和验收准则、装料后与正常运行的限值和条件不一致的特殊调试工作等内容，应当明确试验的逻辑顺序，应当确保不得进行可能使核动力厂进入没有设计分析过的工况的试验。

4.1.3 调试大纲应当规定调试组织机构及其在调试过程中的职责，应当规定在调试中涉及的各组织之间的接口关系，应当规定构筑物、系统、设备从建造单位向调试部门的调试移交和从调试部门向生产部门的生产移交的管理制度。

4.2 调试活动

4.2.1 营运单位应当在调试阶段制定和实施管理程序，以确保调试试验的目标得以正确实现。

4.2.2 营运单位应当确保运行人员参与调试过程。运行人员和技术人员对调试过程的参与应当达到确保为运行阶段做好准备所需的程度。

4.2.3 当调试活动分阶段实施时，营运单位应当确保在完成对前阶段调试试验结果的评价和监查，并确认调试结果评价满足了全部核安全管理要求之后，才允许进行下一阶段的调试试验工作。

4.2.4 在核动力厂调试和运行阶段，营运单位应当对核动力厂进行监测和维护，以保护核动力厂设备和支持调试工作，并始终保持核动力厂与安全分析报告的一致性。

4.2.5 营运单位应当在安全分析报告和核安全管理要求的基础上明文规定首次装料前的系统、设备、文件和人员的先决条件，并在首次装料前予以确认。

4.2.6 营运单位应当在首次装料前完成必需的全部试验并认可试验结果。

4.2.7 营运单位应当在反应堆首次临界及初始功率提升前完成必需的全部试验并认可试验结果。

4.2.8 从核动力厂每个系统初始通电和运行开始，营运单位应当保存运行和维修记录，并收集和保存系统及设备的基准数据，以有利于确保核动力厂的安全和后续的安全评价。

5 核动力厂运行

5.1 运行限值和条件

5.1.1 为确保核动力厂运行符合设计要求，营运单位应当制定包括技术和管理两个方面的运行限值和条件。运行限值和条件应当基于安全分析报告中对特定核动力厂及其环境的安全分析和评价，并符合设计中所作的规定。每一项运行限值和条件的采用依据应当有书面说明。

5.1.2　运行限值和条件应当反映最终设计。运行限值和条件应当包括对各种运行状态的要求、运行人员应当采取的行动和应当遵守的限制。

5.1.3　运行限值和条件可以分为以下五类：

（1）安全限值；

（2）安全系统整定值；

（3）正常运行的限值和条件；

（4）监督要求；

（5）偏离上述运行限值和条件时的行动。

5.1.4　运行限值和条件应当具有如下目标：

（1）防止发生可能导致事故工况的状态；

（2）如果发生事故，则减轻其后果。

5.1.5　运行限值和条件是核动力厂运行的重要依据，营运单位应当制定和实施监督计划，以保证遵守运行限值和条件。包含运行限值和条件的有关文件都应当在主控制室配备以便主控制室人员使用。

5.1.6　营运单位应当根据调试试验结果对运行限值和条件作必要的修改。

5.1.7　营运单位应当根据运行经验的积累、技术和安全的发展以及核动力厂的变更对运行限值和条件作必要的修改。

5.1.8　营运单位应当根据国家核安全局的要求对运行限值和条件进行修改。

5.1.9　营运单位应当制定管理程序以确保用文件记录偏离运行限值和条件的情况，还应当确保采取适当的响应行动。

5.2　运行规程

5.2.1　营运单位应当制定管理程序，用于管理运行规程的制定、完善、验证、修订、定期升版和注销。

5.2.2　营运单位应当制定正常运行规程，以确保核动力厂运行在运行限值和条件之内。营运单位应当制定适用于预计运行事件和设计基准事故的规程，以及用于管理比设计基准事故更严重的事故的规程和指南。

5.2.3　营运单位应当确保核动力厂运行人员能够熟悉和操作所有运行状态下的核动力厂系统和设备。只有指定的有资格且被授权的运行人员才能控制或指挥核动力厂运行状态的任何改变，其他人员绝不允许干涉运行人员作出有关安全的决定。

5.2.4　营运单位应当制定管理措施，以确保核动力厂的全部工作是以符合安全运行要求的方式计划和执行的。

5.2.5　营运单位应当验证运行规程以确保其技术上的正确性，并且确认其在安装的设备和控制系统上的可使用性。营运单位应当尽可能在首次装料前进行验证和确认工作，并在首次装料后的调试阶段继续进行此项工作。

5.2.6 营运单位应当明文规定运行人员发现核动力厂系统或设备的状态或条件不符合运行规程的情况时有关人员的职责和联络渠道。

5.2.7 如果需要进行非常规运行、试验或实验，营运单位应当进行安全评价。营运单位应当编制专项运行规程，确定专门的运行限值和条件。如果在非常规运行期间违反任何专门的运行限值和条件，营运单位应当立即采取纠正措施，并对该事件进行审查。

5.3 主控制室和控制设备

5.3.1 营运单位应当确保主控制室和控制设备保持在可用和良好状态，保持主控制室的可居留性。

5.3.2 营运单位应当确保辅助控制室以及主控制室外的其他所有安全相关的操作面板保持在可用状态，并定期确认。

5.3.3 营运单位应当把主控制室的报警装置作为安全重要物项进行管理。营运单位应当制定操纵人员管理报警响应活动的程序。

5.4 化学控制

5.4.1 营运单位应当制定并实施化学和放射化学控制的大纲和程序，大纲和程序应当提供化学和放射化学方面的必要信息，以确保：

（1）安全运行；

（2）安全重要构筑物、系统和设备的长期完整性；

（3）降低辐射水平。

5.4.2 营运单位应当在核动力厂开展化学监测，以确保核动力厂化学控制的有效性，并确保系统和设备在规定的化学限值范围内运行。

5.4.3 营运单位应当建立化学监测和数据采集系统，设置相关的化学参数报警。

5.5 堆芯管理和燃料装卸

5.5.1 营运单位应当负责并组织有关堆芯管理和厂区燃料装卸的全部活动，以确保燃料在反应堆中的安全使用及其在厂区转移和贮存期间的安全。营运单位应当制定措施，以确保反应堆所装载燃料的设计和富集度以及堆芯装载方案与国家核安全局所认可的相符合。

5.5.2 营运单位应当制定燃料及堆芯部件的采购、装载、使用、卸料和试验的技术条件和程序，应当根据设计要求制定装换料大纲。在装换料后，反应堆启动前和启动时都应当进行试验以确认堆芯性能满足设计要求。营运单位应当监测堆芯状况，及时复查和修订装换料大纲。应当制定确定冷却剂比活度异常变化的适当分析方法，以便开展燃料缺陷分析，确定这种缺陷的性质和严重程度、位置、原因和纠正行动。

5.5.3 营运单位应当在换料实施前编制换料安全分析报告，报告至少应当包括预计的堆芯条件和堆芯的安全分析。

5.5.4 营运单位应当编制换料报告对核动力厂换料活动实施有效的管理，包括换料的行政管理、换料计划、换料期间要完成的工作和专项活动，以确保建立专设的组织具体管理换料期间的各项工作，由获得授权的人员实施换料前检查、换料操作和换料后启动试验。

5.5.5 营运单位应当在换料后首次临界前对换料报告的执行情况、换料报告的变更及其技术论证、换料期间发现的对启动有影响的问题和解决措施，以及试验、检查和维修情况等进行评价并形成文件。

5.5.6 营运单位应当编制燃料和堆芯部件的管理程序，包括未辐照和已辐照燃料的转移、厂区内的贮存和向外发运的准备工作。

5.5.7 营运单位应当确保经过培训合格且获得授权的人员按照规定的程序进行燃料操作活动。进入燃料贮存区的人员应当获得营运单位授权。

5.5.8 营运单位应当确保所有易裂变材料（包括未辐照和已辐照燃料）的贮存、辐照和转移按要求保存详细的可核查账目。

5.6 停堆管理

5.6.1 营运单位应当确保停堆后再启动的安全。

5.6.2 营运单位应当明文规定主控制室操纵员和为了安全而指导反应堆停堆的人员的责任和权力。同样，也应当明文规定在导致停堆的异常事件后或为了维修而停堆很长时间后重新启动反应堆的人员责任和权力。

5.6.3 对运行期间发生的非计划停堆，营运单位应当查明停堆的原因并采取相应的措施，按相关管理程序批准后方可再启动运行。

5.6.4 对于导致超过安全限值的停堆以及国家核安全局认为重要并提出管理要求的停堆，营运单位应当按照许可证的要求报经国家核安全局审查，并提交运行事件报告、处理计划和启动申请，经批准后方可再次启动运行。

（1）处理计划应当包括工作清单及其时间进度安排、辐射防护、参与停堆处理计划的组织和人员；如有调整，营运单位应当向国家核安全局提交调整后的处理计划或补充报告。

（2）营运单位应当在完成处理计划中所列全部工作并确认核动力厂能安全运行后提交启动申请；启动申请应当包括核动力厂停堆处理计划完成情况、停堆处理期间发现的问题及其解决措施、安全重要试验项目的结果及评价、反应堆启动的工作安排及时间进度。

6 安全重要构筑物、系统和设备的维修、试验、监督和检查

6.1 营运单位应当制定并在首次装料前实施安全重要构筑物、系统和设备的维修、试验、监督和检查大纲。维修、试验、监督和检查大纲应当考虑运行限值和条件以及其他适用的核安全管理要求，并根据运行经验进行定期评价。营运单位应当评估新的维修、试验、监督和检查策略对安全的影响。

6.2 安全重要构筑物、系统和设备的维修、试验、监督和检查大纲应当包括安全重要构筑物、系统和设备的定期检查或试验，以证明其可靠性，并决定它们是否可确保核动力厂继续安全运行或者是否有必要采取任何补救措施。

6.3 营运单位应当在维修、试验、监督和检查大纲中确定核动力厂所有的安全重要构筑物、系统和设备的维修、试验、监督和检查的标准和频度，以确保构筑物、系统和设备的可靠性和有效性与核动力厂整个寿期内的设计要求始终保持一致。

6.4 营运单位应当根据下述因素确定单个构筑物、系统和设备的预防性和预测性维修、试验、监督和检查的频度：

（1）构筑物、系统和设备对安全的重要性；

（2）其固有的可靠性；

（3）运行时性能劣化的可能性和老化特性；

（4）运行经验。

6.5 营运单位应当根据构筑物、系统和设备的安全重要性确定维修的优先顺序。

6.6 营运单位应当建立维修有效性评价体系，以保证核动力厂构筑物、系统和设备能在设计基准规定的所有条件下有效的执行其预定的安全功能。实施基于性能、风险指引的维修有效性评价体系时，应包括：

（1）确定管理范围；

（2）确定风险重要类；

（3）制定性能指标；

（4）性能指标监测；

（5）定期有效性评价；

（6）维修活动的风险评价与管理。

6.7 营运单位应当明文规定不同部门和人员在停役期间的任务和责任，确保在计划停役和强迫停役期间对维修活动实施有效管理。

6.8 营运单位应当制定和实施适用于所有维修、试验、监督和检查工作的工作计划和管理制度，确保维修、试验、监督和检查工作得到授权并按照制定的规程进行。

6.9 工作计划和管理制度应当确保只有在指定的运行人员的批准下并符合运行限值和条件时，核动力厂设备才能停役以便维修、试验、监督或检查。维修后的设备在返回服役状态前应当由授权人员进行检查，必要时进行试验。维修后，还应当对核动力厂的有关配置进行核查并记录在案。

6.10 营运单位应当建立管理和纠正缺陷的制度，该制度应当确保核动力厂的安全不会因为这种缺陷的累积效应而受到损害。

6.11 在异常事件后，营运单位应当重新确认由于异常事件可能受影响的设备或系统的安全功能和功能完整性。必要的补救措施应当包括适当的检查、维修和试验。

6.12 营运单位如在维修工作过程中存在修改，应当按照修改相关要求进行管理。

7 核动力厂修改

7.1 营运单位应当对修改过程中的各类风险进行有效管理，确保核动力厂配置满足安全基准。

7.2　核动力厂的修改包括：

（1）构筑物、系统和设备的修改；

（2）运行限值和条件的修改；

（3）程序和文件的修改；

（4）上述各项的组合。

7.3　按照修改的安全重要程度，核动力厂修改分为安全重要修改和一般修改。安全重要修改包括作为颁发运行许可证依据的重要构筑物、系统和设备的修改，运行限值和条件的修改，国家核安全局批准的与核安全有关的程序和其他文件的修改；其他修改为一般修改。

7.4　营运单位应当对具体修改事项进行分类管理。营运单位应当制定修改管理程序，以确保对所有修改事项进行恰当的设计、申请、审查、批准、实施、试验、检查和评价。修改管理程序应当充分考虑人员和组织因素。营运单位应当评价不同修改项目对核动力厂安全的叠加影响。

7.5　对于安全重要修改，营运单位应当在按照本单位的管理程序批准后，报国家核安全局批准，方可实施。对于一般修改，营运单位应当按照本单位的管理程序批准后方可实施。

7.6　营运单位应当在核动力厂程序和文件中体现与核动力厂安全运行有关的运行组织机构方面的调整，并按照第 7.5 条的规定进行批准。

7.7　营运单位应当根据批准的修改方案实施核动力厂修改。营运单位应当建立规范化管理系统，将修改及其对核动力厂运行和安全的影响及时通报相关人员。营运单位应当在修改实施地点和有关控制位置作出明显标识。

7.8　修改后的试验和检查

（1）营运单位应当对修改后的构筑物、系统和设备在恢复正常运行前进行全面、系统的试验，以确保修改的目的已达到并满足其运行限值和条件。

（2）营运单位应当对修改了运行限值和条件的构筑物、系统和设备规定与（1）同样的试验要求，以验证它们的功能和性能与修改后的运行限值和条件相容。

（3）对于原调试试验结果无法包络的安全重要修改，营运单位应当在修改正式投运前进行类似调试阶段所做的有关试验。

7.9　营运单位应当在修改正式投运前更新核动力厂运行所必需的全部相关文件，并对人员进行相应培训。

7.10　营运单位应当对修改的结果进行评价，并编制评价报告。其中安全重要修改项目的评价报告应当在修改结束后一个月内报送国家核安全局。

8　辐射防护、放射性废物及流出物管理

8.1　营运单位应当制定和实施辐射防护大纲，以确保在所有的运行状态下由于核动力厂的电离辐射或由于从核动力厂有计划地流出物排放所引起的辐射照射低于规定限值，且可

合理达到的尽量低。

8.2 营运单位应当基于对辐射防护的评价分析来编制辐射防护大纲，辐射防护大纲应当包括：

（1）辐射分区和出入口控制；

（2）预计工作时有放射性危害的运行规程和维修规程；

（3）监测仪表和设备；

（4）人员防护设备；

（5）厂区放射性监测和巡测；

（6）人员、设备和构筑物的去污；

（7）对转运放射性物质的控制。

8.3 营运单位的辐射防护部门应当具有足够的独立性和资源，以落实辐射防护法规、标准、规程以及安全操作实践的要求并提出建议。

8.4 营运单位应当对所有的厂区人员进行培训，使他们了解放射性危害和必要的防护措施。营运单位应当确保所有的厂区人员按照辐射防护大纲的规定实施辐射防护措施。

8.5 营运单位应当通过监督、检查和监查来对辐射防护大纲的正确实施及其目标的实现进行核实，必要时应当采取纠正措施。

8.6 营运单位应当对所有可能受到职业性照射的厂区人员的辐射照射进行评价。

8.7 辐射防护大纲应当明确对可能受到职业照射的厂区人员进行健康监督的条款，以确认他们的健康适于工作并在受到过量照射后提供治疗依据。健康监督应当包括初次体检及随后的定期检查。

8.8 营运单位应当落实放射性废物最小化原则，按照国家有关标准进行放射性废物的处理和贮存，并确保其符合放射性废物处置前管理的相关要求。

8.9 营运单位应当制定和实施放射性废物管理大纲。放射性废物管理大纲应当包括放射性废物的特性鉴定、分类、处理、运输、贮存和处置，以及定期更新放射性废物清单。

8.10 营运单位应当对气液态流出物排放进行安全分析，证明所评定的对公众的辐射影响和公众所受剂量低于规定限值且保持在可合理达到的尽量低的水平。

8.11 营运单位应当制定和实施监测和控制气液态流出物排放的规程。

8.12 营运单位应当制定和实施对环境的放射性进行监测的大纲，以便评价气液态流出物排放对环境的辐射影响。

9 定期安全评价

9.1 在运行许可证有效期内，营运单位应当采用定期安全评价的方式对核动力厂进行系统的安全评价。定期安全评价应当评价核动力厂与最新核安全法规和标准中适用部分的符合程度，以及运行经验和从所有相关来源得到的重要安全信息对核动力厂的适用性，以确保核动力厂在整个运行寿期内具有高的安全水平。

9.2　定期安全评价应当考虑核动力厂的实际状况、运行经验、可预期的寿期末状况、目前的分析方法、适用的规定、标准及科技水平，其范围应当覆盖运行核动力厂的所有安全方面。

9.3　营运单位也可使用概率安全评价来补充确定论评价，以便了解核动力厂各个不同方面对安全的相对贡献，作为安全改进计划和修改的输入。

9.4　营运单位应当编制定期安全评价大纲、安全要素评价报告、总体评价报告、纠正行动和安全改进计划。

9.5　根据定期安全评价的结果，营运单位应当实施必要的纠正行动和合理可行的修改。

10　老化管理

10.1　营运单位应当对核动力厂构筑物、系统和设备开展老化管理，应当根据系统化的老化管理方法编制、实施、审查和改进老化管理大纲，从而确保安全重要构筑物、系统和设备在其运行期间能够执行所必需的安全功能。营运单位应当根据老化管理大纲建立老化经验、数据收集和记录保存系统以促进老化管理大纲的实施和优化，定期对老化管理大纲的有效性进行审查、检查和评价。

10.2　营运单位应当以安全重要性以及失效后果为基础来筛选实施老化管理的构筑物、系统和设备。

10.3　老化管理大纲应当确定构筑物、系统和设备的老化效应和机理，以及维持其运行能力和可靠性所需开展的活动。老化管理大纲应当包含对构筑物、系统和设备受运行及环境条件长期影响的分析和评价。

11　运行许可证延续

11.1　核动力厂运行许可证有效期届满需要继续运行时，营运单位应当对运行许可证延续期内，核动力厂是否符合核安全标准进行安全论证、验证，并根据论证和验证结果实施工程改造、开展老化管理和制定持续改进计划，以保证整个运行许可证延续期内满足安全基准。

11.2　核动力厂运行许可证延续安全论证范围应当包括：

（1）最终安全分析报告中所描述的执行控制反应性、排出堆芯余热、包容放射性和控制放射性的计划排放，以及限制事故的放射性释放等基本安全功能的构筑物、系统和设备；

（2）其故障可能影响上述构筑物、系统和设备执行安全功能的核动力厂其他构筑物、系统和设备；

（3）最终安全分析报告中所描述的防火、火灾探测和灭火设施；

（4）最终安全分析报告中所描述的设计扩展工况的预防或缓解设施；

（5）未纳入最终安全分析报告，但经国家核安全局批准或国家核安全局所要求的改进项中涉及上述范围的构筑物、系统和设备。

11.3 营运单位应当对运行许可证延续安全论证范围内，符合如下筛选准则的对象开展老化管理审查，证明其老化效应得到充分控制，在申请的运行许可证延续期内其能够执行预定的功能：

（1）在执行预定功能时，结构和特征不发生改变的构筑物和设备，但不包括活动部件；

（2）不基于鉴定寿命和规定时间进行更换的构筑物和设备。

11.4 营运单位应当对运行许可证延续安全论证范围内，符合相应筛选准则的对象开展时限老化分析，证明在申请的运行许可证延续期内分析仍然有效，或分析可以覆盖到申请的运行许可证延续期末期，或在申请的运行许可证延续期内能够充分地管理老化对预定功能的影响。

11.5 营运单位应当根据核动力厂实际运行数据和环境现状数据开展验证、论证，结合核动力厂环境影响报告书（运行阶段）评价核动力厂运行许可证延续申请时有效的核安全等相关标准的符合性。

11.6 在运行许可证延续开始前，营运单位应当按照运行许可证延续的申请批复和申请时的承诺，更新相关文件。

12 退役准备

12.1 营运单位应当编制退役计划，并在核动力厂的整个寿期内维护该计划，以确保退役可以安全完成，并符合规定的最终状态。营运单位应当根据监管要求的变化、核动力厂的修改、技术进步、退役活动需求的变化以及国家政策的变化更新退役计划。

12.2 在核动力厂整个寿期内，营运单位应当考虑最终退役方面的需要。为了便于退役，营运单位应当记录和保留在核动力厂修改和维修活动中获得的关于受污染或被活化的构筑物、系统和设备的经验和知识，并编制完整且经过审查的信息，以移交给负责退役阶段管理的机构。

12.3 营运单位应当制定人力资源计划，以确保有足够的合格人员可用于核动力厂安全运行直至最终停堆，可用于在退役准备期间以安全的方式开展活动，以及可用于安全地进行核动力厂的退役。

12.4 营运单位应当评估和管理退役前的停闭期内开展的活动对安全的影响，以避免危害并确保安全。

12.5 营运单位应当按照国家有关法律法规的要求，在运行许可证到期前，准备充足的退役资金，以确保退役活动正常开展。

13 记录、文件和报告

13.1 营运单位应当建立文件控制体系和管理制度，对安全重要的记录和报告进行控制管理，确保所有使用的文件是最新版本。

13.2 记录的管理措施应当考虑到下述方面：

（1）永久性记录和非永久性记录的分类；
（2）考虑到法规要求的保存时间的规定；
（3）制定更新记录或增补的程序；
（4）接收控制，包括完整性审查；
（5）检索、获取和处置的措施；
（6）贮存措施的适宜性，包括防火及保安的考虑；
（7）记录备份和贮存在分开场所的要求；
（8）记录的保存，包括防止损坏的措施；
（9）用抽样和检查的方式进行定期审查。

13.3　记录管理应当包括下列方面的记录：
（1）设计说明书；
（2）安全分析；
（3）设备和材料；
（4）竣工安装图纸；
（5）制造商的文件；
（6）调试文件；
（7）核动力厂运行数据；
（8）事件和事故，包括异常事件和事故工况的审查报告和记录；
（9）易裂变材料、增殖材料、放射性材料和其他特殊材料的数量及其转移；
（10）来自维修、试验、监督和检查的数据；
（11）关于修改的审查、批准、试验和检查的历史和数据；
（12）质量保证；
（13）厂区人员的资格、职位、医学检查和培训；
（14）核动力厂化学；
（15）职业照射；
（16）辐射巡测；
（17）流出物排放；
（18）环境监测；
（19）放射性废物产生、分类、处理、贮存、运输和处置；
（20）定期安全评价；
（21）退役准备。

名词解释

调试

核动力厂已安装的设备和系统投入运行并进行性能验证，以确认是否符合设计要求，是否满足性能标准的过程。调试包括不带核试验和带核试验。

设计中考虑的核动力厂状态

<table>
<tr><th colspan="2">运行状态</th><th colspan="3">事故工况</th></tr>
<tr><td rowspan="2">正常运行</td><td rowspan="2">预计运行事件</td><td rowspan="2">设计基准事故</td><td colspan="2">设计扩展工况</td></tr>
<tr><td>没有造成堆芯明显损伤</td><td>堆芯熔化（严重事故）</td></tr>
</table>

运行状态

正常运行或预计运行事件两类状态的统称。

事故工况

偏离正常运行，比预计运行事件发生频率低但更严重的工况。事故工况包括设计基准事故和设计扩展工况。

正常运行

核动力厂在规定的运行限值和条件范围内的运行。

预计运行事件

在核动力厂运行寿期内预计至少发生一次的偏离正常运行的各种运行过程；由于设计中已采取相应措施，这类事件不至于引起安全重要物项的严重损坏，也不至于导致事故工况。

设计基准事故

导致核动力厂事故工况的假设事故，这些事故的放射性物质释放在可接受限值以内，该核动力厂是按确定的设计准则和保守的方法来设计的。

设计扩展工况

不在设计基准事故考虑范围的事故工况，在设计过程中可按最佳估算方法加以考虑，并且该事故工况的放射性物质释放在可接受限值以内。设计扩展工况包括没有造成堆芯明显损伤的工况和堆芯熔化工况（严重事故）。

严重事故

严重性超过设计基准事故并造成堆芯明显恶化的事故工况。

事故管理

事故管理是指在事故演变过程中采取的一系列行动：

（1）防止升级为严重事故；

（2）减轻严重事故的后果；

（3）实现长期的安全稳定状态。

其中第（2）条中的事故管理（减轻严重事故的后果）也称为严重事故管理；广义上说，严重事故的事故管理包括在事故演变过程中采取的一系列行动以缓解堆芯的降级。

配置管理

识别和记录核动力厂构筑物、系统和设备（包括计算机硬件和软件）的特性，确保对这些特性的变更得到适当地设计、评价、批准、发布、实施、验证、记录并纳入核动力厂相关文件的过程。

风险指引

涵盖了风险信息的分析、决策和管理的方法。该方法将风险信息与传统工程分析要考虑的因素结合起来，使得营运单位和核安全监管机构对核动力厂的设计和运行的关注水平与它们对健康和安全的重视程度相一致。

安全基准

在核动力厂运行许可证申请和运行期间，营运单位为满足核安全管理要求所作的，并由国家核安全局批准或认可的承诺。

安全基准应当包括：

（1）有效的核动力厂安全分析报告中与安全重要物项有关的内容及安全重要物项设计、建造、运行所遵循的核安全标准和规范；

（2）由国家核安全局批准的其他核动力厂运行许可证申请文件；

（3）没有纳入安全分析报告的国家核安全局所要求或批准的安全重要修改；

（4）核动力厂运行许可证条件；

（5）在核安全审评或检查等活动中，营运单位为满足核安全管理要求向国家核安全局所作的书面承诺。

维修有效性

对特定的构筑物、系统和设备，按照其设计基准、运行经验设定能反映维修有效性的指标。通过比较上述指标与该构筑物、系统和设备在运行、维修、试验中所表现的实际性能，来判断维修是否有效。

运行限值和条件

经国家核安全局批准的，为核动力厂的安全运行列举的参数限值、设备的功能和性能及人员执行任务的水平等一整套规定。

【研究堆系列】

HAF201

研究堆设计安全规定

（1995 年 6 月 6 日国家核安全局批准发布）

本规定自 1995 年 10 月 1 日起实施。

本规定由国家核安全局负责解释。

1 引 言

1.1 目的

1.1.1 本规定的目的是提供研究堆设计及其评价的安全基础，并提出与研究堆设计有关的安全监督管理、选址及质量保证等方面的要求。

1.1.2 本规定只强调研究堆设计必须满足的安全要求，对于如何满足这些要求则不作具体规定。

1.2 范围

1.2.1 本规定适用于研究堆的设计，也适用于在现有研究堆上的重要新实验及对现有研究堆的改造。

1.2.2 功率达几十兆瓦的研究堆、快中子研究堆或小的实验性原型动力堆等可能还需另外的安全措施，因此在某些方面应遵守动力堆的有关安全规定。

1.2.3 某些研究堆（包括临界装置）实际上并不需要满足本规定的全部安全要求①。对这些情况，若能提供有说服力的证据证明其设计是合理的，则某一特定的设计可不满足第五章规定的某些要求。

1.2.4 本规定中研究堆一词包括反应堆堆芯、实验装置，以及反应堆厂址内的与反应堆或实验装置有关的一切其他设施。

① 实例之一为临界装置的堆芯冷却。因无功率输出，所以不需专用的堆芯冷却系统。

2　安全目标

2.1　安全目标

2.1.1　研究堆的安全总目标是建立并维持一套有效的防御措施，以保护工作人员、公众和环境免受过量的放射性危害。

2.1.2　根据总目标，其相应的具体辐射防护目标是：确保研究堆的运行和使用满足辐射防护的要求；确保在各种运行状态下，厂区工作人员及公众的辐射照射低于国家规定的限值，并保持在合理可行尽量低的水平；确保事故引起的辐射照射得到缓解。

2.1.3　与事故相关的技术安全目标是：确保广泛地预防事故，确保设施设计中考虑到的所有事件序列（包括那些概率低的），其辐射后果要小，通过采用预防及缓解措施，确保有严重后果的事故发生的可能性极小。

2.1.4　为了实现这些目标，对最终确保研究堆安全运行的各个方面均提出了安全要求及建议，包括设计中及运行中需采取的措施。对设计及运行均必须实施充分的安全监督管理。

3　选址要求

3.1　选址要求

3.1.1　研究堆厂址选择的依据与许多因素有关，特别与研究堆的设计及预定用途有关。对某些低功率研究堆，选址的限制因素可能较少，而对功率高并用于大量实验工作的研究堆，则要提出比较严格的选址及设计要求。

3.1.2　研究堆选址的主要目的是保护公众及环境免受放射性物质的事故释放所引起的辐射影响。正常的放射性释放也必须加以考虑。在评价研究堆厂址的适宜性时，必须考虑下列因素：

（1）在某特定厂址所在区域发生的外部事件的影响（这些事件可为自然事件或人为事件）；

（2）可能影响所释放的放射性物质向人体迁移的厂址特征及其环境特征；

（3）与实施应急措施的可能性和评价个人和群体风险有关的人口密度和分布以及其他的外围地带的特征。

3.1.3　必须调查和评价可能影响研究堆安全的厂址特征，特别是自然事件和外部人为事件。

3.1.4　必须调查运行状态和事故工况下，可能受辐射后果影响的区域的环境特征。对所有这些特征，在研究堆的整个寿期内必须予以观测和监控。

3.1.5　必须评价厂址所在区域内影响安全的自然因素和人为因素在设计寿期内可预见的演变。在研究堆整个寿期内，也必须监控这些因素，特别是人口增长率和人口分布。如有必要，必须采取适当措施，以保证总的风险保持在可接受的低水平上。

3.1.6　必须以发生概率为不可忽视的外部事件的严重性来确定研究堆的设计基准，以使总风险减少到可接受的水平。如果研究堆及其所有安全设施均不能对付这些事件，而对公众的辐射照射会产生不可接受的风险，则必须认为此厂址是不适宜的。在分析所选厂址的适宜性时，必须考虑新燃料、乏燃料及放射性废物的贮存和运输问题。

3.1.7 应对厂区进行开工前的必要的辐射监测，以确定辐射本底水平，用以评价将来反应堆对厂区的影响。这对将来决定退役申请的可接受性是很重要的。

3.1.8 对每个推荐的厂址，必须对该区域的人口分布、饮食习惯、土地和水的利用情况以及该区域其他放射性释放物所产生的辐射影响等有关因素给予应有的考虑，以评价在运行状态和在事故工况（包括可能导致需采取应急措施的工况）下，对厂址所在区域的居民可能产生的辐射影响。

3.1.9 对可能影响安全和确定厂址设计基准参数的一切活动，都必须执行质量保证大纲①。

4 设计总要求

4.1 概述

4.1.1 为达到第二章所定的安全目标，反应堆的设计应满足安全设计要求。各类研究堆的设计必须符合本章中的设计总要求。反应堆设计还须满足第五章中的具体设计要求。

4.1.2 这些要求应在设计的各个阶段贯彻执行，同时考虑相应的安全分析结果的反馈。

4.1.3 反应堆设计者不仅必须考虑反应堆本身，还必须考虑可能影响其安全的相关设施。设计者还必须考虑反应堆寿期内所有阶段的设计要求。

4.1.4 安全设计的成功需要反应堆设计者和营运单位之间紧密的联系。

4.2 纵深防御

4.2.1 设计中必须贯彻纵深防御的原则，从而提供多层次的保护，防止放射性物质释放。

（1）采用保守的设计裕量，执行质量保证大纲。

（2）设置多道实体屏障，防止放射性物质释放。这些屏障通常包括燃料基体、燃料包壳、主传热系统、堆池、反应堆厂房等。在纵深防御概念中，重要的因素是保护这些屏障使其不受破坏。

（3）提供多种手段，确保下列基本安全功能：

——在所有运行状态或事故工况下，均能停堆并使之保持在安全停堆状态；

——足以排除停堆后（包括事故工况停堆后）堆芯余热；

——包容放射性物质，尽量减少向环境的解释。

（4）利用设备及管理性程序，以实现下列要求：

——防止偏离正常运行状态；

——防止可能导致事故工况的预计运行事件；

——控制及缓解事故工况及事故后果。

① 参见 HAF003 及有关文件。

（5）制定应急计划，一旦大量放射性物质释入环境，即可缓解对公众产生的影响①。

4.2.2　对 4.2.1 节（3）中所述的三项基本要求——停堆、冷却和包容——可选用下列各项措施的适当组合来得到满足：

——设计中包括固有安全特性；

——提供适当的安全系统及专设安全设施；

——反应堆整个寿期内均贯彻管理性程序。

固有安全特性的例子有：借助堆芯材料及堆芯几何形状的选择使之具有瞬发负反应性温度系数。

4.2.3　通常利用安全系统来满足 4.2.1 节（3）中的三项基本要求。安全系统的设计必须保证高度可靠性，以及包括便于定期检查、试验和维修的各项措施。

4.2.4　管理性程序可包括由安全分析报告确定的安全运行限值及条件。由于研究堆的灵活性，所以必须特别注意建立充分的管理性控制和程序。

4.3　设计的安全分析

4.3.1　必须对反应堆的安全进行分析和评价，以论证反应堆具有足够的安全性。安全分析的进展和反应堆设计是相互关联的互补过程。

4.3.2　安全分析报告必须包括反应堆安全分析的结果。

4.3.3　反应堆的安全评价必须包括分析反应堆对一系列可能导致预计运行事件或事故工况的假设始发事件②（例如设备的误动作或故障、运行人员误操作或外部事件）的响应，也应包括实验装置本身的安全及其对反应堆的影响。这些分析必须作为确定反应堆运行限值及条件的基础。在制定运行程序、定期试验和检查大纲、记录保管程序、维修大纲、修改建议和应急计划时，若条件许可，也应利用这些分析。

4.3.4　假设始发事件必须包括影响反应堆安全的所有可信事故，特别是应确定设计基准事故。对超设计基准事故必须进行分析，以便制定应急计划及进行事故处理。

4.3.5　至少必须参照本规定附件中的一览表拟定分析用的假设始发事件。

4.3.6　必须以下列方式分析假设始发事件及其后果：

（1）事故按类型分组，以便只对每组中的极限事件进行定量分析；

（2）说明极限事件的进程及其可能的后果；

（3）论证与反应堆运行有关的风险及安全裕量是可接受的。

4.3.7　对每一假设始发事件，在评定时必须考虑下列问题的定性及定量资料：

（1）输入参数、初始条件、边界条件、假设、模型和所使用的计算机程序；

（2）事件序列和反应堆系统的性能；

（3）对单一故障模式和共因故障的敏感性；

---

① 为实施应急计划，可能要求设计者采取应有的设计措施（参见 4.16），然而，对潜在辐射风险低的研究堆，厂外应急计划可能是不必要的。

② 参见 HAF102 之附件 A。

（4）对人为因素的敏感性；

（5）裂变产物释放及引起照射的可能性。

4.3.8 对所考虑的每一事故序列，必须说明在事故工况下要求安全系统和任何未失效的工艺系统执行功能的程度。

4.3.9 通常用确定论法来评价这些事件，概率论法应作为评价的补充。这些补充分析的结果应作为安全系统的设计及其功能要求的依据。概率论法的评价也可发现设计中仍可能有的薄弱点。

4.4 参数的设计限值

4.4.1 必须对反应堆的每一种运行状态及事故工况规定有关参数的设计限值，这些限值必须能确保在运行状态及事故工况下，堆芯不会发生明显的损坏，并且放射性物质的释放将在所规定的辐射防护要求的范围内。

4.4.2 必须对事件序列进行比较，以确定各个系统及部件设计的最关键的参数，同时还必须包括对各项实验的考虑。所得之限制参数值必须以合理的裕量用于各个系统和部件的设计。

4.5 安全功能

4.5.1 安全功能是与确保反应堆安全的系统相关的基本特征。安全功能必须根据具体的反应堆设计来确定①。需在正常运行时执行安全功能的设备为运行系统，通常这些系统还必须由专设安全设施加以补充，以便在预计运行事件和事故工况下完成其功能。

4.6 可靠性设计②

4.6.1 为保证执行安全功能所需的可靠性，对某些安全系统或部件应确定其最大不可利用率限值，经国家核安全部门认可后，作为基准或用作验收准则。

4.6.2 为达到和保持按系统和部件执行安全功能的重要性所要求的可靠性，应采用下列各项措施，必要时可组合使用。

4.6.2.1 多重性和单一故障准则

多重性原则应作为提高安全重要系统可靠性的重要设计原则。设计必须保证单一故障不会使系统丧失其执行预定安全功能的能力③。

不能分别进行试验的多组设备，不应看作具有多重性。

所采用的多重性的程度必须考虑会降低可靠性的不可探测故障的可能性④。

4.6.2.2 多样性

多样性原则能减少共因故障的可能，从而可提高可靠性。只要切实可行，就应采用这一原则。

---

① 选定的安全功能一览表列于本规定附录中，这些安全功能与安全重要的物项有关，其具体的设计要求列在第五章中。

② 参见 HAF102。

③ 参见 HAJ0006。

④ 凡无法用试验或检查方法发现的潜在故障，则必须看作为不可探测故障。

4.6.2.3　独立性

若条件许可，必须采用独立性原则（如功能独立或依靠距离、屏障或反应堆部件的布置来实现的实体隔离），以提高系统的可靠性，尤其是发生共因故障时的可靠性。

4.6.2.4　故障安全设计

在设计安全重要部件时，在切实可行的情况下应贯彻故障—安全原则，即系统或部件发生故障时，反应堆应能在毋需任何触发动作的情况下进入安全状态。

4.6.2.5　可试验性

反应堆所有部件的设计及布置，均必须能根据其安全重要性在条件许可的情况下进行相应的调试前和调试后的定期检查、试验及维修。如不能满足可试验性要求，则应在安全分析中考虑到此设备的不可探测故障。

4.7　质量保证要求①

4.7.1　为实现安全总原则，对原始设计和随后在反应堆整个寿期内的设计修改均需采用有计划的、系统化的方法，并必须在批准的质量保证大纲的范围内实施。必须在设计阶段开始时制定概述反应堆设计要求的质量保证大纲，并由营运单位实施。必须根据此大纲制定每一系统、构筑物和部件的更详细的实施程序，以始终确保反应堆的设计质量。

4.7.2　HAF003 和 HAD003/06 为核动力堆规定了制定设计质量保证大纲的原则和目标。在制定研究堆设计质量保证大纲时应按不同程度来考虑上述两个文件的总原则，但对某一特定的反应堆的设计所要求的质量保证大纲的详细程度将取决于反应堆的潜在危险性及国家核安全管理要求。

4.7.3　营运单位必须确定安全设计重要的物项、服务和程序，将它们列入质量保证大纲，并要特别注意安全重要物项。设计的组织机构、设计人员的资格、各类活动的管理及设计质量保证的分级均包括在质量保证大纲的要求中。还应建立下列各项程序：有关各方之间的信息交换、文件控制、采购控制、设备及器材控制、材料工艺控制、检查和试验控制、不符合项控制、纠正措施、审评、准则的确定、质量级的规定、设计验证、监查和程序修订的控制。

4.8　规范和标准

4.8.1　必须确定适用于系统、构筑物和部件的规范和标准，并证明使用是正确的。特别在同一物项或系统的不同方面采用不同的规范和标准时，必须论证其一致性。规范和标准所涉及的典型领域如下：

（1）机械设计；

（2）结构设计；

（3）抗震设计；

（4）材料的选择；

① 参见 HAF202《研究堆运行安全规定》。

（5）设备和部件的制造；

（6）制造完工的和安装完毕的系统、部件和构筑物的检查；

（7）热工水力和核设计；

（8）电气设计；

（9）仪表和控制系统设计；

（10）屏蔽和辐射防护；

（11）防火；

（12）与设计有关的检查、试验和维修。

4.8.2　对尚无有关规范或标准的系统、构筑物和部件，可引用类似设备的现有规范或标准。如果也没有这类规范和标准时，可应用经验、试验、分析或其综合结果，但必须论证其正确性。

4.9　实验应用中要特别考虑的问题

4.9.1　需特别考虑实验设备的故障，因为故障可能引起下列后果：

（1）可能的直接危险；

（2）通过对研究堆安全运行的影响而引起的间接危险；

（3）通过其后续故障和对事件序列的影响而增加反应堆始发事件的危险。

4.9.2　研究堆的利用和运行的变化很大，同时反应堆的堆芯和辐照装置又易于接近，因此随堆型不同可能造成特殊的潜在辐照危险。

4.9.3　由于某些研究堆的灵活性及运行状态的多变性，因此在设计中需采用特殊预防措施，以避免人为差错。

4.9.4　对可能显著影响安全的每一项新实验或反应堆的修改，必须遵循 HAF202《研究堆运行安全规定》中所要求的各项程序。

4.10　运行状态的设计要求

4.10.1　基本设计

研究堆必须设计成能在所有运行状态下按所设定的参数范围安全运行，并且反应堆及其相关系统对广泛的事件的响应必须能导致安全运行或在必要时使功率降低，而无需借助于安全系统。

4.10.2　人为因素

在设计初期和整个设计过程中，必须系统地考虑人为因素和人机接口问题。人为因素是研究堆安全要求的一个重要方面，因为反应堆的状态经常变化，并且运行人员又要较多地接近堆芯和实验设备。控制室的设计应贯彻人机工效学原则。必须为运行人员提供安全重要参数的清楚显示及声响信号。设计中应考虑尽可能减少对运行人员的要求，以提高其操作的正确性，同时也应在设计中采取适当的自动化操作，以进一步减轻对运行人员的要求。由于这些人为因素，设计人员必须考虑可能需要实施联锁、信号旁路、键控和指令等措施。

4.10.3　试验和检查

反应堆的设计必须能对所有安全重要物项进行必要的功能试验和检查，以确保这些系统在需要时执行其安全功能。这对于非能动部件和不能以日常运行来验证其功能的系统是特别重要的。必须考虑的重要因素为实施试验和检查的可实施性，以及试验和检查能代表真实情况的程度。如有可能和需要时，在电器和电子系统中应设置自检电路。

4.10.4　维护和修理

设计必须采取措施，以提供适当的可达性、足够的屏蔽、远距离操作和去污，以便于维护和修理。

4.10.5　材料选择

在设计阶段，为适应材料在其使用寿期末的预计特性，应留有适当的安全裕度。当无材料数据可取时，必须执行合适的材料监督计划，并用所得结果对设计的适宜性作定期评价。这可能要求采取设计措施，以监测那些在服役中会由于应力腐蚀或辐射等引起机械性能改变的材料。选用高强度或高熔点材料可提高其安全系数。

4.11　事故工况的设计要求

4.11.1　当需要以迅速而可靠的动作来响应假设始发事件时，反应堆设计必须设置自动触发装置，以使必要的安全系统动作。事故发生后，在某些情况下可能需要运行人员采取进一步的行动以使反应堆处于长期稳定状态。设计应尽可能减少对运行人员的要求，特别是在事故工况期间和事故后（参见 5.6 节）。

4.11.2　对所有假设始发事件，反应堆保护系统必须能自动触发所需的保护动作以安全地终止事件。这种能力应考虑到系统部件的可能失效（单一故障准则）。在某些情况下，运行人员的手动可认为是充分可靠的，但要具备下列条件：

（1）时间足够；

（2）信息的处理和提供恰当；

（3）诊断简单，并且操作的规定明确；

（4）对运行人员的要求不过分。

4.11.3　安全重要物项的设计应能经受事故工况所产生的极端荷载和环境条件（例如：极端的温度、湿度、辐射）的影响。事故后长期稳定停堆状态可能不同于起始停堆状态，所以设计中必须采取措施，使反应堆达到长期稳定停堆状态。

4.11.4　必须提供监测手段，以便在事故期间和事故以后对所有重要的过程和设备进行监测。必要时，必须设置远距离监测及停堆手段。

4.11.5　保护系统必须独立于控制系统。

4.12　辐射防护

4.12.1　设计必须根据 2.1 节中的总体辐射防护目标，在所有运行状态和事故工况下，为屏蔽、通风、过滤和衰变系统以及为辐射和气载放射性物质监测仪表制定足够的措施。

4.12.2　最大设计剂量水平的确定必须留有足够裕量。在所有运行状态和事故工况下，反应堆及其相关设施的屏蔽、通风、过滤和衰变系统必须考虑到运行中的不确定性（满足 2.1 节的要求）。

4.12.3 必须仔细选用结构材料，特别是堆芯附近的材料，以使工作人员在完成运行、检查、维修以及其他职能期间所受的剂量最小。在制订厂区人员和公众的辐射防护措施时，必须考虑到反应堆工艺系统中由中子活化所产生的放射性核素（如 ^{16}N、^{3}H、^{41}Ar、^{24}Na、^{60}Co）的影响。

4.12.4 设计必须为进入放射性水平超过正常允许值的区域提供必要控制措施。

4.13 实物保护

设计中必须采取充分的措施，以防止未经批准而进入厂区或厂房。主要目的是防止核材料的失窃或未经批准的移动，以及防止对反应堆的破坏。

4.14 调试

设计中应增加便于反应堆调试所必需的设计性能。

4.15 运行限值和条件①

必须制定详细的反应堆运行限值和条件。运行限值和条件必须经国家核安全局批准。

4.16 应急计划②

必须根据反应堆的潜在危险考虑应急计划所需的设计特征，包括设置有应急照明的简捷的撤离路线、可靠的通讯手段和特殊的辐射监测仪表。需要时，也必须考虑与反应堆控制室分开的应急中心。

4.17 退役③

在反应堆设计中，必须注意便于退役的有关因素。为此，必须注意使工作人员和公众在退役期间所受的照射符合合理可行尽量低的原则，并确保环境免受放射性污染。

5 具体设计要求

5.1 概述

第四章给出的设计总要求必须与本章给出的要求结合使用，以确定特定反应堆的具体设计要求。应该认为，不同类型的反应堆可能只须满足本章中的某些要求。是否可不执行本章中的一些具体设计要求的主要准则仍然是要考虑在运行状态和事故工况下，厂区工作人员和公众所受辐射照射的可接受性。此外，还必须考虑防御外部事件。

5.2 厂房和构筑物

5.2.1 安全重要的厂房和构筑物的设计必须考虑所有运行状态。但是，这些物项可能构成对付事故工况的专设安全设施，在 5.8 节给出了对厂房和构筑物的具体要求。

5.2.2 厂房和构筑物的设计必须能在所有运行状态下保持厂区内外的辐射水平及放射性

---

① 参见 HAF202《研究堆运行安全规定》。

② 参见 HAF202/2《研究堆运行安全规定》。

③ 参见 HAD202/03《研究堆和临界装置退役》。

释放符合合理可行尽量低的原则，并低于所规定的限值。

5.2.3　反应堆厂房或其他包容放射性物质的厂房和构筑物（如：游泳池堆的水池）的密封性及对通风系统的要求必须根据反应堆及其应用的安全分析结果来确定。

5.3　反应堆堆芯设计和控制

5.3.1　反应堆堆芯

5.3.1.1　燃料和燃料元件的设计必须全面考虑与反应堆有关的中子学、热工水力学、机械、材料、化学和辐照等限制因素。

5.3.1.2　反应堆堆芯的设计必须使其在事故工况下的燃料损坏保持在可接受的限值范围内。

5.3.1.3　反应堆堆芯（包括燃料元件或组件、反应性控制机构[①]和实验装置等）的设计及建造必须使所有运行状态下规定的最大允许设计限值不会被超过。

5.3.1.4　反应堆的设计必须使反应堆能在所有运行状态及事故工况下停堆，并维持在次临界状态。

5.3.1.5　反应堆堆芯设计应尽可能采用固有安全特性，以将事故后果减至最小。

5.3.2　反应性控制系统

5.3.2.1　反应性控制机构必须有足够的负反应性，以便在实验布置具有最大的正反应性时，也能使反应堆在所有运行状态下进入次临界并维持在次临界状态。如果反应性控制机构起反应堆停堆系统的作用，则要满足 5.5 节的要求；如果除停堆系统外，反应性控制机构又起补偿或调节系统的作用，则也希望能满足此要求。

5.3.2.2　必须规定反应性控制系统或实验允许的最大正反应性引入速率，并将其值限制在安全分析报告所论证的范围内。

5.3.3　热工水力设计

5.3.3.1　反应堆堆芯（即燃料元件、冷却剂流道的几何形状、结构部件等）的设计必须能使其在所有运行状态下将燃料参数保持在所规定的限值内，从而不引起燃料破损。

5.3.3.2　确定这些限值时，必须考虑合适的裕量，包括误差及设计允许公差的裕量。

5.4　反应堆冷却剂系统

5.4.1　反应堆冷却剂系统的设计必须使其能提供充分的堆芯冷却，并留有在安全分析报告中论证过的可接受的裕量。

5.4.2　冷却剂系统应能进行试验或监督，以防泄漏、快速增长的裂纹及脆裂的发生。可根据具体情况应用多层屏障原则（例如：一回路冷却系统可全部放在水池里，或用特殊的布置来对付潜在的破口）。

5.4.3　在堆芯高度的上水平面以下有贯穿件的水冷反应堆的设计中，必须特别注意防止堆芯裸露，应采取特殊措施（如破坏虹吸）和合适的隔离装置。高质量的设计和制造、可检

---

① 反应性控制机构包括控制反应性的各种装置，即调节棒、控制棒、停堆棒和慢化剂的液位控制装置。

查性和可试验性以及在条件许可的地方应用多重性原则均为必须具备的特征。

5.4.4 反应堆冷却剂边界的设计必须便于所需的役前检查和在役检查及试验。

5.4.5 除主冷却系统外，还必须设置一个独立的充分可靠的余热排除系统。

5.4.6 对于采用瓣阀或相当的系统进行自然冷却的反应堆系统，必须应用适当数量的多重装置，并必须提供用以证实这些系统在需要时能起作用的方法。

5.4.7 反应堆冷却系统必须能长期可靠地把热量从燃料传导到最终热阱。

5.5 反应堆停堆系统

5.5.1 设计中必须至少采用一套停堆系统。根据反应堆的特征，必须考虑并可能需要第二套独立的停堆系统。

5.5.2 停堆系统必须具有足够的停堆反应性，以便在所有运行状态及事故工况下，即使考虑到实验的反应性影响，也能使反应堆进入次临界，并维持在有足够停堆深度的次临界状态。

5.5.3 反应堆停堆系统的有效性、动作速度及停堆深度必须使所规定的限值和条件不会被超过。

5.5.4 停堆系统的单一故障不得阻碍该系统在需要时实现其安全功能。

5.5.5 停堆系统除自动触发外，还必须设置手动触发装置，同时也必须设置一个或多个适合应急停堆的手动触发装置。

5.6 保护系统

5.6.1 反应堆保护系统必须是自动的，并且独立于其他系统。此外，必须使手动停堆信号能输入到保护系统中去。

5.6.2 保护系统的设计应能保证当此系统一旦触发其必要的动作就不受手动操作的影响或阻碍，并且在事故发生后的短时间内不需要手动操作。

5.6.3 保护系统的设计应贯彻多样性原则，如可能，对每一个假设始发事件都至少用两种不同的方法加以探测。所需的保护动作必须自动触发。

5.6.4 保护系统必须至少有两套完全隔离的和独立的通道，以使单一故障不致导致其功能的丧失。

5.6.5 保护系统的设计必须确保在保护系统出现共因故障时使反应堆处于安全状态。

5.6.6 保护系统的所有部件必须能进行功能试验。

5.6.7 保护系统一旦触发，相关的动作必须进行到完成为止。这些动作不得自行复位，只有运行人员有意识的操作才能使它恢复运行。

5.6.8 设计必须保证整定值的触发点和安全限值之间有一定的裕量，即保护系统触发的动作能在达到安全限值前起到控制该过程的作用。此外，此裕量必须考虑下列因素：

（1）仪表的不准确度；

（2）刻度的不确定性；

（3）仪器的飘移；

（4）仪器和系统的响应时间。

为了增加安全性，可再增大裕量。

5.6.9　应采用适当手段，防止安全重要的联锁和保护停堆发生旁路。在安全分析报告中必须对联锁和保护停堆旁路的可能性进行慎密的评价。

5.7　应急堆芯冷却系统①

5.7.1　应急堆芯冷却系统必须能在所有停堆工况（包括由反应堆冷却剂系统边界破裂造成的工况）下将堆芯温度保持在规定的安全限值内。

5.7.2　在出现安全分析报告中作为设计基准规定的冷却剂丧失事故工况时，应急堆芯冷却系统必须能防止燃料明显损坏。

5.7.3　应急堆芯冷却系统的设计必须有足够的可靠性，能在该系统发生单一故障事件时完成其预定的设计功能。

5.7.4　应急堆芯冷却系统的设计必须能使其部件便于进行定期检查，并能进行适当的定期功能试验，以验证安全分析报告中所规定的性能。

5.8　包容系统②

5.8.1　本规定中，术语“反应堆厂房”包括反应堆厂房的构筑物、通风系统和贯穿件以及任何其他起重要包容功能的设施。

5.8.2　根据反应堆的潜在危险性，反应堆厂房的设计必须考虑事故工况下的极端荷载和环境条件的影响，包括附件中第 6、7 项列出的内部和外部事件引起的事故。

5.8.3　反应堆厂房的设计必须有适当的裕量，以承受设计基准事故工况下算得的最高压力和温度。

5.8.4　反应堆厂房的设计必须能可靠地控制正常运行工况下放射性物质的释放。

5.8.5　必须确立事故工况下可接受的放射性物质的释放率。这时要考虑某些类型反应堆可能存在的挥发性放射性物质的总含量以及与那些作为设计基准并为国家核安全部门所接受的最不利的事故工况有关的其他参数（如压力、温度）。

5.8.6　如果规定了反应堆厂房在给定压力下的泄漏率，则设计必须具有能进行初始的及定期的泄漏试验的特点。

5.8.7　必须制订措施以进行通风系统中过滤器的例行试验及更换。

5.9　仪表和控制

5.9.1　必须做好仪表和显示装置的选择及布置，并考虑人机工效学原则，为运行人员获取信息和采取恰当的安全相关的行动提供最佳条件，以减少运行人员误操作的可能。通常，应集中布置在有足够装备的反应堆控制室里。必须采取适当措施，以使控制室的人员得到保护。

5.9.2　反应堆必须设置足够的仪表，以监测反应堆在正常运行、换料和维修期间的运行和工艺系统，并记录所有安全重要的变量。

---

① 这些系统通常称为专设安全设施。

② 这些系统通常称为专设安全设施。

5.9.3 反应堆必须设置足够的指示和记录仪表，以监测反应堆在预期运行事件和事故工况期间及之后的重要参数。某些参数还可能在多处进行监测和记录。

5.9.4 设计应考虑在适当的条件下启动中子源及专用启动仪表的需要。

5.9.5 声光报警系统必须能早期指示可能导致反应堆安全性下降的运行工况的变化。

5.9.6 设计必须提供足够的措施，以便对安全相关仪表进行定期检查、试验和维修。

5.10 电源系统

5.10.1 必须确定正常和应急电源设计的基准，其中必须包括在一切事故工况下向执行基本功能部件（如保护系统、仪表、应急照明等）供电的要求。

5.10.2 当冷却剂循环泵、应急通风系统或其他安全重要系统需要应急电源时，应急供电系统必须有足够的可靠性，以保证连续供电①。

5.10.3 必须规定直流和交流电源的最大的可接受的中断时间，并在安全分析报告中论证其可接受性。

5.10.4 应急电源系统的设计必须考虑到由此系统供电的各种设备的启动负荷要求。

5.10.5 设计必须为应急电源供应系统提供适当的功能试验手段。

5.11 辅助系统

5.11.1 不论辅助系统对安全的重要性如何，其失效均不得危害反应堆的安全。必须采取足够的措施，以防止含放射性物质的辅助系统失效时放射性物质向环境的释放。

5.11.2 燃料的操作和贮存设施的设计必须考虑防止发生燃料的丢失和损坏。必须考虑临界、冷却、定期检查和试验、腐蚀、包容、屏蔽和通风问题。

5.11.3 必须在气载放射性物质浓度较高的反应堆区域设置足够的辐射监测系统和通风系统，包括相应的过滤装置。

5.11.4 设计中必须采取适当的防火和防爆措施，并在一旦发生失火、爆炸时防止其影响。应特别注意安全重要物项的防火和防爆②。

5.11.5 必须提供足够的通讯系统，以保证反应堆和实验设施的安全。

5.12 实验装置

5.12.1 实验装置的设计必须能使其在所有运行状态下，不会对反应堆、其他实验、厂区人员或公众造成不可接受的后果，在设计中必须考虑实验装置内所含的放射性总量以及能量产生或释放的可能性。

5.12.2 实验设备的设计必须保证运行和失效均不会对反应堆造成不可接受的反应性变化。

5.12.3 必要时，应在反应堆控制室设置适当的实验参数监测仪表，以保证反应堆的安全。

5.12.4 必须对每一实验制定运行限值和条件。

---

① 参见 HAD102/13。

② 参见 HAD102/11。

5.13　放射性废物系统

5.13.1　研究堆的设计应以产生最少的放射性废物为原则。放射性废物处理系统必须有足够的控制和监测装置，以使放射性物质的释放符合合理可行尽量低的原则，并低于所规定的限值。

5.13.2　设计中必须考虑适当的手段（如屏蔽和衰变系统）以减少工作人员所受剂量和减少放射性向环境的释放。

5.13.3　设计必须提供足够的放射性向环境排放的控制、取样和监测手段。

5.13.4　必要时，设计要为放射性废物的输送、收集、处理、贮存、处置或从厂区转移等提供适当的装置。输送液体废物时，还必须有检漏及废物回收措施。

名词解释

本规定中下列名词术语的含义为：

可接受限值

国家核安全部门认可的限值。

事故工况

以偏离运行状态形式出现的事故。事故工况下放射性物质的释放可由恰当设计的设施限制在可接受限值以内。严重事故[①]不在其例。

预计运行事件

反应堆运行寿期内预计可能出现一次或数次的偏离正常运行的各种运行过程。由于设计中已采取相应措施，这类事件不致引起安全重要物项的严重损坏，也不导致事故工况。

调试

反应堆已安装的部件和系统投入运行并按设计要求进行性能验证，以确认是否满足性能标准的过程。调试由反应堆装载燃料前和反应堆进入临界、链式裂变反应在持续进行中两种条件下的试验组成。

共因故障

由特定的单一事件或起因导致若干装置或功能失效的故障[②]。

包容

包围含放射性物质的反应堆主要部件的屏障，设计用以防止和缓解在运行状态或设计基准事故中放射性物质向环境的失控释放[③]。

临界装置

一个具有足够可裂变材料和其他材料的装置，用以在低功率水平维持可控链式反应，

---

① 严重事故属于超设计基准事故。

② 例如，设计缺陆、制造缺陷、运行和维修差错、自然事件、人为事故、信号饱和或源自其他操作、故障或环境条件改变的意外的级联效应。

③ 如果其设计也能在事故后的超压条件下完成其功能，则常称其为安全壳。

并为研究堆芯布置及组成提供条件。

退役

反应堆最终退出运行的过程。

设计基准事故

研究堆按确定的设计准则在设计中采取了针对性措施的那些事故工况。

多样性

为某一确定功能设置多重部件或系统，这些部件或系统总起来说具有一个或几个不同属性[①]。

排出流

释放到环境中的流体（液体或气体），流体中可能含固体微粒。

专设安全设施

（见安全系统）

实验装置

装在堆内或反应堆周围，利用反应堆中子通量和电离辐射束进行研究、开发、同位素生产以及其他工作的装置。

燃料（核燃料）

用于核反应堆中产生中子的含可裂变材料和可转换材料的化学混合元件。

燃料组件

作为一个整体装入堆芯，而后又自堆芯撤除的燃料元件组。

燃料元件

以燃料为其主要组成部分的最小独立结构体。

维修

保持设备处于良好工作状态的活动，包括预防性的和纠正（或修理）性的两个方面。

正常运行

研究堆及其相关实验装置的运行，包括启动、功率运行、停堆过程、停堆状态、维护、试验和换料（参见运行状态）。

营运单位

持有国家核安全部门许可证（执照），负责经营和运行反应堆设施的单位。

运行限值和条件

经国家核安全部门认可的，为研究堆设施的安全运行而列举参数限值、设备的功能和性能及人员执行任务的水平等一整套规定。

运行状态

正常运行或预计运行事件两类状态的统称。

---

① 不同属性的例子有：不同的运行条件、大小不等的设备、不同的制造厂、不同的工作原理以及基于不同物理方法或规律的不同类型的设备。

假设始发事件

经鉴明可能导致预计运行事件或事故工况及其后续故障效应的事件[①]。

保护系统

由各种电器件、机械器件和线路（从传感器到执行机构的输入端）组成的产生与保护功能相联系的信号系统。

质量保证

为使物项或服务与规定的质量要求相符合并提供足够的置信度所必需的一系列有计划的系统化的活动。

反应堆运行管理机构

由营运单位委任的负责指挥研究堆设施运行、并承担直接安全责任的机构。

多重性

通过设置数量高于最低需要的单元或系统（相同的或不同的），以达到任一单元或系统的失效不致引起所需总体安全功能丧失的措施。

研究堆[②]

主要用于产生和利用中子注量率和电离辐射作研究和其他目的用的核反应堆。

核安全（安全）

完成正确的运行工况、事故预防或缓解事故后果从而实现保护厂区人员、公众和环境免受过量辐射危害。

安全功能

为安全着想必须完成的特定目的。

安全限值

过程变量的各种限值，研究堆设施在这些范围内运行已证明是安全的。

安全裕度

安全限值与运行限值之间的差值，有时也用两限值之比表示。

安全相关物项或系统

不属于安全系统的安全重要物项或系统。

安全系统整定值

为防止出现超过安全限值的状态，在发生预计运行事件和事故工况时启动有关自动保护装置的触发点。

安全系统[③]

安全上重要的系统，用于保证反应堆安全停堆、从堆芯排出余热或限制预计运行事件

---

① 假设始发事件的主要原因有：可信的设备故障和操作人员差错（反应堆设施内外）、人为事件或自然事件。研究堆设施始发事件的清单（明细表）必须经国家核安全部门认可。

② 本规定中，研究堆也包括相关的实验设施以及临界装置。

③ 安全系统的功能由来自保护系统的信号或手动触发。安全系统的某些设施称为专设安全设施，特别是涉及应急排热和包容。

和事故工况的后果。

停堆裕度

当具有最大负反应性的控制装置移出堆芯和所有在运行期间可以改变位置或修改的实验处于最大反应性工况时，除维持反应堆无限期处于次临界状态所需的负反应性以外的负反应性。

停堆反应性

反应堆由控制装置引入最大负反应性而处于次临界状态时的反应性量。

停堆系统

由手动或由保护系统来以信号触发，并使反应性快速下降而执行停堆所需的系统。

单一故障

导致某一部件不能执行其预定安全功能的一种随机故障，由单一随机事件引起和各种继发故障，均视作单一故障的组成部分。

厂址、厂区

具有确定的边界，在反应堆运行管理机构有效控制下的反应堆所在区域。

附　件

典型的假设始发事件

1．电源丧失

正常电源丧失。

2．过量反应性引入

（1）燃料装卸时达临界（燃料插入错误）；

（2）启动事故；

（3）控制棒或控制棒随动体故障；

（4）控制驱动或系统故障；

（5）其他反应性控制装置（慢化剂、反射层等）故障；

（6）棒位错乱；

（7）结构部件故障或倒坍；

（8）冷水引入；

（9）慢化剂变化（如空泡、重水漏入轻水系统，等等）；

（10）实验和实验设施的影响（如溢流或形成空泡、温度影响、易裂变物质或吸收物质的引入或移出等）；

（11）停堆反应性不足；

（12）意外的控制棒弹出；
（13）反应性装置维修错误。

3．流量丧失

（1）主泵故障；
（2）主冷却剂流量减少（如阀门故障、管道或热交换器堵塞）；
（3）实验故障或误操作的影响；
（4）应急冷却系统故障；
（5）主冷却剂边界破裂导致流量丧失；
（6）燃料通道堵塞；
（7）由于棒位错乱、堆芯内实验或装料引起的不合适的功率分布；
（8）由于堆芯旁路引起的冷却剂减少；
（9）反应堆功率控制故障；
（10）系统压力偏离规定限值；
（11）热阱丧失（如阀或泵故障、系统破裂）。

4．冷却剂丧失

（1）主冷却剂边界破裂；
（2）水池破损；
（3）水池吸空；
（4）射线束管及其他贯穿件破损。

5．设备或部件的误操作或故障

（1）燃料元件包壳破损；
（2）堆芯或燃料机械损伤（如燃料装卸、转运罐跌落在燃料上等）；
（3）燃料贮存中的临界；
（4）安全壳或通风系统故障；
（5）燃料转移或贮存时冷却剂丧失；
（6）正常屏蔽的丧失或减少；
（7）实验设备或材料故障（如回路破裂）；
（8）超过燃料的额定值。

6．特殊的内部事件

（1）内部火灾或爆炸；
（2）内部水淹；
（3）支撑系统丧失；
（4）保卫事故；
（5）反应堆实验误动作；
（6）误入限制区。

7．外部事件

（1）地震（包括地震诱导的断层、滑坡和海啸）；

（2）水灾（包括上游溃坝、江河堵塞）；

（3）龙卷风和龙卷风飞射物；

（4）飓风、风暴和闪电；

（5）爆炸；

（6）飞机撞击；

（7）火灾；

（8）毒物泄漏；

（9）运输路线事故；

（10）附近设施的影响。

8．人为差错

附录　典型的安全功能*

安全重要物项	安全功能
厂房和构筑物	(1) 形成屏障，以防止放射性物质向环境的不可控释放； (2) 防止内、外部事件对所包容的安全系统的影响； (3) 作为辐射屏蔽
反应堆堆芯	(1) 维持燃料几何形状及必要的冷却剂流道，以确保在反应堆所有运行工况下的停堆及热量排除； (2) 提供负反应性反馈； (3) 提供慢化和控制中子通量的手段
燃料基体和包壳	(1) 形成屏障，以防止裂变产物从燃料中释放； (2) 提供固定不变的排列
反应性控制系统(包括反应堆停堆系统)	控制反应堆堆芯反应性，以确保反应堆在任何运行状态下都能安全停堆，并且不超过燃料设计和其他限值
反应堆冷却剂主回路	提供充分的堆芯冷却，并确保在反应堆任何运行状态下都不超过其规定的燃料和冷却剂限值
应急堆芯冷却系统	冷却剂丧失事故后，以足够的速率将热量从反应堆堆芯排出，防止发生明显的燃料破损
通风系统	(1) 控制及尽量减少气载放射性排出流向环境的释放； (2) 防止运行人员和研究人员受到过量辐照； (3) 必要时，在包容系统的不同区域之间维持足够的压差； (4) 为工作人员和安全重要物项提供合适的环境条件
保护系统	(1) 启动保护动作，以便停堆、冷却、包容放射性物质和缓解事故的后果； (2) 在条件不满足时，控制联锁机构以防止操作错误
其他安全相关仪表和控制	(1) 使反应堆各参数保持在运行限值之内而不达到安全限值； (2) 为运行人员提供足够信息，以便确定保护系统的状态，并采取正确的安全相关的行动
电源	向系统和设备提供充足的、质量合格的电力，以确保它们在需要时有执行其安全功能的能力
燃料操作和贮存系统	(1) 尽量减少辐照； (2) 防止意外临界； (3) 限制燃料温度上升； (4) 贮存新燃料及辐照过的燃料； (5) 防止燃料的机械或腐蚀损坏
辐射监测	提供测量及报警，以尽量减少运行人员和研究人员所受的辐照
防火	保证不使火灾和爆炸的有害影响妨碍安全重要物项在需要时完成其安全功能

* 在此列出的安全功能并非全部适用于各类研究堆。

HAF202

研究堆运行安全规定

（1995 年 6 月 6 日国家核安全局批准发布，1995 年修改）

本规定自 1995 年 10 月 1 日起实施。

本规定由国家核安全局负责解释。

1 引 言

1.1 目的

1.1.1 研究堆的安全运行是以其选址、设计、建造、调试、运行和管理均符合核安全要求为前提。本规定的内容主要涉及研究堆的管理、调试、运行及退役等方面的安全问题，也包括有关的监督管理要求及质量保证要求。

1.1.2 本规定的重点放在研究堆运行必须满足的安全要求上，而不论及如何去满足这些要求。

1.1.3 本规定给出了关于研究堆安全运行的基本要求和建议，强调的是监督和管理问题。本规定还就与运行有关的组织机构方面的问题提供一些指导和资料。

1.1.4 反应堆运行管理机构和运行人员还必须注重安全文化。本规定要求：反应堆运行管理机构应充分注意运行安全；划清职责范围、建立明确的联系渠道和授权；制订运行人员严格遵守的运行规程；实施审评和监查以及人员的培训和再培训。

1.1.5 上述要求的目的是要保证研究堆运行过程中不使公众和工作人员受到过量的辐射危害。

1.2 范围

1.2.1 本规定的要求和建议必须在切实可行的范围内应用于一切研究堆的运行，同时考虑该研究堆的特定设计和运行情况。

1.2.2 本规定中“研究堆”一词包括反应堆堆芯、实验装置，以及反应堆厂址内的与反应堆或实验装置有关的一切其他设施。

2　安全运行的责任

2.1　主管部门

2.1.1　研究堆的主管部门对研究堆的安全运行负有领导责任。

2.2　营运单位

2.2.1　营运单位必须对研究堆的安全负全面责任，确保：

（1）设计能使反应堆安全运行，并且反应堆是按照已批准的设计建造的；

（2）编写安全分析报告，并及时更新；

（3）调试过程证明设计要求已得到满足，反应堆可按设计运行；

（4）制订并实施辐射防护大纲；

（5）建立并实施应急计划；

（6）研究堆由合格的和有经验的人员按照安全要求进行运行和维护；

（7）适当培训对安全运行负有责任的人员，制定、实施和及时更新培训和再培训大纲，以及定期审查该大纲以检验其有效性；

（8）运行期间必要的设施和服务处于可用状态；

（9）将有关事故的资料，包括对这些事故的评价和拟采取的纠正措施报送给国家核安全部门；

（10）在单位内部注重安全文化，以确保工作态度和运行条件有利于安全运行（参见 1.1.4 节）；

（11）制订和实施合适的质量保证大纲；

（12）给予反应堆运行管理机构足够的权力和支持，以便有效地执行其职务；

（13）研究堆按规程（见 5.3 节）运行和维修；

（14）运行经验，包括其他类似设施的运行经验，得到仔细的研究，以便发现任何对安全有害的先兆或趋势，从而可在出现严重事件之前采取纠正措施，并防止事件重复发生。

2.2.2　必须在营运单位内部建立一个安全咨询机构（如“安全委员会”）以便在反应堆运行安全和有关实验安全方面向营运单位提供咨询。该咨询机构的成员应是与研究堆设计和运行有关的不同领域内的专家。该咨询机构的职能、权限、组成和授权调查的范围必须以书面形式加以陈述，并且必须提交给国家核安全部门。

2.3　反应堆运行管理机构

2.3.1　反应堆运行管理机构必须以书面形式明确陈述运行人员的职务、责任、必要的经验和培训要求，以及他们之间的联系渠道。这些资料也可包括在运行总则中。对参与反应堆运行或使用反应堆的其他人员（如技术辅助人员和实验员）也必须以书面形式明确陈述他们的职务、责任和联系渠道。

2.3.2　反应堆运行管理机构必须保证反应堆运行人员得到使反应堆安全有效地运行所必

需的培训和再培训，并保证这种培训和再培训得到适当的评价。必须针对运行状态和事故工况下要遵守的规程进行充分的培训。

2.3.3 尽管有独立的保健物理人员（见13.6节）、运行人员（如技术辅助人员和实验员）仍必须在保健物理方面得到适当的培训。

2.3.4 在研究堆的各种运行状态下，必须规定保证安全运行所需的各学科人员配备的最低要求。这要以工作人员的数目和需要赋予的职责这两者来表示。任何时候都必须明确直接负责监督管理反应堆运行的人员。还必须规定处理事故工况所需的人员的提供。

2.3.5 反应堆运行管理机构必须定期审查研究堆的运行（包括实验在内），并对所发现的一切问题采取造当的纠正行动。营运单位应审查反应堆及实验装置的调试、运行、维修、监督和修改中出现的重大安全问题。

2.3.6 研究堆的运行和所做实验的详细计划必须事先制订，并得到反应堆运行管理机构的认可。

2.4 运行人员

2.4.1 所需要的运行人员的人数和工种取决于反应堆的功率水平、工作循环及用途。运行人员中应包括一名反应堆负责人、若干名值长（根据需要确定）、若干名操纵员（根据需要确定）、维修人员和辐射防护人员。

2.4.2 值长和反应堆操纵员必须持有国家核安全部门颁发的反应堆操纵人员执照。

2.4.3 任何一名反应堆运行人员或任何一名实验员都必须拥有充分的职权使用紧急停堆按钮（或等效装置），以便出于安全目的而使反应堆停堆。

3 运行安全分析

3.1 营运单位须按要求编制安全分析报告。

3.2 安全分析报告中用于证明设计合理性的资料还必须用于确定运行限值和条件。运行规程和应急计划的编制也必须根据安全分析报告的资料，必要时还必须根据其他分析的结果。

3.3 安全分析报告必须包括足够的资料，以便使国家核安全部门能对反应堆做出独立评价。安全分析报告应作为申请反应堆运行执照的主要资料。

3.4 安全分析报告还为工作人员、用户等提供基本资料，以使他们了解该设施。所以，它必须包括关于设施及其厂址、堆型及其用途的资料；反应堆构筑物和包容体的详细资料以及堆芯及其功率的资料。详细图纸、部件清单、材料清单等也可供给工作人员和用户查阅。

3.5 营运单位必须定期对更新安全分析报告的必要性进行审评。

4 运行限值和条件

4.1 必须建立一套对反应堆安全重要的可被国家核安全部门接受的运行限值和条件，包括安全限值、安全系统整定值、安全运行的限制条件和监督要求。在反应堆整个寿期内，运行人员必须遵守这些限值和条件。安全运行的运行限值和条件可以包括行政管理和组织方面的内容。

4.2　安全限值一般必须以某些参数或变量的最大值和（或）最小值来表示，而在各种运行状态下，这些变量或参数必须保持小于或大于此限值。

4.3　安全系统整定值（紧急停堆整定值）必须包括适当的安全裕度，特别应考虑系统的瞬态行为、设备响应时间和测量装置的误差。如果某一安全限值不能直接测量（如燃料温度），那么必须规定其他相关变量的安全系统整定值，以防止违反该限值。

4.4　安全运行限制条件是从管理上确定的对设备和运行的限制。这种限制在反应堆的各种运行状态下都必须遵守。确定这种限制条件是为了在正常运行值和所确立的安全系统整定值之间提供可接受的安全裕度。它们包括运行参数限值、最少可运行的设备和最少的人员配备的要求，以及规定需由运行人员采取的行动。

4.5　监督要求包括对安全系统进行定期核对、试验、标定和检查的频度和方法，以保证符合安全运行限制条件。营运单位必须保证制定和正确实施一个适当的监督大纲，包括对结果的评价。

4.6　安全限值、安全系统整定值、限制条件和监督要求的数值必须根据反应堆设计和反应堆安全分析的结果选取，并证明它与反映反应堆现状的安全分析报告相一致。

4.7　必须有措施保证：一旦不满足某一安全限值，就能使反应堆停堆并使其维持在安全状态。在这种情况下，必须按规定报告国家核安全部门，并且只有在查明根本原因并采取纠正措施之后，方可再启动反应堆。

4.8　如果某一安全运行限制条件得不到满足，运行人员必须采取适当行动，以确保安全。反应堆运行管理机构必须对原因和后果进行调查，并采取适当的行动，以防止其再次发生。必须及时将这一事件通知国家核安全部门。

5　运行规程

5.1　营运单位必须在经审查和批准后颁布一套包括行政和组织方面要求在内的总的运行规则。必须在初始装料之前编制和颁发反应堆安全运行和使用的运行规程，以补充这些总的运行规则。

5.2　这些运行规程必须由营运单位组织有关人员编写，组织有一定资格的独立于编写人员的审查人员进行审查，最后由营运单位或授权的代表批准后才能生效。国家核安全部门有权查阅这些规程。

5.3　运行规程必须包括下列事项的书面指令：

（1）反应堆（包括实验装置）启动、运行、停堆过程和停堆状态；

（2）装料、卸料，以及燃料元件和组件或其他堆芯和反射层部件（包括实验装置）在堆内的移动；

（3）可能影响反应堆安全的主要部件或系统的预防性维修；

（4）反应堆安全运行所必需的构筑物、系统和部件的定期监督、标定和试验的大纲；

（5）实施符合现行法规的辐射防护程序；

（6）运行和维修的授权，以及那些可能影响反应堆安全或反应性的辐照和实验的实施；

（7）操纵员对预计运行事件以及在实际可能的范围内对事故工况的响应；

（8）应急行动；①

（9）保卫；

（10）放射性废物的处理和放射性释放的监测和控制；

（11）反应堆停堆期间按要求对反应堆及其辅助系统的监督。

对于上述很多工作，可以使用核对清单。

5.4 必须根据预定的内部程序对这些规程进行定期的审查和更新，或在必要时再进行附加的审查和更新。控制室内必须备有这些规程。

5.5 所有反应堆运行和使用的人员都必须在这些规程和使用方面进行适当的培训。

5.6 反应堆运行和使用的一切规程都必须与运行限值和条件一致。

5.7 如果计划进行现行规程未包括的操作时，必须在开始操作之前编制适用的规程，并经审查和批准。必须对有关人员进行这些规程的培训。

6 调 试

6.1 必须编制调试大纲，以验证设计目标已经达到。该大纲必须在实施前提交给安全咨询机构和国家核安全部门进行审查和认可。

6.2 营运单位、设计单位和制造单位必须参与调试大纲的编制。

6.3 调试试验必须按功能类别和逻辑序列安排。该序列包括：运行前试验、首次临界和低功率试验，以及功率试验。除非所要求的前一阶段试验已圆满完成，否则不得进行下一阶段的试验。

6.4 提供的调试大纲文件必须按照质保大纲的要求编制，并包含试验的范围、步骤和预期结果等方面的详细内容。它应包括：

（1）试验目的和预期结果；

（2）试验中需要采取的安全措施；

（3）预防措施和先决条件；

（4）试验程序；

（5）试验报告，包括所收集的数据及其分析的摘要、结果的评价，如有缺陷还包括缺陷的判定和纠正行动。

6.5 在整个调试过程中，营运单位必须与国家核安全部门保持紧密的联系。尤其是直接

① 在很多情况下，应急规程作为独立应急计划的组成部分来制定（见第 14 章）。

影响安全的试验结果及其分析，必须提交给安全咨询机构和国家核安全部门进行审查和认可。

6.6　在反应堆调试期间必须适当考虑实验装置。

6.7　新实验装置必须遵守相应的附加的调试规程（参见第10章）。

6.8　调试过程必须成为营运单位和供货商的合作过程，以保证其成为使营运单位熟悉反应堆特性的有效手段。

6.9　所有调试试验结果，无论是由营运单位产生的，还是由供货商产生的，都可供营运单位查阅，并在设施的寿期内加以保存。

7　维修、定期试验和检查①

7.1　必须进行维修、定期试验和检查，以确保：

（1）遵守运行限值和条件；

（2）反应堆处于安全状态。

7.2　对已安装的设备进行维修、从运行中移走需维修的设备或在维修后重新安装设备的决定都必须：

（1）由反应堆运行管理机构作出并负全面责任；

（2）使反应堆的安全保持在运行限值和条件所规定的水平上。

7.3　对于反应堆设备，尤其是所有安全重要物项，其维修、定期试验和检查必须要有根据安全分析报告编制的书面大纲。这些大纲必须确保在其执行中不降低安全水平。在编制这些大纲过程中，应注意产生共因故障的潜在可能性（例如：系统的报警点或停堆点复位中的系统错误）。

7.4　反应堆运行管理机构必须对维修、定期试验和检查的各个方面负全面责任。必须有明确的工作授权结构图。

7.5　在维修、定期试验和检查方面必须执行工作许可证制度，包括根据质保大纲进行工作之前和之后的检验程序。

7.6　维修、试验和检查的结果必须由合格人员评价，以验证其是否符合限值和条件。必要时应与以前的检查和试验结果作比较，以判明潜在故障，并得以及时采取纠正行动。

7.7　各个构筑物、系统和部件的维修、定期试验和检查的频度必须要能确保相应的构筑物、系统或部件的可靠性，同时必须考虑：

（1）它们相对的安全重要性；

（2）预计功能失效的可能性；

（3）最初的安全分析报告及其后的各版本所确定的要求。

频度应根据经验进行调整。

---

① 参见HAD103/07、HAD103/08、HAD103/09。

7.8 对安全重要部件可能需要给予特殊注意，以防止其老化引起意外故障。在这种情况下，应采取的方法之一是预防性维修。

7.9 当维修、试验或检查发现在反应堆安全系统整定值或安全运行限制条件中有不符合项时，必须予以纠正。如果虽有故障或不符合项，但该设备仍处于不降低反应堆安全水平的状态，或可以采取附加的管理措施以保证安全，那么只要反应堆保持在批准的运行限值和条件以内，反应堆就可在此情况下继续运行一段有限的时间。否则，反应堆必须停堆或保持停堆状态，直到故障或不符合项得到纠正。

7.10 维修之后，必须对设备进行检查，并且必要时，必须进行重新标定、试验，并证明其符合使用要求。

7.11 只有在负责协调维修工作的人员已批准检查和试验的结果之后，方可允许恢复正常运行。

7.12 维修、定期试验和检查的记录必须符合质保大纲的要求。

8 堆芯和燃料管理

8.1 营运单位必须负责并安排与堆芯管理和厂内燃料管理有关的全部活动。关于厂外的燃料管理，应根据国家的有关规定执行。

8.2 营运单位必须根据设计要求制订燃料和堆芯部件的采购、装载、使用、卸料和试验的技术规格书和程序［见 5.3（2）节］。

8.3 一切堆芯布置的确定必须符合运行限值和条件中规定的设计意图和假设。

8.4 为使放射性裂变产物从燃料中的释放减至最少，必须制订运行限值和条件，并必须编写应付燃料元件破损的程序。

8.5 必须制订规程，以确保燃料元件、组件和堆芯部件装卸期间的质量、核安全和保卫工作。未辐照和已辐照燃料的贮存方案必须报送国家核安全部门批准。

8.6 已辐照和未辐照的燃料组件的包装运输和发送必须遵守有关法规和标准。

8.7 必须保持符合质保大纲的完整的记录制度，以便适用于堆芯管理、燃料状态和燃料管理活动。

9 记录和报告

9.1 为了反应堆的安全运行，营运单位必须备有反应堆设计、建造、调试和运行的基本资料。在运行期间必须及时更新这些资料。这些资料包括厂址及环境数据、设计技术规格书、设备和材料的详细情况、竣工图、运行和维修手册，以及质量保证文件。

9.2 有关反应堆及实验装置运行的资料还应包括以下记录：

（1）日常运行资料（如日志、数据表、核对清单、自动记录的数据）；

（2）安全系统的性能评价；

（3）当前运行状态（如某些设备停役）；

（4）维修、定期试验和检查；
（5）修改；
（6）在役故障和安全相关事件；
（7）放射源和裂变材料的位置和移动；
（8）放射性废物的贮存、放射性释放和环境监测结果；
（9）工作人员的职责和培训；
（10）工作人员的辐射照射和体检；
（11）质保监查和审查；
（12）有关的调试记录，包括启动试验报告；
（13）有关退役的记录；
（14）同国家核安全部门的联系。

9.3　记入日志、核对清单和其他记录内的信息必须正确标明日期和签名。

9.4　营运单位必须编写关于安全事项的扼要的定期报告，并将其提交给安全咨询机构和国家核安全部门。

9.5　对记录和报告的贮存和保管所做的安排必须符合质保大纲。文件管理系统必须确保将过时的文件存档，并只将每个文件的最新版本提供给工作人员使用。必须考虑将某些文件贮存在厂外，以备万一出现紧急情况时查阅。应当规定各类记录和报告的适当的合理的保存期限。

10　反应堆应用

10.1　研究堆可按下列方式被利用：
（1）反应堆本身产生实验结果；
（2）辐照生产放射性核素的样品和材料；
（3）将实验装置装入反应堆堆芯或反射层中；
（4）从堆芯引出中子束用于实验目的。

10.2　如果利用反应堆本身产生实验结果，相应的规程必须确保遵守运行限值和条件。

10.3　装入反应堆或直接与反应堆相连的所有实验装置的设计必须符合反应堆本身的设计标准，并且在所用材料、结构完整性和辐射安全方面必须与反应堆完全相容。

10.4　当实验装置贯穿反应堆边界时，它们的设计必须要能保持反应堆的包容和屏蔽。

10.5　实验装置保护系统的设计必须能保护实验装置和反应堆两者，使它们免受实验装置引起的任何危害。

10.6　反应堆运行管理机构必须建立一个实验申请的管理程序。一项实验的申请应包括：
（1）实验目的、实验步骤、注意事项和安全措施的描述；
（2）使实验装置与反应堆系统连成一体的方法；
（3）实验装置设计中所应用的准则的选择和论证；

（4）装置的安全评价，包括对装置本身以及它对反应堆和工作人员安全的影响两方面；

（5）任何专用的运行和维修文件的编制和批准要求；

（6）对运行和维护人员的特殊培训要求；

（7）调试和功能试验要求；

（8）退役；

（9）所采用的质保大纲；

（10）对实验产生的放射性废物处置的建议；

（11）确保运行人员和实验人员之间联系的规程。

10.7 每一个新实验都必须根据已建立的内部程序审查其安全意义。如果认为它具有重大的安全意义，那么必须报送安全咨询机构和国家核安全部门审查和批准。安全意义的标准与 11.2 节中对修改列出的标准相同。

10.8 实验装置的任何修改都必须遵守用于原实验装置的程序。

10.9 实验装置的使用和操作必须根据书面规程控制。这些规程必须考虑对反应堆的影响，尤其是对反应性变化的影响。

10.10 实验的实施必须优化，以降低有关工作人员的辐射照射（合理可行尽量低原则）。

11 修 改

11.1 反应堆的修改必须根据标准程序分为具有安全意义的修改和不具安全意义的修改。某些实验装置的安装或为实验目的而重组堆芯应视为反应堆修改（见 10.7 节）。

11.2 具有重大安全意义的修改必须上报国家核安全部门审查和批准。这些修改：

（1）涉及国家核安全部门批准的安全限值和安全运行限制条件的改变；

（2）影响安全重要物项；

（3）引入不同性质的危害或引入较以前考虑到的更可能发生的危害，或明显降低现有安全裕度；

（4）改变原先由国家核安全部门批准的其他物项、程序和文件等。

11.3 具有重大安全意义的修改必须按《研究堆设计安全规定》（HAF201）描述的安全分析和设计、建造以及调试的程序执行。

11.4 必须执行控制修改程序，以确保修改的设计、制造、安装和试验能满意地完成。该程序应包括：

（1）所申请的修改的描述；

（2）修改的必要性论证；

（3）设计要求及准则；

（4）支持该修改的安全评价；

（5）制造工艺；

（6）安装程序；

（7）调试过程；

（8）已完成的修改的试验和检查；

（9）运行规程和应急规程的审查；

（10）文件更新；

（11）操纵员培训和重新申请执照（必要时）的特殊要求；

（12）质保要求。

11.5　修改的实施应以降低有关人员的辐射照射（合理可行尽量低）的优化原则进行。

12　放射性废物

12.1　反应堆及其实验装置的运行应尽量少地产生各种放射性废物，以减少放射性物质的释放，并便于废物处理。

12.2　必须监测和记录放射性排出流的释放，以验证是否符合适用的管理限值和条件。

12.3　必须根据国家核安全部门的要求向该部门定期报告放射性排出流的释放情况。

12.4　放射性废物的处理、贮存和处置或转移必须遵照有关规定进行。

12.5　放射性废物的输送、收集、处理、贮存和处置必须有书面规程。

12.6　必须保存在反应堆现场贮存、处置的或从反应堆现场转移的放射性废物数量、类型和特性的记录。

12.7　所有涉及放射性排出流和废物的活动都必须遵照质保大纲进行。

13　辐射防护

13.1　在所有运行状态下，辐射防护的主要目标是避免不必要的辐射照射，并将不可避免的照射保持在合理可行尽量低的水平。一方面要考虑剂量限值，另一方面要考虑社会和经济因素（合理可行尽量低）。厂区工作人员和公众的辐射照射必须符合有关标准。

13.2　必须通过适当的专设安全设施、事故处理规程和应急计划中规定的措施减轻事故工况下的辐射后果。

13.3　营运单位必须制订和实施辐射防护大纲，确保所有涉及辐射照射的活动都是有计划的，并在受到监督的情况下实施，以实现 13.1 节和 13.2 节的目标。

13.4　在辐射防护大纲中，营运单位必须负责：

（1）对因运行和使用研究堆而在现场的人员的辐射剂量进行控制；

（2）对研究堆释放到环境中的放射性物质总量和厂外辐射剂量水平进行控制；

（3）做好事故应急管理的准备和与厂外有关部门合作的准备。

13.5　辐射防护大纲必须包括下列涉及设计规定的管理性措施：

（1）将厂区工作人员和一般公众的照射限制在规定限值内，并符合合理可行尽量低的原则；

（2）确保有足够的、合适的仪表和设备用于工作人员的监测和防护；

（3）确保有现场辐射的监测和调查；

（4）在预计到有辐射危害时，确保辐射防护人员和运行人员在编制运行和维护规程方面进行合作，并在需要时提供直接帮助；

（5）为环境辐射监督作准备；

（6）为人员、设备和构筑物去污作准备；

（7）按有关规定控制放射性物质运输；

（8）探测和记录放射性物质的排放；

（9）记录辐射源的总量；

（10）在辐射防护实践方面提供足够的培训（见 13.8 节）。

13.6 实施辐射防护大纲必须任命在反应堆设计和运行方面具有辐射防护知识的合格的保健物理人员。这些保健物理人员必须与反应堆运行组合作，但具有独立于反应堆运行组的报告渠道，以便提出有关安全问题。保健物理人员有权制止危及安全的操作。

13.7 保健物理负责人员应独立于反应堆运行管理机构，但必须为反应堆运行人员提供咨询，并且必须能与营运单位内部负责编制和实施运行规程的管理阶层人员接触。

13.8 设施中所有的工作人员都必须各负其责，在各自活动领域内将辐射防护大纲中规定的辐照控制措施付诸实施。为此，应对研究堆设施中的所有工作人员（可能包括非长期在那里工作的人员，例如实验员、学员、参观者、外来技工）进行培训，使他们充分认识到辐射的危害和可供采用的防护措施。

13.9 营运单位必须通过监督、检查和监察来验证辐射防护大纲的正确实施及其目标的实现，并在必要时采取纠正措施。必须对大纲定期审查和更新。

13.10 对所有可能受到严重职业辐射照射的人员，必须按有关部门的要求测量、记录和评价他们所受到的照射，并且这些记录必须供国家核安全部门或国家法规所授权的其他机构查阅。

13.11 必须根据厂址特征确定放射性释放限值并报国家核安全部门和其他有关部门。批准的排放限值应包括在运行限值和条件中，营运单位必须确立管理限值供自己使用，以帮助反应堆运行管理机构确保辐射剂量处于合理可行尽量低的水平和不超过个人剂量限值。如果超过放射性释放的管理限值，营运单位必须进行调查，以采取纠正行动。

13.12 如果超过人员照射限值或放射性释放限值，则必须向国家核安全部门和有关部门报告。

13.13 辐射防护大纲应规定对可能受到职业照射的厂区人员进行医疗监督。还应规定对任何情况下受到过量照射人员的医疗监督。

13.14 辐射防护大纲必须在调试的适当阶段开始实施。

14 应急计划的编制

14.1 尽管研究堆发生核事故的几率极低，但为了一旦发生事故时使工作人员和公众免受过量辐射照射，营运单位必须编制应急计划。

14.2　应急计划应根据厂址条件制定，计划应包括应急状态下要开展的各项活动的安排，并必须报国家核安全部门审批。

14.3　营运单位的应急计划必须根据安全分析报告中分析的事故以及为编制应急计划而附加的假设事故编制。

14.4　营运单位编制的应急计划和安排应包括：

（1）确定应急机构，包括关键人员的责任；

（2）应急状态的划分；

（3）确定应急的各种状态、授权宣布应急状态的人员名单和合适的报警设施的说明；

（4）初始和后续评价的安排，包括辐射状态的环境监测；

（5）为尽可能减少人员电离辐射照射所采取的措施和保证伤员医疗的措施；

（6）在现场为限制放射性的释放和沾污的扩散而采取的行动；

（7）指挥和通讯网络图，包括与当地政府联系，清楚地表明有关人员和机构的职责；

（8）设施和规程的描述；

（9）报告有关部门的通告要求；

（10）请求增援的通知要求；

（11）处于指定地点并处于备用状态的应急设备的清单；

（12）计划实施时有关人员和机构要采取的行动；

（13）终止应急状态和恢复正常的措施。

14.5　应根据应急计划制定应急响应程序。该程序以文件和指令的形式详细规定达到应急计划目标所要求的实施行动和方法。在这些程序中，具体的强制性指令的范围应与设想的情况相一致。

14.6　指令应明确陈述一旦出现应急状态时，厂内的所有人员得到通知后该怎样行动。

14.7　应急组织必须包括了解反应堆目前运行情况的人员，并且通常由反应堆运行管理机构领导。所有参与响应的人员必须按需要定期接受在应急时如何履行其职责的教育、培训和再培训。该要求也适用于与应急响应有关的厂外的人员。

14.8　必须在切实可行的范围内，定期进行应急计划的演习、复审和修改。

14.9　应急状态需要使用的仪器、工具、设备、文件和通讯系统必须妥善保管和维护，使之处于随时可用状态，并在假设的事故条件下不受影响或不失效。

15　保　卫

15.1　必须采取一切合理的预防措施，防止人员进行非授权的可能危及安全的活动，防止裂变材料或其他放射性材料从反应堆非法转移，并防止人为破坏反应堆。必须确立适当的保卫措施，并尽可能形成计划。

15.2　必须制订措施以便发现和防止未经批准进入保卫区域，必须与有关部门共同作出安排和建立适当的联系，以便及时得到协助。

15.3 保卫计划的细节必须保密，并且只告诉需要知道的人。

15.4 营运单位必须对裂变材料和所有放射源进行定期监查。

15.5 营运单位必须调查任何实际的或未遂的对裂变材料或其他放射性物质的盗窃，或实际的或未遂的对反应堆的人为破坏行动或其他违反保卫规定的行为，并必须通过保密渠道报告有关部门。

16 质量保证

16.1 总则

16.1.1 研究堆和有关实验的设计、采购、建造、调试、运行、修改和退役的质量保证大纲的制定、管理、实施和评价对于保证安全是重要的。研究堆或实验的具体质量保证大纲的范围取决于该反应堆潜在的危害和国家核安全部门的要求。

16.1.2 研究堆设计和运行的质量保证必须是某一特定活动各个阶段的连续过程。应当明确质量控制（验证所要求的质量已达到）仅仅是质量保证的一部分。在完成一项具体工作时，实现质量要求的基本责任必须属于那些承担工作的人，而不属于那些通过验证而确信该质量要求已达到的人。

16.2 应用范围

16.2.1 总的质量保证要求必须应用于所有研究堆的设计、建造、调试、运行、修改或退役。

16.2.2 对现有的研究堆可能并未要求他们编写以前各阶段的质量保证大纲。然而，所有运行活动，包括维修、试验、检查、修改、实验和退役都应有适当的质量保证要求。

16.3 质量保证大纲

16.3.1 营运单位必须编制和实施质量保证大纲。

16.3.2 在实现安全的原则和目标方面，动力堆的安全规定 HAF003 和安全导则 HAD003/09 等为编制质量保证大纲提供了指导。研究堆质量保证大纲可参考这些法规中质量保证原则和要求编制。另外，国家核安全部门的要求也必须包括在大纲中。

16.3.3 营运单位必须确定对运行安全重要的物项、服务和程序，并必须包括在质量保证大纲中（见附录）。

17 退 役

17.1 退役前，营运单位必须编制计划，以保证退役期间和其后的安全。退役计划必须在退役活动开始之前提交咨询机构审查，并报国家核安全部门审查和批准。

17.2 退役计划应包括对适合于该反应堆的一个或几个退役备选方案的评价，并符合国家核安全部门的要求，退役备选方案的例子是：

（1）移出全部燃料组件和便于拆卸的放射性部件和废物后，作整体保护性贮存；

（2）移出全部燃料组件和便于拆卸的放射性部件和废物后，掩埋放射性构筑物和大部件；

（3）移走全部放射性物质，对其余构筑物进行彻底去污，以便能不加限制地利用。

在某些情况下，有可能将反应堆或其中某些部分解体，以便能运到另外一个厂址继续使用。

17.3 退役计划包括导致最终完全退役的所有步骤。完全退役所达到的程度是：以最低限度的监督或不监督就能保证安全。这些步骤可包括：贮存和监督、厂址区域的有限制使用和无限制使用。

17.4 在反应堆的运行寿期内，营运单位和反应堆运行管理机构应牢记退役的要求。应保存反应堆的最新文件，并应记录反应堆维修或修改期间受沾污或受辐照的构筑物、系统和部件的处理经历，以有利于退役计划的制订。

17.5 只有得到国家核安全部门的批准，营运单位的责任方可终止。

名词解释

本规定中下列名词术语的含义为：

可接受限值

国家核安全部门认可的限值。

事故工况

以偏离运行状态形式出现的事故。事故工况下放射性物质的释放可由恰当设计设施限制在可接受限值以内。严重事故[①]不在其例。

预计运行事件

反应堆运行寿期内预计可能出现一次或数次的偏离正常运行的各种运行过程。由于设计中已采取相应措施，这类事件不致引起安全重要物项的严重损坏，也不导致事故工况。

调试

反应堆已安装的部件和系统投入运行并按设计要求进行性能验证，以确认是否满足性能标准的过程。调试由反应堆装载燃料前和反应堆进入临界、链式裂变反应在持续进行中两种条件下的试验组成。

共因故障

由特定的单一事件或起因导致若干装置或功能失效的故障[②]。

包容

包围含放射性物质的反应堆主要部件的屏障，设计用以防止和缓解在运行状态或设计

① 严重事故属于超设计基准事故。

② 例如设计缺陷、制造缺陷、运行和维修差错、自然事件、人为事故、信号饱和或源自其他操作、故障或环境条件改变的意外的级联效应。

基准事故中放射性物质向环境的失控释放①。

临界装置

一个具有足够可裂变材料和其他材料的装置，用以在低功率水平维持可控链式反应，并为研究堆芯布置及组成提供条件。

退役

反应堆最终退出运行的过程。

设计基准事故

研究堆按确定的设计准则在设计中采取了针对性措施的那些事故工况。

多样性

为某一确定功能设置多重部件或系统，这些部件或系统总起来说具有一个或几个不同属性②。

排出流

释放到环境中的流体（液体或气体），流体中可能含固体微粒。

专设安全设施

（见安全系统）

实验装置

装在堆内或反应堆周围，利用反应堆中子通量和电离辐射束进行研究、开发、同位素生产以及其他工作的装置。

燃料（核燃料）

用于核反应堆中产生中子的含可裂变材料和可转换材料的化学混合元件。

燃料组件

作为一个整体装入堆芯，而后又自堆芯撤除的燃料元件组。

燃料元件

以燃料为其主要组成部分的最小独立结构体。

维修

保持设备处于良好工作状态的活动，包括预防性的和纠正（或修理）性的两个方面。

正常运行

研究堆及其相关实验装置的运行，包括启动、功率运行、停堆过程、停堆状态、维护、试验和换料（参见运行状态）。

营运单位

持有国家核安全部门许可证（执照），负责经营和运行反应堆设施的单位。

---

① 如果其设计也能在事故后的超压条件下完成其功能，则常称其为安全壳。

② 不同属性的例子有：不同的运行条件、大小不等的设备、不同的制造厂、不同的工作原理以及基于不同物理方法或规律的不同类型的设备。

运行限值和条件

经国家核安全部门认可的，为研究堆设施的安全运行而列举参数限值、设备的功能和性能及人员执行任务的水平等一整套规定。

运行状态

正常运行或预计运行事件两类状态的统称。

假设始发事件

经鉴明可能导致预计运行事件或事故工况及其后续故障效应的事件[①]。

保护系统

由各种电器件、机械器件和线路（从传感器到执行机构的输入端）组成的产生与保护功能相联系的信号系统。

质量保证

为使物项或服务与规定的质量要求相符合并提供足够的置信度所必需的一系列有计划的系统化的活动。

反应堆运行管理机构

由营运单位委任的负责指挥研究堆设施运行并承担直接安全责任的机构。

多重性

通过设置数量高于最低需要的单元或系统（相同的或不同的），以达到任一单元或系统的失效不致引起所需总体安全功能丧失的措施。

研究堆[②]

主要用于产生和利用中子注量率和电离辐射作研究和其他目的用的核反应堆。

核安全（安全）

完成正确的运行工况、事故预防或缓解事故后果从而实现保护厂区人员、公众和环境免受过量辐射危害。

安全功能

为安全着想必须完成的特定目的。

安全限值

过程变量的各种限值，研究堆设施在这些范围内运行已证明是安全的。

安全裕度

安全限值与运行限值之间的差值，有时也用两限值之比表示。

安全相关物项或系统

不属于安全系统的安全重要物项或系统。

---

① 假设始发事件的主要原因有：可信的设备故障和操作人员差错（反应堆设施内外）、人为事件或自然事件。研究堆设施始发事件的清单（明细表）必须经国家核安全部门认可。

② 本规定中，研究堆也包括其相关的实验设施以及临界装置。

安全系统整定值

为防止出现超过安全限值的状态，在发生预计运行事件和事故工况时启动有关自动保护装置的触发点。

安全系统[①]

安全上重要的系统，用于保证反应堆安全停堆、从堆芯排出余热或限制预计运行事件和事故工况的后果。

停堆裕度

当具有最大负反应性的控制装置移出堆芯和所有在运行期间可以改变位置或修改的实验处于最大反应性工况时，除维持反应堆无限期处于次临界状态所需的负反应性以外的负反应性。

停堆反应性

反应堆由控制装置引入最大负反应性而处于次临界状态时的反应性量。

停堆系统

由手动或由保护系统来以信号触发，并使反应性快速下降而执行停堆所需的系统。

单一故障

导致某一部件不能执行其预定安全功能的一种随机故障，由单一随机事件引起和各种继发故障，均视作单一故障的组成部分。

厂址、厂区

具有确定的边界，在反应堆运行管理机构有效控制下的反应堆所在区域。

① 安全系统的功能由来自保护系统的信号或手动触发。安全系统的某些设施称为专设安全设施，特别是涉及应急排热和包容。

附录　在质量保证大纲中需要特别注意的研究堆运行问题实例

本安全规定的第十六章已经列出了对质量保证的总要求。其他各章（关于维修、记录、应用、修改和废物）列出了具体质量保证要求。本附录强调在质量保证中需要特别加以考虑的研究堆运行方面的问题。

反应性和临界管理

研究堆堆芯布置经常改变，而这些改变又涉及诸如燃料组件、控制棒和实验装置等部件的操作，其中很多部件有相当大的反应性。必须注意保证在任何时刻都不超过燃料贮存和堆芯装载的相应的次临界度和反应性限值。

堆芯热工安全

上面提到的堆芯装载的经常改变影响到堆芯的核特性。必须注意保证在各种情况下正确确定这些特性，并在反应堆投入运行前对照有关核的和热工的限制对它们进行检查。

实验装置的安全

研究堆所用的实验装置，由于其技术的、核的或运行的特性，可能明显地影响反应堆安全。必须注意保证这些设施对安全的影响得到充分的评价，并备有适当的文件。

反应堆修改

研究堆及其实验装置经常要进行修改，以使其运行能力和实验能力适应不同的应用要求。需要特殊保证，以验证各种修改对安全的潜在影响已得到正确的评价、制订了文件并上报，而且在具有重大安全影响的修改后，未得到正式批准之前不得启动反应堆。

部件和材料的操作

特别是池式研究堆，经常在堆芯附近对部件、实验装置和材料进行操作。需要有特别的保证，以确保进行这些操作的人严格遵守所制订的规程和限制，防止对反应堆产生任何核的或机械的影响，将不可控的外来物件阻碍燃料冷却的可能性减至最小，并防止放射性释放和超剂量辐射照射。

外来人员监督

研究堆经常有来访的科学家、学员和其他人员参观。这些人要进入控制区，并可能主动地参与反应堆的运行和应用。必须注意确保所有旨在证实这些外来人员具有安全的工作条件并且其活动不会影响反应堆的安全的规程、限制和管理规则得到严格的遵守。

【非堆核燃料循环设施系列】

HAF301

民用核燃料循环设施安全规定

（1993 年 6 月 17 日国家核安全局令第 3 号发布，自 1993 年 6 月 17 日起实施）

本规定自 1993 年 6 月 17 日起实施。

本规定由国家核安全局负责解释。

1 引 言

1.1 目的

本规定的目的是根据《中华人民共和国民用核设施安全监督管理条例》所规定的安全原则，对民用核燃料循环设施（以下简称核燃料循环设施）的安全提出必须满足的基本要求。

1.2 范围

本规定适用于民用核燃料的生产、加工、贮存和后处理设施，不包括核燃料在反应堆内使用的安全要求。

本规定的内容涉及核燃料循环设施的选址、设计、建造、调试、运行和退役。本规定只规定核燃料循环设施的安全必须满足的基本要求，对不同类型的核燃料循环设施应如何满足这些要求则不作具体规定；同时，本规定也不对特定类型核燃料循环设施的安全提出专门要求；根据实际需要将制定相应的安全导则，作为本规定的说明和补充，对有关安全问题提出更具体的要求和较详细的指导原则。

本规定不考虑核燃料循环设施的非辐射安全问题，除非由其可能引起辐射危害。

关于核材料管制方面的要求遵照核材料管制有关规定。

2 安全职责

2.1 营运单位的主要职责

营运单位必须对其核燃料循环设施的安全负全面责任，直至其核燃料循环设施退役终了或其责任已合法地转移为止。其主要职责是：

（1）按照国家有关核安全法规的要求向国家核安全部门申请所规定的安全许可证件，提交批准和发放安全许可证件所需要的安全分析报告和其他有关资料，并保证这些报告和资料符合要求。

（2）保证其核燃料循环设施的选址、设计、建造、调试、运行和退役符合本规定和其他有关安全法规与标准的要求，遵循所规定的许可证条件。

（3）建立保证其核燃料循环设施的安全符合有关要求的制度和管理体制，责任明确。

（4）制定并定期复审和修改各种工况下用以保证其核燃料循环设施安全的各种规程、大纲和计划。

（5）确保有数量足够、受到充分培训和能胜任其职责的合格工作人员，并为工作人员完成任务提供相应的条件。

（6）建立并保存所有安全重要活动的记录，按要求定期向国家核安全部门提交报告；发生偏离运行状态的事件或事故时，立即按报告制度报告事件或事故的性质、范围和后果，以及所采取的补救措施。

（7）接受国家核安全部门对其核燃料循环设施安全的监督检查。

2.2　主管部门的主要职责

核燃料循环设施的主管部门对所属核燃料循环设施的安全负领导责任，其主要职责是：

（1）对所属核燃料循环设施的安全工作实施领导和管理；保证给予所属核燃料循环设施的营运单位必要的支持，并对其进行督促检查。

（2）参与有关核燃料循环设施安全法规的起草和制订，组织制订有关核燃料循环设施安全的技术标准。

（3）组织所属核燃料循环设施的营运单位按照本规定和其他有关核安全法规的要求制订和实施应急计划。

2.3　国家核安全部门的主要职责

国家核安全部门对核燃料循环设施的安全实施监督，其主要职责是：

（1）制定有关核燃料循环设施的安全法规和导则，审查认可有关安全标准。

（2）按照本规定和其他有关安全法规的要求，审评核燃料循环设施营运单位提交的安全分析报告和其他有关资料，批准颁发相应的安全许可证件。

（3）对核燃料循环设施的选址、设计、建造、调试、运行和退役实施安全监督检查，核实核燃料循环设施的安全是否符合有关法规、标准和所规定的许可证条件。

（4）对不符合法规、标准或许可证条件的事项，要求予以纠正或补救；必要时，采取强制性措施。

3　安全目标

3.1　总目标

建立并保持有效的防御措施，保护工作人员、公众和环境免遭辐射危害。

3.2 辐射防护目标

确保在正常运行状态下核燃料循环设施内及由核燃料循环设施释放出的放射性物质所引起的辐射照射保持在合理可行尽量低的水平，并低于国家规定限值；确保事故引起的辐射照射的程度得到缓解。

3.3 技术安全目标

采取一切合理可行的措施预防事故；对设计中考虑的所有事故，要确保其辐射影响是可接受的，并确保那些会导致严重辐射后果的事故发生的可能性极低。

4 厂址选择

4.1 厂址要求

核燃料循环设施的厂址、厂址所在区域及其周围环境必须满足下列要求：

（1）在核燃料循环设施寿期内不会发生严重影响核燃料循环设施安全的外部自然事件和人为事件，或者能够采取合理可行的措施将可能发生的事件的影响减至可以接受的程度。

（2）在核燃料循环设施正常运行状态下，厂址与核燃料循环设施综合影响所造成的对公众的辐射照射能保持在合理可行尽量低的水平，并符合国家的规定。

（3）事故状态下，能够（包括能够采取适当的应急措施）使公众免遭不可接受的辐射照射。

4.2 厂址评价

4.2.1 必须考虑的因素

评价一个候选厂址是否符合 4.1 节提出的厂址要求时，必须综合考虑以下诸方面的因素：

（1）厂址所在区域可能发生的影响核燃料循环设施安全的外部事件，如地震、洪水及极端气象事件等自然事件和火灾、爆炸及飞机坠毁等人为事件。

（2）可能影响核燃料循环设施运行和事故状态下释放的放射性物质向人体转移的厂址特征及其环境特征，如地形、气象、水文、生态、土地和水资源的利用等。

（3）与评价个人和群体可能受到的辐射危害及必要时采取应急措施有关的特征，如人口密度与分布、交通和通讯等。

4.2.2 厂址评价文件

必须将厂址评价结果写成足够详细的文件，以供国家核安全部门进行独立审评。该文件的内容必须包括：

（1）按 4.2.1 的要求，对厂址的各项特征所作的评价及其结果。

（2）与厂址有关的设计基准外部事件及相应的设计基准。

（3）所采用的评价模型和分析方法。

（4）选定当前厂址的理由。

5　设计与建造

5.1　总的要求

核燃料循环设施的设计与建造必须采用经过试验和工程经验证明为有效的技术，综合考虑减轻事故后果的专设安全设施和限制事故发生频率的安全系统的设置及可靠性要求，为本规定第 3 章所提出的安全目标的实现提供合理的保证。

5.2　对外部事件破坏效应的防御

核燃料循环设施的设计必须与其厂址特征及环境条件相适应；其安全重要构筑物、系统和部件的设计基准和建造质量必须为防御可能的外部自然事件和人为事件的破坏效应提供合理的保障。

5.3　辐射安全

5.3.1　放射性物质的包容与控制

必须设置适当的密封屏障系统，提供可靠的密封功能和足够的包容能力，将放射性物质限制在规定部位或场所，使运行状态和事故工况下规定部位或场所之外遭受放射性物质污染的可能性减至最小；并保证任何放射性物质外逸所造成的污染，在运行状态下低于规定限值，事故工况期间低于可接受限值。

5.3.2　放射性物质厂内转移的控制

核燃料循环设施的设计应使放射性物质在厂内的转移减到最少。对于必需的放射性物质在厂内的转移，必须提供在正常和可能的异常条件下均具有足够安全性的转移系统和设备，并采取相应的辐射屏蔽和监测等措施，以防止放射性物质泄漏和工作人员意外受照。

5.3.3　放射性废物的管理与排放控制

核燃料循环设施的设计应使放射性废物的产生量减至最小。必须设置相应的放射性废物管理系统，使设施运行所产生的放射性废物得到适当的分类、收集、处理、贮存或处置；使排放至环境的放射性物质的浓度和总量，在运行状态下保持在规定限值以下并符合合理可行尽量低原则，事故工况下不超过可接受限值。

5.3.4　工作人员的受照控制

必须设置足够的辐射屏蔽和防护手段，并为工作人员提供尽可能缩短其受照时间的有效的工作环境和设备，使工作人员所受到的照射，在运行状态下能保持在规定限值以下并符合合理可行尽量低原则，事故工况下不超过可接受限值。

5.3.5　辐射监测设备

必须设置用于在运行状态和事故工况下进行充分辐射防护监督的设备。

5.4　易裂变材料的核临界安全

5.4.1　单元的核临界安全

必须提供可靠的设计特性，使（并通过核临界安全分析证明）易裂变材料单元在任何运行状态和事故工况下均保持次临界状态。

5.4.2 多单元阵列的核临界安全

必须考虑阵列中单元间的相互作用，提供可靠的设计特性，使（并通过核临界安全分析证明）阵列在任何运行状态和事故工况下均保持次临界状态。

5.4.3 核临界事故的探测与报警

在可能发生核临界事故的场所，必须设置足够灵敏和可靠的核临界事故探测与报警系统，并保持事故缓解措施的可用性。

5.5 防火与防爆

必须根据火灾与爆炸危险性分析，提供预防、探测、扑灭、限制和控制火灾与爆炸的措施和能力，使外部和内部事件引起火灾和爆炸的可能性及其后果减至最小。

5.6 辅助设施与系统

辅助设施与系统的设计必须考虑事故工况和应急条件下的需要；必须评价供电、供水等辅助设施与系统的容量和可靠性对安全重要构筑物、系统和部件的功能完整性的影响，必要时采取相应的防范措施。

5.7 事故应急能力

必须根据需要提供适当的事故应急措施与能力，包括设置事故报警、应急通讯、人员撤离和医疗救治等必要的应急设施与设备。

5.8 核材料衡算管理与实物保护

核燃料循环设施的核材料衡算管理与实物保护必须符合《中华人民共和国核材料管制条例》和其他有关法规的要求。核燃料循环设施的设计与建造必须为满足上述要求提供相应的条件。

5.9 其他安全要求

5.9.1 检查、试验与维修考虑

必须为安全重要系统和部件（或设备）的检查、试验和维修提供方便和条件，以保持它们执行安全功能的能力。

5.9.2 安全重要物项的共用

核燃料循环设施的安全重要构筑物、系统和部件（或设备）不应与其他核设施共用，除非能够证明这种共用不会影响参与共用的任何设施执行其安全功能的能力（包括由事故工况恢复安全状态的能力）。

5.9.3 退役考虑

核燃料循环设施的设计必须考虑采取能够简化退役活动的措施，如尽可能减少被污染部件与设备的数量，便于构筑物和设备去污，以及采用易于清除放射性废物和被污染物品的措施等。

5.9.4 邻近核设施影响的考虑

位于其他核设施附近的核燃料循环设施，其设计与运行必须保证该设施与其他核设施的组合影响不给公众的健康与安全造成不可接受的危害。

5.10　质量要求

核燃料循环设施安全重要构筑物、系统和部件（或设备）的设计、制造、建造、试验和维护必须采用适用的经认可的标准，必须使之达到与其所执行的安全功能的重要性相适应的质量要求。

5.11　设计安全分析和评价

核燃料循环设施许可建造前，其设计必须经过安全分析和评价，以确认安全重要构筑物、系统和部件（或设备）的设计基准，并证实整个核燃料循环设施的设计足以保证各种运行状态和事故工况下的辐射照射和放射性物质释放不超过国家规定的相应限值。

营运单位在初步安全分析报告中，必须对其核燃料循环设施的设计及安全分析的结果进行足够详细的描述，以便于国家核安全部门在批准发放建造许可证前对核燃料循环设施的安全特性进行独立审评。

6　调试与运行

6.1　总的要求

必须保证核燃料循环设施的运行按照设计要求和国家核安全部门批准的许可证条件进行。营运单位必须拥有为实现这一目标所需要的所有设备、人员和管理体制，并对这一目标的实现负责。

6.2　运行限值与条件

必须根据核燃料循环设施的最终设计和安全分析与环境影响评价以及调试结果制定包括技术和管理两个方面的运行限值和条件。必须根据运行经验和有关安全特性的实际变化，对运行限值和条件进行复审或修改。

运行限值和条件以及对运行限值和条件的修改必须经国家核安全部门审评和批准。

6.3　调试

必须制定调试大纲，并按调试大纲对核燃料循环设施进行调试，以验证整个核燃料循环设施（特别是安全重要物项）均已按批准的要求建成并能按设计意图发挥功能；同时收集安全运行所需要的基础数据（特别是那些对安全具有特殊重要意义的部件和设备的诊断数据）和验证正常运行规程的正确性。

调试大纲必须经国家核安全部门认可。

必须按调试大纲要求将调试结果写成书面文件，以便于国家核安全部门审评。

6.4　运行安全管理

6.4.1　安全管理机构及职责

必须建立和保持适当的职责分明的安全管理机构，并配备称职的负责人和足够数量的合格工作人员，以胜任和有效地履行各项安全管理职责。

安全管理机构必须保证核燃料循环设施以安全的方式运行，并严格遵守运行限值和条件。

6.4.2 培训

必须制定并执行培训和再培训大纲，对运行人员、维修人员和其他与安全有关的人员进行充分的培训和再培训，使他们能有效地履行其职责。

必须定期对培训和再培训大纲进行复审或修改，以保持其有效性。

6.4.3 运行规程

必须保证所有与安全有关的运行操作均按正式批准的、详细的、最新版本书面规程进行。运行规程必须符合所批准的运行限值与条件，并留有适当的安全裕量。同时，运行规程还必须对在运行状态和事故工况下应采取的行动作出明确的规定，并便于运行操作人员执行。

必须对所有运行规程定期进行复审或修改，并将所作的修改及时通知有关人员。

营运单位有责任向国家核安全部门报送其运行规程。

6.4.4 监督、检查、试验和维修

必须制定并执行安全重要物项的监督、检查、试验和维修大纲，确保在符合辐射防护原则下对安全重要构筑物、系统和部件（或设备）进行适当的监督、检查、试验和维修，使其功能可靠性和有效性保持与设计要求一致。

6.4.5 修改

对安全重要物项以及运行限值与条件和运行规程的修改必须进行安全分析，并按规定程序进行鉴定、审查、批准和记录，使所作的修改不降低保证安全的能力。

影响到颁发运行许可证依据的安全重要构筑物、系统和部件（或设备）的修改和运行限值与条件的修改（见 6.2 节），以及原先由国家核安全部门批准的文件的修改，必须在实施前经国家核安全部门批准。

6.4.6 运行辐射防护

必须制定并执行运行辐射防护大纲，该大纲应包括辐射防护管理限值以及技术上和管理上所采取的预防措施，以确保涉及辐射照射的所有活动均按规定进行和受到监督，并符合合理可行尽量低原则。

必须随着经验的积累，对运行辐射防护大纲进行相应的复审或修改。

6.4.7 记录和报告管理

必须建立适当的记录和报告管理制度，以保证记录、报告和它们的保存与分发符合有关要求。

6.5 应急计划与准备

必须根据对核燃料循环设施潜在事故后果严重程度的评价和厂址特征，制定相应的应急计划，并做好所规定的应急准备，以确保可能的紧急事态一旦发生时能够实施各项预先计划的措施，控制或抑制放射性物质的释放和减轻事故后果。

营运单位必须在核燃料循环设施开始运行前将其应急计划（包括实施程序清单）提交国家核安全部门审评，并按批准的计划进行相应的应急演习。在核燃料循环设施运行寿期内，营运单位必须对其应急计划定期进行复审或修改，并在可行的范围内定期进行所规定的演习。

6.6　运行安全评价

6.6.1　运行前的安全评价

核燃料循环设施许可运行前，必须对其运行安全进行分析与评价，以确认其设计、建造、运行规程及管理措施足以保证其运行符合设计要求，而不会对厂址内外人员的健康与安全造成危害。

营运单位必须在最终安全分析报告中对这种分析与评价的结果进行足够详细的描述以便于国家核安全部门在批准发放运行许可证前对核燃料循环设施的运行安全进行独立审评。

6.6.2　运行期间的安全评价

在核燃料循环设施运行寿期内，营运单位必须组织专家，定期对其核燃料循环设施的运行安全，包括安全重要物项的检查试验及维修记录、运行规程、运行经验、核临界安全、辐射防护实践以及重要异常事件的调查结论等进行分析和评价，并在必要时采取纠正措施，以保证核燃料循环设施的运行始终符合设计要求和所批准的许可证条件。

7　退　役

7.1　总的要求

核燃料循环设施运行寿期终止后，营运单位必须负责使其安全退役，并确保退役工作人员和公众所受到的辐射照射保持在合理可行尽量低的水平。

只有经国家核安全部门批准之后，营运单位才能终止其责任。

7.2　退役的实施

核燃料循环设施的退役必须按照退役大纲进行。实施中必须确保安全并明确规定组织安排。退役大纲的内容必须包括为使放射性废物得到安全处置并使退役完成后所需监视最少而应采取的一切步骤与措施。

营运单位必须将所制定的退役大纲和相应的退役安全分析报告报国家核安全部门审评，获得批准后方可付诸实施。

退役的最终状态必须经国家核安全部门会同国家其他有关部门批准。

8　质量保证

8.1　基本要求

必须根据 HAF003《核电厂质量保证安全规定》所规定的原则，制定和有效地实施核燃料循环设施的质量保证大纲。质量保证大纲的应用必须与规定物项对安全的重要程度相适应，并必须覆盖设施全寿期过程中的所有安全重要活动。

8.2 质量保证责任

营运单位必须对其核燃料循环设施质量保证大纲的制定、实施和评价负责。营运单位可以委托其他单位制定和实施其核燃料循环设施质量保证大纲的全部或其中的一部分，但必须对大纲的有效性负责。

8.3 质量保证大纲

质量保证大纲必须及早制定并报国家核安全部门审核，以适应工程实际进展的需要。必须定期对质量保证大纲的执行状况和适用性进行审查，发现问题时，必须采取纠正措施。

所制定的质量保证大纲必须：

（1）明确规定大纲所适用的物项、服务和工艺；

（2）明文规定负责计划和执行质量保证活动的组织结构及各有关组织和人员的责任与权力；

（3）对影响规定物项质量的各项活动进行有效的控制，保证控制的严格程度与物项的安全重要性相一致；

（4）考虑影响质量的各项活动的技术方面，为保证认可的工程标准、规范、技术条件和实践经验经过核实并得到遵守作出规定，除了管理性方面的控制之外，还应对要达到的技术目标的确切表述作出规定；

（5）保证影响质量的各项活动是在合适的控制条件下完成的，控制条件应包括达到质量要求所需要的环境条件、设备条件和技能等；

（6）确保必要时采用适当的特殊控制手段、工艺处理、试验设备和专门技能，以达到规定的质量要求，并确保采用适合的检查和检验方法对质量进行证实；

（7）确保所有影响规定物项质量的活动均按适合于该项活动的程序、细则或图纸完成；程序、细则和图纸应包括适当的定性和（或）定量的验收准则；

（8）确保实施影响规定物项质量的各项活动的人员受到适当的培训或指导，使之达到和保持应有的技术熟练程度；

（9）确保质量保证记录制度的建立和执行。

名词解释

本规定中使用的一些特定术语的定义如下。

核燃料

含有易裂变核素的材料，放在反应堆内能使自持核裂变链式反应得以实现。

民用核燃料循环设施

指民用核燃料的生产、加工、贮存及后处理设施，或这些设施中的任何一种。

核安全（安全）

完成正确的运行工况、事故预防或缓解事故后果从而实现保护厂区人员、公众和环境免遭过量辐射危害。

许可证条件

指国家核安全部门根据有关法规批准颁发的安全许可证件中所规定的许可活动及其必须遵守的条件。

运行状态

正常运行和预计运行事件这两类状态的统称。

安全重要构筑物、系统和部件（或设备）

具有和执行核安全功能的构筑物、系统和部件（或设备），包括其功能丧失可能使工作人员或公众受到过量辐射照射的构筑物、系统和部件（或设备）以及用以缓解事故可能引起的辐射照射的程度的构筑物、系统和部件（或设备）。

安全重要活动

指涉及或影响安全重要构筑物、系统和部件（或设备）的功能或质量的任何活动，例如厂址选择和安全重要物项的设计、采购、加工、制造、运输、贮存、清洗、土建施工、安装、试验、调试、运行、检查、维护、修理、装料、修改及退役等。

密封屏障系统

指由一道或多道独立的实体屏障连同相应的辅助设备（包括通风设备）所构成的系统，该系统能有效地限制或防止正常和异常条件下放射性物质向工作场所或环境的释放。

核临界安全

含易裂变材料的系统的肯定不能维持自持链式核反应的状态或保证这种状态的措施。

单元

进行核临界安全设计或管理时作为一个整体考虑的易裂变材料系统。

核临界事故

由于链式反应的失控所造成的意外事故。

辅助设施与系统

指保持核燃料循环设施安全所必需的公用与支持性设施与系统，包括水、电、汽、气等的供应设施与系统，以及通讯系统等。

【放射性废物管理系列】

HAF401

放射性废物安全监督管理规定

（1997 年 11 月 5 日国家核安全局批准发布，自 1997 年 11 月 5 日起实施）

本规定自 1997 年 11 月 5 日起实施。

本规定由国家核安全局负责解释。

1 引 言

1.1 目的

本规定阐明放射性废物管理的目标和原则，以及放射性废物的安全监督管理职责。

1.2 范围

本规定适用于放射性废物从产生到处置全过程的安全管理。主要针对核燃料循环所产生的固态、液态和气载放射性废物。对于放射性同位素生产和应用过程所产生的放射性废物的安全管理，可参照执行。

2 放射性废物管理的目标和原则

2.1 管理目标

放射性废物管理的目标是保护现在和将来人类的健康与环境，不给后代造成过度的负担。

2.2 管理原则

为了达到上述目标，放射性废物管理应遵守下述原则：

（1）保护人类健康　放射性废物的管理必须确保对人类健康的影响不超过可接受水平；

（2）保护环境　放射性废物的管理必须确保对环境的影响不超过可接受水平；

（3）超越国界的保护　放射性废物的管理必须考虑超越国界可能对人类健康和环境的影响；

（4）保护后代　放射性废物的管理必须使预测的对后代健康影响不超过今天可接受的有关影响水平；

（5）给后代的负担 放射性废物的管理必须确保不给后代造成过度的负担；

（6）遵守国家法律规定和管理制度 放射性废物的管理必须遵守国家法律、法规和标准，包括明确划分责任和规定独立的监督管理职能；

（7）控制放射性废物的产生 放射性废物的产生必须保持在实际可行的最低限度；

（8）放射性废物产生和管理间的相互依赖关系 必须适当考虑放射性废物产生和管理的各个步骤间的相互依赖关系；

（9）设施安全 放射性废物管理设施必须确保其使用寿期内的安全。

3 放射性废物安全监督管理职责

3.1 国家核安全部门的职责

（1）制定有关核设施（包括放射性废物处置库，下同）放射性废物管理法规、导则和技术文件；

（2）按照本规定的要求，评价营运单位提交的安全分析报告、有关文件和运行计划等；

（3）通过对设计、建造、运行以及人员资格和记录的审查，评价放射性废物处理、处置设施是否符合有关规定和标准；

（4）对不符合法规和标准要求的事项，要求采取补救和纠正措施。

3.2 核设施营运单位的职责

3.2.1 营运单位必须遵守国家法律、法规和管理制度。

3.2.2 放射性废物管理活动的安全责任由营运单位承担，营运单位必须：

（1）及时完成放射性废物处置前工作；

（2）进行安全和环境影响评价；

（3）确保对工作人员、公众和环境足够的防护；

（4）确保放射性废物安全管理的各步骤有合适的工作人员、设备、设施、培训和操作程序；

（5）建立和执行放射性废物产生及其预处理、处理、整备、贮存和处置的质保大纲；

（6）建立和保持有关放射性废物的产生、预处理、处理、整备、贮存和处置，包括放射性废物存量信息的记录；

（7）根据有关部门的要求，提供监视和控制；

（8）收集、分析和运用营运经验，确保安全持续改善；

（9）开展适当的研究开发工作，支持运行的需要。

3.2.3 营运单位必须通过对核设施合适的设计、运行、维修与退役，使放射性废物的产生处于实际可行的最低限度。必须适当考虑放射性废物产生和管理各步骤间的相互依赖关系。保证放射性废物的处理和整备工作符合计划的贮存方式，使之在规定的贮存期限可回取废物进行最终处置。

3.2.4 营运单位有责任在适当时间范围内，根据法律和法规的规定，并得到国家核安全部门批准，确定其所属的放射性废物的去向。营运单位可按批准的方式自行处理、整备和贮存放射性废物或者将放射性废物转给另一营运单位进行处理、整备和贮存；排出流向环境的排放必须得到批准。

4 放射性废物安全管理的重要环节

4.1 放射性废物的产生与管理

4.1.1 放射性废物产生与管理的所有步骤间存在相互依赖关系，因此，为放射性废物管理活动制定计划时，应考虑：

（1）放射性废物量（活度和体积）应保持在实际可行的最低限度；

（2）放射性废物管理各步骤的安全要求。

4.1.2 制定放射性废物管理计划时，应顾及所有安全问题和需要。决定放射性废物管理中某个具体步骤时，不应孤立考虑，否则可能妨碍方案选择或影响废物管理的其他步骤。

4.1.3 制定放射性废物管理计划时，应与有关各方交流和对话。

4.2 安全分析和环境影响评价

4.2.1 营运单位应根据法规和标准，对新的废物管理设施与实践以及现有设施或实践的重大改变进行评价。编写安全分析报告和环境影响评价报告，分别提交给国家核安全部门和环境保护部门。

4.2.2 在报告中应当分析和论证正常运行时的辐射安全和非辐射安全，也要评价事件和事故的可能影响。必要时，这种评价应根据 2.2 条规定的原则论证长期安全性。

4.2.3 对于正常运行工况的评价，应当分析和论证放射性废物管理过程的各个步骤对工作人员、公众和环境的辐射安全和非辐射安全。这些评价应该以设施设计和工艺过程为基础。

4.2.4 对放射性废物管理设施可能给人类生存、环境（土壤、水、空气和非人类生物群）和自然资源造成的非放射学影响做出评定、描述和分析。

4.2.5 应评价内部和外部事件（这种事件可能导致事故）可能的后果，及其对工作人员、公众和环境的影响。这种评价应该利用适当的模式和可得到的实验数据。

4.2.6 评价处置设施的长期性能，应当考虑可能被容纳的放射性废物的放射性核素含量、物理和化学特性，以及处置系统所提供的屏障的有效性。天然屏障的有效性应通过现场调查来确定。这种评价只能利用预先确定的模型来进行，这些模型应是建立在实验数据的基础上。

4.3 安全文化

4.3.1 安全文化要求从事放射性废物管理的个人和组织对安全具有献身精神和责任感。负责放射性废物管理活动的领导和组织应建立和执行利于促进安全文化的制度和程序。

4.3.2 提高安全意识的责任，主要由各组织的高层管理人员承担。所有从事放射性废物管理的组织都应制订和执行有关安全的规章和审查程序，以确保建立和使用正确的方法，形成和保持安全意识。应该制订和执行强调安全重要性和个人行为要求的员工培训大纲。

4.4 质量保证

4.4.1 质量保证应采取适当的措施为保护人类健康和环境提供必要的信任。

4.4.2 营运单位应给质量保证职能部门提供充分的独立性。应明确规定有关人员和组织的责任和权限。质量保证适用于所有的放射性废物管理活动，尤其是对安全有重要意义的环节。质量保证大纲特别应当确保废物货包满足废物接收的要求。

4.4.3 质量保证大纲应得到国家核安全部门的认可。在执行中应受到相应的监督和检查。

4.5 研究和开发

4.5.1 应根据放射性废物管理计划的规模和需要进行研究和开发工作。

4.5.2 当一个体系（如处置系统）的长期性能不能通过直接观察予以证明的情况下，应该通过研究和开发工作去获得必要的信息，也可通过参加国际合作研究去取得。

4.5.3 营运单位和有关部门应考虑本国和国际实践所获得的经验和教训，以确定是否需要改进设备和工艺、培训人员或改变安全要求。

4.6 文件和记录

4.6.1 营运单位应按法规要求和自身需要，保管好文件和记录。这些文件和记录的编录和保存应使非直接从事该项活动的人员能够方便查阅和了解，并利于用计算机管理。

4.6.2 文件和记录应包括：

（1）放射性废物存量、来源、所在地、物理和化学特性。必要时，还应有一份从设施转移出放射性废物的记录。

（2）场地平面图，工程图纸，技术规格书和工艺说明。

（3）质量保证和质量控制活动资料。

（4）安全分析和环境评价方法与计算机程序。

（5）安全分析和环境评价结果。

（6）排出流和环境监测结果。

（7）放射性废物货包标识。

（8）处置设施关闭资料。

4.7 人员培训和资格认定

运营人员必须有必要的专业知识。应制订适当的人员培训计划，以确保工作人员有必要的能力，培养注重质量和安全的素质，使工作人员适应有关技术和规章的变化。这包括设备供应商提供的培训。培训之后要进行适当考核，给予资格认定。

4.8 应急计划

放射性废物管理活动中，如果存在对人类健康和环境有潜在危害的事故时，需要提供应急计划和做好对付事故的必要准备。

4.9 有组织的控制

4.9.1 放射性废物应及时处理和整备，其安全性尽可能不依赖于长期管理的安排。然而，处置库关闭后，需要有适当时间的有组织的控制，以便：

（1）防止人们闯入处置库；

（2）防止移出或扰动放射性废物；

（3）对照设计准则监测处置库的效能；

（4）执行必要的补救行动。

这种控制可以是主动的（例如连续监测、定期检查、维护、控制人们接近等），或者是被动的（例如永久性标志、土地使用限制）。

4.9.2 有组织的控制的最长期限，应当由国家审管部门确定。

名词解释

事故（accident）

任何意外的偶然事件，包括操作错误、设备故障或其他意外事件，其后果或潜在后果从防护或安全观点来看，都是不容忽视的。

授权（authorization）

主管部门授予一个营运单位或一批营运单位进行特定活动的书面许可。

关闭（永久的）[closure（permanent）]

处置设施运行寿期末针对该处置设施进行的行动。通常是完成废物安置后，对近地表处置设施进行覆盖；对地质处置库的进入通道进行回填和/或封闭，终止有关辅助设施的活动，使处置库永久关闭。

退役（decommissioning）

核设施使用期满后，在充分考虑工作人员和公众的健康和安全以及保护环境的情况下采取的退出服役的行动。退役的最终目标是不受限制的开放或使用。实现这个目标的时间，可以是几年到几百年。根据国家法律和审管要求，如果该核设施已并入新的或现有的设施，或者即使其所在场址仍受审管机构或行政机构的控制，也可将该核设施视为已经退役。这个定义不适用于铀矿开采和水冶厂的停闭及放射性废物处置场的关闭。

免管废物（exempt waste）

就放射性废物管理而言，因其有关的放射性危害微不足道，符合解控水平，由审管部门免除监管控制的废物。应根据放射性浓度和/或总活度，可能包括废物的种类、化学/物理形态、数量或体积等特性来确定其免管水平。

地质处置（geological disposal）

在深至几百米的稳定地质岩层中，利用工程屏障和天然屏障组成的系统隔离放射性废物。地质处置的典型用途是处置长寿命废物和高放废物。

核燃料循环[fuel cycle（nuclear）]

与核电生产相关的过程。包括铀和钍的采矿、水冶、加工和浓缩；燃料元件制造；反应堆运行；核燃料后处理；退役和与上面活动有关的所有放射性废物管理活动及研究和开发工作。

事件（incident）

虽然不直接或立即影响安全，但可能导致以后要重新评价安全措施的技术偶然事件或异常现象。

有组织的控制（institutional control）

依据国家法律指定的权威机构或组织对废物场地（例如处置场）的控制。这种控制可以是主动的（监测、监视、修复工作），或者是被动的（控制土地使用）。并可能是核设施（例如近地表处置设施）设计中的一个因素。

许可证（licence）

由审管机构颁发的一种正式的具有法律效力的文件。允许进行核设施选址、设计、建造、调试、运行、退役，处置设施关闭。

监测（monitoring）

为评估或控制照射而进行的放射性或非放射性参数的测量，并解释这种测量。监测可以是连续的也可以是不连续的。

营运单位（或营运机构）[operator（or operating organization）]

在废物管理中，从事选择和调查一核设施场址的适用性和/或承担核设施的设计、建造、调试、运行和退役的组织（和其承包者）。

处置前（predisposal）

指放射性废物处置之前各步骤，包括废物的预处理、处理、整备等。

处置库（repository）

用于处置放射性废物的核设施（例如地质处置库），将来不打算再把放射性废物回取出来。

放射性废物管理（radioactive waste management）

包括废物的装卸、预处理、处理、整备、运输、贮存和处置在内所有行政和技术的活动。

放射性废物（radioactive waste）

为法律和审管目的，可将放射性废物定义为：含有放射性核素或被放射性核素所污染，其放射性核素浓度或比活度高于审管机构规定的免管水平，预期不会再利用的废弃物（这个定义完全是从管理角度着眼的，放射性浓度等于或低于免管水平的物质，从物理观点看仍是放射性的，但其放射危害可以忽略不计）。

废物产生者（waste generator）

产生废物设施的营运机构（营运单位）。

附录　放射性废物管理的基本步骤

放射性废物的有效管理是把管理过程的基本步骤（示于图 1）作为废物从产生到处置整个体系的各个部分。因为在某一个步骤所做的决定有可能妨碍另一个步骤的方案选择，所以应强调考虑放射性废物管理设施的计划、设计、建造、运行和退役各步骤间的相互关联性。

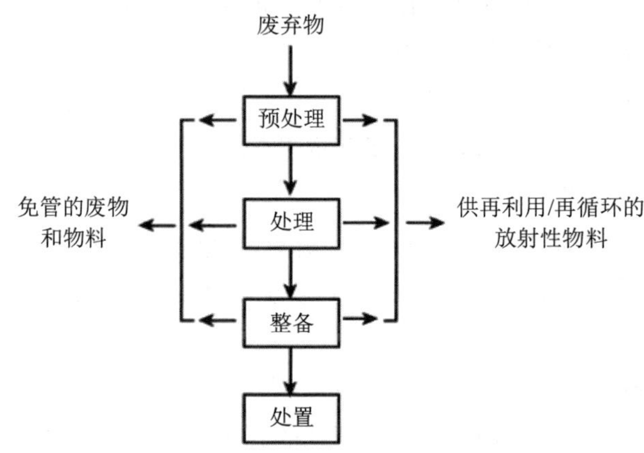

图 1　放射性废物管理的基本步骤

本附录叙述了放射性废物管理的各个步骤，为从事放射性废物管理的有关人员提供共同的术语和认识。这些考虑适用于核燃料循环（包括核电生产）、医学与工业应用放射性物质所产生的放射性废物的管理；也适用于设施运行期间和退役期间所产生的放射性废物的管理。这些步骤应用的差别取决于放射性废物的种类。

应对废物进行特性鉴定，确定其物理、化学和放射学性质，以利于记录保存和放射性废物从一个步骤转入到另一个步骤。例如，分出免管或复用的废物，对废物实行不同的处置，或者确保废物符合贮存和处置的需要，选择合适的包装等，都可以应用这些鉴定资料。

废物的预处理是废物产生后废物管理的初始步骤，例如收集、分拣、化学调节和去污，并且可能包括中间贮存一段时间。这个初始步骤是非常重要的，因为它在许多情况下，为分类处理废物提供了很好的机会，如在工艺过程内作再循环，或者根据其放射性物质存量确定作为非放废物处置，或作为放射性废物进行近地表处置或地质处置。

放射性废物处理包括通过改变放射性废物特性来改善安全性或经济性的那些操作。基本的处理概念是减容、去除放射性核素和改变组成。例如：可燃性废物的焚烧；干固体废物的压缩（减容）；废液的蒸发、过滤或离子交换（去除放射性核素）和化学物质的絮凝沉淀（改变组分）。经常将几种方法联合使用，使废液有效净化。这可能产生需要管理的二次放射性废物（如被污染的过滤器、废树脂、泥浆等）。

放射性废物的整备包括使放射性废物适合装卸、运输、贮存和处置的一些操作。这类操作可包括放射性废物的固化，将放射性废物置入容器和提供外包装。普通的固化方法包括低中放废液的水泥固化、沥青固化或塑料固化，高放废液的玻璃固化。通常根据放射性核素的性质和活度将废物固化体封装在钢桶中（通常用 200 升钢桶），或者封装在特制的厚壁容器中。在许多情况下，处理和整备两者密切结合，同时进行。

处置是放射性废物管理体系的最后一步。处置主要是将放射性废物安置在确保安全的处置设施中，并且不打算回取，不依赖长期监护。处置安全性主要通过浓集和封隔来实现。封隔是把经过适当整备的废物隔离于处置设施中。在放射性废物周围设置屏障来限制放射性核素释放到环境中。屏障可以是天然的或是工程的。隔离系统可能是由一个屏障或多个屏障组成。多重屏障系统能更好地实现隔离，确保放射性核素向环境的任何释放以可接受的低速率进行。屏障可能提供在一段时间内的绝对封隔（像金属容器），或者可以延缓放射性物质释放到环境中（像回填物或具有高吸附能力的主岩）。在放射性废物被屏障系统封隔期间，废物中的放射性核素将衰变。屏障系统是根据所选择的处置方案和所包容的放射性废物的形态设计的。

虽然计划以浓缩和封隔来处置大多数类型的放射性废物，但处置也包括在允许限值内向环境排放液态和气态放射性废物。实际上，这是一种不可逆转的行动，因而认为只是有限数量的特殊放射性废物可以适用。

废物和物料的特性鉴定、贮存和运输可能在放射性废物管理基本步骤间和基本步骤之内进行。这些步骤的适用性因放射性废物类别而异。

放射性废物的贮存，例如：（1）提供隔离、环境保护和监测；（2）有利于如处理、整备和处置等活动。在某些情况下，进行贮存可能是出于技术考虑。例如，短寿命核素放射性废物的贮存，是为了让其衰变，随后在允许限值内排放；或者出于释热考虑，如在地质处置前贮存高放废物。在其他情况下，进行贮存是由于经济和政策等原因。

运输在放射性废物管理步骤间可能是必要的。有效的放射性废物管理应当考虑运输所涉及的问题。

HAF402

放射性固体废物贮存和处置许可管理办法

（2013 年 12 月 30 日环境保护部令第 25 号公布，根据 2019 年 8 月 22 日《生态环境部关于废止、修改部分规章的决定》修正）

第一章 总 则

第一条 为加强放射性固体废物贮存和处置活动的监督管理，规范放射性固体废物贮存和处置许可，根据《中华人民共和国放射性污染防治法》和《放射性废物安全管理条例》，制定本办法。

第二条 本办法适用于放射性固体废物贮存和处置许可证的申请和审批管理。

第三条 在中华人民共和国境内专门从事放射性固体废物贮存、处置活动的单位，应当依照本办法规定取得放射性固体废物贮存许可证（以下简称贮存许可证）或者放射性固体废物处置许可证（以下简称处置许可证），并按照许可证规定的种类、范围和规模从事放射性固体废物贮存或者处置活动。

同时从事放射性固体废物贮存和处置活动的单位，应当分别取得贮存许可证和处置许可证。

核设施营运单位利用与核设施配套建设的贮存设施，贮存本单位产生的放射性固体废物的，不需要申请领取贮存许可证；贮存其他单位产生的放射性固体废物的，应当依照本办法的规定申请领取贮存许可证。

第四条 贮存许可证和处置许可证，由国务院环境保护主管部门审批、颁发。

第五条 持有贮存许可证或者处置许可证的单位（以下简称持证单位）应当依法承担其所贮存或者处置的放射性固体废物的安全责任。

第六条 从事放射性固体废物贮存或者处置活动的人员，应当通过有关放射性废物管理、辐射防护或者环境监测专业知识的培训和考核。

第二章 许可证申请

第七条 申请从事放射性固体废物贮存活动的单位，应当具备下列条件：

（一）有法人资格。

（二）有能保证贮存设施安全运行的组织机构，包括负责贮存设施运行、安全防护（含辐射监测）和质量保证等部门。

（三）有三名以上放射性废物管理、辐射防护、环境监测方面的专业技术人员，其中至少有一名注册核安全工程师。

（四）有符合国家有关放射性污染防治标准和国务院环境保护主管部门规定的放射性固体废物接收、贮存设施和场所。同时从事放射性废物处理活动的，还应当具有符合国家有关放射性污染防治标准和国务院环境保护主管部门规定的处理设施。

（五）有符合国家有关放射性污染防治标准和国务院环境保护主管部门规定的放射性检测、辐射防护和环境监测设备。

（六）建立记录档案制度，记录所贮存的放射性固体废物的来源、数量、特征、贮存位置、清洁解控或者送交处置等相关信息。

（七）有健全的管理制度以及符合核安全监督管理要求的质量保证体系，包括贮存操作规程、质量保证大纲、贮存设施运行监测计划、辐射监测计划、应急预案等。

第八条　申请领取贮存许可证的单位，应当向国务院环境保护主管部门提出书面申请，填写放射性固体废物贮存许可证申请表，并提交下列材料：

（一）企业法人营业执照正、副本的复印件，或者事业单位法人证书正、副本的复印件，以及法定代表人身份证的复印件；

（二）放射性检测、辐射防护和环境监测设备清单；

（三）放射性固体废物贮存管理制度证明文件，包括贮存操作规程、质量保证大纲及程序文件清单、辐射监测计划、贮存设施运行监测计划、应急预案、记录档案管理文件等；

（四）满足本办法第七条规定的其他证明材料。

第九条　申请从事低、中水平放射性固体废物处置活动的单位，应当具备下列条件：

（一）有国有或者国有控股的企业法人资格，有不少于三千万元的注册资金；

（二）有能保证处置设施安全运行的组织机构，包括负责处置设施运行、安全防护（含辐射监测）和质量保证等部门；

（三）有十名以上放射性废物管理、辐射防护、环境监测方面的专业技术人员，其中注册核安全工程师不少于三名；

（四）有符合国家有关放射性污染防治标准和国务院环境保护主管部门规定的放射性固体废物接收、处置设施和场所；

（五）有符合国家有关放射性污染防治标准和国务院环境保护主管部门规定的放射性检测、辐射防护和环境监测设备，以及必要的辐射防护器材；

（六）有能保证其处置活动持续进行直至安全监护期满的财务担保；

（七）建立记录档案制度和相应的信息管理系统，能记录和管理所处置的放射性固体废物的来源、数量、特征、处置位置等与处置活动有关的信息；

（八）有健全的管理制度以及符合核安全监督管理要求的质量保证体系，包括处置操作规程、质量保证大纲、处置设施运行监测计划、辐射监测计划和应急预案等。

第十条 申请从事高水平放射性固体废物处置和 α 放射性固体废物处置活动的单位，除满足本办法第九条第（二）项、第（四）项、第（五）项、第（六）项、第（七）项和第（八）项规定的条件外，还应当具备下列条件：

（一）有国有或者国有控股的企业法人资格，有不低于一亿元的注册资金；

（二）有二十名以上放射性废物管理、辐射防护、环境监测方面的专业技术人员，其中注册核安全工程师不少于五名。

第十一条 申请领取处置许可证的单位，应当向国务院环境保护主管部门提出书面申请，填写放射性固体废物处置许可证申请表，并提交下列材料：

（一）企业法人营业执照正、副本复印件，法定代表人身份证复印件；

（二）从事放射性固体废物处置管理和操作人员的培训和考核证明，注册核安全工程师证书复印件；

（三）放射性检测、辐射防护和环境监测设备清单；

（四）财务担保证明；

（五）放射性固体废物处置管理制度证明文件，包括处置操作规程、质量保证大纲及程序文件清单、处置设施运行监测计划、辐射监测计划、应急预案、记录档案管理文件、信息管理系统证明文件等；

（六）满足本办法第九条、第十条规定的其他证明材料。

第三章 许可证审批

第十二条 国务院环境保护主管部门应当自受理许可证申请之日起二十个工作日内完成审查，对符合条件的颁发许可证，予以公告；对不符合条件的，书面通知申请单位并说明理由。

国务院环境保护主管部门在审查过程中，应当组织专家进行技术评审，并征求国务院其他有关部门意见。技术评审所需时间不包括在审批期限内，并应当书面告知申请单位。

第十三条 贮存许可证和处置许可证应当载明下列内容：

（一）单位名称、地址和法定代表人；

（二）准予从事的活动种类、范围和规模；

（三）有效期限；

（四）发证机关、发证日期和证书编号。

前款所指准予从事活动的种类和范围，是指贮存或者处置废放射源，低、中、高水平放射性固体废物或者 α 放射性固体废物；规模是指贮存、处置放射性固体废物空间的容积。

第十四条 贮存许可证和处置许可证的有效期为十年。

许可证有效期届满，从事放射性固体废物贮存或者处置活动的单位需要继续从事贮存或者处置活动的，应当于许可证有效期届满九十日前，向国务院环境保护主管部门提出延续申请，并提交下列材料：

（一）许可证延续申请文件；

（二）许可证有效期内的贮存或者处置活动总结报告；

（三）辐射监测报告；

（四）国务院环境保护主管部门要求的其他材料。

国务院环境保护主管部门应当在许可证有效期届满前完成审查，对符合条件的准予延续；对不符合条件的，书面通知申请单位并说明理由。

第十五条　持证单位名称、地址、法定代表人发生变更的，应当自变更登记之日起二十日内，向国务院环境保护主管部门申请办理许可证变更手续，并提交下列材料：

（一）许可证变更申请文件；

（二）变更后的企业法人营业执照正、副本复印件，或者事业单位法人证书正、副本的复印件，以及法定代表人身份证复印件；

（三）国务院环境保护主管部门要求的其他材料。

国务院环境保护主管部门核实后，换发许可证。

第十六条　许可证载明的活动种类、范围、规模发生变更，或者许可证有效期满未获延续的，应当按照本办法第七条、第九条、第十条的规定，重新申请领取许可证。

第十七条　持证单位因故遗失许可证的，应当及时在所在地省级报刊上刊登遗失公告，公告期为三十日。持证单位应当于公告期满后的一个月内持公告到国务院环境保护主管部门申请补发许可证。

第十八条　持证单位应当按照国家有关放射性污染防治标准和国务院环境保护主管部门的规定，在许可证规定的种类、范围和规模内从事放射性固体废物贮存或者处置活动。

禁止伪造、变造、转让许可证。禁止无许可证从事放射性固体废物贮存或者处置活动。

第十九条　贮存许可证持证单位应当如实完整地记录所收贮放射性固体废物来源、数量、特征、贮存位置、清洁解控或者送交处置等相关信息。

贮存许可证持证单位应当于每年 3 月 31 日前，向国务院环境保护主管部门提交上一年度贮存活动总结报告，包括废物贮存、清洁解控、送交处置、辐射监测等内容。

第二十条　处置许可证持证单位应当如实完整地记录所处置放射性固体废物的来源、数量、特征、处置位置等与处置活动有关的信息。放射性固体废物处置档案记录应当永久保存。

处置许可证持证单位应当于每年 3 月 31 日前，向国务院环境保护主管部门提交上一年度处置活动总结报告，包括废物接收、处置设施运行、辐射监测等内容。

第四章　法律责任

第二十一条　放射性固体废物贮存、处置许可审批部门及其工作人员违反本办法的规定，有下列行为之一的，对直接负责的主管人员和其他直接责任人员，依法给予处分；构成犯罪的，依法移送司法机关追究刑事责任：

（一）违反本办法规定核发贮存许可证或者处置许可证的；

（二）在许可证审批及监督管理过程中，索取、收受他人财物或者谋取其他利益的；

（三）发现有违反本办法的行为而不依法予以查处的；

（四）有其他徇私舞弊、滥用职权、玩忽职守行为的。

第二十二条 未取得相应许可证擅自从事放射性固体废物贮存、处置活动，或者未按照许可证规定的活动种类、范围、规模、期限从事放射性固体废物贮存、处置活动的，依照《放射性废物安全管理条例》第三十八条的规定处罚。

第二十三条 有下列行为之一的，由国务院环境保护部门责令限期改正，处三万元以下罚款，涉嫌构成犯罪的，依法移送司法机关追究刑事责任：

（一）伪造、变造、转让许可证的；

（二）未按本办法的规定及时申请变更许可证的。

第二十四条 对违反本办法其他规定的，按照《中华人民共和国放射性污染防治法》《放射性废物安全管理条例》及其他相关法律法规的规定进行处罚。

第五章 附 则

第二十五条 本办法规定的贮存许可证申请表、处置许可证申请表、贮存许可证和处置许可证样式等文件格式由国务院环境保护主管部门统一制定并公布。

第二十六条 本办法由国务院环境保护主管部门负责解释。

第二十七条 本办法自 2014 年 3 月 1 日起施行。

【核材料管制系列】

HAF501/01

核材料管制条例实施细则

（1990年9月25日国家核安全局、能源部、国防科学技术工业委员会发布，自发布之日起施行）

第一章　总　则

第一条　根据《中华人民共和国核材料管制条例》（以下简称《条例》）第二十三条规定制定本实施细则。

第二条　本实施细则适用于核材料许可证的申请、审查、核准、颁发和核材料的账务衡算管理及实物保护。本实施细则所涉及的核材料管制的范围，按《条例》第二条办理。

第二章　核材料管制办公室职责

第三条　能源部委托中国核工业总公司负责全国核材料的管制，下设核材料管制办公室（以下简称“办公室”），具体负责核材料管制工作。

第四条　核材料管制办公室的具体职责是：

（一）根据《条例》和本实施细则，拟定核材料管制的规章制度和技术规范。

（二）按照《条例》规定，接受核材料许可证的申请，负责办理发放核材料许可证。

（三）实施全国核材料管制，负责建立全国核材料账务系统和检查许可证持有者的核材料账务衡算管理及实物保护和保密工作。核材料账务与衡算的具体格式另行规定。

（四）向国家核安全局和国防科工委分别提交民用和军用核材料的季度报告（包括转让、盘存、账务）及年度衡算报告。

（五）在发生核材料被盗、破坏、丢失、非法转让和非法使用事件时，及时采取措施，并迅速将情况通报国家核安全局、国防科工委、公安部及其他有关部门。

第三章　核材料许可证持有单位的责任

第五条　根据《条例》第十六条的规定，核材料许可证持有单位法人代表对所持有的核材料负有全面安全责任。

第六条 核材料许可证持有单位必须设立负责机构或指定专人负责贯彻执行《条例》和本实施细则，其具体职责是：

（一）制定本单位核材料衡算管理和实物保护的规章制度并负责实施；

（二）按“办公室”的规定，上报核材料的转让、定期盘存和账务衡算报告；

（三）对核材料账务衡算管理人员和实物保护人员进行业务培训及考核。

第七条 核材料许可证持有单位在核材料发生被盗、破坏、丢失、非法转让和非法使用事件时，必须迅速采取措施，并立即报告当地公安部门、“办公室”以及上级领导部门，并写出事故报告。

第四章 核材料许可证的申请、审查和颁发

第八条 为保证核材料合法利用和安全，根据《条例》第三条规定，国家对核材料实行许可证管理制度。

第九条 申请核材料许可证的单位必须提前六个月提交核材料许可证申请报告。

已经持有核材料的单位，应在本实施细则颁布后一年内办完许可证手续。

第十条 申请核材料许可证必须提交的文件：

（一）核材料许可证申请报告（格式见附件一）；

（二）核材料账目与衡算管理实施计划（格式见附件二）；

（三）核材料实物保护与保密实施计划（格式见附件三）；

（四）其他必要的支持性文件。

上述文件送“办公室”前必须经其上级主管部门审核。

第十一条 “办公室”接受许可证申请文件后，提出审查意见，经国家核安全局或国防科工委核准后，办理许可证发放手续。

第十二条 核材料许可证的有效期、更改和中止的规定：

（一）核材料许可证的有效期在许可证中规定，逾期自行失效，需要延长许可证有效期的，必须在期满之前九十天内提出申请；

（二）许可证申请中所涉及的核材料品种、数量、用途范围以及管制实施计划有变化时，许可证持有单位应按规定格式（见附件四）向“办公室”提交许可证更改申请，“办公室”审查后，提出答复意见，并报国家核安全局或国防科工委备案；

（三）许可证申请中所涉及的核材料品种、数量、用途范围以及管制实施计划有重大变化或更改时，“办公室”有权通知许可证持有单位重新办理许可证；

（四）许可证持有单位要求终止许可证时，应在完成核材料清理工作后，向“办公室”提交许可证终止申请报告（格式见附件五），由“办公室”审查核实注销许可证，并报国家核安全局或国防科工委备案。

第五章　核材料账务管理

第十三条　全国核材料账务系统的范围：

（一）凡属《条例》第二条所列管理范围内的核材料都要列入本账务系统；

（二）铀矿石及其初级产品（即核纯铀化合物之前的产品）、已移交给军队的核制品以及免于登记的核材料不属于本账务系统。

第十四条　国内核材料转移必须符合下列规定：

（一）调出单位应核实接收单位许可证，填写“核材料交接报告”报“办公室”；

（二）一次或多次转让累计数量达到和超过《条例》第九条所列限额者，接收单位也必须持有核材料许可证；

（三）调入与调出双方对核材料数量有争议时，“办公室”有权作出核材料衡算账目的仲裁决定，必要时委托第三方作出技术鉴定，其仲裁费用由败诉方支付。

第十五条　核材料出入境必须符合下列规定：

（一）事先填写《核材料出入境报告》报“办公室”。

（二）核材料出境前，调出单位负责押运核材料至出境口岸货场。核材料入境后，接受单位负责从入境口岸货场接收核材料。经办核材料出入境的单位负责办理海关验收手续，双方安全责任以口岸货场为界线。

（三）核材料出境口岸交接之后或入境口岸交接之前的运输安全责任，按国际有关规定处理。

第十六条　持有核材料数量小于《条例》第九条所列限额的单位应遵守下列规定：

（一）不需要办理核材料许可证，但必须办理核材料登记手续，在调入或再转让核材料时，填写“核材料交接报告”报“办公室”；

（二）核材料的持有者对所持有的核材料负全面安全责任，应采取管理措施，保证核材料的安全，防止核材料被盗、破坏与丢失；

（三）遵守国家有关放射性物质的防护、安全处置与安全运输有关规定；

（四）每年年末向“办公室”提出本年度有关核材料库存情况的报告，说明核材料的去向及剩余量，并接受监督、检查、指导。

第十七条　对不致危害国家和人民群众安全的少量核材料制品（或含有少量核材料的制品），按《条例》第九条规定可免于登记，免于登记的核材料制品的品种和数量限额由“办公室”另行规定，免于登记的核材料制品的生产单位必须向“办公室”填写该部分“核材料交接报告”，报告其销售品种与数量。

第六章　核材料衡算

第十八条　根据《条例》第十一条规定，许可证持有单位必须建立核材料衡算制度，在持有核材料期间，进行衡算工作。

第十九条 属下列情况的核材料，经测量和入账后，其衡算工作即可终止：

（一）已经在反应堆中消耗的；

（二）已经按规定手续转让到另一单位的；

（三）已经作为废气、废液排放，或者作为废物进行了处置，不再回收的。但临时存放仍可进行回收的物料除外。

第二十条 许可证持有单位，根据各自的特点，把核设施划分成材料平衡区，按核材料分类进行衡算，每个平衡区要有完整的账目，实行独立的材料衡算。

第二十一条 许可证持有单位应建立核材料的实物盘存制度，其基本要求是：

（一）每年至少进行一次全面、严格的实物盘存。对钚-239、铀-233 及铀-235 丰度大于 20%的浓缩铀等核材料，每年至少进行两次实物盘存。

（二）规定记录和报告的截止日期，在规定时间内（一般在年底）进行盘存。

（三）制定实物盘存计划和工作程序，对盘存过程进行监督。

（四）为保证盘存准确可靠，必须做到：

1．按核材料的种类及物理化学形态进行分类盘存；

2．盘存中所有项目的核材料数量必须是测量值；

3．对设备中核材料的实物盘存和待回收物料，必须制定严格的措施，保证盘存质量；

4．排放或处置废气、废液、废物时必须测量其中的核材料含量。

第二十二条 许可证持有单位应建立原始记录与报告制度，其基本要求是：

（一）核材料账目的原始记录要求清楚、正确、系统和完整，至少保存五年；

（二）账目管理要系统、准确、及时，各单位按其特点，建立统计记录格式、统计程序和内部审计制度，要有专职的核材料统计人员具体负责统计工作；

（三）许可证持有单位按照本实施细则第四条之（三）规定，向“办公室”提交核材料账目与衡算报告。

第二十三条 许可证持有单位应建立核材料衡算测量系统，其基本要求是：

（一）测量系统要完整、可靠，测量的准确程度要达到附表一的要求。

（二）提供有关核材料收发、库存、损失及材料平衡情况的准确数据，进行误差分析并做出可靠评价。

（三）提出本单位材料衡算测量方案，其主要内容包括：使用的标准物质与标准源、取样和制样、仪器校正、测量方法、数据和资料的记录要求、统计处理和误差评价等。测量方案及测量方案的修改都要报“办公室”备案。

（四）测量人员必须严格遵守分析测量操作规程，努力提高测量人员技术水平，建立技术培训和定期考核制度，考核不合格者不得参加测量工作。

第二十四条 核材料衡算的方法及评价：

（一）核材料衡算应采用闭合平衡方法，其基本公式如下：

不平衡差（MUF）=期初存量+调入量−期末存量−调出量−已知损失量

（二）当不衡差（MUF）大于其标准误差的 2 倍时，就认为材料未达到闭合平衡，有可能存在核材料的丢失、盗窃或非法转移。此时，许可证持有单位必须向“办公室”报告，并要求找出不平衡的原因和制定下一步改进的措施。“办公室”有权追查，并视情况作出处理意见。

（三）各衡算单位必须标定测量系统的误差，并计算不平衡差的实际测量误差，当结果超过附表一限值标准时，衡算单位必须改进分析测量系统。附表一限值标准的实施日期在许可证文件中规定。

第七章 核材料实物保护

第二十五条 根据《条例》第十二条规定，持有核材料的单位必须有保护核材料的措施，建立安全防范系统。根据核材料的质量、数量及危害性程度，划分为三个保护等级（附表二），实行分级管理。保护等级以下的核材料也应严格管理。

第二十六条 固定场所核材料保护的基本要求：

（一）接触核材料的人员必须经过审查，不适宜的人员要及时调整；

（二）建立核材料实物保护制度、定期检查措施的落实情况，消除隐患，堵塞漏洞，确保安全；

（三）建立专职或义务消防组织，制定防火制度，配备相应的装备器材，完善灭火措施；

（四）核材料实物保护措施应报当地公安部门并与其商定紧急情况处置方案。

第二十七条 固定场所的警卫和守护：

（一）一级核材料部位设武装警卫，出入人员使用专门证件，严格控制非本单位工作人员进入，确因工作需要进入者，须经单位主管领导批准，履行登记手续，并由本单位人员陪同，库房实行“双人双锁”制度。

（二）二级核材料部位设武装警卫，或固定专人昼夜看守。出入人员使用专门证件。

（三）三级核材料部位设专人看守，或将核材料存入安全装置内。

（四）警卫人员必须经过严格训练，配备必要的装备、器材，一旦发现破坏、抢劫、盗窃行为，应迅速干预制止，及时报告。

第二十八条 固定场所的实体屏障：

（一）一级核材料的场所至少要建立两道完整、可靠的实体屏障，储存一级核材料必须有保险库或保险柜。

（二）二级核材料的场所要建立两道实体屏障，其中必须有一道是完整可靠的。储存二级核材料必须有坚固的库房或柜。

（三）三级核材料的场所必须建立一道完整、可靠的实体屏障。

第二十九条 固定场所的技术防范设施：

（一）一级核材料的场所、部位应装设报警、监视等技术防范装置组成的安全防范系统；

（二）二级核材料的场所，其重要部位应装设报警或监视等技术防范装置；

（三）无论采用哪一种技术防范措施，都应使之对非法侵入行为发出快速警报。

第三十条 核材料运输保卫必须符合下列规定：

（一）托运单位负责运输保卫，应会同运输、产品、安防和保卫等有关部门制定运输保卫方案，一级及二级核材料运输保卫措施必须向当地公安机关报告；

（二）除主管运输部门另有规定之外，核材料的运输必须有专人押运；

（三）一级核材料的运输必须派武装押运；

（四）对参加运输入员和保卫人员要进行安全保卫教育，提出明确的保卫要求，途中不准会客和私人通讯；

（五）运输工具要严格检查，严禁带故障起运，严禁非运输人员搭乘；

（六）运输路线、时间、始发和到达地点不得向无关人员泄漏；申报运输计划、填报货运单据一律使用核材料代号。

第三十一条 核材料运输押运人员职责：

（一）起运前认真核对产品件数、编号、封记，检查装载是否符合安全保卫要求，办理交接手续；

（二）途中检查产品包装和加固等安全状况；

（三）停车、中转、交接时组织警卫守护；

（四）途中发生破坏、偷盗、抢劫核材料的事故或案件，要妥善保护现场，并迅速向当地公安机关及上级领导部门报告，协助有关部门追查处理。

第八章 附 则

第三十二条 核材料许可证持有单位必须交纳许可证工本费和许可证管理费，费用标准另定。

第三十三条 本实施细则由发布单位负责解释。

第三十四条 本实施细则自发布之日起施行。

（附件一～附件五略）

附表一

各类设施的闭合材料平衡 MUF 的相对标准偏差限值

设施类型	σ(MUF)/%
铀同位素浓缩	0.2
铀加工	0.3
钚加工	0.5
铀后处理	0.8
钚后处理	1.0

说明：σ(MUF)（%）——衡算全过程中的 MUF 相对标准偏差，用总量的百分数表示。

附表二

核材料实物保护等级划分

材料	状　态	等　级		
		I	II	III
钚	来辐照过的	2 千克以上	10 克～2 千克	10 克以下
铀	未辐照过的，U 富集度≥20%的浓缩铀	5 千克以上	1 千克～5 千克	10 克～1 千克
	未辐照过的，U 富集度在 10%～20%范围的浓缩铀		20 千克以上	1 千克～20 千克
	未辐照过的，U 富集度＜10%的浓缩铀（不包括天然铀、贫化铀）	—	300 千克以上	10 千克～300 千克
氚	未辐照过的，以氚量计	10 克以上	1 克～10 克	0.1 克～1 克
锂	浓缩锂（以锂计）		20 千克以上	1 千克～20 千克

说明：1. 铀、钚保护等级划分是按元素的数量，而不是按有效公斤计算的。

2. 氚及含氚的材料或制品以氚量来划分等级；浓缩锂及含浓缩锂的材料或制品以锂量划分等级（浓缩锂是指锂-6 同位素浓度大于天然锂者）。

3. 此表所划等级及本细则规定的保护措施只限于核材料本身，核设施保卫不包括在内，但是不能因此就降低核设施现有的保护等级与标准。

【民用核安全设备监督管理系列】

HAF601

民用核安全设备设计制造安装和无损检验监督管理规定

（2007 年 12 月 28 日国家环境保护总局令第 43 号公布，根据 2019 年 8 月 22 日《生态环境部关于废止、修改部分规章的决定》修正）

第一章　总　则

第一条　为了加强对民用核安全设备设计、制造、安装和无损检验活动的监督管理，根据《民用核安全设备监督管理条例》，制定本规定。

第二条　从事民用核安全设备设计、制造、安装和无损检验活动的单位，应当遵守本规定。

运离民用核设施现场进行民用核安全设备维修活动的，应当遵守民用核安全设备制造活动的有关规定。

第三条　民用核安全设备目录由国务院核安全监管部门商国务院有关部门分批制定并发布。

第四条　从事民用核安全设备设计、制造、安装和无损检验活动的单位，应当取得民用核安全设备设计、制造、安装和无损检验许可证，并按照许可证规定的种类、范围和条件从事民用核安全设备设计、制造、安装和无损检验活动。

第五条　民用核设施营运单位，应当对民用核安全设备设计、制造、安装和无损检验活动进行质量管理和过程控制，做好监造和验收工作；对在役的民用核安全设备进行检查、试验、检验和维修，并对民用核安全设备的使用和运行安全承担全面责任。

第六条　国务院核安全监管部门对民用核安全设备设计、制造、安装和无损检验活动实施监督管理。

第二章　许　可

第七条　申请领取民用核安全设备设计、制造或者安装许可证的单位，应当按照拟从事的活动种类、设备类别和核安全级别向国务院核安全监管部门提出申请。

申请领取民用核安全设备无损检验许可证的单位，应当按照无损检验方法向国务院核安全监管部门提出申请。无损检验方法包括射线检验（RT）、超声检验（UT）、磁粉检验（MT）、涡流检验（ET）、渗透检验（PT）、泄漏检验（LT）、目视检验（VT）等。

第八条　申请领取民用核安全设备设计、制造、安装或者无损检验许可证的单位，应当具备下列条件：

（一）具有法人资格；

（二）有与拟从事活动相关或者相近的工作业绩，并且满 5 年以上；

（三）有与拟从事活动相适应的、经考核合格的专业技术人员，其中从事民用核安全设备焊接和无损检验活动的专业技术人员应当取得相应的资格证书；

（四）有与拟从事活动相适应的工作场所、设施和装备；

（五）有健全的管理制度和完善的质量保证体系，以及符合核安全监督管理规定的质量保证大纲。

对申请领取不同设备类别和核安全级别的民用核安全设备设计、制造、安装或者无损检验许可证的单位的具体技术要求，由国务院核安全监管部门规定。

申请领取民用核安全设备制造或者安装许可证的单位，应当根据其申请的设备类别、核安全级别、活动范围、制造和安装工艺、材料牌号、结构型式等制作具有代表性的模拟件。

模拟件制作的具体要求由国务院核安全监管部门规定。

同时申请领取民用核安全设备设计和制造许可证的单位，应当在模拟件制作过程中，完成相应的鉴定试验。

第九条　申请领取民用核安全设备设计、制造、安装或者无损检验许可证的单位，应当提交申请书和符合第八条规定条件的证明文件，具有法人资格的证明文件除外。

申请领取民用核安全设备制造或者安装许可证的单位，还应当提交模拟件制作方案和质量计划等材料。

同时申请领取民用核安全设备设计和制造许可证的单位，还应当提交鉴定试验大纲和必要的相关文件。

第十条　国务院核安全监管部门对提交的申请文件进行形式审查，符合条件的，应当予以受理。

第十一条　国务院核安全监管部门在审查过程中，应当组织专家进行技术评审，并征求国务院核行业主管部门和其他有关部门的意见。技术评审方式包括文件审查、审评对话和现场检查等。

对需要进行模拟件制作活动的，技术评审还应当包括对模拟件制作活动方案、质量计划等材料的审查，以及制作过程中的现场监督见证等。

国务院核安全监管部门应当自受理之日起 45 个工作日内完成审查，对符合条件的，颁发许可证，予以公告；对不符合条件的，书面通知申请单位并说明理由。

依据第一款、第二款规定组织进行技术评审的时间，不计算在第三款规定的期限内。

第十二条 取得民用核安全设备设计、制造、安装或者无损检验许可证的单位，可以从事相同活动种类、相同设备类别、相同设备品种及范围内的较低核安全级别的相关活动，但许可证特别注明的除外。

第十三条 民用核安全设备设计、制造、安装和无损检验许可证应当包括下列主要内容：

（一）单位名称、住所和法定代表人；

（二）准予从事的活动种类和范围；

（三）有效期限；

（四）发证机关、发证日期和证书编号。

第十四条 禁止无许可证或者不按照许可证规定的活动种类和范围从事民用核安全设备设计、制造、安装和无损检验活动。

禁止委托未取得相应许可证的单位进行民用核安全设备设计、制造、安装和无损检验活动。

禁止伪造、变造、转让许可证。

第十五条 民用核安全设备设计、制造、安装和无损检验许可证有效期限为 5 年。

第十六条 民用核安全设备设计、制造、安装和无损检验单位有下列情形之一的，应当于许可证有效期届满 6 个月前，向国务院核安全监管部门提出延续申请，并提交延续申请书和延续申请文件：

（一）持证期间有相应的民用核安全设备设计、制造、安装或者无损检验活动业绩，并拟在许可证有效期届满后继续从事相关活动的；

（二）正在从事民用核安全设备设计、制造、安装或者无损检验活动，且在许可证有效期届满时尚不能结束的。

持证期间无民用核安全设备设计、制造、安装和无损检验活动业绩的，应当按照本章规定的程序重新申请领取许可证。

第十七条 对民用核安全设备设计、制造、安装和无损检验单位提出的许可证延续申请，国务院核安全监管部门应当在许可证有效期届满前作出是否准予延续的决定；逾期未作决定的，视为准予延续。

第十八条 民用核安全设备设计、制造、安装和无损检验单位变更单位名称、住所或者法定代表人的，应当自变更登记之日起 20 日内，向国务院核安全监管部门申请办理许可证变更手续，并提交变更申请、变更说明和相关变更证明材料。

国务院核安全监管部门应当对申请变更的情况进行核实。情况属实的，换发许可证。变更后的许可证有效期适用原许可证的有效期。

第十九条　民用核安全设备设计、制造、安装和无损检验单位变更许可证规定的活动种类或者范围的，应当向国务院核安全监管部门重新提出申请。

第三章　质量管理与控制

第二十条　民用核安全设备设计、制造、安装和无损检验单位，应当提高核安全意识，建立并有效实施质量保证体系，确保民用核安全设备的质量和可靠性，并接受民用核设施营运单位的检查。

第二十一条　民用核安全设备设计、制造、安装和无损检验单位应当根据其质量保证大纲和民用核设施营运单位的要求，在民用核安全设备设计、制造、安装和无损检验活动开始前，编制项目质量保证分大纲。项目质量保证分大纲应当适用、完整、接口关系明确，并经民用核设施营运单位审查认可。

民用核安全设备制造和安装单位应当根据具体活动编制相应的质量计划，并经民用核设施营运单位审查认可。

民用核安全设备设计、制造、安装和无损检验单位应当按照项目质量保证分大纲的要求，对所有过程进行控制，并对发现的问题进行处理和纠正。

第二十二条　民用核安全设备设计单位在设计活动开始前，应当组织相关设计人员对民用核设施营运单位提出的设计要求进行消化、分析，充分掌握设计输入要求，并予以明确；确定设计接口控制措施、设计验证方式和内容以及设计变更控制措施。

设计单位在设计的各个阶段，应当按照确定的设计验证方式对其设计进行设计验证。设计验证人员应当具有一定的设计经验、校核能力以及相对独立性。

设计单位在设计活动中，对设计变更应当采取与原设计相当的控制措施。

在设计工作完成后，设计单位应当为该设计的使用单位提供必要的设计服务。

第二十三条　民用核安全设备制造、安装单位在活动开始前，应当组织相关人员对设计提出的技术要求进行消化、分析，编制制造、安装过程执行文件，并严格执行。

制造、安装单位应当根据确定的特种工艺，完成必要的工艺试验和工艺评定。

制造、安装单位应当严格执行经民用核设施营运单位审查认可的质量计划。

制造、安装单位应当对民用核安全设备的制造、安装质量进行检验。未经检验或者经检验不合格的，不得交付验收。

第二十四条　民用核安全设备无损检验单位应当对所承担的具体检验项目，结合检验对象的结构型式、材料特性等，编制无损检验规程，并严格执行。

无损检验单位应当客观、准确地出具无损检验结果报告。

无损检验工作应当由民用核安全设备无损检验Ⅱ级或者Ⅱ级以上无损检验人员为主操作。

无损检验结果报告应当由Ⅱ级或者Ⅱ级以上无损检验人员编制、审核，并履行相关审批手续。

第二十五条 民用核安全设备设计、制造、安装和无损检验单位，不得将国务院核安全监管部门确定的关键工艺环节分包给其他单位。

关键工艺清单由国务院核安全监管部门制定。

第二十六条 民用核设施营运单位对民用核安全设备的安全运行负全面责任。在民用核安全设备设计、制造、安装和无损检验活动开始前，民用核设施营运单位应当对民用核安全设备设计、制造、安装和无损检验单位编制的项目质量保证分大纲进行审查认可。

在民用核安全设备设计、制造、安装和无损检验活动中，民用核设施营运单位应当采取驻厂监造或者见证等方式对过程进行监督，并做好验收工作。有下列情形之一的，不得验收通过：

（一）不能按照质量保证要求证明质量受控的；

（二）出现重大质量问题未处理完毕的。

第二十七条 民用核安全设备制造、安装、无损检验单位和民用核设施营运单位，应当聘用取得民用核安全设备焊工、焊接操作工和无损检验人员资格证书的人员进行民用核安全设备焊接和无损检验活动。

民用核安全设备焊工、焊接操作工和无损检验人员，应当严格按照操作规程进行民用核安全设备焊接和无损检验活动。

第四章　报告与备案

第二十八条 民用核安全设备设计单位，应当在设计活动开始 30 日前，将下列文件报国务院核安全监管部门备案：

（一）项目设计质量保证分大纲和程序清单；

（二）设计内容和设计进度计划；

（三）设计遵循的标准和规范目录清单，设计中使用的计算机软件清单；

（四）设计验证活动清单。

第二十九条 民用核安全设备制造、安装单位，应当在制造、安装活动开始30日前，将下列文件报国务院核安全监管部门备案：

（一）项目制造、安装质量保证分大纲和大纲程序清单；

（二）制造、安装技术规格书；

（三）分包项目清单；

（四）制造、安装质量计划。

第三十条 民用核安全设备无损检验单位，应当在无损检验活动开始 15 日前，将下列文件报国务院核安全监管部门备案：

（一）项目无损检验质量保证分大纲和大纲程序清单；

（二）无损检验活动内容和进度计划；

（三）无损检验遵循的标准、规范、目录清单和验收准则。

第三十一条　民用核安全设备设计单位，应当在每季度开始 7 个工作日内，向国务院核安全监管部门提交上一季度活动情况报告，主要内容包括：

（一）已完成的设计活动清单，以及下一季度计划开始和拟完成的设计活动清单；

（二）设计变更清单；

（三）设计验证完成清单。

第三十二条　民用核安全设备制造、安装单位，应当在每季度开始 7 个工作日内，向国务院核安全监管部门提交上一季度活动情况报告，主要内容包括：

（一）已完成的制造、安装活动清单，以及下一季度计划开始和拟完成的活动清单；

（二）已完成的制造、安装质量计划清单；

（三）制造、安装活动不符合项统计表。

第三十三条　民用核安全设备无损检验单位，应当在完成无损检验 10 个工作日内，向国务院核安全监管部门报告无损检验内容和检验结果。

第三十四条　民用核安全设备设计、制造、安装和无损检验单位，应当按照下列规定向国务院核安全监管部门报告：

（一）开展涉及核安全的重要会议、论证等活动的，提前 7 个工作日报告；

（二）出现重大质量问题的，在 24 小时内报告；

（三）因影响民用核安全设备质量和核安全而导致民用核设施营运单位发出停工指令的，在 3 个工作日内通报。

第三十五条　民用核安全设备设计、制造、安装和无损检验单位，应当对所从事的民用核安全设备设计、制造、安装和无损检验活动进行年度评估，并于每年 4 月 1 日前向国务院核安全监管部门提交上一年度的评估报告。

评估报告应当包括下列内容：

（一）本单位工作场所、设施、装备和人员等变动情况；

（二）质量保证体系实施情况；

（三）重大质量问题处理情况；

（四）民用核设施营运单位提出的整改要求落实情况；

（五）国务院核安全监管部门及其派出机构提出的整改要求落实情况。

第五章　监督检查

第三十六条　国务院核安全监管部门及其派出机构有权对民用核安全设备设计、制造、安装和无损检验活动进行监督检查。

被检查单位应当对国务院核安全监管部门及其派出机构进行的监督检查给予配合，如实反映情况，提供必要的资料，不得拒绝和阻碍。对于监督检查中提出的整改要求，被检查单位应当认真落实。

第三十七条 民用核安全设备监督检查的依据是：

（一）《民用核安全设备监督管理条例》以及其他核安全监督管理规定；

（二）民用核安全设备设计、制造、安装或者无损检验许可证的条件和范围；

（三）民用核安全设备国家标准、行业标准和经国务院核安全监管部门认可的标准；

（四）经国务院核安全监管部门审查认可的质量保证大纲及大纲程序。

第三十八条 民用核安全设备监督检查人员应当具备下列条件：

（一）具有大专以上文化程度或者同等学力；

（二）在民用核安全设备方面具有五年以上工程实践或者三年以上核安全管理经验，掌握有关的专业知识，具备良好的沟通能力，能独立做出正确的判断；

（三）熟知相关法律、行政法规和核安全监督管理规定；

（四）作风正派，办事公正，工作认真，态度端正。

第三十九条 民用核安全设备监督检查的内容包括：

（一）许可证条件遵守情况；

（二）相关人员的资格；

（三）质量保证大纲的实施情况；

（四）采用的技术标准及有关技术文件的符合性；

（五）民用核安全设备设计、制造、安装或者无损检验活动重要过程的实施情况；

（六）重大质量问题的调查和处理，以及整改要求的落实情况；

（七）民用核安全设备设计、制造、安装或者无损检验活动的验收和鉴定；

（八）营运单位的监造情况；

（九）其他必要的监督内容。

第四十条 国务院核安全监管部门及其派出机构，接到民用核安全设备设计、制造、安装和无损检验单位依据本规定报送的文件后，应当制定相应的监督计划并书面通知报送单位。民用核安全设备设计、制造、安装和无损检验单位应当根据监督计划的要求，做好接受监督检查的准备。

民用核安全设备设计、制造、安装和无损检验单位，应当根据相关活动的实际进度，在监督计划确定的活动实施 10 个工作日前，书面通知国务院核安全监管部门及其派出机构。

第四十一条 民用核安全设备监督检查分为例行检查和非例行检查。非例行检查可以不预先通知。

监督检查分为综合性检查、专项检查和检查点检查，主要通过现场检查、文件检查、记录确认或者对话等方式进行：

（一）综合性检查：包括质量保证检查和技术检查，质量保证检查主要检查质量保证大纲是否得到有效实施。技术检查主要抽查民用核安全设备的设计、制造、安装和无损检验过程是否符合标准、规范和相关技术文件的要求。

（二）专项检查：指当发生问题或者认为可能有问题时，由国务院核安全监管部门及其派出机构对被检查单位进行的专项任务检查。主要包括对某一技术方面或者质量保证大纲某一要素的实施情况所进行的检查，以及核实提出的整改要求落实情况。

（三）检查点检查：指对检查点进行的现场实施情况检查。

必要时，国务院核安全监管部门及其派出机构可以进行独立验证，验证方式包括计算复核和检验验证。

国务院核安全监管部门及其派出机构，在对民用核安全设备设计、制造、安装和无损检验单位进行综合性检查或者检查点检查时，应当对民用核设施营运单位监造人员的能力和监造实施情况进行检查。

第四十二条　国务院核安全监管部门及其派出机构实施监督检查时，应当对每次检查的内容、发现的问题以及处理情况做出记录，并由监督检查人员和被检查单位的有关负责人签字确认。确有必要时，应当保留客观证据。

被检查单位的有关负责人拒绝签字的，监督检查人员应当将有关情况记录在案。

国务院核安全监管部门及其派出机构应当将每次监督检查的情况以及相应的管理要求形成监督检查报告，并发送被检查单位以及相关单位。

被检查单位应当针对监督检查中提出的问题，采取相应的整改措施，并将整改报告上报国务院核安全监管部门及其派出机构。国务院核安全监管部门及其派出机构应当对整改报告进行审查，并在后续的监督检查中对被整改要求的落实情况进行跟踪验证。

第四十三条　民用核安全设备监督检查人员在进行监督检查时，有权采取下列措施：

（一）向被检查单位的法定代表人和其他有关人员调查、了解情况；

（二）进入被检查单位进行现场调查或者核查；

（三）查阅、复制相关文件、记录以及其他有关资料；

（四）要求被检查单位提交有关情况说明或者后续处理报告。

民用核安全设备监督检查人员在监督检查时，对于违反核安全监督管理规定、许可证条件和范围以及民用核安全设备标准而导致核安全隐患或者出现质量问题的行为，应当立即予以制止，并立即上报国务院核安全监管部门及其派出机构。

国务院核安全监管部门及其派出机构对有证据表明可能存在重大质量问题的民用核安全设备或者其主要部件，有权予以暂时封存。民用核安全设备或者其主要部件被暂时封存的，应当完成后续处理，并由国务院核安全监管部门及其派出机构验证符合要求后，方可启封。

在进行监督检查时，民用核安全设备监督检查人员不得少于两人，并出示证件。监督检查人员应当为被检查单位保守技术秘密和业务秘密；不得滥用职权侵犯企业的合法权益，或者利用职务上的便利索取、收受财物；不得从事或者参与民用核安全设备经营活动。

第四十四条 国务院核安全监管部门及其派出机构对民用核安全设备设计、制造、安装和无损检验活动实施的监督检查不减轻也不转移被检查单位对所从事的相关活动应当承担的责任。

第六章 法律责任

第四十五条 民用核安全设备设计、制造、安装和无损检验单位有下列行为之一的，由国务院核安全监管部门限期改正；逾期不改正的，处 1 万元以上 3 万元以下的罚款：

（一）在民用核安全设备无损检验活动开始前，未按规定将有关文件报国务院核安全监管部门备案的；

（二）未按规定向国务院核安全监管部门报告上一季度民用核安全设备设计、制造、安装或者无损检验情况的；

（三）在民用核安全设备无损检验活动完成后，未向国务院核安全监管部门报告无损检验内容和检验结果的；

（四）开展涉及核安全的重要会议、论证等活动，出现重大质量问题，或者因影响民用核安全设备质量和核安全而导致民用核设施营运单位发出停工指令，未向国务院核安全监管部门报告的。

第四十六条 民用核安全设备设计、制造、安装和无损检验单位以及民用核设施营运单位，有其他违反本规定行为的，依据《民用核安全设备监督管理条例》及其他相关法律法规进行处罚。

第七章 附 则

第四十七条 申请领取民用核安全设备制造或者安装许可证的单位，拟自行对其制造或者安装的民用核安全设备进行无损检验活动的，不需要单独申请领取无损检验许可证。

第四十八条 本规定中有关术语的含义如下：

（一）模拟件：指国务院核安全监管部门在审查民用核安全设备制造、安装许可证申请时，要求有关申请单位针对申请的目标产品，按照 1∶1 或者适当比例制作的与目标产品在材料、结构型式、性能特点等方面相同或者相近的制品。该制品必须经历与目标产品或者样机一致的制作工序以及检验、鉴定试验过程等。

（二）鉴定试验：指在设计过程中，为了保证设计满足预先设定的设计性能指标而对模拟件（或者样机）实施的实物验证试验。鉴定试验包括功能试验、抗震试验和环境试验（包括老化试验和设计基准事故工况试验）等。

（三）检查点：指国务院核安全监管部门及其派出机构，根据民用核安全设备设计、制造、安装和无损检验单位报送文件，所选择的需检查的某一工作过程或者工作节点。根据检查方式的不同，检查点一般分记录确认点（R 点）、现场见证点（W 点）、停工待检点

（H 点）等三类。

第四十九条　本规定自 2008 年 1 月 1 日起施行。1992 年 3 月 4 日国家核安全局、机械电子工业部、能源部发布的《民用核承压设备安全监督管理规定（HAF601）》同时废止。

（附件一～附件三略）

HAF602

民用核安全设备无损检验人员资格管理规定

（2019 年 6 月 13 日生态环境部令第 6 号公布，自 2020 年 1 月 1 日起施行）

第一章 总 则

第一条 为了加强民用核安全设备无损检验人员（以下简称无损检验人员）的资格管理，保证民用核安全设备质量，根据《中华人民共和国核安全法》和《民用核安全设备监督管理条例》，制定本规定。

第二条 本规定适用于无损检验人员的资格考核和管理工作。

无损检验人员的资格等级分为Ⅰ级（初级）、Ⅱ级（中级）和Ⅲ级（高级）。

第三条 从事民用核安全设备无损检验活动（以下简称无损检验活动）的人员应当依据本规定取得资格证书。

第四条 国务院核安全监管部门负责无损检验人员的资格管理，统一组织资格考核，颁发资格证书，对无损检验人员资格及相关资格考核活动进行监督检查。

第五条 民用核安全设备制造、安装、无损检验单位和民用核设施营运单位（以下简称聘用单位）应当聘用取得资格证书的人员开展无损检验活动，对无损检验人员进行岗位管理。

第六条 本规定所称的无损检验方法是指无损检验活动中的超声检验（UT）、射线检验（RT）、涡流检验（ET）、泄漏检验（LT）、渗透检验（PT）、磁粉检验（MT）、目视检验（VT）以及国务院核安全监管部门认可的其他无损检验方法。

第二章 证书申请与颁发

第七条 Ⅰ级无损检验人员在Ⅱ级或者Ⅲ级无损检验人员的监督指导下方可承担下列工作：

（一）安装和使用仪器设备；

（二）按照无损检验规程进行无损检验操作；

（三）记录检验数据。

第八条 Ⅱ级无损检验人员承担下列工作：

（一）根据确定的工艺，编制无损检验规程；

（二）调整和校验仪器设备，实施无损检验活动；

（三）依据标准、规范和无损检验规程，评价检验结果；

（四）编制无损检验结果报告；

（五）监督和指导Ⅰ级无损检验人员；

（六）本规定第七条所列工作。

第九条　Ⅲ级无损检验人员承担下列工作：

（一）确定无损检验技术和工艺；

（二）制定特殊的无损检验工艺；

（三）对无损检验结果进行评定；

（四）编制验收准则；

（五）审核无损检验规程和结果报告；

（六）本规定第八条所列工作。

第十条　申请Ⅰ级资格考核的人员应当具备下列条件：

（一）身体健康，裸视或者矫正视力达到 4.8 及以上，辨色视力正常；

（二）大专及以上学历，工作满 1 年，或者中等职业教育、高中学历，工作满 2 年。

第十一条　申请Ⅱ级资格考核的人员应当具备下列条件：

（一）身体健康，裸视或者矫正视力达到 4.8 及以上，辨色视力正常；

（二）持有拟申请方法Ⅰ级资格证书满 2 年且业绩良好，或者持有特种设备相应方法Ⅱ级资格证书满 1 年且业绩良好，或者持有特种设备相应方法Ⅲ级资格证书。

第十二条　申请Ⅲ级资格考核的人员应当具备下列条件：

（一）身体健康，裸视或者矫正视力达到 4.8 及以上，辨色视力正常；

（二）持有超声检验（UT）、射线检验（RT）、涡流检验（ET）中 1 种及以上方法的Ⅱ级资格证书；

（三）持有泄漏检验（LT）、渗透检验（PT）、磁粉检验（MT）、目视检验（VT）中 1 种及以上方法的Ⅱ级资格证书；

（四）持有拟申请方法Ⅱ级资格证书满 5 年且业绩良好，或者持有特种设备相应方法Ⅲ级资格证书满 2 年且业绩良好。

第十三条　有下列情形之一的人员，申请Ⅱ级或者Ⅲ级资格考核的，其有关工作年限在本规定第十一条或者第十二条有关规定基础上延长 2 年：

（一）脱离无损检验工作 1 年以上的；

（二）违反无损检验操作规程或者标准规范，未造成严重后果的。

第十四条　有下列情形之一的人员，不得申请民用核安全设备无损检验人员资格考核：

（一）被吊销资格证书的人员，自证书吊销之日起未满 3 年的；

（二）依照本规定被给予不得申请资格考核的处理期限未满的。

第十五条 国务院核安全监管部门制定考试计划，组织承担考核工作的单位（以下简称考核单位）实施资格考核。

考核单位负责管理检验设备、仪器，维护试块和试件，实施具体考试工作，出具考试结果报告。

第十六条 申请人员由聘用单位组织报名参加资格考核，并提交下列材料：

（一）申请表；

（二）学历证明；

（三）二级及以上医院出具的视力检查结果；

（四）相关资格证书。

第十七条 国务院核安全监管部门对申请材料进行审核，自收到材料之日起 5 个工作日内确认申请人员考试资格。

第十八条 Ⅰ级和Ⅱ级的资格考核包括理论考试和操作考试。Ⅲ级的资格考核包括理论考试、操作考试和综合答辩。

资格考核按不同的检验方法和级别进行。

第十九条 Ⅰ级和Ⅱ级的理论考试主要考查申请人员对核设施系统基本知识、核安全设备及质量保证相关知识、核安全文化和无损检验基础知识的理解和掌握程度，以及将有关无损检验技术应用于民用核安全设备的能力。

Ⅲ级的理论考试除包括前款规定的考查内容外，还应当考查申请人员对无损检验新技术、特殊工艺和相关标准规范的理解和应用能力。

第二十条 操作考试主要考查申请人员正确应用无损检验仪器设备进行操作，出具检验结果并对结果进行评价的能力。

第二十一条 综合答辩主要考查申请人员对民用核安全设备无损检验理论、方法和实践操作等方面的综合应用能力。

第二十二条 所有考试成绩均达到合格标准视为资格考核合格。

考试成绩未达到合格标准的，可在考试结束日的次日起 1 年内至多补考两次，补考仍未合格的，视为本次考核不合格。

第二十三条 国务院核安全监管部门收到考核单位的考试结果报告之日起 20 个工作日内完成审查，作出是否授予资格的决定。

资格证书由国务院核安全监管部门自授予资格决定之日起 10 个工作日内向合格的人员颁发。

第二十四条 资格证书包括下列主要内容：

（一）人员姓名、身份证号及聘用单位；

（二）方法和级别；

（三）有效期限；

（四）证书编号。

第二十五条　资格证书的有效期限为 5 年。

第二十六条　资格证书有效期届满拟继续从事无损检验活动的人员，应当在证书有效期届满 6 个月前，由聘用单位组织向国务院核安全监管部门提出延续申请，并提交下列材料：

（一）申请表；

（二）二级及以上医院出具的视力检查结果；

（三）资格证书有效期内从事无损检验活动的工作记录和业绩情况。

第二十七条　对资格证书有效期内无损检验活动工作记录和业绩良好的，由国务院核安全监管部门作出准予延续的决定，资格证书有效期延续 5 年。对资格证书有效期内从事无损检验活动不符合国务院核安全监管部门有关工作记录和业绩管理要求的，不予延续，需要重新申领资格证书。

第二十八条　已取得国外相关资格证书的境外单位无损检验人员，需经国务院核安全监管部门核准后，方可在中华人民共和国境内从事无损检验活动。

第二十九条　申请核准的境外单位无损检验人员，应当由聘用单位组织提交下列材料：

（一）持有的资格证书；

（二）相关核安全设备无损检验活动业绩；

（三）未发生过责任事故、重大技术失误的书面说明材料；

（四）境内无损检验活动需求材料。

第三章　监督管理

第三十条　聘用单位应当对申请人员相关申请材料进行核实，确保材料真实、准确，没有隐瞒。

第三十一条　聘用单位应当对本单位无损检验人员进行培训和岗位管理，保证其按照民用核安全设备标准和技术要求从事无损检验活动。

鼓励聘用单位对Ⅱ级和Ⅲ级无损检验人员在职称评定、薪酬待遇、荣誉激励等方面给予政策倾斜。

第三十二条　无损检验人员应当按照无损检验规程进行无损检验活动，遵守从业操守，提高知识技能，严格尽职履责。无损检验人员对其出具的无损检验结果负责。

第三十三条　无损检验结果报告的编制和审核应当由取得相应资格证书的无损检验人员承担，并经其聘用单位批准后方为有效。

第三十四条　无损检验人员超出资格证书范围从事无损检验活动的，其检验结果无效。

第三十五条　无损检验人员一般应当固定在一个单位执业，确需在两个单位执业的，应当报国务院核安全监管部门备案。

无损检验人员变更聘用单位的，应当由其聘用单位向国务院核安全监管部门提出资格证书变更申请，经审查同意后更换新的资格证书。变更后的资格证书有效期适用原资格证书有效期，原资格证书失效。

第三十六条 任何单位和个人不得伪造、变造或者买卖资格证书。

第三十七条 考核单位应当建立健全考核管理制度，配备与拟从事的资格考核活动相适应的考核场所、档案室、检验设备和仪器，具有相应的专业技术人员和管理人员。

考核工作人员应当严格按照考核管理规定实施资格考核，保证考核的公正公平。

第三十八条 考核单位应当建立并管理无损检验人员考试档案。考试档案的保存期限为 10 年。

第三十九条 无损检验人员资格管理中相关违法信息由国务院核安全监管部门记入社会诚信档案，及时向社会公开。

第四十条 对国务院核安全监管部门依法进行的监督检查，被检查单位和人员应当予以配合，如实反映情况，提供必要资料，不得拒绝和阻碍。

第四章 法律责任

第四十一条 无损检验人员违反相关法律法规和国家相关规定的，由国务院核安全监管部门根据情节严重程度依法分类予以处罚。

第四十二条 申请人员隐瞒有关情况或者提供虚假材料的，国务院核安全监管部门不予受理或者不予许可，并给予警告；申请人员 1 年内不得再次申请资格考核。

第四十三条 无损检验人员以欺骗、贿赂等不正当手段取得资格证书的，由国务院核安全监管部门撤销其资格证书，3 年内不得再次申请资格考核；构成犯罪的，依法追究刑事责任。

第四十四条 无损检验人员违反无损检验规程导致无损检验结果报告严重错误的，依据《民用核安全设备监督管理条例》的相关规定，由国务院核安全监管部门吊销其资格证书。

第四十五条 伪造、变造或者买卖资格证书的，依据《中华人民共和国治安管理处罚法》的相关规定予以处罚；构成犯罪的，依法追究刑事责任。

第四十六条 聘用单位聘用未取得相应资格证书的无损检验人员从事无损检验活动的，依据《中华人民共和国核安全法》的相关规定，由国务院核安全监管部门责令改正，处 10 万元以上 50 万元以下的罚款；拒不改正的，暂扣或者吊销许可证，对直接负责的主管人员和其他直接责任人员处 2 万元以上 10 万元以下的罚款。

第四十七条 考核工作人员有下列行为之一的，由国务院核安全监管部门依据有关法律法规和国家相关规定予以处理：

（一）以不正当手段协助他人取得考试资格或者取得相应证书的；

（二）泄露考务实施工作中应当保密的信息的；

（三）在评阅卷工作中，擅自更改评分标准或者不按评分标准进行评卷的；

（四）指使或者纵容他人作弊，或者参与考场内外串通作弊的；

（五）其他严重违纪违规行为。

第五章　附　则

第四十八条　资格考核的具体内容和评定标准由国务院核安全监管部门制定发布。

第四十九条　考核单位不得开展影响资格考核公平、公正的培训活动，不得收取考试费用。

第五十条　本规定自 2020 年 1 月 1 日起施行。2007 年 12 月 28 日原国家环境保护总局和国防科学技术工业委员会联合发布的《民用核安全设备无损检验人员资格管理规定》（国家环境保护总局令　第 44 号）同时废止。

HAF603

民用核安全设备焊接人员资格管理规定

（2019 年 6 月 12 日生态环境部令第 5 号公布，自 2020 年 1 月 1 日起施行）

第一章 总 则

第一条 为了加强民用核安全设备焊接人员（以下简称焊接人员）的资格管理，保证民用核安全设备质量，根据《中华人民共和国核安全法》和《民用核安全设备监督管理条例》，制定本规定。

第二条 本规定适用于焊接人员的资格考核和管理工作。

第三条 从事民用核安全设备焊接活动（以下简称焊接活动）的人员应当依据本规定取得资格证书。

第四条 国务院核安全监管部门负责焊接人员的资格管理，统一组织资格考核，颁发资格证书，对焊接人员资格及相关资格考核活动进行监督检查。

第五条 民用核安全设备制造、安装单位和民用核设施营运单位（以下简称聘用单位）应当聘用取得资格证书的人员开展焊接活动，对焊接人员进行岗位管理。

第六条 本规定所称的焊接人员是指从事民用核安全设备焊接操作的焊工、焊接操作工；焊接方法是指焊接活动中的电弧焊（包括焊条电弧焊、钨极惰性气体保护电弧焊、熔化极气体保护电弧焊、埋弧焊等）和高能束焊（包括电子束焊、激光焊等）以及国务院核安全监管部门认可的其他焊接方法。

第二章 证书申请与颁发

第七条 申请《民用核安全设备焊接人员资格证》资格考核的人员应当具备下列条件：

（一）身体健康，裸视或者矫正视力达到 4.8 及以上，辨色视力正常；

（二）中等职业教育或者高中及以上学历，工作满 1 年；

（三）熟练的焊接操作技能。

第八条 有下列情形之一的人员，不得申请《民用核安全设备焊接人员资格证》资格考核：

（一）被吊销资格证书的人员，自证书吊销之日起未满 3 年的；

（二）依照本规定被给予不得申请资格考核处理的期限未满的。

第九条　国务院核安全监管部门制定考试计划，组织承担考核工作的单位（以下简称考核单位）实施资格考核。

考核单位负责编制考试用焊接工艺规程，实施具体考试工作，检验考试试件，出具考试结果报告。

第十条　申请人员由聘用单位组织报名参加资格考核，并提交下列材料：

（一）申请表；

（二）学历证明；

（三）二级及以上医院出具的视力检查结果。

第十一条　国务院核安全监管部门对提交的材料进行审核，自收到材料之日起5个工作日内确认申请人员考试资格。

第十二条　首次参加资格考核的申请人员应当通过理论考试和相应焊接方法的操作考试。参加增加焊接方法资格考核的申请人员只需要进行相应焊接方法的操作考试。

理论考试主要考查申请人员对核设施系统基本知识，核安全设备及质量保证相关知识，核安全文化，焊接工艺、设备、材料等焊接基本知识的理解和掌握程度。

操作考试主要考查申请人员按照焊接工艺规程及过程质量控制要求熟练地焊接规定的试件并获得合格焊接接头的能力。

第十三条　所有考试成绩均达到合格标准视为资格考核合格。

考试成绩未达到合格标准的，可在考试结束日的次日起1年内至多补考两次，补考仍未合格的，视为本次考核不合格。

第十四条　国务院核安全监管部门收到考核单位的考试结果报告之日起20个工作日内完成审查，作出是否授予资格的决定。

资格证书由国务院核安全监管部门自授予资格决定之日起10个工作日内向合格的人员颁发。

第十五条　资格证书包括下列主要内容：

（一）人员姓名、身份证号及聘用单位；

（二）焊接方法；

（三）有效期限；

（四）证书编号。

第十六条　资格证书的有效期限为5年。

第十七条　资格证书有效期届满拟继续从事焊接活动的人员，应当在证书有效期届满6个月前，由聘用单位组织向国务院核安全监管部门提出延续申请，并提交下列材料：

（一）申请表；

（二）二级及以上医院出具的视力检查结果；

（三）资格证书有效期内从事焊接活动的工作记录和业绩情况。

第十八条 对资格证书有效期内焊接活动工作记录和业绩良好的，由国务院核安全监管部门作出准予延续的决定，资格证书有效期延续 5 年。对资格证书有效期内从事焊接活动不符合国务院核安全监管部门有关工作记录和业绩管理要求的，不予延续，需要重新申领资格证书。

第十九条 已取得国外相关资格证书的境外单位焊接人员，需经国务院核安全监管部门核准后，方可在中华人民共和国境内从事焊接活动。

第二十条 申请核准的境外单位焊接人员，应当由聘用单位组织提交下列材料：

（一）持有的资格证书；

（二）相关核安全设备焊接活动业绩；

（三）未发生过责任事故、重大技术失误的书面说明材料；

（四）境内焊接活动需求材料。

第三章 监督管理

第二十一条 聘用单位应当对申请人员相关申请材料进行核实，确保材料真实、准确，没有隐瞒。

第二十二条 聘用单位应当对本单位焊接人员进行培训和岗位管理，按照民用核安全设备标准和技术要求实施焊接人员技能评定，合格后进行授权，并做好焊接人员连续操作记录管理。

第二十三条 焊接人员应当按照焊接工艺规程开展焊接活动，遵守从业操守，提高知识技能，严格尽职履责。

第二十四条 焊接人员一般应当固定在一个单位执业，确需在两个单位执业的，应当报国务院核安全监管部门备案。

焊接人员变更聘用单位的，应当由其聘用单位向国务院核安全监管部门提出资格证书变更申请，经审查同意后更换新的资格证书。变更后的资格证书有效期适用原资格证书有效期，原资格证书失效。

第二十五条 任何单位和个人不得伪造、变造或者买卖资格证书。

第二十六条 考核单位应当建立健全考核管理制度，配备与拟从事的资格考核活动相适应的考核场所、档案室、焊接设备和仪器，具有相应的专业技术人员和管理人员。

考核工作人员应当严格按照考核管理规定实施资格考核，保证考核的公正公平。

第二十七条 考核单位应当建立并管理焊接人员考试档案。考试档案的保存期限为 10 年。

第二十八条 焊接人员资格管理中相关违法信息由国务院核安全监管部门记入社会诚信档案，及时向社会公开。

第二十九条 对国务院核安全监管部门依法进行的监督检查，被检查单位和人员应当予以配合，如实反映情况，提供必要资料，不得拒绝和阻碍。

第四章　法律责任

第三十条　焊接人员违反相关法律法规和国家相关规定的，由国务院核安全监管部门根据情节严重程度依法分类予以处罚。

第三十一条　申请人员隐瞒有关情况或者提供虚假材料的，国务院核安全监管部门不予受理或者不予许可，并给予警告；申请人员 1 年内不得再次申请资格考核。

第三十二条　焊接人员以欺骗、贿赂等不正当手段取得资格证书的，由国务院核安全监管部门撤销其资格证书，3 年内不得再次申请资格考核；构成犯罪的，依法追究刑事责任。

第三十三条　焊接人员违反焊接工艺规程导致严重焊接质量问题的，依据《民用核安全设备监督管理条例》的相关规定，由国务院核安全监管部门吊销其资格证书。

第三十四条　伪造、变造或者买卖资格证书的，依据《中华人民共和国治安管理处罚法》的相关规定予以处罚；构成犯罪的，依法追究刑事责任。

第三十五条　聘用单位聘用未取得相应资格证书的焊接人员从事焊接活动的，依据《中华人民共和国核安全法》的相关规定，由国务院核安全监管部门责令改正，处 10 万元以上 50 万元以下的罚款；拒不改正的，暂扣或者吊销许可证，对直接负责的主管人员和其他直接责任人员处 2 万元以上 10 万元以下的罚款。

第三十六条　考核工作人员有下列行为之一的，由国务院核安全监管部门依据有关法律法规和国家相关规定予以处理：

（一）以不正当手段协助他人取得考试资格或者取得相应证书的；

（二）泄露考务实施工作中应当保密的信息的；

（三）在评阅卷工作中，擅自更改评分标准或者不按评分标准进行评卷的；

（四）指使或者纵容他人作弊，或者参与考场内外串通作弊的；

（五）其他严重违纪违规行为。

第五章　附　则

第三十七条　资格考核的具体内容和评定标准由国务院核安全监管部门制定发布。

第三十八条　考核单位不得开展影响资格考核公平、公正的培训活动，不得收取考试费用。

第三十九条　本规定自 2020 年 1 月 1 日起施行。2007 年 12 月 28 日原国家环境保护总局发布的《民用核安全设备焊工焊接操作工资格管理规定》（国家环境保护总局令　第 45 号）同时废止。

HAF604

进口民用核安全设备监督管理规定

（2007 年 12 月 28 日国家环境保护总局令第 46 号公布，根据 2019 年 8 月 22 日《生态环境部关于废止、修改部分规章的决定》修正）

第一章 总 则

第一条 为了加强对进口民用核安全设备的监督管理，根据《民用核安全设备监督管理条例》，制定本规定。

第二条 本规定适用于为中华人民共和国境内民用核设施进行民用核安全设备设计、制造、安装和无损检验活动的境外单位（以下简称境外单位）的注册登记管理以及进口民用核安全设备的安全检验。

第三条 国务院核安全监管部门负责对境外单位进行注册登记管理，并对其从事的民用核安全设备设计、制造、安装和无损检验活动实施监督检查。

国务院核安全监管部门及其所属的检验机构依法对进口民用核安全设备进行安全检验。

第四条 民用核设施营运单位，应当在民用核安全设备的对外贸易合同中，明确约定下列主要内容：

（一）境外单位应当配合国务院核安全监管部门的监督检查；

（二）有关进口民用核安全设备监造、装运前检验、监装和验收等方面的要求；

（三）进口民用核安全设备的技术条件和安全检验的相关事项。

第二章 境外单位的注册登记

第五条 境外单位应当事先到国务院核安全监管部门申请注册登记。

拟从事民用核安全设备设计、制造或者安装活动的，应当按照活动种类（设计、制造、安装）、设备类别和核安全级别提出申请。

拟从事民用核安全设备无损检验活动的，应当按照无损检验方法提出申请。无损检验方法包括：射线检验（RT）、超声检验（UT）、磁粉检验（MT）、涡流检验（ET）、渗透检验（PT）、泄漏检验（LT）、目视检验（VT）等。

第六条 申请注册登记的境外单位，应当符合《民用核安全设备监督管理条例》第三十一条规定的条件，主要包括：

（一）遵守中华人民共和国法律、行政法规的规定；

（二）为所在国家（地区）合法设立的经营企业；

（三）具有与拟从事活动相关的工作业绩，并且满 5 年以上；

（四）具有与拟从事活动相适应的工作场所、设施和装备，以及经考核合格的专业技术人员；

（五）具有与拟从事活动相适应的质量保证体系；

（六）已取得所在国核安全监管部门规定的相应资质；

（七）使用的民用核安全设备设计、制造、安装和无损检验技术是成熟的或者经过验证的；

（八）采用中华人民共和国的民用核安全设备国家标准、行业标准或者国务院核安全监管部门认可的标准。

第七条　申请注册登记的，应当提交下列申请材料：

（一）境外单位注册登记申请书；

（二）经营企业在所在国家（地区）合法设立的证明材料；

（三）已取得所在国核安全监管部门规定资质的证明材料，或者已取得其他相关资质的证明材料；

（四）从事核设施核安全设备活动业绩的说明材料；

（五）与拟从事的民用核安全设备活动相关的能力说明材料，包括人员配备、厂房、装备、技术能力以及标准规范执行能力等；

（六）相应的质量保证大纲或者质量管理手册；

（七）国务院核安全监管部门要求提交的其他材料。

申请单位提交的上述材料应当为中文或者中英文对照文本。

第八条　国务院核安全监管部门收到注册登记申请后，应当对提交的申请材料进行形式审查，符合条件的，予以受理。

第九条　国务院核安全监管部门应当在受理申请后 45 个工作日内完成审查，对符合条件的，准予注册登记，颁发《中华人民共和国民用核安全设备活动境外单位注册登记确认书》，并予以公告；对不符合条件的，书面通知申请单位，并说明理由。

在审查过程中，国务院核安全监管部门可以组织专家进行技术评审，必要时可以派员到境外申请单位进行现场核查。技术评审和现场核查所需时间不计算在前款规定的期限内。

第十条　注册登记确认书分为四类：

（一）中华人民共和国民用核安全设备境外设计单位注册登记确认书；

（二）中华人民共和国民用核安全设备境外制造单位注册登记确认书；

（三）中华人民共和国民用核安全设备境外安装单位注册登记确认书；

（四）中华人民共和国民用核安全设备境外无损检验单位注册登记确认书。

第十一条 注册登记确认书应当载明下列内容：

（一）单位名称、所在国家（地区）、住所和法定代表人；

（二）准予注册登记的活动种类和范围；

（三）注册登记的有效期限；

（四）注册登记确认书编号；

（五）注册登记确认书发证机关和发证日期。

第十二条 国务院核安全监管部门在完成境外单位注册登记后，应当将注册登记情况抄送国务院核行业主管部门和其他有关部门。

国务院核安全监管部门应当定期公布境外单位的注册登记情况。

第十三条 注册登记确认书有效期限为 5 年。

注册登记确认书有效期届满，境外单位需要继续从事相关活动的，应当于注册登记确认书有效期届满 6 个月前，重新向国务院核安全监管部门提出注册登记申请。

第十四条 经注册登记的境外单位，变更单位的名称、所在国家（地区）、住所或者法定代表人的，应当自其在所在国家（地区）变更登记之日起 30 日内，向国务院核安全监管部门提交下列材料，申请办理注册登记确认书变更手续：

（一）注册登记变更申请书；

（二）变更情况说明及相关证明材料；

（三）国务院核安全监管部门要求提交的其他材料。

国务院核安全监管部门应当对境外单位注册登记确认书变更情况进行核实。情况属实的，准予办理注册登记确认书变更手续。变更后的注册登记确认书有效期适用原注册登记确认书的有效期。

第十五条 变更注册登记的活动种类或者范围的，应当向国务院核安全监管部门重新提出申请。

第十六条 禁止无注册登记确认书或者不按照注册登记确认书规定的活动种类和范围从事民用核安全设备设计、制造、安装和无损检验活动。

禁止境外单位委托未取得民用核安全设备相关许可证的境内单位或者未取得注册登记确认书的境外单位，为中华人民共和国境内民用核设施进行民用核安全设备设计、制造、安装和无损检验活动。

禁止伪造、变造、转让注册登记确认书。

第十七条 经注册登记的境外单位，为中华人民共和国境内民用核设施进行民用核安全设备设计、制造、安装和无损检验活动时，应当遵守中华人民共和国相关的法律、行政法规和核安全监督管理规定，并对其从事的相应活动质量负责。

第三章 国务院核安全监管部门的监督检查

第十八条 经注册登记的境外单位，为境内民用核设施进行民用核安全设备设计、制造、安装和无损检验活动时，应当接受国务院核安全监管部门及其派出机构的监督检查，如实反映情况，并提供必要资料。

第十九条　民用核设施营运单位，应当自对外贸易合同生效之日起 20 个工作日内，向国务院核安全监管部门及其派出机构提交书面报告。书面报告的内容应当包括合同的有关质量与技术条款、合同的技术附件、交付日期、总体进度等。

营运单位应当在相关民用核安全设备设计、制造、安装和无损检验活动开始 1 个月前，向国务院核安全监管部门及其派出机构提交书面报告。书面报告的内容应当包括相关民用核安全设备设计、制造、安装和无损检验活动的内容、进度安排、质量计划以及营运单位监造计划。

第二十条　国务院核安全监管部门及其派出机构，应当根据民用核设施营运单位按照本规定提交的相关报告，确定需要监督检查的内容，制定相应的监督检查计划，并书面通知营运单位。

营运单位应当在监督检查计划中确定的检查点开工 2 个月前，书面通知国务院核安全监管部门及其派出机构。

第二十一条　国务院核安全监管部门及其派出机构，在对境外单位从事的民用核安全设备设计、制造、安装和无损检验活动进行监督检查时，有权采取下列措施：

（一）向相关单位的法定代表人和其他有关人员了解情况；

（二）进入相关单位进行现场检查；

（三）查阅、复制相关文件、记录以及其他有关资料；

（四）对发现的质量问题或者缺陷，责成民用核设施营运单位调查处理，并提交有关情况说明及后续处理报告。

国务院核安全监管部门及其派出机构在进行监督检查时，营运单位应当派员在现场配合。

第二十二条　国务院核安全监管部门及其派出机构在进行监督检查时，应当对检查内容、发现问题及处理情况作出记录，并由监督检查人员、民用核设施营运单位人员和被监督检查单位有关负责人签字确认。

被监督检查单位有关负责人拒绝签字的，监督检查人员应当将有关情况记录在案。

第四章　民用核设施营运单位的监造、装运前检验、监装和验收

第二十三条　民用核设施营运单位应当对进口民用核安全设备进行监造、装运前检验、监装，并对进口民用核安全设备质量进行验收。

第二十四条　民用核设施营运单位应当配备足够数量并具备相应专业知识和业务能力的监造、装运前检验、监装和验收人员。

第二十五条　民用核设施营运单位应当制定监造、装运前检验、监装和验收计划，编制相应的检查要求。

负责监造、装运前检验、监装和验收的人员，应当执行监造、装运前检验、监装和验收计划以及检查要求。

第二十六条 民用核设施营运单位应当对进口民用核安全设备设计活动的质量进行验证。

第二十七条 民用核设施营运单位应当对进口民用核安全设备无损检验活动的质量进行验证。

前款规定的验证，可以采取现场见证、文件审查等方式进行。必要时，可以进行抽查复验。

第二十八条 民用核设施营运单位应当对经注册登记的境外单位的质量保证大纲或者质量管理手册的实施情况进行监查。

第二十九条 民用核设施营运单位的相关人员，应当对检查、验证或者监查的内容、发现的问题以及处理情况作出记录。发现有不符合合同或者有关规定的，营运单位应当及时处理，并将相关情况报国务院核安全监管部门备案。

第五章 进口民用核安全设备的安全检验

第三十条 国务院核安全监管部门及其所属的检验机构依法对进口民用核安全设备进行安全检验。安全检验可以采取独立检验或者验证的方式。

未经安全检验或者经安全检验不合格的进口民用核安全设备，不得在中华人民共和国境内的民用核设施上运行使用。

第三十一条 进口民用核安全设备安全检验的依据主要包括：

（一）中华人民共和国法律、行政法规和核安全监督管理规定；

（二）民用核安全设备国家标准、行业标准或者境外单位注册登记申请时经国务院核安全监管部门认可的标准；

（三）对外贸易合同；

（四）相关设备技术规格书。

第三十二条 从事进口民用核安全设备安全检验的人员，应当熟悉相关法律法规、标准及有关技术文件，并具备相应的检验技能。

第三十三条 进口民用核安全设备到达口岸前，民用核设施营运单位应当向国务院核安全监管部门及其所属的检验机构报检，并提供下列材料：

（一）进口民用核安全设备报检申请表；

（二）装箱清单；

（三）产品质量合格证书。

营运单位提交的上述材料应当为中文或者英文。

第三十四条 国务院核安全监管部门及其所属的检验机构应当审查民用核设施营运单位按照本规定提交的报检材料。必要时，可以对到岸设备进行检查。

对符合要求的，签发《进口民用核安全设备口岸检查放行单》。营运单位持《进口民用核安全设备口岸检查放行单》依照有关法律法规的规定到相关机构办理商检手续。

对不符合要求的，国务院核安全监管部门及其所属的检验机构应当书面通知营运单位，并说明理由。

第三十五条　民用核设施营运单位应当在进口民用核安全设备计划开箱检查 20 个工作日前，向国务院核安全监管部门及其所属的检验机构申报，并提交下列材料：

（一）进口民用核安全设备装配总图、出厂检验试验报告等产品竣工文件；

（二）营运单位监造、装运前检验和监装以及验收结果报告；

（三）国务院核安全监管部门监督检查发现问题的处理和关闭情况报告；

（四）进口民用核安全设备活动不符合项情况，以及较大和重大不符合项记录；

（五）国务院核安全监管部门要求提交的其他材料。

营运单位提交的上述材料应当为中文或者英文。

国务院核安全监管部门及其所属的检验机构应当对上述开箱检查申报材料进行审查，并派安全检验人员在开箱检查前到达现场进行见证。

安全检验人员未到场前，营运单位不得进行开箱检查。

第三十六条　开箱检查后，国务院核安全监管部门及其所属的检验机构应当在 20 个工作日内，出具开箱检查报告。

经检查不合格的，国务院核安全监管部门及其所属的检验机构应当在报告中说明不合格的原因，民用核设施营运单位不得进行安装调试活动。

第三十七条　国务院核安全监管部门及其所属的检验机构应当对安装和装料前调试阶段涉及安全性能的试验进行检查。

民用核设施营运单位应当在进口民用核安全设备涉及安全性能的试验开始 30 个工作日前，通知国务院核安全监管及其所属的检验机构。国务院核安全监管部门及其所属的检验机构应当进行必要的选点见证，并制作见证记录。

国务院核安全监管部门及其所属的检验机构应当在进口民用核安全设备涉及安全性能的全部试验结束之日起 30 个工作日内，出具检查报告。

第三十八条　国务院核安全监管部门及其所属的检验机构应当在完成文件记录检查、开箱检查、安装和装料前调试阶段涉及安全性能的试验检查后，出具安全检验报告。

对安全检验不合格的，民用核设施营运单位不得运行使用。

第三十九条　进口民用核安全设备监督检查人员和安全检验人员，应当为被检查的单位保守技术秘密和业务秘密；不得滥用职权侵犯企业的合法权益，或者利用职务上的便利索取、收受财物；不得从事或者参与民用核安全设备经营活动。

第四十条　国务院核安全监管部门及其所属的检验机构的安全检验不减轻也不转移境外单位和民用核设施营运单位的相关责任。

第六章　法律责任

第四十一条　国务院核安全监管部门及其派出机构、所属的检验机构和有关工作人员有下列行为之一的，对直接负责的主管人员和其他直接责任人员，依法给予处分；构成犯罪的，依法追究刑事责任：

（一）对符合本规定的注册登记申请，不予受理或者注册登记的；

（二）发现违反本规定的行为不予查处，或者接到举报后不依法处理的；

（三）泄露被检查单位的技术秘密或者业务秘密的；

（四）滥用职权侵犯企业的合法权益，或者利用职务上的便利索取、收受财物的；

（五）从事或者参与民用核安全设备经营活动的；

（六）在进口民用核安全设备监督管理工作中有其他违法行为的。

第四十二条　境外单位有下列行为之一的，国务院核安全监管部门可以根据情节轻重，暂扣或者收回注册登记确认书：

（一）违反中华人民共和国相关的法律、行政法规和核安全监督管理规定的；

（二）不按照注册登记确认书规定的活动种类和范围从事民用核安全设备设计、制造、安装和无损检验活动的；

（三）变更单位的名称、所在国家（地区）、住所或者法定代表人，未按规定办理注册登记确认书变更手续的；

（四）涂改、转让注册登记确认书及其他弄虚作假行为的。

第七章　附　则

第四十三条　申请民用核安全设备制造、安装活动注册登记的境外单位，拟自行对其制造、安装的民用核安全设备进行无损检验活动的，不需要单独申请无损检验活动注册登记。

第四十四条　民用核设施营运单位委托民用核安全设备成套供应商、民用核设施核岛建造总承包商或者民用核安全设备持证单位采购设备的，由被委托的采购单位承担本规定中规定的营运单位的相关责任。但营运单位应当对进口民用核安全设备的使用和运行安全承担全面责任。

第四十五条　本规定中有关术语的含义如下：

安全检验：是指在境外单位检验合格，以及民用核设施营运单位监造、装运前检验和监装合格的前提下，对进口民用核安全设备安全性能进行的检查或者验证，包括活动过程中形成的相关文件记录检查、开箱检查，以及安装和装料前调试阶段涉及安全性能的试验检查三个阶段。

第四十六条　本规定自 2008 年 1 月 1 日起施行。

（附件一～附件十略）

【放射性物品运输管理系列】

HAF701

放射性物品运输安全许可管理办法

（2010 年 9 月 25 日环境保护部令第 11 号公布，根据 2019 年 8 月 22 日《生态环境部关于废止、修改部分规章的决定》第一次修正，根据 2021 年 1 月 4 日《关于废止、修改部分生态环境规章和规范性文件的决定》第二次修正）

第一章　总　则

第一条［立法目的］　为了加强对放射性物品运输的安全管理，实施《放射性物品运输安全管理条例》规定的运输安全许可制度，制定本办法。

第二条［适用范围］　从事放射性物品运输和放射性物品运输容器设计、制造等活动，应当按照本办法的规定，办理有关许可和备案手续。

第三条［分类管理］　国家对放射性物品运输实施分类管理，根据放射性物品的特性及其对人体健康和环境的潜在危害程度，将放射性物品分为一类、二类和三类。

放射性物品的具体分类和名录，由国务院核安全监管部门按照《放射性物品运输安全管理条例》的规定，会同国务院公安、卫生、海关、交通运输、铁路、民航、核工业行业主管部门制定。

第二章　运输容器设计的批准与备案

第四条［设计基本要求］　一类放射性物品运输容器的设计，应当在首次用于制造前报国务院核安全监管部门审查批准。

二类放射性物品运输容器的设计，应当在首次用于制造前报国务院核安全监管部门备案。

第五条［设计记录］　放射性物品运输容器设计单位应当建立健全质量保证体系并有效实施，加强档案管理，如实记录放射性物品运输容器的设计和安全性能评价过程。

第六条［安全性能评价］　放射性物品运输容器的设计应当满足国家放射性物品运输安全标准。

设计单位应当通过试验验证，采用可靠、保守的分析论证，或者采取两者相结合的方式，对设计的放射性物品运输容器的安全性能进行评价。

第七条［设计单位条件］ 申请领取一类放射性物品运输容器设计批准书的单位，应当符合下列条件：

（一）具有法人资格；

（二）具有与所从事设计活动相关或者相近的工作业绩；

（三）具有与所从事设计活动相适应并经考核合格的专业技术人员；

（四）具有健全的管理制度和完善的质量保证体系，以及符合国家有关核安全监督管理规定的质量保证大纲。

第八条［设计申请］ 申请批准一类放射性物品运输容器的设计，设计单位应当向国务院核安全监管部门提出书面申请，并提交下列材料：

（一）设计总图及其设计说明书；

（二）设计安全评价报告书；

（三）符合国家有关核安全监督管理规定的质量保证大纲。

放射性物品运输容器设计安全评价报告书的标准格式和内容，由国务院核安全监管部门另行规定。

第九条［设计审查］ 国务院核安全监管部门应当自受理一类放射性物品运输容器的设计批准申请之日起 45 个工作日内完成审查。对符合国家放射性物品运输安全标准的，颁发一类放射性物品运输容器设计批准书，并公告设计批准编号；对不符合国家放射性物品运输安全标准的，书面通知申请单位并说明理由。

国务院核安全监管部门在审查过程中，应当组织专家进行技术评审。技术评审方式包括文件审查、审评对话、现场见证等。

技术评审所需时间，不计算在本条第一款规定的期限内。

第十条［设计批准书］ 一类放射性物品运输容器设计批准书应当包括下列主要内容：

（一）设计单位名称、住所和法定代表人；

（二）运输容器类型和设计批准编号；

（三）放射性内容物特性；

（四）运输容器设计说明及适用的相关技术标准等；

（五）操作要求、运输方式、使用环境温度；

（六）有效期限；

（七）批准日期和批准书编号。

第十一条［设计批准延续］ 一类放射性物品运输容器设计批准书有效期为 5 年。

设计批准书有效期届满，需要延续的，持证单位应当于设计批准书有效期届满 6 个月前，向国务院核安全监管部门提出书面延续申请，并提交下列材料：

（一）质量保证大纲实施效果的说明；

（二）设计依据标准如有变化，是否符合新标准的说明。

对于设计单位提出的批准书延续申请，国务院核安全监管部门应当在设计批准书有效期届满前作出是否准予延续的决定。

第十二条［设计变更］ 设计单位修改已批准的一类放射性物品运输容器设计中有关安全内容的，应当按照原申请程序向国务院核安全监管部门重新申请领取设计批准书。

一类放射性物品运输容器设计单位变更单位名称、住所或者法定代表人的，应当自工商变更登记之日起 20 日内，向国务院核安全监管部门办理设计批准书变更手续，并提交变更申请、工商注册登记文件以及其他证明材料。

第十三条［特殊形式批准］ 为了控制放射性物品在运输过程中可能产生的弥散，放射性物品设计成特殊形式或者低弥散形式的，其防弥散的形式可视为放射性物品运输容器包容系统的组成部分。

特殊形式放射性物品和低弥散放射性物品的设计方案，应当符合国家放射性物品运输安全标准的有关要求，并报国务院核安全监管部门审查批准。

特殊形式放射性物品和低弥散放射性物品的设计单位，应当向国务院核安全监管部门提交其设计方案符合国家放射性物品运输安全标准有关要求的证明材料。

国务院核安全监管部门对符合国家放射性物品运输安全标准有关要求的，颁发相应的设计批准书，并公告设计批准编号；对不符合国家放射性物品运输安全标准有关要求的，书面通知申请单位并说明理由。

对于特殊形式放射性物品和低弥散放射性物品设计的延续、变更依据本办法第十一条和第十二条规定进行。

第十四条［设计备案要求］ 二类放射性物品运输容器的设计单位应当按照国家放射性物品运输安全标准进行设计，并在首次用于制造 30 日前，将下列文件报国务院核安全监管部门备案：

（一）设计总图及其设计说明书；

（二）设计安全评价报告表。

国务院核安全监管部门应当定期公布已备案的二类放射性物品运输容器的设计备案编号。

第三章　运输容器制造的许可与备案

第十五条［制造基本要求］ 从事一类放射性物品运输容器制造活动的单位，应当向国务院核安全监管部门申请领取制造许可证。

从事二类放射性物品运输容器制造活动的单位，应当报国务院核安全监管部门备案。

第十六条［制造单位条件］ 申请领取制造许可证的单位，应当具备下列条件：

（一）具有法人资格；

（二）有与所从事制造活动相关或者相近的工作业绩；

（三）有与所从事制造活动相适应的机械、焊接、材料和热处理、铸造和锻造等相关专业技术人员，以及取得焊工、焊接操作工或者无损检验资格证书的专业技术人员；

（四）有与所从事的制造活动相适应的生产条件和检测手段；

（五）有健全的管理制度、完善的质量保证体系和符合国家有关核安全监督管理规定的质量保证大纲。

第十七条［制造申请］ 申请领取放射性物品运输容器制造许可证的单位，应当向国务院核安全监管部门提交申请书，并提交符合规定条件的证明文件。

第十八条［制造审查］ 国务院核安全监管部门应当自受理申请之日起 45 个工作日内完成审查，对符合条件的，颁发制造许可证，并予以公告；对不符合条件的，书面通知申请单位并说明理由。

国务院核安全监管部门在审查过程中，应当组织专家进行技术评审。技术评审可以采取文件审查、审评对话和现场检查等方式。

技术评审所需时间，不计算在本条第一款规定的期限内。

第十九条［制造许可证］ 一类放射性物品运输容器制造许可证应当载明下列内容：

（一）制造单位名称、住所和法定代表人；

（二）许可制造的运输容器设计批准编号；

（三）有效期限；

（四）发证机关、发证日期和证书编号。

第二十条［制造许可延续］ 一类放射性物品运输容器制造许可证有效期为 5 年。

制造许可证有效期届满，需要延续的，制造单位应当于制造许可证有效期届满 6 个月前，向国务院核安全监管部门提出书面延续申请，并提交下列材料：

（一）原制造许可证有效期内的制造活动情况；

（二）原制造许可证有效期内所制造运输容器的质量情况；

（三）原制造许可证有效期内变更情况的说明。

国务院核安全监管部门应当在制造许可证有效期届满前作出是否准予延续的决定。

第二十一条［制造许可变更］ 一类放射性物品运输容器制造单位制造与原许可制造的设计批准编号不同的运输容器的，应当按照原申请程序向国务院核安全监管部门重新申请领取制造许可证。

一类放射性物品运输容器制造单位变更单位名称、住所或者法定代表人的，应当自工商变更登记之日起 20 日内，向国务院核安全监管部门办理制造许可证变更手续，并提交变更申请、工商注册登记文件以及其他证明材料。

第二十二条［制造禁止事项］ 禁止无制造许可证或者超出制造许可证规定范围从事一类放射性物品运输容器制造活动。

禁止委托未取得相应制造许可证的单位进行一类放射性物品运输容器制造活动。

禁止伪造、变造、转让制造许可证。

第二十三条［制造单位备案］ 从事二类放射性物品运输容器制造活动的单位，应当在首次制造活动开始30日前，将下列材料报国务院核安全监管部门备案：

（一）所制造运输容器的设计备案编号；

（二）具备与从事制造活动相适应的专业技术人员、生产条件、检测手段的证明材料；

（三）具有健全管理制度的证明材料；

（四）质量保证大纲。

国务院核安全监管部门应当定期公布已备案的二类放射性物品运输容器制造单位。

第二十四条［使用基本要求］ 使用境外单位制造的一类放射性物品运输容器的，应当在首次使用前报国务院核安全监管部门审查批准。

使用境外单位制造的二类放射性物品运输容器的，应当在首次使用前报国务院核安全监管部门备案。

第二十五条［使用申请］ 申请使用境外单位制造的一类放射性物品运输容器的单位，应当向国务院核安全监管部门提出书面申请，并提交下列材料：

（一）设计单位所在国核安全监管部门颁发的设计批准文件的复印件；

（二）设计单位出具的设计安全评价报告书；

（三）制造单位相关业绩的证明材料；

（四）制造单位出具的质量合格证明；

（五）符合中华人民共和国法律、行政法规规定，以及国家放射性物品运输安全标准或者经国务院核安全监管部门认可的标准的说明材料。

第二十六条［使用审查］ 国务院核安全监管部门应当自受理申请之日起45个工作日内完成审查，对符合国家放射性物品运输安全标准的，颁发使用批准书；对不符合国家放射性物品运输安全标准的，书面通知申请单位并说明理由。

在审查过程中，国务院核安全监管部门可以组织专家进行技术评审。技术评审所需时间不计算在前款规定的期限内。

第二十七条［使用批准书］ 境外单位制造的一类放射性物品运输容器使用批准书应当载明下列内容：

（一）使用单位名称、住所和法定代表人；

（二）设计单位名称、制造单位名称；

（三）原设计批准编号；

（四）操作要求、运输方式、使用环境温度；

（五）运输容器编码；

（六）有效期限；

（七）批准日期和批准书编号。

第二十八条［使用批准延续］ 境外单位制造的一类放射性物品运输容器使用批准书有效期为5年。

使用批准书有效期届满，需要延续的，使用单位应当于使用批准书有效期届满 6 个月前，向国务院核安全监管部门提出书面延续申请，并提交下列材料：

（一）原使用批准书有效期内运输容器使用情况报告；

（二）原使用批准书有效期内质量保证大纲实施效果的说明；

（三）原使用批准书有效期内运输容器维护、维修和安全性能评价情况说明。

对于使用单位提出的批准书延续申请，国务院核安全监管部门应当在使用批准书有效期届满前作出是否准予延续的决定。

第二十九条［使用批准变更］ 持有境外单位制造的一类放射性物品运输容器使用批准书的使用单位，变更单位名称、住所或者法定代表人的，应当自工商登记之日起 20 日内，向国务院核安全监管部门办理使用批准书变更手续，并提交变更申请、工商注册登记文件以及其他证明材料。

第三十条［使用备案］ 使用境外单位制造的二类放射性物品运输容器的，应当在首次使用前将下列文件报国务院核安全监管部门备案：

（一）制造单位出具的质量合格证明；

（二）设计单位出具的设计安全评价报告表；

（三）符合中华人民共和国法律、行政法规规定，以及国家放射性物品运输安全标准或者经国务院核安全监管部门认可的标准的说明材料。

国务院核安全监管部门办理使用境外单位制造的二类放射性物品运输容器备案手续，应当同时为运输容器确定编码。

第四章 放射性物品运输批准与备案

第三十一条［运输基本要求］ 托运一类放射性物品的，托运人应当编制放射性物品运输的核与辐射安全分析报告书，报国务院核安全监管部门审查批准。

一类放射性物品从境外运抵中华人民共和国境内，或者途经中华人民共和国境内运输的，托运人应当编制放射性物品运输的核与辐射安全分析报告书，报国务院核安全监管部门审查批准。

二类、三类放射性物品从境外运抵中华人民共和国境内，或者途经中华人民共和国境内运输的，托运人应当编制放射性物品运输的辐射监测报告，报国务院核安全监管部门备案。

第三十二条［报告书编制］ 托运人可以自行或者委托技术单位编制放射性物品运输的核与辐射安全分析报告书。

放射性物品运输的核与辐射安全分析报告书的格式和内容，由国务院核安全监管部门规定。

第三十三条［运输审查］ 国务院核安全监管部门应当自受理放射性物品运输的核与辐射安全分析报告书之日起 45 个工作日内完成审查，对符合国家放射性物品运输安全标准的，颁发核与辐射安全分析报告批准书；对不符合国家放射性物品运输安全标准的，书面通知申请单位并说明理由。

在审查过程中，国务院核安全监管部门可以组织专家进行技术评审。技术评审所需时间不计算在前款规定的期限内。

第三十四条［运输批准书］　放射性物品运输的核与辐射安全分析报告批准书应当载明下列主要内容：

（一）托运人的名称、地址、法定代表人；

（二）运输放射性物品的品名、数量；

（三）运输容器设计批准编号、运输方式和运输方案；

（四）操作管理附加措施和规定；

（五）有效期限；

（六）批准日期和批准书编号。

第三十五条［运输批准延续］　一类放射性物品运输的核与辐射安全分析报告批准书有效期为 5 年。

核与辐射安全分析报告批准书有效期届满，需要延续的，托运人应当于核与辐射安全分析报告批准书有效期届满 6 个月前，向国务院核安全监管部门提出书面延续申请，并提交下列材料：

（一）原核与辐射安全分析报告批准书有效期内运输容器使用情况报告，包括维护、维修和安全性能评价情况说明；

（二）运输活动情况报告，包括运输方案、辐射防护措施和应急措施执行情况说明。

对于托运人提出的批准书延续申请，国务院核安全监管部门应当在核与辐射安全分析报告批准书有效期届满前作出是否准予延续的决定。

第三十六条［运输批准变更］　持有核与辐射安全分析报告批准书的单位，变更单位名称、地址或者法定代表人的，应当自工商变更登记之日起 20 日内，向国务院核安全监管部门办理核与辐射安全分析报告批准书变更手续，并提交变更申请、工商注册登记文件以及其他证明材料。

第三十七条［启运备案］　一类放射性物品启运前，托运人应当将下列材料报启运地的省、自治区、直辖市人民政府生态环境主管部门备案：

（一）一类放射性物品运输辐射监测备案表；

（二）辐射监测报告。

前款规定的辐射监测报告，在托运人委托有资质的辐射监测机构对拟托运一类放射性物品的表面污染和辐射水平实施监测后，由辐射监测机构出具。

收到备案材料的省、自治区、直辖市人民政府生态环境主管部门，应当在启运前将备案表通报放射性物品运输的途经地和抵达地的省、自治区、直辖市人民政府生态环境主管部门。

第三十八条［特殊安排］ 有下列情形之一，放射性物品运输容器无法完全符合国家放射性物品运输安全标准，需要通过特殊安排来提高运输安全水平的，托运人应当编制放射性物品运输的核与辐射安全分析报告书，在运输前报经国务院核安全监管部门审查同意：

（一）因形状特异不适宜专门设计和制造运输容器的；

（二）只是一次性运输，专门设计和制造符合国家放射性物品运输安全标准的运输容器经济上明显不合理的。

第三十九条［过境运输审批］ 一类放射性物品从境外运抵中华人民共和国境内，或者途经中华人民共和国境内运输的，托运人或者其委托代理人应当编制放射性物品运输的核与辐射安全分析报告书，报国务院核安全监管部门审查批准。审查批准程序依照本办法第三十三条的规定执行。

托运人获得国务院核安全监管部门颁发的核与辐射安全分析报告批准书后，方可将一类放射性物品运抵中华人民共和国境内或者途经中华人民共和国境内运输。

第四十条［过境运输备案］ 二类、三类放射性物品从境外运抵中华人民共和国境内，或者途经中华人民共和国境内运输的，托运人应当委托有资质的单位监测，编制放射性物品运输的辐射监测报告，报国务院核安全监管部门备案。国务院核安全监管部门应当出具相应的放射性物品运输的辐射监测报告备案证明。

对于运输容器相同，放射性内容物相同，且半衰期小于 60 天的放射性物品，进口单位可以每半年办理一次辐射监测报告备案手续。

第四十一条［过境海关手续］ 放射性物品从境外运抵中华人民共和国境内，或者途经中华人民共和国境内运输的，托运人、承运人或者其代理人向海关办理有关手续时，应当提交相关许可证件和国务院核安全监管部门颁发的放射性物品运输的核与辐射安全分析报告批准书或者放射性物品运输的辐射监测报告备案证明。

第四十二条［运输资质］ 托运人应当委托具有放射性物品运输资质的承运人承运放射性物品。

自行运输本单位放射性物品的单位和在放射性废物收贮过程中的从事放射性物品运输的省、自治区、直辖市城市放射性废物库运营单位，应当取得非营业性道路危险货物运输资质。

第五章　附　则

第四十三条［术语］ 本办法下列用语的含义：

（一）特殊形式放射性物品：不弥散的固体放射性物品或者装有放射性物品的密封件。

（二）低弥散放射性物品：固体放射性物品，或者装在密封件里的固体放射性物品，其弥散性已受到限制且不呈粉末状。

（三）托运人：将托运货物提交运输的单位或者个人。

（四）承运人：使用任何运输手段承担放射性物质运输的单位或者个人。

第四十四条［生效日期］ 本办法自 2010 年 11 月 1 日起施行。

附一：

一类放射性物品运输容器设计和核与辐射安全分析报告批准编号规则

其中：

第1～2位：国家或地区代码，CN代表中国。

第3位："/"，隔离符。

第4～6位：主管部门为该设计指定的设计批准编号或核与辐射安全分析报告批准编号，一类放射性物品运输容器设计批准编号范围为001～500。

第7位："/"，隔离符。

第8位：批准书类型：

AF：易裂变A型运输容器设计批准书

B（U）：B（U）型运输容器设计批准书

B（U）F：易裂变材料B（U）型运输容器设计批准书

B（M）：B（M）型运输容器设计批准书

B（M）F：易裂变材料B（M）型运输容器设计批准书

C：C型运输容器设计批准书

CF：易裂变材料C型运输容器设计批准书

IF：易裂变材料工业运输容器设计批准书

S：特殊形式放射性物品设计批准书

LD：低弥散放射性物品设计批准书

T：核与辐射安全分析报告批准书

X：特殊安排批准书

H：非易裂变物质或除六氟化铀以外的易裂变物质运输容器的设计批准书。

第9位："-"。

第10～11位：依据IAEA标准的版本，用年份后2位数字表示。如1996年版本，则填写96。

第12位："-"。

第13位：（NNSA-I）代表国务院核安全监管部门批准的一类放射性物品运输容器。

附二：

二类放射性物品运输容器设计备案编号规则

其中：

第 1～2 位：国家或地区代码，CN 代表中国。

第 3 位：“/”，隔离符。

第 4～6 位：主管部门为该设计指定的备案编号，备案编号＞500

第 7 位：“/”，隔离符。

第 8 位：运输容器类型，二类放射性物品运输容器类型有 A，IP3 等。

第 9 位：“-”。

第 10～11 位：依据 IAEA 标准的版本，用年份后 2 位数字表示。如 1996 年版本，则填写 96。

第 12 位：“-”。

第 13 位：（NNSA-II）代表国务院核安全监管部门备案的二类放射性物品运输容器。

（附三略）

HAF702

放射性物品运输安全监督管理办法

（2016 年 3 月 14 日环境保护部令第 38 号公布，自 2016 年 5 月 1 日起施行）

第一章 总 则

第一条 为加强对放射性物品运输安全的监督管理，依据《放射性物品运输安全管理条例》，制定本办法。

第二条 本办法适用于对放射性物品运输和放射性物品运输容器的设计、制造和使用过程的监督管理。

第三条 国务院核安全监管部门负责对全国放射性物品运输的核与辐射安全实施监督管理，具体职责为：

（一）负责对放射性物品运输容器的设计、制造和使用等进行监督检查；

（二）负责对放射性物品运输过程中的核与辐射事故应急给予支持和指导；

（三）负责对放射性物品运输安全监督管理人员进行辐射防护与安全防护知识培训。

第四条 省、自治区、直辖市环境保护主管部门负责对本行政区域内放射性物品运输的核与辐射安全实施监督管理，具体职责为：

（一）负责对本行政区域内放射性物品运输活动的监督检查；

（二）负责在本行政区域内放射性物品运输过程中的核与辐射事故的应急准备和应急响应工作；

（三）负责对本行政区域内放射性物品运输安全监督管理人员进行辐射防护与安全防护知识培训。

第五条 放射性物品运输单位和放射性物品运输容器的设计、制造和使用单位，应当对其活动负责，并配合国务院核安全监管部门和省、自治区、直辖市环境保护主管部门进行监督检查，如实反映情况，提供必要的资料。

第六条 监督检查人员应当依法实施监督检查，并为被检查者保守商业秘密。

第二章 放射性物品运输容器设计活动的监督管理

第七条 放射性物品运输容器设计单位应当具备与设计工作相适应的设计人员、工作场所和设计手段，按照放射性物品运输容器设计的相关规范和标准从事设计活动，并为其设计的放射性物品运输容器的制造和使用单位提供必要的技术支持。从事一类放射性物品运输容器设计的单位应当依法取得设计批准书。

放射性物品运输容器设计单位应当在设计阶段明确首次使用前对运输容器的结构、包容、屏蔽、传热和核临界安全功能进行检查的方法和要求。

第八条 放射性物品运输容器设计单位应当加强质量管理，建立健全质量保证体系，编制质量保证大纲并有效实施。

放射性物品运输容器设计单位对其所从事的放射性物品运输容器设计活动负责。

第九条 放射性物品运输容器设计单位应当通过试验验证或者分析论证等方式，对其设计的放射性物品运输容器的安全性能进行评价。

安全性能评价应当贯穿整个设计过程，保证放射性物品运输容器的设计满足所有的安全要求。

第十条 放射性物品运输容器设计单位应当按照国务院核安全监管部门规定的格式和内容编制设计安全评价文件。

设计安全评价文件应当包括结构评价、热评价、包容评价、屏蔽评价、临界评价、货包（放射性物品运输容器与其放射性内容物）操作规程、验收试验和维修大纲，以及运输容器的工程图纸等内容。

第十一条 放射性物品运输容器设计单位对其设计的放射性物品运输容器进行试验验证的，应当在验证开始前至少二十个工作日提请国务院核安全监管部门进行试验见证，并提交下列文件：

（一）初步设计说明书和计算报告；

（二）试验验证方式和试验大纲；

（三）试验验证计划。

国务院核安全监管部门应当及时组织对设计单位的试验验证过程进行见证，并做好相应的记录。

开展特殊形式和低弥散放射性物品设计试验验证的单位，应当依照本条第一款的规定提请试验见证。

第十二条 国务院核安全监管部门应当对放射性物品运输容器设计活动进行监督检查。

申请批准一类放射性物品运输容器的设计，国务院核安全监管部门原则上应当对该设计活动进行一次现场检查；对于二类、三类放射性物品运输容器的设计，国务院核安全监管部门应当结合试验见证情况进行现场抽查。

国务院核安全监管部门可以结合放射性物品运输容器的制造和使用情况，对放射性物品运输容器设计单位进行监督检查。

第十三条 国务院核安全监管部门对放射性物品运输容器设计单位进行监督检查时，

应当检查质量保证大纲和试验验证的实施情况、人员配备、设计装备、设计文件、安全性能评价过程记录、以往监督检查发现问题的整改落实情况等。

第十四条　一类放射性物品运输容器设计批准书颁发前的监督检查中，发现放射性物品运输容器设计单位的设计活动不符合法律法规要求的，国务院核安全监管部门应当暂缓或者不予颁发设计批准书。

监督检查中发现经批准的一类放射性物品运输容器设计确有重大设计安全缺陷的，国务院核安全监管部门应当责令停止该型号运输容器的制造或者使用，撤销一类放射性物品运输容器设计批准书。

第三章　放射性物品运输容器制造活动的监督管理

第十五条　放射性物品运输容器制造单位应当具备与制造活动相适应的专业技术人员、生产条件和检测手段，采用经设计单位确认的设计图纸和文件。一类放射性物品运输容器制造单位应当依法取得一类放射性物品运输容器制造许可证后，方可开展制造活动。

放射性物品运输容器制造单位应当在制造活动开始前，依据设计提出的技术要求编制制造过程工艺文件，并严格执行；采用特种工艺的，应当进行必要的工艺试验或者工艺评定。

第十六条　放射性物品运输容器制造单位应当加强质量管理，建立健全质量保证体系，编制质量保证大纲并有效实施。

放射性物品运输容器制造单位对其所从事的放射性物品运输容器制造质量负责。

第十七条　放射性物品运输容器制造单位应当按照设计要求和有关标准，对放射性物品运输容器的零部件和整体容器进行质量检验，编制质量检验报告。未经质量检验或者经检验不合格的放射性物品运输容器，不得交付使用。

第十八条　一类、二类放射性物品运输容器制造单位，应当按照本办法规定的编码规则，对其制造的一类、二类放射性物品运输容器进行统一编码。

一类、二类放射性物品运输容器制造单位，应当于每年 1 月 31 日前将上一年度制造的运输容器的编码清单报国务院核安全监管部门备案。

三类放射性物品运输容器制造单位，应当于每年 1 月 31 日前将上一年度制造的运输容器的型号及其数量、设计总图报国务院核安全监管部门备案。

第十九条　一类放射性物品运输容器制造单位应当在每次制造活动开始前至少三十日，向国务院核安全监管部门提交制造质量计划。国务院核安全监管部门应当根据制造活动的特点选取检查点并通知制造单位。

一类放射性物品运输容器制造单位应当根据制造活动的实际进度，在国务院核安全监管部门选取的检查点制造活动开始前，至少提前十个工作日书面报告国务院核安全监管部门。

第二十条 国务院核安全监管部门应当对放射性物品运输容器的制造过程进行监督检查。

对一类放射性物品运输容器的制造活动应当至少组织一次现场检查；对二类放射性物品运输容器的制造，应当对制造过程进行不定期抽查；对三类放射性物品运输容器的制造，应当根据每年的备案情况进行不定期抽查。

第二十一条 国务院核安全监管部门对放射性物品运输容器制造单位进行现场监督检查时，应当检查以下内容：

（一）一类放射性物品运输容器制造单位遵守制造许可证的情况；

（二）质量保证体系的运行情况；

（三）人员资格情况；

（四）生产条件和检测手段与所从事制造活动的适应情况；

（五）编制的工艺文件与采用的技术标准以及有关技术文件的符合情况；

（六）工艺过程的实施情况以及零部件采购过程中的质量保证情况；

（七）制造过程记录；

（八）重大质量问题的调查和处理，以及整改要求的落实情况等。

第二十二条 国务院核安全监管部门在监督检查中，发现一类放射性物品运输容器制造单位有不符合制造许可证规定情形的，由国务院核安全监管部门责令限期整改。

监督检查中发现放射性物品运输容器制造确有重大质量问题或者违背设计要求的，由国务院核安全监管部门责令停止该型号运输容器的制造或者使用。

第二十三条 一类放射性物品运输容器的使用单位在采购境外单位制造的运输容器时，应当在对外贸易合同中明确运输容器的设计、制造符合我国放射性物品运输安全法律法规要求，以及境外单位配合国务院核安全监管部门监督检查的义务。

采购境外单位制造的一类放射性物品运输容器的使用单位，应当在相应制造活动开始前至少三个月通知国务院核安全监管部门，并配合国务院核安全监管部门对境外单位一类放射性物品运输容器制造活动实施监督检查。

采购境外单位制造的一类放射性物品运输容器成品的使用单位，应当在使用批准书申请时提交相应的文件，证明该容器质量满足设计要求。

第四章 放射性物品运输活动的监督管理

第二十四条 托运人对放射性物品运输的核与辐射安全和应急工作负责，对拟托运物品的合法性负责，并依法履行各项行政审批手续。托运一类放射性物品的托运人应当依法取得核与辐射安全分析报告批复后方可从事运输活动。托运人应当对直接从事放射性物品运输的工作人员进行运输安全和应急响应知识的培训和考核，并建立职业健康档案。

承运人应当对直接从事放射性物品运输的工作人员进行运输安全和应急响应知识的培训和考核，并建立职业健康档案。对托运人提交的有关资料，承运人应当进行查验、收存，并配合托运人做好运输过程中的安全保卫和核与辐射事故应急工作。

放射性物品运输应当有明确并且具备核与辐射安全法律法规规定条件的接收人。接收人应当对所接收的放射性物品进行核对验收，发现异常应当及时通报托运人和承运人。

第二十五条　托运人应当根据拟托运放射性物品的潜在危害建立健全应急响应体系，针对具体运输活动编制应急响应指南，并在托运前提交承运人。

托运人应当会同承运人定期开展相应的应急演习。

第二十六条　托运人应当对每个放射性物品运输容器在制造完成后、首次使用前进行详细检查，确保放射性物品运输容器的包容、屏蔽、传热、核临界安全功能符合设计要求。

第二十七条　托运人应当按照运输容器的特点，制定每次启运前检查或者试验程序，并按照程序进行检查。检查时应当核实内容物符合性，并对运输容器的吊装设备、密封性能、温度、压力等进行检测和检查，确保货包的热和压力已达到平衡、稳定状态，密闭性能完好。

对装有易裂变材料的放射性物品运输容器，还应当检查中子毒物和其他临界控制措施是否符合要求。

每次检查或者试验应当由获得托运人授权的操作人员进行，并制作书面记录。

检查不符合要求的，不得启运。

第二十八条　托运一类放射性物品的，托运人应当委托有资质的辐射监测机构在启运前对其表面污染和辐射水平实施监测，辐射监测机构应当出具辐射监测报告。

托运二类、三类放射性物品的，托运人应当对其表面污染和辐射水平实施监测，并编制辐射监测报告，存档备查。

监测结果不符合国家放射性物品运输安全标准的，不得托运。

第二十九条　托运人应当根据放射性物品运输安全标准，限制单个运输工具上放射性物品货包的数量。

承运人应当按照托运人的要求运输货包。放射性物品运输和中途贮存期间，承运人应当妥善堆放，采取必要的隔离措施，并严格执行辐射防护和监测要求。

第三十条　托运人和承运人应当采取措施，确保货包和运输工具外表面的非固定污染不超过放射性物品运输安全标准的要求。

在运输途中货包受损、发生泄漏或者有泄漏可能的，托运人和承运人应当立即采取措施保护现场，限制非专业人员接近，并由具备辐射防护与安全防护知识的专业技术人员按放射性物品运输安全标准要求评定货包的污染程度和辐射水平，消除或者减轻货包泄漏、损坏造成的后果。

经评定，货包泄漏量超过放射性物品运输安全标准要求的，托运人和承运人应当立即报告事故发生地的县级以上环境保护主管部门，并在环境保护主管部门监督下将货包移至临时场所。货包完成修理和去污之后，方可向外发送。

第三十一条　放射性物品运输中发生核与辐射安全事故时，托运人和承运人应当根据核与辐射事故应急响应指南的要求，做好事故应急工作，并立即报告事故发生地的县级以上环境保护主管部门。相关部门应当按照应急预案做好事故应急响应工作。

第三十二条 一类放射性物品启运前，托运人应当将放射性物品运输的核与辐射安全分析报告批准书、辐射监测报告，报启运地的省、自治区、直辖市环境保护主管部门备案。

启运地的省、自治区、直辖市环境保护主管部门收到托运人的备案材料后，应当将一类放射性物品运输辐射监测备案表及时通报途经地和抵达地的省、自治区、直辖市环境保护主管部门。

第三十三条 对一类放射性物品的运输，启运地的省、自治区、直辖市环境保护主管部门应当在启运前对放射性物品运输托运人的运输准备情况进行监督检查。

对运输频次比较高、运输活动比较集中的地区，可以根据实际情况制定监督检查计划，原则上检查频次每月不少于一次；对二类放射性物品的运输，可以根据实际情况开展抽查，原则上检查频次每季度不少于一次；对三类放射性物品的运输，可以根据实际情况实施抽查，原则上检查频次每年不少于一次。

途经地和抵达地的省、自治区、直辖市环境保护主管部门不得中途拦截检查；发生特殊情况的除外。

第三十四条 省、自治区、直辖市环境保护主管部门应当根据运输货包的类别和数量，按照放射性物品运输安全标准对本行政区域内放射性物品运输货包的表面污染和辐射水平开展启运前的监督性监测。监督性监测不得收取费用。

辐射监测机构和托运人应当妥善保存原始记录和监测报告，并配合省、自治区、直辖市环境保护主管部门进行监督性监测。

第三十五条 放射性物品从境外运抵中华人民共和国境内，或者途经中华人民共和国境内运输的，应当根据放射性物品的分类，分别按照法律法规规定的一类、二类、三类放射性物品运输的核与辐射安全监督管理要求进行运输。

第三十六条 放射性物品运输容器使用单位应当按照放射性物品运输安全标准和设计要求制定容器的维修和维护程序，严格按照程序进行维修和维护，并建立维修、维护和保养档案。放射性物品运输容器达到设计使用年限，或者发现放射性物品运输容器存在安全隐患的，应当停止使用，进行处理。

第三十七条 一类放射性物品运输容器使用单位应当对其使用的一类放射性物品运输容器每两年进行一次安全性能评价。安全性能评价应当在两年使用期届满前至少三个月进行，并在使用期届满前至少两个月编制定期安全性能评价报告。

定期安全性能评价报告，应当包括运输容器的运行历史和现状、检查和检修及发现问题的处理情况、定期检查和试验等内容。使用单位应当做好接受监督检查的准备。必要时，国务院核安全监管部门可以根据运输容器使用特点和使用情况，选取检查点并组织现场检查。

一类放射性物品运输容器使用单位应当于两年使用期届满前至少三十日，将安全性能评价结果报国务院核安全监管部门备案。

第三十八条　放射性物品启运前的监督检查包括以下内容：

（一）运输容器及放射性内容物：检查运输容器的日常维修和维护记录、定期安全性能评价记录（限一类放射性物品运输容器）、编码（限一类、二类放射性物品运输容器）等，确保运输容器及内容物均符合设计的要求；

（二）托运人启运前辐射监测情况，以及随车辐射监测设备的配备；

（三）表面污染和辐射水平；

（四）标记、标志和标牌是否符合要求；

（五）运输说明书，包括特殊的装卸作业要求、安全防护指南、放射性物品的品名、数量、物理化学形态、危害风险以及必要的运输路线的指示等；

（六）核与辐射事故应急响应指南；

（七）核与辐射安全分析报告批准书、运输容器设计批准书等相关证书的持有情况；

（八）直接从事放射性物品运输的工作人员的运输安全、辐射防护和应急响应知识的培训和考核情况；

（九）直接从事放射性物品运输的工作人员的辐射防护管理情况。

对一类、二类放射性物品运输的监督检查，还应当包括卫星定位系统的配备情况。

对重要敏感的放射性物品运输活动，国务院核安全监管部门应当根据核与辐射安全分析报告及其批复的要求加强监督检查。

第三十九条　国务院核安全监管部门和省、自治区、直辖市环境保护主管部门在监督检查中发现放射性物品运输活动有不符合国家放射性物品运输安全标准情形的，应当责令限期整改；发现放射性物品运输活动可能对人体健康和环境造成核与辐射危害的，应当责令停止运输。

第五章　附　则

第四十条　本办法自 2016 年 5 月 1 日起施行。

附

放射性物品运输容器统一编码规则

1.1 一类、二类放射性物品运输容器编码规则

C	N	/	X	X	X	/	X	-	X	X	-	（NNSA）

其中：

第 1～2 位：国家或地区代码，CN 代表中国。

第 3 位：“/”，隔离符。

第 4～6 位：主管部门为该设计指定的设计批准编号或备案编号。

第 7 位：“/”，隔离符。

第 8 位：批准书类型或容器类型：

一类放射性物品运输容器设计批准书类型：

AF：易裂变 A 型运输容器设计批准书

B（U）：B（U）型运输容器设计批准书

B（U）F：易裂变材料 B（U）型运输容器设计批准书

B（M）：B（M）型运输容器设计批准书

B（M）F：易裂变材料 B（M）型运输容器设计批准书

C：C 型运输容器设计批准书

CF：易裂变材料 C 型运输容器设计批准书

IF：易裂变材料工业运输容器设计批准书

H：非易裂变物质或除六氟化铀以外的易裂变物质运输容器的设计批准书。

二类放射性物品运输容器类型有 A，IP3 等。

第 9 位：“-”。

第 10～11 位：依据 IAEA 标准的版本，用年份后 2 位数字表示。如 1996 年版本，则填写 96。

第 12 位：“-”。

第 13 位：（NNSA）作为一位，代表国务院核安全监管部门批准的一类放射性物品运输容器和备案的二类放射性物品运输容器。

一类、二类运输容器编码规则，应当在国务院核安全监管部门设计批准或备案编号的基础上增加制造单位名称（用代码表示，按照申请的顺序从 001 开始，以此类推，100 代表境外单位制造）和流水号（No.01、No.02、No.03……依次类推）。

1.2　一类、二类放射性物品运输容器编码卡格式

（1）字体均为宋体，应当为刻印，不得手写。

（2）编码卡材料要适合存档和长期保存。

（3）编码卡尺寸可根据容器大小按比例调整尺寸，但应当以便于识别为准。

一类、二类放射性物品运输容器制造编码卡应当至少包括下列内容：

容器名称	
容器编码	
容器外形尺寸	
制造单位	
出厂日期	

填写说明：

（1）容器编码为按一类、二类放射性物品运输容器编码规则进行的编码。

（2）容器外形尺寸填写容器的最大形状尺寸。如：圆柱体，ϕ4m×10m，长方体，2m×3m×5m。

（3）本卡不能留空，不清楚的项目填“未知”。

【放射性同位素和射线装置监督管理系列】

HAF801

放射性同位素与射线装置安全许可管理办法

（2006 年 1 月 18 日环境保护总局令第 31 号公布，根据 2008 年 12 月 6 日环境保护部令第 3 号第一次修正，根据 2017 年 12 月 20 日《环境保护部关于修改部分规章的决定》第二次修正，根据 2019 年 8 月 22 日《生态环境部关于废止、修改部分规章的决定》第三次修正，根据 2021 年 1 月 4 日《关于废止、修改部分生态环境规章和规范性文件的决定》第四次修正）

第一章　总　则

第一条　为实施《放射性同位素与射线装置安全和防护条例》规定的辐射安全许可制度，制定本办法。

第二条　在中华人民共和国境内生产、销售、使用放射性同位素与射线装置的单位（以下简称辐射工作单位），应当依照本办法的规定，取得辐射安全许可证（以下简称许可证）。

进口、转让放射性同位素，进行放射性同位素野外示踪试验，应当依照本办法的规定报批。

出口放射性同位素，应当依照本办法的规定办理有关手续。

使用放射性同位素的单位将放射性同位素转移到外省、自治区、直辖市使用的，应当依照本办法的规定备案。

本办法所称放射性同位素包括放射源和非密封放射性物质。

第三条　根据放射源与射线装置对人体健康和环境的潜在危害程度，从高到低，将放射源分为Ⅰ类、Ⅱ类、Ⅲ类、Ⅳ类、Ⅴ类，将射线装置分为Ⅰ类、Ⅱ类、Ⅲ类。

第四条　除医疗使用Ⅰ类放射源、制备正电子发射计算机断层扫描用放射性药物自用的单位外，生产放射性同位素、销售和使用Ⅰ类放射源、销售和使用Ⅰ类射线装置的辐射工作单位的许可证，由国务院生态环境主管部门审批颁发。

除国务院生态环境主管部门审批颁发的许可证外，其他辐射工作单位的许可证，由省、自治区、直辖市人民政府生态环境主管部门审批颁发。

一个辐射工作单位生产、销售、使用多类放射源、射线装置或者非密封放射性物质的，只需要申请一个许可证。

辐射工作单位需要同时分别向国务院生态环境主管部门和省级生态环境主管部门申请许可证的，其许可证由国务院生态环境主管部门审批颁发。

生态环境主管部门应当将审批颁发许可证的情况通报同级公安部门、卫生主管部门。

第五条　省级以上人民政府生态环境主管部门可以委托下一级人民政府生态环境主管部门审批颁发许可证。

第六条　国务院生态环境主管部门负责对列入限制进出口目录的放射性同位素的进口进行审批。

国务院生态环境主管部门依照我国有关法律和缔结或者参加的国际条约、协定的规定，办理列入限制进出口目录的放射性同位素出口的有关手续。

省级生态环境主管部门负责以下活动的审批或备案：

（一）转让放射性同位素；

（二）转移放射性同位素到外省、自治区、直辖市使用；

（三）放射性同位素野外示踪试验；但有可能造成跨省界环境影响的放射性同位素野外示踪试验，由国务院生态环境主管部门审批。

第二章　许可证的申请与颁发

第七条　辐射工作单位在申请领取许可证前，应当组织编制或者填报环境影响评价文件，并依照国家规定程序报生态环境主管部门审批。

第八条　根据放射性同位素与射线装置的安全和防护要求及其对环境的影响程度，对环境影响评价文件实行分类管理。

转让放射性同位素和射线装置的活动不需要编制环境影响评价文件。

第九条　申请领取许可证的辐射工作单位从事下列活动的，应当组织编制环境影响报告书：

（一）生产放射性同位素的（制备 PET 用放射性药物的除外）；

（二）使用 I 类放射源的（医疗使用的除外）；

（三）销售（含建造）、使用 I 类射线装置的。

第十条　申请领取许可证的辐射工作单位从事下列活动的，应当组织编制环境影响报告表：

（一）制备 PET 用放射性药物的；

（二）销售 I 类、II类、III类放射源的；

（三）医疗使用 I 类放射源的；

（四）使用II类、III类放射源的；

（五）生产、销售、使用II类射线装置的。

第十一条 申请领取许可证的辐射工作单位从事下列活动的，应当填报环境影响登记表：

（一）销售、使用Ⅳ类、Ⅴ类放射源的；

（二）生产、销售、使用Ⅲ类射线装置的。

第十二条 辐射工作单位组织编制或者填报环境影响评价文件时，应当按照其规划设计的放射性同位素与射线装置的生产、销售、使用规模进行评价。

前款所称的环境影响评价文件，除按照国家有关环境影响评价的要求编制或者填报外，还应当包括对辐射工作单位从事相应辐射活动的技术能力、辐射安全和防护措施进行评价的内容。

第十三条 生产放射性同位素的单位申请领取许可证，应当具备下列条件：

（一）设有专门的辐射安全与环境保护管理机构。

（二）有不少于 5 名核物理、放射化学、核医学和辐射防护等相关专业的技术人员，其中具有高级职称的不少于 1 名。

生产半衰期大于 60 天的放射性同位素的单位，前项所指的专业技术人员应当不少于 30 名，其中具有高级职称的不少于 6 名。

（三）从事辐射工作的人员必须通过辐射安全和防护专业知识及相关法律法规的培训和考核，其中辐射安全关键岗位应当由注册核安全工程师担任。

（四）有与设计生产规模相适应，满足辐射安全和防护、实体保卫要求的放射性同位素生产场所、生产设施、暂存库或暂存设备，并拥有生产场所和生产设施的所有权。

（五）具有符合国家相关规定要求的运输、贮存放射性同位素的包装容器。

（六）具有符合国家放射性同位素运输要求的运输工具，并配备有 5 年以上驾龄的专职司机。

（七）配备与辐射类型和辐射水平相适应的防护用品和监测仪器，包括个人剂量测量报警、固定式和便携式辐射监测、表面污染监测、流出物监测等设备。

（八）建立健全的操作规程、岗位职责、辐射防护制度、安全保卫制度、设备检修维护制度、人员培训制度、台账管理制度和监测方案。

（九）建立事故应急响应机构，制定应急响应预案和应急人员的培训演习制度，有必要的应急装备和物资准备，有与设计生产规模相适应的事故应急处理能力。

（十）具有确保放射性废气、废液、固体废物达标排放的处理能力或者可行的处理方案。

第十四条 销售放射性同位素的单位申请领取许可证，应当具备下列条件：

（一）设有专门的辐射安全与环境保护管理机构，或者至少有 1 名具有本科以上学历的技术人员专职负责辐射安全与环境保护管理工作。

（二）从事辐射工作的人员必须通过辐射安全和防护专业知识及相关法律法规的培训和考核。

（三）需要暂存放射性同位素的，有满足辐射安全和防护、实体保卫要求的暂存库或设备。

（四）需要安装调试放射性同位素的，有满足防止误操作、防止工作人员和公众受到意外照射要求的安装调试场所。

（五）具有符合国家相关规定要求的贮存、运输放射性同位素的包装容器。

（六）运输放射性同位素能使用符合国家放射性同位素运输要求的运输工具。

（七）配备与辐射类型和辐射水平相适应的防护用品和监测仪器，包括个人剂量测量报警、便携式辐射监测、表面污染监测等仪器。

（八）有健全的操作规程、岗位职责、安全保卫制度、辐射防护措施、台账管理制度、人员培训计划和监测方案。

（九）有完善的辐射事故应急措施。

第十五条　生产、销售射线装置的单位申请领取许可证，应当具备下列条件：

（一）设有专门的辐射安全与环境保护管理机构，或至少有 1 名具有本科以上学历的技术人员专职负责辐射安全与环境保护管理工作。

（二）从事辐射工作的人员必须通过辐射安全和防护专业知识及相关法律法规的培训和考核。

（三）射线装置生产、调试场所满足防止误操作、防止工作人员和公众受到意外照射的安全要求。

（四）配备必要的防护用品和监测仪器。

（五）有健全的操作规程、岗位职责、辐射防护措施、台账管理制度、培训计划和监测方案。

（六）有辐射事故应急措施。

第十六条　使用放射性同位素、射线装置的单位申请领取许可证，应当具备下列条件：

（一）使用Ⅰ类、Ⅱ类、Ⅲ类放射源，使用Ⅰ类、Ⅱ类射线装置的，应当设有专门的辐射安全与环境保护管理机构，或者至少有 1 名具有本科以上学历的技术人员专职负责辐射安全与环境保护管理工作；其他辐射工作单位应当有 1 名具有大专以上学历的技术人员专职或者兼职负责辐射安全与环境保护管理工作；依据辐射安全关键岗位名录，应当设立辐射安全关键岗位的，该岗位应当由注册核安全工程师担任。

（二）从事辐射工作的人员必须通过辐射安全和防护专业知识及相关法律法规的培训和考核。

（三）使用放射性同位素的单位应当有满足辐射防护和实体保卫要求的放射源暂存库或设备。

（四）放射性同位素与射线装置使用场所有防止误操作、防止工作人员和公众受到意外照射的安全措施。

（五）配备与辐射类型和辐射水平相适应的防护用品和监测仪器，包括个人剂量测量报警、辐射监测等仪器。使用非密封放射性物质的单位还应当有表面污染监测仪。

（六）有健全的操作规程、岗位职责、辐射防护和安全保卫制度、设备检修维护制度、放射性同位素使用登记制度、人员培训计划、监测方案等。

（七）有完善的辐射事故应急措施。

（八）产生放射性废气、废液、固体废物的，还应具有确保放射性废气、废液、固体废物达标排放的处理能力或者可行的处理方案。

使用放射性同位素和射线装置开展诊断和治疗的单位，还应当配备质量控制检测设备，制定相应的质量保证大纲和质量控制检测计划，至少有一名医用物理人员负责质量保证与质量控制检测工作。

第十七条 将购买的放射源装配在设备中销售的辐射工作单位，按照销售和使用放射性同位素申请领取许可证。

第十八条 申请领取许可证的辐射工作单位应当向有审批权的生态环境主管部门提交下列材料：

（一）辐射安全许可证申请表（见附件一）；

（二）满足本办法第十三条至第十六条相应规定的证明材料；

（三）单位现存的和拟新增加的放射源和射线装置明细表。

第十九条 生态环境主管部门在受理申请时，应当告知申请单位按照环境影响评价文件中描述的放射性同位素与射线装置的生产、销售、使用的规划设计规模申请许可证。

生态环境主管部门应当自受理申请之日起 20 个工作日内完成审查，符合条件的，颁发许可证，并予以公告；不符合条件的，书面通知申请单位并说明理由。

第二十条 许可证包括下列主要内容：

（一）单位的名称、地址、法定代表人；

（二）所从事活动的种类和范围；

（三）有效期限；

（四）发证日期和证书编号。

许可证中活动的种类分为生产、销售和使用三类；活动的范围是指辐射工作单位生产、销售、使用的所有放射性同位素的类别、总活度和射线装置的类别、数量。

许可证分为正本和副本（具体格式和内容见附件二），具有同等效力。

第二十一条 取得生产、销售、使用高类别放射性同位素与射线装置的许可证的辐射工作单位，从事低类别的放射性同位素与射线装置的生产、销售、使用活动，不需要另行申请低类别的放射性同位素与射线装置的许可证。

第二十二条 辐射工作单位变更单位名称、地址和法定代表人的，应当自变更登记之日起 20 日内，向原发证机关申请办理许可证变更手续，并提供许可证变更申请报告。

原发证机关审查同意后，换发许可证。

第二十三条 有下列情形之一的，持证单位应当按照本办法规定的许可证申请程序，重新申请领取许可证：

（一）改变许可证规定的活动的种类或者范围的；

（二）新建或者改建、扩建生产、销售、使用设施或者场所的。

第二十四条　许可证有效期为 5 年。有效期届满，需要延续的，应当于许可证有效期届满 30 日前向原发证机关提出延续申请，并提供下列材料：

（一）许可证延续申请报告；

（二）监测报告；

（三）许可证有效期内的辐射安全防护工作总结。

原发证机关应当自受理延续申请之日起，在许可证有效期届满前完成审查，符合条件的，予以延续，换发许可证，并使用原许可证的编号；不符合条件的，书面通知申请单位并说明理由。

第二十五条　辐射工作单位部分终止或者全部终止生产、销售、使用放射性同位素与射线装置活动的，应当向原发证机关提出部分变更或者注销许可证申请，由原发证机关核查合格后，予以变更或者注销许可证。

第二十六条　辐射工作单位因故遗失许可证的，应当及时到所在地省级报刊上刊登遗失公告，并于公告 30 日后的一个月内持公告到原发证机关申请补发。

第三章　进出口、转让、转移活动的审批与备案

第二十七条　进口列入限制进出口目录的放射性同位素的单位，应当在进口前报国务院生态环境主管部门审批；获得批准后，由国务院对外贸易主管部门依据对外贸易的有关规定签发进口许可证。国务院生态环境主管部门在批准放射源进口申请时，给定放射源编码。

分批次进口非密封放射性物质的单位，应当每 6 个月报国务院生态环境主管部门审批一次。

第二十八条　申请进口列入限制进出口目录的放射性同位素的单位，应当向国务院生态环境主管部门提交放射性同位素进口审批表，并提交下列材料：

（一）放射性同位素使用期满后的处理方案，其中，进口Ⅰ类、Ⅱ类、Ⅲ类放射源的，应当提供原出口方负责从最终用户回收放射源的承诺文件复印件；

（二）进口放射源的明确标号和必要的说明文件的影印件或者复印件，其中，Ⅰ类、Ⅱ类、Ⅲ类放射源的标号应当刻制在放射源本体或者密封包壳体上，Ⅳ类、Ⅴ类放射源的标号应当记录在相应说明文件中；

（三）进口单位与原出口方之间签订的有效协议复印件；

（四）将进口的放射性同位素销售给其他单位使用的，还应当提供与使用单位签订的有效协议复印件。

放射性同位素进口审批表的具体格式和内容见附件三。

第二十九条 国务院生态环境主管部门应当自受理放射性同位素进口申请之日起10 个工作日内完成审查，符合条件的，予以批准；不符合条件的，书面通知申请单位并说明理由。

进口单位和使用单位应当在进口活动完成之日起 20 日内，分别将批准的放射性同位素进口审批表报送各自所在地的省级生态环境主管部门。

第三十条 出口列入限制进出口目录的放射性同位素的单位，应当向国务院生态环境主管部门提交放射性同位素出口表，并提交下列材料：

（一）国外进口方可以合法持有放射性同位素的中文或英文证明材料；

（二）出口单位与国外进口方签订的有效协议复印件。

放射性同位素出口表的具体格式和内容见附件四。

出口单位应当在出口活动完成之日起 20 日内，将放射性同位素出口表报送所在地的省级生态环境主管部门。

出口放射性同位素的单位应当遵守国家对外贸易的有关规定。

第三十一条 转让放射性同位素的，转入单位应当在每次转让前报所在地省级生态环境主管部门审查批准。

分批次转让非密封放射性物质的，转入单位可以每 6 个月报所在地省级生态环境主管部门审查批准。

放射性同位素只能在持有许可证的单位之间转让。禁止向无许可证或者超出许可证规定的种类和范围的单位转让放射性同位素。

未经批准不得转让放射性同位素。

第三十二条 转入放射性同位素的单位应当于转让前向所在地省级生态环境主管部门提交放射性同位素转让审批表，并提交下列材料：

（一）放射性同位素使用期满后的处理方案；

（二）转让双方签订的转让协议。

放射性同位素转让审批表的具体格式和内容见附件五。

生态环境主管部门应当自受理申请之日起 15 个工作日内完成审查，符合条件的，予以批准；不符合条件的，书面通知申请单位并说明理由。

第三十三条 转入、转出放射性同位素的单位应当在转让活动完成之日起 20 日内，分别将一份放射性同位素转让审批表报送各自所在地省级生态环境主管部门。

第三十四条 在野外进行放射性同位素示踪试验的单位，应当在每次试验前编制环境影响报告表，并经试验所在地省级生态环境主管部门商同级有关部门审查批准后方可进行。

放射性同位素野外示踪试验有可能造成跨省界环境影响的，其环境影响报告表应当报国务院生态环境主管部门商同级有关部门审查批准。

第三十五条 使用放射性同位素的单位需要将放射性同位素转移到外省、自治区、直辖市使用的，应当于活动实施前 10 日内向使用地省级生态环境主管部门备案，书面报告移出地省级生态环境主管部门，并接受使用地生态环境主管部门的监督管理。

书面报告的内容应当包括该放射性同位素的核素、活度、转移时间和地点、辐射安全负责人和联系电话等内容；转移放射源的还应提供放射源标号和编码。

使用单位应当在活动结束后 20 日内到使用地省级生态环境主管部门办理备案注销手续，并书面告知移出地省级生态环境主管部门。

第四章　监督管理

第三十六条　辐射工作单位应当按照许可证的规定从事放射性同位素和射线装置的生产、销售、使用活动。

禁止无许可证或者不按照许可证规定的种类和范围从事放射性同位素和射线装置的生产、销售、使用活动。

第三十七条　生产放射性同位素与射线装置的单位，应当在放射性同位素的包装容器、含放射性同位素的设备和射线装置上设置明显的放射性标识和中文警示说明；放射源上能够设置放射性标识的，应当一并设置。

含放射源设备的说明书应当告知用户该设备含有放射源及其相关技术参数和结构特性，并告知放射源的潜在辐射危害及相应的安全防护措施。

第三十八条　生产、进口放射源的单位在销售Ⅰ类、Ⅱ类、Ⅲ类放射源时，应当与使用放射源的单位签订废旧放射源返回合同。

使用Ⅰ类、Ⅱ类、Ⅲ类放射源的单位应当按照废旧放射源返回合同规定，在放射源闲置或者废弃后 3 个月内将废旧放射源交回生产单位或者返回原出口方。确实无法交回生产单位或者返回原出口方的，送交有相应资质的放射性废物集中贮存单位贮存。

使用Ⅳ类、Ⅴ类放射源的单位应当按照国务院生态环境主管部门的规定，在放射源闲置或者废弃后 3 个月内将废旧放射源进行包装整备后送交有相应资质的放射性废物集中贮存单位贮存。

使用放射源的单位应当在废旧放射源交回、返回或者送交活动完成之日起 20 日内，向其所在地省级生态环境主管部门备案。

第三十九条　销售、使用放射源的单位在本办法实施前已经贮存的废旧放射源，应当自本办法实施之日起 1 年内交回放射源生产单位或者返回原出口方，或送交有相应资质的放射性废物集中贮存单位。

第四十条　生产放射性同位素的场所、产生放射性污染的放射性同位素销售和使用场所、产生放射性污染的射线装置及其场所，终结运行后应当依法实施退役。退役完成后，有关辐射工作单位方可申请办理许可证变更或注销手续。

第四十一条　辐射工作单位应当建立放射性同位素与射线装置台账，记载放射性同位素的核素名称、出厂时间和活度、标号、编码、来源和去向，及射线装置的名称、型号、射线种类、类别、用途、来源和去向等事项。

放射性同位素与射线装置台账、个人剂量档案和职业健康监护档案应当长期保存。

第四十二条 辐射工作单位应当编写放射性同位素与射线装置安全和防护状况年度评估报告，于每年 1 月 31 日前报原发证机关。

年度评估报告应当包括放射性同位素与射线装置台账、辐射安全和防护设施的运行与维护、辐射安全和防护制度及措施的建立和落实、事故和应急以及档案管理等方面的内容。

第四十三条 县级以上人民政府生态环境主管部门应当对辐射工作单位进行监督检查，对存在的问题，应当提出书面的现场检查意见和整改要求，由检查人员签字或检查单位盖章后交被检查单位，并由被检查单位存档备案。

第四十四条 省级生态环境主管部门应当编写辐射工作单位监督管理年度总结报告，于每年 3 月 1 日前报国务院生态环境主管部门。

报告内容应当包括辐射工作单位数量、放射源数量和类别、射线装置数量和类别、许可证颁发与注销情况、事故及其处理情况、监督检查与处罚情况等内容。

第五章　罚　则

第四十五条 辐射工作单位违反本办法的有关规定，有下列行为之一的，由县级以上人民政府生态环境主管部门责令停止违法行为，限期改正；逾期不改正的，处 1 万元以上 3 万元以下的罚款：

（一）未在含放射源设备的说明书中告知用户该设备含有放射源的；

（二）销售、使用放射源的单位未在本办法实施之日起 1 年内将其贮存的废旧放射源交回、返回或送交有关单位的。

辐射工作单位违反本办法的其他规定，按照《中华人民共和国放射性污染防治法》《放射性同位素与射线装置安全和防护条例》及其他相关法律法规的规定进行处罚。

第六章　附　则

第四十六条 省级以上人民政府生态环境主管部门依据《电离辐射防护与辐射源安全基本标准》（GB 18871—2002）及国家有关规定负责对放射性同位素与射线装置管理的豁免出具证明文件。

第四十七条 本办法自 2006 年 3 月 1 日起施行。

（附件一～附件五略）

HAF802

放射性同位素与射线装置安全和防护管理办法

（2011 年 4 月 18 日环境保护部令第 18 号公布，自 2011 年 5 月 1 日起施行）

第一章　总　则

第一条　为了加强放射性同位素与射线装置的安全和防护管理，根据《中华人民共和国放射性污染防治法》和《放射性同位素与射线装置安全和防护条例》，制定本办法。

第二条　本办法适用于生产、销售、使用放射性同位素与射线装置的场所、人员的安全和防护，废旧放射源与被放射性污染的物品的管理以及豁免管理等相关活动。

第三条　生产、销售、使用放射性同位素与射线装置的单位，应当对本单位的放射性同位素与射线装置的辐射安全和防护工作负责，并依法对其造成的放射性危害承担责任。

第四条　县级以上人民政府环境保护主管部门，应当依照《中华人民共和国放射性污染防治法》《放射性同位素与射线装置安全和防护条例》和本办法的规定，对放射性同位素与射线装置的安全和防护工作实施监督管理。

第二章　场所安全和防护

第五条　生产、销售、使用、贮存放射性同位素与射线装置的场所，应当按照国家有关规定设置明显的放射性标志，其入口处应当按照国家有关安全和防护标准的要求，设置安全和防护设施以及必要的防护安全联锁、报警装置或者工作信号。

射线装置的生产调试和使用场所，应当具有防止误操作、防止工作人员和公众受到意外照射的安全措施。

放射性同位素的包装容器、含放射性同位素的设备和射线装置，应当设置明显的放射性标识和中文警示说明；放射源上能够设置放射性标识的，应当一并设置。运输放射性同位素和含放射源的射线装置的工具，应当按照国家有关规定设置明显的放射性标志或者显示危险信号。

第六条　生产、使用放射性同位素与射线装置的场所，应当按照国家有关规定采取有效措施，防止运行故障，并避免故障导致次生危害。

第七条　放射性同位素和被放射性污染的物品应当单独存放，不得与易燃、易爆、腐蚀性物品等一起存放，并指定专人负责保管。

贮存、领取、使用、归还放射性同位素时，应当进行登记、检查，做到账物相符。对放射性同位素贮存场所应当采取防火、防水、防盗、防丢失、防破坏、防射线泄漏的安全措施。

对放射源还应当根据其潜在危害的大小，建立相应的多重防护和安全措施，并对可移动的放射源定期进行盘存，确保其处于指定位置，具有可靠的安全保障。

第八条 在室外、野外使用放射性同位素与射线装置的，应当按照国家安全和防护标准的要求划出安全防护区域，设置明显的放射性标志，必要时设专人警戒。

第九条 生产、销售、使用放射性同位素与射线装置的单位，应当按照国家环境监测规范，对相关场所进行辐射监测，并对监测数据的真实性、可靠性负责；不具备自行监测能力的，可以委托经省级人民政府环境保护主管部门认定的环境监测机构进行监测。

第十条 建设项目竣工环境保护验收涉及的辐射监测和退役核技术利用项目的终态辐射监测，由生产、销售、使用放射性同位素与射线装置的单位委托经省级以上人民政府环境保护主管部门批准的有相应资质的辐射环境监测机构进行。

第十一条 生产、销售、使用放射性同位素与射线装置的单位，应当加强对本单位放射性同位素与射线装置安全和防护状况的日常检查。发现安全隐患的，应当立即整改；安全隐患有可能威胁到人员安全或者有可能造成环境污染的，应当立即停止辐射作业并报告发放辐射安全许可证的环境保护主管部门（以下简称发证机关），经发证机关检查核实安全隐患消除后，方可恢复正常作业。

第十二条 生产、销售、使用放射性同位素与射线装置的单位，应当对本单位的放射性同位素与射线装置的安全和防护状况进行年度评估，并于每年 1 月 31 日前向发证机关提交上一年度的评估报告。

安全和防护状况年度评估报告应当包括下列内容：

（一）辐射安全和防护设施的运行与维护情况；

（二）辐射安全和防护制度及措施的制定与落实情况；

（三）辐射工作人员变动及接受辐射安全和防护知识教育培训（以下简称辐射安全培训）情况；

（四）放射性同位素进出口、转让或者送贮情况以及放射性同位素、射线装置台账；

（五）场所辐射环境监测和个人剂量监测情况及监测数据；

（六）辐射事故及应急响应情况；

（七）核技术利用项目新建、改建、扩建和退役情况；

（八）存在的安全隐患及其整改情况；

（九）其他有关法律、法规规定的落实情况。

年度评估发现安全隐患的，应当立即整改。

第十三条 使用 I 类、II 类、III类放射源的场所，生产放射性同位素的场所，按照《电离辐射防护与辐射源安全基本标准》（以下简称《基本标准》）确定的甲级、乙级非密封放射性物质使用场所，以及终结运行后产生放射性污染的射线装置，应当依法实施退役。

依照前款规定实施退役的生产、使用放射性同位素与射线装置的单位，应当在实施退役前完成下列工作：

（一）将有使用价值的放射源按照《放射性同位素与射线装置安全和防护条例》的规定转让；

（二）将废旧放射源交回生产单位、返回原出口方或者送交有相应资质的放射性废物集中贮存单位贮存。

第十四条　依法实施退役的生产、使用放射性同位素与射线装置的单位，应当在实施退役前编制环境影响评价文件，报原辐射安全许可证发证机关审查批准；未经批准的，不得实施退役。

第十五条　退役工作完成后 60 日内，依法实施退役的生产、使用放射性同位素与射线装置的单位，应当向原辐射安全许可证发证机关申请退役核技术利用项目终态验收，并提交退役项目辐射环境终态监测报告或者监测表。

依法实施退役的生产、使用放射性同位素与射线装置的单位，应当自终态验收合格之日起 20 日内，到原发证机关办理辐射安全许可证变更或者注销手续。

第十六条　生产、销售、使用放射性同位素与射线装置的单位，在依法被撤销、依法解散、依法破产或者因其他原因终止前，应当确保环境辐射安全，妥善实施辐射工作场所或者设备的退役，并承担退役完成前所有的安全责任。

第三章　人员安全和防护

第十七条　生产、销售、使用放射性同位素与射线装置的单位，应当按照环境保护部审定的辐射安全培训和考试大纲，对直接从事生产、销售、使用活动的操作人员以及辐射防护负责人进行辐射安全培训，并进行考核；考核不合格的，不得上岗。

第十八条　辐射安全培训分为高级、中级和初级三个级别。

从事下列活动的辐射工作人员，应当接受中级或者高级辐射安全培训：

（一）生产、销售、使用 I 类放射源的；

（二）在甲级非密封放射性物质工作场所操作放射性同位素的；

（三）使用 I 类射线装置的；

（四）使用伽马射线移动探伤设备的。

从事前款所列活动单位的辐射防护负责人，以及从事前款所列装置、设备和场所设计、安装、调试、倒源、维修以及其他与辐射安全相关技术服务活动的人员，应当接受中级或者高级辐射安全培训。

本条第二款、第三款规定以外的其他辐射工作人员，应当接受初级辐射安全培训。

第十九条　从事辐射安全培训的单位，应当具备下列条件：

（一）有健全的培训管理制度并有专职培训管理人员；

（二）有常用的辐射监测设备；

（三）有与培训规模相适应的教学、实践场地与设施；

（四）有核物理、辐射防护、核技术应用及相关专业本科以上学历的专业教师。

拟开展初级辐射安全培训的单位，应当有 5 名以上专业教师，其中至少 2 名具有注册核安全工程师执业资格。

拟开展中级或者高级辐射安全培训的单位，应当有 10 名以上专业教师，其中至少 5 名具有注册核安全工程师执业资格，外聘教师不得超过教师总数的 30%。

从事辐射安全培训的专业教师应当接受环境保护部组织的培训，具体办法由环境保护部另行制定。

第二十条 省级以上人民政府环境保护主管部门对从事辐射安全培训的单位进行评估，择优向社会推荐。

环境保护部评估并推荐的单位可以开展高级、中级和初级辐射安全培训；省级人民政府环境保护主管部门评估并推荐的单位可以开展初级辐射安全培训。

省级以上人民政府环境保护主管部门应当向社会公布其推荐的从事辐射安全培训的单位名单，并定期对名单所列从事辐射安全培训的单位进行考核；对考核不合格的，予以除名，并向社会公告。

第二十一条 从事辐射安全培训的单位负责对参加辐射安全培训的人员进行考核，并对考核合格的人员颁发辐射安全培训合格证书。辐射安全培训合格证书的格式由环境保护部规定。

取得高级别辐射安全培训合格证书的人员，不需再接受低级别的辐射安全培训。

第二十二条 取得辐射安全培训合格证书的人员，应当每 4 年接受一次再培训。

辐射安全再培训包括新颁布的相关法律、法规和辐射安全与防护专业标准、技术规范，以及辐射事故案例分析与经验反馈等内容。

不参加再培训的人员或者再培训考核不合格的人员，其辐射安全培训合格证书自动失效。

第二十三条 生产、销售、使用放射性同位素与射线装置的单位，应当按照法律、行政法规以及国家环境保护和职业卫生标准，对本单位的辐射工作人员进行个人剂量监测；发现个人剂量监测结果异常的，应当立即核实和调查，并将有关情况及时报告辐射安全许可证发证机关。

生产、销售、使用放射性同位素与射线装置的单位，应当安排专人负责个人剂量监测管理，建立辐射工作人员个人剂量档案。个人剂量档案应当包括个人基本信息、工作岗位、剂量监测结果等材料。个人剂量档案应当保存至辐射工作人员年满 75 周岁，或者停止辐射工作 30 年。

辐射工作人员有权查阅和复制本人的个人剂量档案。辐射工作人员调换单位的，原用人单位应当向新用人单位或者辐射工作人员本人提供个人剂量档案的复制件。

第二十四条　生产、销售、使用放射性同位素与射线装置的单位，不具备个人剂量监测能力的，应当委托具备下列条件的机构进行个人剂量监测：

（一）具有保证个人剂量监测质量的设备、技术；

（二）经省级以上人民政府计量行政主管部门计量认证；

（三）法律法规规定的从事个人剂量监测的其他条件。

第二十五条　环境保护部对从事个人剂量监测的机构进行评估，择优向社会推荐。

环境保护部定期对其推荐的从事个人剂量监测的机构进行监测质量考核；对考核不合格的，予以除名，并向社会公告。

第二十六条　接受委托进行个人剂量监测的机构，应当按照国家有关技术规范的要求进行个人剂量监测，并对监测结果负责。

接受委托进行个人剂量监测的机构，应当及时向委托单位出具监测报告，并将监测结果以书面和网上报送方式，直接报告委托单位所在地的省级人民政府环境保护主管部门。

第二十七条　环境保护部应当建立全国统一的辐射工作人员个人剂量数据库，并与卫生等相关部门实现数据共享。

第四章　废旧放射源与被放射性污染的物品管理

第二十八条　生产、进口放射源的单位销售Ⅰ类、Ⅱ类、Ⅲ类放射源给其他单位使用的，应当与使用放射源的单位签订废旧放射源返回协议。

转让Ⅰ类、Ⅱ类、Ⅲ类放射源的，转让双方应当签订废旧放射源返回协议。进口放射源转让时，转入单位应当取得原出口方负责回收的承诺文件副本。

第二十九条　使用Ⅰ类、Ⅱ类、Ⅲ类放射源的单位应当在放射源闲置或者废弃后3个月内，按照废旧放射源返回协议规定，将废旧放射源交回生产单位或者返回原出口方。确实无法交回生产单位或者返回原出口方的，送交具备相应资质的放射性废物集中贮存单位（以下简称废旧放射源收贮单位）贮存，并承担相关费用。

废旧放射源收贮单位，应当依法取得环境保护部颁发的使用（含收贮）辐射安全许可证，并在资质许可范围内收贮废旧放射源和被放射性污染的物品。

第三十条　使用放射源的单位依法被撤销、依法解散、依法破产或者因其他原因终止的，应当事先将本单位的放射源依法转让、交回生产单位、返回原出口方或者送交废旧放射源收贮单位贮存，并承担上述活动完成前所有的安全责任。

第三十一条　使用放射源的单位应当在废旧放射源交回生产单位或者送交废旧放射源收贮单位贮存活动完成之日起20日内，报其所在地的省级人民政府环境保护主管部门备案。

废旧放射源返回原出口方的，应当在返回活动完成之日起20日内，将放射性同位素出口表报其所在地的省级人民政府环境保护主管部门备案。

第三十二条 废旧放射源收贮单位，应当建立废旧放射源的收贮台账和相应的计算机管理系统。

废旧放射源收贮单位，应当于每季度末对已收贮的废旧放射源进行汇总统计，每年年底对已贮存的废旧放射源进行核实，并将统计和核实结果分别上报环境保护部和所在地省级人民政府环境保护主管部门。

第三十三条 对已经收贮入库或者交回生产单位的仍有使用价值的放射源，可以按照《放射性同位素与射线装置安全和防护条例》的规定办理转让手续后进行再利用。具体办法由环境保护部另行制定。

对拟被再利用的放射源，应当由放射源生产单位按照生产放射源的要求进行安全性验证或者加工，满足安全和技术参数要求后，出具合格证书，明确使用条件，并进行放射源编码。

第三十四条 单位和个人发现废弃放射源或者被放射性污染的物品的，应当及时报告所在地县级以上地方人民政府环境保护主管部门；经所在地省级人民政府环境保护主管部门同意后，送废旧放射源收贮单位贮存。

废旧放射源收贮单位应当对废弃放射源或者被放射性污染的物品妥善收贮。

禁止擅自转移、贮存、退运废弃放射源或者被放射性污染的物品。

第三十五条 废旧金属回收熔炼企业，应当建立辐射监测系统，配备足够的辐射监测人员，在废旧金属原料入炉前、产品出厂前进行辐射监测，并将放射性指标纳入产品合格指标体系中。

新建、改建、扩建建设项目含有废旧金属回收熔炼工艺的，应当配套建设辐射监测设施；未配套建设辐射监测设施的，环境保护主管部门不予通过其建设项目竣工环境保护验收。

辐射监测人员在进行废旧金属辐射监测和应急处理时，应当佩戴个人剂量计等防护器材，做好个人防护。

第三十六条 废旧金属回收熔炼企业发现并确认辐射监测结果明显异常时，应当立即采取相应控制措施并在四小时内向所在地县级以上人民政府环境保护主管部门报告。

环境保护主管部门接到报告后，应当对辐射监测结果进行核实，查明导致辐射水平异常的原因，并责令废旧金属回收熔炼企业采取措施，防止放射性污染。

禁止缓报、瞒报、谎报或者漏报辐射监测结果异常信息。

第三十七条 废旧金属回收熔炼企业送贮废弃放射源或者被放射性污染物品所产生的费用，由废弃放射源或者被放射性污染物品的原持有者或者供货方承担。

无法查明废弃放射源或者被放射性污染物品来源的，送贮费用由废旧金属回收熔炼企业承担；其中，对已经开展辐射监测的废旧金属回收熔炼企业，经所在地省级人民政府环境保护主管部门核实、同级财政部门同意后，省级人民政府环境保护主管部门所属废旧放射源收贮单位可以酌情减免其相关处理费用。

第五章　监督检查

第三十八条　省级以上人民政府环境保护主管部门应当对其依法颁发辐射安全许可证的单位进行监督检查。

省级以上人民政府环境保护主管部门委托下一级环境保护主管部门颁发辐射安全许可证的，接受委托的环境保护主管部门应当对其颁发辐射安全许可证的单位进行监督检查。

第三十九条　县级以上人民政府环境保护主管部门应当结合本行政区域的工作实际，配备辐射防护安全监督员。

各级辐射防护安全监督员应当具备 3 年以上辐射工作相关经历。

省级以上人民政府环境保护主管部门辐射防护安全监督员应当具备大学本科以上学历，并通过中级以上辐射安全培训。

设区的市级、县级人民政府环境保护主管部门辐射防护安全监督员应当具备大专以上学历，并通过初级以上辐射安全培训。

第四十条　省级以上人民政府环境保护主管部门辐射防护安全监督员由环境保护部认可，设区的市级、县级人民政府环境保护主管部门辐射防护安全监督员由省级人民政府环境保护主管部门认可。

辐射防护安全监督员应当定期接受专业知识培训和考核。

取得高级职称并从事辐射安全与防护监督检查工作 10 年以上，或者取得注册核安全工程师资格的辐射防护安全监督员，可以免予辐射安全培训。

第四十一条　省级以上人民政府环境保护主管部门应当制定监督检查大纲，明确辐射安全与防护监督检查的组织体系、职责分工、实施程序、报告制度、重要问题管理等内容，并根据国家相关法律法规、标准制定相应的监督检查技术程序。

第四十二条　县级以上人民政府环境保护主管部门应当根据放射性同位素与射线装置生产、销售、使用活动的类别，制定本行政区域的监督检查计划。

监督检查计划应当按照辐射安全风险大小，规定不同的监督检查频次。

第六章　应急报告与处理

第四十三条　县级以上人民政府环境保护主管部门应当会同同级公安、卫生、财政、新闻、宣传等部门编制辐射事故应急预案，报本级人民政府批准。

辐射事故应急预案应当包括下列内容：

（一）应急机构和职责分工；

（二）应急人员的组织、培训以及应急和救助的装备、资金、物资准备；

（三）辐射事故分级与应急响应措施；

（四）辐射事故的调查、报告和处理程序；

（五）辐射事故信息公开、公众宣传方案。

辐射事故应急预案还应当包括可能引发辐射事故的运行故障的应急响应措施及其调查、报告和处理程序。

生产、销售、使用放射性同位素与射线装置的单位，应当根据可能发生的辐射事故的风险，制定本单位的应急方案，做好应急准备。

第四十四条　发生辐射事故或者发生可能引发辐射事故的运行故障时，生产、销售、使用放射性同位素与射线装置的单位应当立即启动本单位的应急方案，采取应急措施，并在两小时内填写初始报告，向当地人民政府环境保护主管部门报告。

发生辐射事故的，生产、销售、使用放射性同位素与射线装置的单位还应当同时向当地人民政府、公安部门和卫生主管部门报告。

第四十五条　接到辐射事故或者可能引发辐射事故的运行故障报告的环境保护主管部门，应当立即派人赶赴现场，进行现场调查，采取有效措施，控制并消除事故或者故障影响，并配合有关部门做好信息公开、公众宣传等外部应急响应工作。

第四十六条　接到辐射事故报告或者可能发生辐射事故的运行故障报告的环境保护部门，应当在两小时内，将辐射事故或者故障信息报告本级人民政府并逐级上报至省级人民政府环境保护主管部门；发生重大或者特别重大辐射事故的，应当同时向环境保护部报告。

接到含Ⅰ类放射源装置重大运行故障报告的环境保护部门，应当在两小时内将故障信息逐级上报至原辐射安全许可证发证机关。

第四十七条　省级人民政府环境保护主管部门接到辐射事故报告，确认属于特别重大辐射事故或者重大辐射事故的，应当及时通报省级人民政府公安部门和卫生主管部门，并在两小时内上报环境保护部。

环境保护部在接到事故报告后，应当立即组织核实，确认事故类型，在两小时内报告国务院，并通报公安部和卫生部。

第四十八条　发生辐射事故或者运行故障的单位，应当按照应急预案的要求，制定事故或者故障处置实施方案，并在当地人民政府和辐射安全许可证发证机关的监督、指导下实施具体处置工作。

辐射事故和运行故障处置过程中的安全责任，以及由事故、故障导致的应急处置费用，由发生辐射事故或者运行故障的单位承担。

第四十九条　省级人民政府环境保护主管部门应当每半年对本行政区域内发生的辐射事故和运行故障情况进行汇总，并将汇总报告报送环境保护部，同时抄送同级公安部门和卫生主管部门。

第七章　豁免管理

第五十条　省级以上人民政府环境保护主管部门依据《基本标准》及国家有关规定，

负责对射线装置、放射源或者非密封放射性物质管理的豁免出具备案证明文件。

第五十一条 已经取得辐射安全许可证的单位，使用低于《基本标准》规定豁免水平的射线装置、放射源或者少量非密封放射性物质的，经所在地省级人民政府环境保护主管部门备案后，可以被豁免管理。

前款所指单位提请所在地省级人民政府环境保护主管部门备案时，应当提交其使用的射线装置、放射源或者非密封放射性物质辐射水平低于《基本标准》豁免水平的证明材料。

第五十二条 符合下列条件之一的使用单位，报请所在地省级人民政府环境保护主管部门备案时，除提交本办法第五十一条第二款规定的证明材料外，还应当提交射线装置、放射源或者非密封放射性物质的使用量、使用条件、操作方式以及防护管理措施等情况的证明：

（一）已取得辐射安全许可证，使用较大批量低于《基本标准》规定豁免水平的非密封放射性物质的；

（二）未取得辐射安全许可证，使用低于《基本标准》规定豁免水平的射线装置、放射源以及非密封放射性物质的。

第五十三条 对装有超过《基本标准》规定豁免水平放射源的设备，经检测符合国家有关规定确定的辐射水平的，设备的生产或者进口单位向环境保护部报请备案后，该设备和相关转让、使用活动可以被豁免管理。

前款所指单位，报请环境保护部备案时，应当提交下列材料：

（一）辐射安全分析报告，包括活动正当性分析，放射源在设备中的结构，放射源的核素名称、活度、加工工艺和处置方式，对公众和环境的潜在辐射影响，以及可能的用户等内容。

（二）有相应资质的单位出具的证明设备符合《基本标准》有条件豁免要求的辐射水平检测报告。

第五十四条 省级人民政府环境保护主管部门应当将其出具的豁免备案证明文件，报环境保护部。

环境保护部对已获得豁免备案证明文件的活动或者活动中的射线装置、放射源或者非密封放射性物质定期公告。

经环境保护部公告的活动或者活动中的射线装置、放射源或者非密封放射性物质，在全国有效，可以不再逐一办理豁免备案证明文件。

第八章　法律责任

第五十五条 违反本办法规定，生产、销售、使用放射性同位素与射线装置的单位有下列行为之一的，由原辐射安全许可证发证机关给予警告，责令限期改正；逾期不改正的，处 1 万元以上 3 万元以下的罚款：

（一）未按规定对相关场所进行辐射监测的；

（二）未按规定时间报送安全和防护状况年度评估报告的；

（三）未按规定对辐射工作人员进行辐射安全培训的；

（四）未按规定开展个人剂量监测的；

（五）发现个人剂量监测结果异常，未进行核实与调查，并未将有关情况及时报告原辐射安全许可证发证机关的。

第五十六条 违反本办法规定，废旧放射源收贮单位有下列行为之一的，由省级以上人民政府环境保护主管部门责令停止违法行为，限期改正；逾期不改正的，由原发证机关收回辐射安全许可证：

（一）未按规定建立废旧放射源收贮台账和计算机管理系统的；

（二）未按规定对已收贮的废旧放射源进行统计，并将统计结果上报的。

第五十七条 违反本办法规定，废旧放射源收贮单位有下列行为之一的，依照《放射性同位素与射线装置安全和防护条例》第五十二条的有关规定，由县级以上人民政府环境保护主管部门责令停止违法行为，限期改正；逾期不改正的，责令停业或者由原发证机关吊销辐射安全许可证；有违法所得的，没收违法所得；违法所得 10 万元以上的，并处违法所得 1 倍以上 5 倍以下的罚款；没有违法所得或者违法所得不足 10 万元的，并处 1 万元以上 10 万元以下的罚款。

（一）未取得环境保护部颁发的使用（含收贮）辐射安全许可证，从事废旧放射源收贮的；

（二）未经批准，擅自转让已收贮入库废旧放射源的。

第五十八条 违反本办法规定，废旧金属回收熔炼企业未开展辐射监测或者发现辐射监测结果明显异常未如实报告的，由县级以上人民政府环境保护主管部门责令改正，处 1 万元以上 3 万元以下的罚款。

第五十九条 生产、销售、使用放射性同位素与射线装置的单位违反本办法的其他规定，按照《中华人民共和国放射性污染防治法》《放射性同位素与射线装置安全和防护条例》以及其他相关法律法规的规定进行处罚。

第九章 附 则

第六十条 本办法下列用语的含义：

（一）废旧放射源，是指已超过生产单位或者有关标准规定的使用寿命，或者由于生产工艺的改变、生产产品的更改等因素致使不再用于初始目的的放射源。

（二）退役，是指采取去污、拆除和清除等措施，使核技术利用项目不再使用的场所或者设备的辐射剂量满足国家相关标准的要求，主管部门不再对这些核技术利用项目进行辐射安全与防护监管。

第六十一条 本办法自 2011 年 5 月 1 日起施行。

第四部分

核安全重要规范性文件

关于印发《研究堆安全分类（试行）》的通知

（国核安发〔2013〕165号）

各有关单位，环境保护部核与辐射安全中心、各核与辐射安全监督站：

为进一步促进研究堆核安全监督管理的规范化和科学化，体现不同类型研究堆的安全特点和管理要求，根据《中华人民共和国民用核设施安全监督管理条例》《研究堆安全许可证件的申请和颁发规定》相关要求，我局组织制定了《研究堆安全分类（试行）》。现印发你们，请将文件执行过程中发现的问题及时反馈我局。

附件：研究堆安全分类（试行）

国家核安全局
2013年9月22日

附件

研究堆安全分类
（试行）

1　引言

1.1　目的

1.1.1　本文件的目的是详细说明研究堆安全分类的原则和方法，为进行研究堆安全分类提供技术指导，也为实施研究堆分类监管提供支持。

1.1.2　本文件对《中华人民共和国民用核设施安全监督管理条例实施细则之三：研究堆许可证件的申请和颁发》（HAF001/03）中涉及的研究堆分类提供了具体的方法。

1.1.3　附录是对本文件的说明和补充。

1.2 范围

1.2.1 本文件适用于研究堆（包括临界装置）的安全分类。

1.2.2 本文件中“研究堆”包括反应堆堆芯、实验装置，以及反应堆厂址内的与反应堆或实验装置有关的一切其他设施。

2 安全目标和纵深防御原则的应用

2.1.1 《研究堆设计安全规定》（HAF201）2.1 节给出了如下的研究堆安全总目标：建立并维持一套有效的防御措施，以保护工作人员、公众和环境免受过量的放射性危害。

2.1.2 为达到研究堆安全目标，研究堆设计中必须贯彻纵深防御原则，从而提供多层次的保护。

对于不同类别的研究堆，其纵深防御的层次和重点可以适当调整，对许多低功率研究堆，可能不需要考虑或者尽可能简化第五层次防御乃至第四层次防御的考虑。

研究堆基于分类的安全管理不降低 2.1.1 节所引用的安全目标。

3 研究堆安全分类

研究堆分类时要考虑的主要因素为：

（1）反应堆功率和热导出方式；

（2）可以引入的反应性及其引入速率，反应性控制能力和手段，以及固有安全特性和附加安全特性；

（3）燃料元件的类型和裂变产物总量；

（4）慢化剂、反射层和冷却剂的类型；

（5）安全壳及其他包容结构；

（6）反应堆的应用（实验装置、试验、反应堆物理实验）。

具体分类时重点考虑潜在源项大小、安全特性和放射性释放后果。

3.1 Ⅰ类研究堆

3.1.1 分类准则

功率低、剩余反应性低、裂变产物总量少的研究堆，具体功率范围为：小于 500kW，如果具有较高的固有安全特性，功率范围可扩展至 1MW。

3.1.2 安全特性

这类研究堆通常在自然对流冷却方式下运行。在事故状态下，只需利用可靠的停堆手段或较好的负反馈效应即可使反应堆可靠停堆并保持安全停堆状态，可不要求有专设堆芯冷却系统。

这类研究堆即使在厂房倒塌或由于堆水池或其他包容结构的正常密封丧失造成堆芯或乏燃料裸露于空气，以及堆芯燃料重大破裂情况下也不违背《研究堆设计安全规定》（HAF201）第 2.1 节研究堆安全目标的要求。

3.2　Ⅱ类研究堆

3.2.1　分类准则

功率、剩余反应性和裂变产物总量属于中等的研究堆，具体功率范围为：500kW～10MW。

3.2.2　安全特性

这类研究堆依据不同热功率水平在自然对流冷却方式或强迫循环冷却方式下运行。在事故状态下，反应堆必须能可靠停堆并保持安全停堆状态，并且必须保证堆芯在要求的时间内得到冷却。

这类研究堆只要厂房不倒塌、堆芯水池或容器不丧失正常的密封性、反应堆堆芯不裸露、堆芯流道不堵塞，就不会违背《研究堆设计安全规定》（HAF201）第 2.1 节的研究堆安全目标。

3.3　Ⅲ类研究堆

3.3.1　分类准则

功率、剩余反应性和裂变产物总量都较高的研究堆，具体功率范围为：10MW 以上。

3.3.2　安全特性

这类研究堆一般在强迫循环下运行。在预计运行事件如厂用电源丧失的情况下，通常必须设置应急冷却，以保证堆芯余热的有效排出。在事故状态下，反应堆必须可靠地保持停堆状态，并且必须保证堆芯在规定时间内得到冷却。

这类研究堆只有在反应堆厂房或包容体、堆芯或容器或其他包容结构不丧失正常的完整性密封性的情况下，才能保证满足第 2.1 节的研究堆安全目标。

附录

我国在役民用研究堆安全分类示例

序号	堆名	营运单位	堆型	设计功率	分类
1	重水研究堆	中国原子能院	重水堆	10MW	II 类研究堆
2	49-2 游泳池式反应堆	中国原子能院	轻水堆	3.5MW	II 类研究堆
3	原型微型反应堆	中国原子能院	轻水堆	27kW	I 类研究堆
4	微堆零功率装置	中国原子能院	临界装置	—	I 类研究堆
5	氢化锆固态临界装置	中国原子能院	临界装置	—	I 类研究堆
6	DF-VI 快中子临界装置	中国原子能院	临界装置	—	I 类研究堆
7	中试厂核临界安全实验装置	中国原子能院	临界装置	—	I 类研究堆
8	中国实验快堆（CEFR）	中国原子能院	快堆	65MW	III类研究堆
9	中国先进研究堆（CARR）	中国原子能院	轻水堆	60MW	III类研究堆
10	屏蔽实验反应堆	清华大学	轻水堆	1MW	II 类研究堆
11	5MW 低温核供热反应堆	清华大学	轻水堆	5MW	II 类研究堆
12	10MW 高温气冷实验堆（HTR-10）	清华大学	石墨气冷堆	10MW	II 类研究堆
13	高通量工程试验堆	中国核动力院	轻水堆	125MW	III类研究堆
14	岷江试验堆	中国核动力院	轻水堆	5MW	II 类研究堆
15	中国脉冲堆	中国核动力院	轻水堆	1MW	II 类研究堆
16	18-5 临界装置	中国核动力院	临界装置	—	I 类研究堆
17	高通量工程试验堆临界装置	中国核动力院	临界装置	—	I 类研究堆
18	深圳微型反应堆	深圳大学	轻水堆	30kW	I 类研究堆
19	医院中子照射器	北京凯佰特科技有限公司	轻水堆	30kW	I 类研究堆

关于印发《民用核燃料循环设施分类原则与基本安全要求（试行）》的通知

国环规辐射〔2016〕1号

各有关单位：

为贯彻落实《民用核设施安全监督管理条例》，完善我国核燃料循环设施监管的法规体系，强化核燃料循环设施的分类管理，我部组织制定了《民用核燃料循环设施分类原则与基本安全要求（试行）》。现印发给你们，请遵照执行。

附件：民用核燃料循环设施分类原则与基本安全要求（试行）

环境保护部

2016年6月13日

附件

民用核燃料循环设施分类原则与基本安全要求（试行）

1 引言

1.1 目的

1.1.1 本文件根据《中华人民共和国民用核设施安全监督管理条例》规定了民用核燃料循环设施分类原则和各类民用核燃料循环设施的基本安全要求，以实现对民用核燃料循环设施的分类管理。

1.2 范围

1.2.1 本文件中民用核燃料循环设施包括铀纯化、铀转化、铀浓缩、核燃料元件制造、乏燃料离堆贮存和乏燃料后处理等设施，也包括核燃料循环研究和试验设施以及放射性废物处理、贮存和处置设施等。

1.2.2 本文件规定的分类原则与基本安全要求适用于民用核燃料循环设施的选址、设计、建造和运行。

2 安全目标与纵深防御

2.1 安全目标

2.1.1 核燃料循环设施安全总目标是建立并保持对电离辐射的有效防御，以保护人和环境免于电离辐射的危害。

2.1.2 辐射防护目标：将核燃料循环设施内所有运行状态下的辐射照射，以及由该设施任何计划排放放射性物质引起的辐射照射，保持在低于国家规定限值并处于可合理达到的尽量低水平，确保减轻事故的辐射后果。

2.1.3 技术安全目标：采取一切合理可行的措施预防事故的发生，并在一旦发生事故时减轻其辐射后果和化学危害后果；对于在设计中考虑过的所有可能事故，包括概率很低的事故，要以高可信度保证辐射后果和化学危害后果低于国家规定限值且尽可能小，并保证有严重辐射后果的事故发生的概率极低。

2.2 纵深防御

2.2.1 纵深防御应贯彻于核燃料循环设施安全有关的全部活动，包括与组织、人员行为或设计等有关方面，以保证这些活动均置于多重防御措施之下。即使有故障发生，它也将由适当措施予以探测、补偿或纠正。

2.2.2 设计应采用纵深防御，以提高多层次防御（固有特性、设备及规程）能力。为预防设施内部设备故障、人为失误以及外部事件引起的事件或事故可能对人员和环境产生的有害影响，应贯彻预防与缓解平衡的安全理念，以保证在防护失效的情况下，可以通过采取适当措施减轻事故后果，以保护人类和环境。

2.2.3 纵深防御通常分为五个层次。每一独立有效层次的防御都是纵深防御的基本组成部分。应确保与安全相关的活动能够纳入独立的纵深防御层次。

第一层次防御的目的是防止偏离正常运行及防止系统失效。

第二层次防御的目的是探测和纠正偏离正常运行状态。

第三层次防御的目的是将事故控制在设计基准范围内。

第四层次防御的目的是控制超设计基准事故，包括阻止事故的发展和缓解事故后果。

第五层次防御的目的是减轻放射性物质大量释放造成的放射性后果。

3　核燃料循环设施分类

3.1　核燃料循环设施根据放射性物质总量、形态和潜在事故风险或后果进行分类。按照合理、简化方法，核燃料循环设施分为如下四类：

一类：具有潜在厂外显著辐射风险或后果，如后处理设施，高放废液集中处理、贮存设施等；

二类：具有潜在厂内显著辐射风险或后果，并具有高度临界危害，如离堆乏燃料贮存设施和混合氧化物（MOX）元件制造设施等；

三类：具有潜在厂内显著辐射风险或后果，或具有临界危害，如铀浓缩设施，铀燃料元件制造设施，中低放废液集中处理、贮存设施等；

四类：仅具有厂房内辐射风险或后果，或具有常规工业风险，如天然铀纯化/转化设施、天然铀重水堆元件制造设施等。

具体分类见附表。

3.2　核燃料循环研究和试验设施种类多，规模和潜在事故辐射后果大小不同，应按照本文件 3.1 条规定的分类原则，针对每个设施的特点进行分析，确定设施类别。如核燃料循环研究设施可根据其是否有临界危害划分为三类或四类设施。

3.3　固体废物处理贮存处置设施依照《放射性废物安全管理条例》进行分类管理。

4　基本安全要求

4.1　一般要求

4.1.1　核燃料循环设施的选址、设计、建造和运行应满足安全目标。对核燃料循环设施实行分类管理，安全要求应与分类相适应。

4.1.2　核燃料循环设施纵深防御层次及每一层纵深防御的程度（独立性、多样性和冗余性）应与设施的潜在危害相适应，具体措施可通过安全分析进行评价和确定。

4.1.3　核燃料循环设施设计应确定属于安全重要物项的所有建（构）筑物、系统和部件。安全重要物项依据其执行的安全功能和安全重要性分级，其设计、建造和维护应使其质量和可靠性与其分级相适应。

4.1.4　核燃料循环设施营运单位对设施全寿期内安全负有全面责任，应当建立并维持一套合格的、持续改进的组织管理体系，综合考虑安全、健康、环保、质量和经济等因素。应建立和保持适当的职责分明的安全管理机构，并配备称职的负责人和足够数量的合格工作人员。

4.1.5　核燃料循环设施营运单位应制定和有效地实施核燃料循环设施的质量保证大纲及执行程序，确保质量保证体系的有效运行。质量保证大纲应包括为使物项或服务达到规定质量所必需的活动，验证规定的质量是否已达到、客观证据是否已有效产生所必需的活动。

4.1.6　核燃料循环设施营运单位应明确承诺，构建自身的核安全保障机构，将良好的核安全文化融入生产和管理的各个环节；加大核安全文化的资源投入力度，定期对本单位的安全文化培育状况、工作进展及安全绩效进行自我评估，保证核安全文化建设在本单位得到有效落实。

4.1.7　核燃料循环设施厂址应避开地震高风险带、活动构造带，及伴随地震活动可能出现地表破裂和变形的危险区。核燃料循环设施营运单位应调查和评价极端外部事件（如洪水）及次生灾害对厂址安全和设施安全可能产生的影响，采取必要的安全防范措施。

4.1.8　核燃料循环设施营运单位应按照国家相关规定针对核燃料循环设施可能发生的事故预先制订应急计划。

4.1.9　核燃料循环设施营运单位应落实故障安全理念和双偶然原则，在设计中尽可能通过工程措施提高设施的固有安全性，并在运行中高度重视临界安全的行政管理，确保易裂变物质的操作、加工、处理和贮存的临界安全。在可能发生临界事故的场所，应设置足够灵敏和可靠的临界事故探测与报警系统。

4.1.10　核燃料循环设施营运单位应在设计和运行中采取工程措施和管理措施保证实现辐射防护目标和技术安全目标，确定合理的剂量约束和潜在照射危险约束，制定辐射防护大纲、流出物监测和辐射环境监测大纲，实施辐射防护最优化。

4.1.11　核燃料循环设施的建设应考虑放射性废物的最终处置，避免给后代造成不应有的负担。核燃料循环设施的设计和运行应采取先进成熟的工艺和合理可行的措施，确保废物安全，实现放射性废物最小化。核燃料循环设施营运单位应及时处理放射性废液。气、液态流出物的排放应低于排放管理控制值并且可合理达到尽量低水平。核燃料循环设施营运单位应制定放射性废物管理大纲，并在运行期间定期修订。

4.1.12　核燃料循环设施的设计和运行应考虑便于退役。

4.1.13　核燃料循环设施营运单位应按照国家相关规定，加强毒害、腐蚀、爆炸、燃烧、助燃等危险化学品的安全管理。

4.1.14　对于多设施厂址，应按其规划进行厂址选择和评价，确定规划限制区和应急计划区。制定应急计划时，应考虑多设施同时发生事故的情景。设施的设计、建造和运行，应考虑设施间的相互影响。

4.2　各类设施的基本安全要求

4.2.1　一类设施

（1）厂址选择和评价应考虑设施正常运行和事故工况对环境的影响、外部事件对设施安全的影响、环境相容性和应急计划实施的可行性，以确定厂址条件的适宜性。

（2）核燃料设施营运单位应结合厂址及周围区域的自然和社会环境特征，对可能影响设施安全的外部事件进行调查和评价，以确定设施抵御外部事件的设计基准。外部事件包括地震、地质、洪水、气象等外部自然事件和危险品爆炸等外部人为事件。设施中抗震Ⅰ类物项的抗震设计基准按万年一遇考虑。设施防洪设计按可能最大洪水考虑。

（3）应急状态一般分为应急待命、厂房应急、场区应急和场外应急。

（4）规划限制区的范围应与设施风险相适应。应制定规划限制区的适当控制措施，以保证规划限制区内的建设项目不影响核设施的安全运行以及应急计划执行的有效性。

（5）核燃料循环设施营运单位应采取有效措施尽量降低设施发生临界事故的可能性。

（6）核燃料循环设施营运单位应通过辐射分区、辐射屏蔽、密封、通风过滤、出入口控制和辐射监测等措施，控制放射性物质对人体的辐射照射和沾污。应设置设备和管道、热室或手套箱、建（构）筑物等多道实体屏障，确保放射性物质的有效包容。应设置充分有效的辐射屏蔽，确保对外照射的有效防护。

4.2.2 二类设施

（1）厂址选择和评价应考虑设施正常运行和事故工况对环境的影响、外部事件对设施安全的影响、环境相容性和应急计划实施的可行性，以确定厂址条件的适宜性。

（2）核燃料设施营运单位应结合厂址及周围区域的自然和社会环境特征，对可能影响设施安全的外部事件进行调查和评价，以确定设施抵御外部事件的设计基准。外部事件包括地震、地质、洪水、气象等外部自然事件和危险品爆炸等外部人为事件。设施中抗震Ⅰ类物项的抗震设计基准按万年一遇考虑，MOX 元件制造设施中抗震Ⅰ类物项可按 50 年超越概率 10%地震作用进行弹性设计。设施防洪设计按可能最大洪水考虑。

（3）应急状态原则上分为应急待命、厂房应急和场区应急。

（4）核燃料循环设施营运单位应采取有效措施尽量降低设施发生临界事故的可能性，应在设计中采取有效措施确保离堆乏燃料贮存设施不会发生临界事故。

（5）核燃料循环设施营运单位应通过辐射分区、辐射屏蔽、密封、通风过滤、出入口控制和辐射监测等措施，控制放射性物质对人体的辐射照射和沾污。离堆乏燃料贮存设施应设置充分有效的辐射屏蔽，确保对外照射的有效防护。MOX 元件制造设施应设置设备和管道、热室或手套箱、建（构）筑物等多道实体屏障，确保放射性物质的有效包容。

4.2.3 三类设施

（1）厂址选择和评价应考虑设施正常运行和事故工况对环境的影响、外部事件对设施安全的影响和环境相容性，以确定厂址条件的适宜性。

（2）重要建（构）筑物抗震设防类别应按特殊设防类执行，即 50 年超越概率 63%地震作用的两倍进行弹性设计，50 年超越概率 2%～3%地震作用的两倍进行弹塑性验算。设施防洪设计按不低于五百年一遇洪水考虑。

（3）应急状态一般分为应急待命和厂房应急，也可能包括局部区域场区应急。

（4）核燃料循环设施营运单位应采取有效措施尽量降低设施发生临界事故的可能性。

（5）核燃料循环设施营运单位应根据设施特点，通过辐射分区、辐射屏蔽、密封、通风过滤、出入口控制和辐射监测等措施，控制放射性物质对人体的辐射照射和沾污。

4.2.4 四类设施

（1）厂址选择和评价应考虑设施正常运行和事故工况对环境的影响、外部事件对设施安全的影响和环境相容性，以确定厂址条件的适宜性。

（2）重要建（构）筑物抗震设计基准按不低于建筑工程重点设防类执行。设施防洪设计按不低于二百年一遇洪水考虑。

（3）核燃料循环设施营运单位应根据事故评价结果制定有效的应急预案。

（4）核燃料循环设施营运单位应根据设施特点，通过辐射分区、辐射屏蔽、密封、通风过滤、出入口控制和辐射监测等措施，控制放射性物质对人体的辐射照射和沾污。

5 已有设施的安全评价

5.1 核燃料循环设施应定期进行综合性安全评价，以确定：该设施满足现行安全标准和实践的程度；保持许可证发放依据仍然有效的程度；在下一次定期安全审查之前或寿期末保持该设施安全的各项安排的充分性；为解决已确定的安全问题需要实施的安全改进。

5.2 在影响安全的因素发生重大变化时，应根据设施安全特性、运行现状（特别是放射性存量），结合具体的厂址特征，采用现实假设对核设施进行安全评估，采取一事一议的方式，确定整改和运行方案。如果影响安全的因素涉及设施可靠性和建（构）筑物抗震性能，安全评估应包括对设施进行可靠性鉴定和对建（构）筑物进行抗震性能鉴定。

5.3 对于无法采取有效措施确保运行安全的设施，应停止运行，制定退役方案并尽快实施。退役前应加强安全管理，必要时实施整改，以确保满足安全要求。

5.4 对于已经停止运行且不满足安全要求的设施，应制定退役方案并尽快实施。退役前应加强安全管理，必要时实施整改，以确保满足安全要求。

附表

核燃料循环设施分类举例

类别	设施举例
一类	后处理设施，高放废液集中处理、贮存设施
二类	离堆乏燃料贮存设施，混合氧化物（MOX）元件制造设施
三类	铀浓缩设施，铀燃料元件制造设施，中低放废液集中处理、贮存设施，具有临界危害的核燃料循环研究设施
四类	天然铀纯化/转化设施，天然铀重水堆元件制造设施，不具有临界危害的核燃料循环研究设施

关于发布《放射性物品分类和名录》（试行）的公告

（环境保护部公告　2010 年第 31 号）

为落实《放射性物品运输安全管理条例》第三条规定，加强放射性物品运输安全管理，环境保护部（国家核安全局）、公安部、卫生部、海关总署、交通运输部、铁道部、中国民用航空局、国家国防科工局批准《放射性物品分类和名录》（试行），现予公告，自 2010 年 3 月 18 日起开始施行。

《放射性物品分类和名录》（试行）具体内容可在环境保护部网站（www.mep.gov.cn）查询。

（此公告业经公安部黄明，卫生部陈啸宏，海关总署鲁培军，交通运输部高宏峰，铁道部胡亚东，中国民用航空局夏兴华，国家国防科工局王毅韧会签）

附件：放射性物品分类和名录（试行）

二〇一〇年三月四日

附件

放射性物品分类和名录
（试行）

环境保护部（国家核安全局）　公安部　交通运输部　铁道部　卫生部
海关总署　中国民用航空局　国家国防科工局

放射性物品分类和名录

根据国务院第 562 号令《放射性物品运输安全管理条例》规定和放射性物品在运输过程中的潜在危害程度，制定本放射性物品分类和名录。

一、放射性物品分类原则

按照国务院《放射性物品运输安全管理条例》中第三条的规定，根据放射性物品的特性及其对人体健康和环境的潜在危害程度，将放射性物品分为一类、二类和三类。

一类放射性物品，是指Ⅰ类放射源、高水平放射性废物、乏燃料等释放到环境后对人体健康和环境产生重大辐射影响的放射性物品。

二类放射性物品，是指Ⅱ类和Ⅲ类放射源、中等水平放射性废物等释放到环境后对人体健康和环境产生一般辐射影响的放射性物品。

三类放射性物品，是指Ⅳ类和Ⅴ类放射源、低水平放射性废物、放射性药品等释放到环境后对人体健康和环境产生较小辐射影响的放射性物品。

放射性物品分类不改变国标 GB 11806 中关于放射性物品货包的分类及相应的设计要求。

放射性物品分类和名录与 GB 12268 中有关放射性物品运输分类和列名等内容协调一致。

二、放射性物品分类和名录

放射性物品分类和名录包括放射性物品、放射性物品举例、容器类型、货包（包件）类型、名称和说明以及联合国编号。具体分类和名录见表一。

表一　放射性物品分类和名录

分类	放射性物品	放射性物品举例	容器类型	货包（包件）类型	名称和说明[1]	联合国编号
一类	放射性活度大于A_1或A_2值的放射性物品[2]	如反应堆乏燃料、高水平放射性废物	B(U)	B(U)货包	放射性物品 B(U)型货包，非易裂变的或例外易裂变的	2916
			B(U)F		放射性物品 B(U)型货包，易裂变的	3328
			B(M)	B(M)货包	放射性物品 B(M)型货包，非易裂变的或例外易裂变的	2917
			B(M)F		放射性物品 B(M)型货包，易裂变的	3329
			C	C 型货包	放射性物品 C 型货包，非易裂变的或例外易裂变的	3323
			CF		放射性物品 C 型货包，易裂变的	3330
	等于或大于 0.1kg 的六氟化铀		H(U) H(M)	六氟化铀货包	放射性物质六氟化铀，非易裂变的或例外易裂变的	2978
			H(U)F H(M)F		放射性物质六氟化铀，易裂变的	2977
	需特殊安排运输的放射性物品		T	特殊安排运输	特殊安排下运输的放射性物品，非易裂变的或例外易裂变的	2919
			X		特殊安排下运输的放射性物品，易裂变的	3331
	放射性活度不大于A_1或A_2值的易裂变放射性物品	反应堆新燃料	AF	A 型货包	放射性物品 A 型货包，易裂变的，非特殊形式的	3327
					放射性物品 A 型货包，特殊形式的，易裂变的	3333
	易裂变Ⅲ类低比活度放射性物品（LSA-Ⅲ）		IF-2 IF-3	工业Ⅱ型货包 工业Ⅲ型货包	Ⅲ类低比活度放射性物品（LSA-Ⅲ），易裂变的	3325
	易裂变Ⅱ类低比活度的放射性物品（LSA-Ⅱ）		IF-2 IF-3	工业Ⅱ型货包 工业Ⅲ型货包	Ⅱ类低比活度放射性物品（LSA-Ⅱ），易裂变的	3324
	易裂变的放射性表面污染物体（SCO-Ⅰ或SCO-Ⅱ）		IF	工业型货包	放射性表面污染物体（SCO-Ⅰ或SCO-Ⅱ），易裂变的	3326
	Ⅰ类放射源	医用强钴源、工业辐照强钴源、锎-252 中子源原料等	B(U)	B(U)货包	放射性物品 B(U)型货包，非易裂变的或例外易裂变的	2916
			B(M)	B(M)货包	放射性物品 B(M)型货包，非易裂变的或例外易裂变的	2917

分类	放射性物品	放射性物品举例	容器类型	货包（包件）类型	名称和说明[1]	联合国编号
二类	非特殊形式的非易裂变或例外易裂变，放射性活度不大于 A_2 值的放射性物品	钼-锝发生器	A	A 型货包	**放射性物品 A 型货包**，非特殊形式的非易裂变的或非特殊形式的例外易裂变的	2915
	特殊形式[3]的非易裂变或例外易裂变，放射性活度不大于 A_1 值的放射性物品		A	A 型货包	**放射性物品 A 型货包**，特殊形式的非易裂变的或特殊形式的例外易裂变的	3332
	非易裂变或例外易裂变的III类低比活度放射性物品（LSA-III）（非独家使用）		IP-3	工业III型货包	**Ⅲ类低比活度放射性物品（LSA-Ⅲ）**，非易裂变的或例外易裂变的	3322
	非易裂变或例外易裂变的Ⅱ类低比活度放射性物品（LSA-Ⅱ）（液体非独家使用）		IP-3	工业III型货包	**Ⅱ类低比活度放射性物品（LSA-Ⅱ）**，非易裂变的或例外易裂变的	3321
	Ⅱ类和III类放射源	铯-137 等密封放射源	B(U)	B(U)货包	**放射性物品 B(U)型货包**，非易裂变的或例外易裂变的	2916
			B(M)	B(M)货包	**放射性物品 B(M)型货包**，非易裂变的或例外易裂变的	2917
			A	A 型货包	**放射性物品 A 型货包**，非特殊形式的非易裂变的或非特殊形式的例外易裂变的	2915
					放射性物品 A 型货包，特殊形式的非易裂变的或特殊形式的例外易裂变的	3332
三类	有限量的放射性物品[4]	放射性活度小于 7×10^7Bq 的碘-131 溶液		例外货包	**放射性物品例外货包－有限量的放射性物品**	2910
	含有放射性物质的仪器或制品	骨密度测量仪		例外货包	**放射性物品例外货包－含有放射性物质的仪器或制品**	2911
	天然铀或贫化铀或天然钍的制品			例外货包	**放射性物品例外货包－天然铀或贫化铀或天然钍的制品**	2909
	运输放射性物品的空包装			例外货包	**放射性物品例外货包－运输放射性物品的空包装**	2908
	非易裂变或例外易裂变的III类低比活度放射性物品（LSA-III）		IP-2	工业Ⅱ型货包	**Ⅲ类低比活度放射性物品（LSA-Ⅲ）**，非易裂变的或例外易裂变的	3322

分类	放射性物品	放射性物品举例	容器类型	货包（包件）类型	名称和说明[1]	联合国编号
三类	非易裂变或例外易裂变的Ⅱ类低比活度放射性物品（LSA-Ⅱ）	含氚浓度小于0.8TBq/L 的水	IP-2	工业Ⅱ型货包	**Ⅱ类低比活度放射性物品（LSA-Ⅱ）**，非易裂变的或例外易裂变的	3321
	非易裂变或例外易裂变的Ⅰ类低比活度放射性物品（LSA-Ⅰ）	黄饼	IP-2	工业Ⅰ型货包 工业Ⅱ型货包	**Ⅰ类低比活度放射性物品（LSA-Ⅰ）**，非易裂变的或例外易裂变的	2912
	非易裂变或例外易裂变Ⅰ、Ⅱ类放射性表面污染体（SCO-Ⅰ、SCO-Ⅱ）	污染构件	IP-1IP-2	工业Ⅰ型货包 工业Ⅱ型货包	**放射性表面污染物体（SCO-Ⅰ或 SCO-Ⅱ）**，非易裂变的或例外易裂变的	2913
	Ⅵ类和Ⅴ类放射源	铯-137（0.5mCi）子母源罐	A	A 型货包	**放射性物品 A 型货包**，非特殊形式的非易裂变的或非特殊形式的例外易裂变的	2915
					放射性物品 A 型货包，特殊形式的非易裂变的或特殊形式的例外易裂变的	3332
				例外货包	**放射性物品例外货包-有限量的放射性物品**	2910

注：[1]“名称和说明”栏中中文正式名称用黑体字表示，附加中文说明用宋体字表示。

[2]A_1 或 A_2 值：其中 A_1 为对特殊形式放射性物品的活度限值；A_2 为对所有其他放射性物品的活度限值，A_1 或 A_2 值见表二放射性核素的基本限值。对于表二中未列出的单个放射性核素，可使用表三所列出的放射性核素的值。

[3]当特殊形式放射性物品结构视为包容系统的组成部分时，该特殊形式放射性物品结构设计须报国务院核安全监管部门批准。

[4]有限量的放射性物品，含有放射性物质的仪器或制品的放射性活度限值见表四。天然铀、贫化铀或天然钍制品，只要铀或钍的外表面由金属或其他坚固材料制成的非放射性包封，放射性活度不限。

三、放射性物品运输免管

1．免于运输监管的放射性物品的比活度或活度不得超过相应的豁免限值，豁免限值规定如下：

（1）对于含有单个放射性核素的放射性物品，豁免物品的放射性比活度和一件托运货物的豁免放射性活度限值见表二。

（2）对于放射性核素的混合物，可按下式确定放射性核素的基本限值：

$$X_{\mathrm{m}} = \frac{1}{\sum_{i} f(i) / X(i)} \tag{1}$$

式中：$f(i)$ —— 放射性核素 i 的放射性比活度或放射性活度在混合物中所占的份额；

$X(i)$ —— 放射性核素 i 的豁免物品的比活度或者一件托运货物的豁免放射性活度限值的相应值；

X_m —— 混合物情况下，豁免物品的比活度或一件托运货物的豁免放射性活度限值。

（3）当已知每个放射性核素的类别，而未知其中某些放射性核素的单个放射性活度时，可以把这些放射性核素归并成组，并在应用公式（1）时使用各组中放射性核素的最小的放射性核素的 X_m 值。当总的 α 放射性活度和总的 β/γ 放射性活度均为已知时，可以此作为分组的依据，并分别使用 α 发射体或 β/γ 发射体的最小的放射性核素的 X_m 值。

（4）对无数据可用的单个放射性核素或放射性核素混合物，可使用表三的豁免物品的放射性比活度和一件托运货物的豁免放射性活度限值。

2．下列放射性物品也免于运输监管：

（1）已成为运输手段组成部分的放射性物品。

（2）在单位内进行不涉及公路或铁路运输的放射性物品。

（3）为诊断或治疗而植入或注入人体或活的动物体内的放射性物品。

（4）已获得监管部门的批准并已销售给最终用户的含微弱放射性物质的消费品。

（5）含天然存在的放射性核素的天然物品和矿石，处于天然状态或者仅为非提取放射性核素的目的而进行了处理，也不准备经处理后使用这些放射性核素。且这类物品的比活度不超过豁免物品比活度限值的 10 倍。

（6）表面上被放射性物质污染的非放射性固体物品，且满足如下限制：对 β 和 γ 发射体及低毒性 α 发射体，其量小于 0.8Bq/cm²；对所以其他 α 发射体，其量小于 0.08Bq/cm²。

表二　放射性核素的基本限值

放射性核素（原子序数）	A_1/TBq	A_2/TBq	豁免物品的放射性比活度/（Bq/g）	一件托运货物的豁免放射性活度限值/Bq
锕[Ac（89）]				
Ac-225[a]	8×10^{-1}	6×10^{-3}	1×10^{1}	1×10^{4}
Ac-227[a]	9×10^{-1}	9×10^{-5}	1×10^{-1}	1×10^{3}
Ac-228	6×10^{-1}	5×10^{-1}	1×10^{1}	1×10^{6}
银[Ag（47）]				
Ag-105	2×10^{0}	2×10^{0}	1×10^{2}	1×10^{6}
Ag-108m[a]	7×10^{-1}	7×10^{-1}	1×10^{1}（b）	1×10^{6}（b）
Ag-110m[a]	4×10^{-1}	4×10^{-1}	1×10^{1}	1×10^{6}
Ag-111	2×10^{0}	6×10^{-1}	1×10^{3}	1×10^{6}
铝[Al（13）]				
Al-26	1×10^{-1}	1×10^{-1}	1×10^{1}	1×10^{5}
镅[Am（95）]				
Am-241	1×10^{1}	1×10^{-3}	1×10^{0}	1×10^{4}
Am-242m[a]	1×10^{1}	1×10^{-3}	1×10^{0}（b）	1×10^{4}（b）
Am-243[a]	5×10^{0}	1×10^{-3}	1×10^{0}（b）	1×10^{3}（b）

放射性核素（原子序数）	A_1/TBq	A_2/TBq	豁免物品的放射性比活度/（Bq/g）	一件托运货物的豁免放射性活度限值/Bq
氩[Ar（18）]				
Ar-37	4×10^{1}	4×10^{1}	1×10^{6}	1×10^{8}
Ar-39	4×10^{1}	2×10^{1}	1×10^{7}	1×10^{4}
Ar-41	3×10^{-1}	3×10^{-1}	1×10^{2}	1×10^{9}
砷[As（33）]				
As-72	3×10^{-1}	3×10^{-1}	1×10^{1}	1×10^{5}
As-73	4×10^{1}	4×10^{1}	1×10^{3}	1×10^{7}
As-74	1×10^{0}	9×10^{-1}	1×10^{1}	1×10^{6}
As-76	3×10^{-1}	3×10^{-1}	1×10^{2}	1×10^{5}
As-77	2×10^{1}	7×10^{-1}	1×10^{3}	1×10^{6}
砹[At（85）]				
At-211[a]	2×10^{1}	5×10^{-1}	1×10^{3}	1×10^{7}
金[Au（79）]				
Au-193	7×10^{0}	2×10^{0}	1×10^{2}	1×10^{7}
Au-194	1×10^{0}	1×10^{0}	1×10^{1}	1×10^{6}
Au-195	1×10^{1}	6×10^{0}	1×10^{2}	1×10^{7}
AU-198	1×10^{0}	6×10^{-1}	1×10^{2}	1×10^{6}
Au-199	1×10^{1}	6×10^{-1}	1×10^{2}	1×10^{6}
钡[Ba（56）]				
Ba-131[a]	2×10^{0}	2×10^{0}	1×10^{2}	1×10^{6}
Ba-133	3×10^{0}	3×10^{0}	1×10^{2}	1×10^{6}
Ba-133m	2×10^{1}	6×10^{-1}	1×10^{2}	1×10^{6}
Ba-140[a]	5×10^{-1}	3×10^{-1}	1×10^{1}（b）	1×10^{5}（b）
铍[Be（4）]				
Be-7	2×10^{1}	2×10^{1}	1×10^{3}	1×10^{7}
Be-10	4×10^{1}	6×10^{-1}	1×10^{4}	1×10^{6}
铋[Bi（83）]				
Bi-205	7×10^{-1}	7×10^{-1}	1×10^{1}	1×10^{6}
Bi-206	3×10^{-1}	3×10^{-1}	1×10^{1}	1×10^{5}
Bi-207	7×10^{-1}	7×10^{-1}	1×10^{1}	1×10^{6}
Bi-210	1×10^{0}	6×10^{-1}	1×10^{3}	1×10^{6}
Bi-210m[a]	6×10^{-1}	2×10^{-2}	1×10^{1}	1×10^{5}
Bi-212[a]	7×10^{-1}	6×10^{-1}	1×10^{1}（b）	1×10^{5}（b）
锫[Bk（97）]				
Bk-247	8×10^{0}	8×10^{-4}	1×10^{0}	1×10^{4}
Bk-249[a]	4×10^{1}	3×10^{-1}	1×10^{3}	1×10^{6}
溴[Br（35）]				
Br-76	4×10^{-1}	4×10^{-1}	1×10^{1}	1×10^{5}
Br-77	3×10^{0}	3×10^{0}	1×10^{2}	1×10^{6}
Br-82	4×10^{-1}	4×10^{-1}	1×10^{1}	1×10^{6}

放射性核素（原子序数）	A_1/TBq	A_2/TBq	豁免物品的放射性比活度/（Bq/g）	一件托运货物的豁免放射性活度限值/Bq
碳[C（6）]				
C-11	1×10^{0}	6×10^{-1}	1×10^{1}	1×10^{6}
C-14	4×10^{1}	3×10^{0}	1×10^{4}	1×10^{7}
钙[Ca（20）]				
Ca-41	不限	不限	1×10^{5}	1×10^{7}
Ca-45	4×10^{1}	1×10^{0}	1×10^{4}	1×10^{7}
Ca-47[a]	3×10^{0}	3×10^{-1}	1×10^{1}	1×10^{6}
镉[Cd（48）]				
Cd-109	3×10^{1}	2×10^{0}	1×10^{4}	1×10^{6}
Cd-113m	4×10^{1}	5×10^{-1}	1×10^{3}	1×10^{6}
Cd-115[a]	3×10^{0}	4×10^{-1}	1×10^{2}	1×10^{6}
Cd-115m	5×10^{-1}	5×10^{-1}	1×10^{3}	1×10^{6}
铈[Ce（58）]				
Ce-139	7×10^{0}	2×10^{0}	1×10^{2}	1×10^{6}
Ce-141	2×10^{1}	6×10^{-1}	1×10^{2}	1×10^{7}
Ce-143	9×10^{-1}	6×10^{-1}	1×10^{2}	1×10^{6}
Ce-144[a]	2×10^{-1}	2×10^{-1}	1×10^{2}（b）	1×10^{5}（b）
锎[Cf（98）]				
Cf-248	4×10^{1}	6×10^{-3}	1×10^{1}	1×10^{4}
Cf-249	3×10^{0}	8×10^{-4}	1×10^{0}	1×10^{3}
Cf-250	2×10^{1}	2×10^{-3}	1×10^{1}	1×10^{4}
Cf-251	7×10^{0}	7×10^{-4}	1×10^{0}	1×10^{3}
Cf-252	1×10^{-1}	3×10^{-3}	1×10^{1}	1×10^{4}
Cf-253[a]	4×10^{1}	4×10^{-2}	1×10^{2}	1×10^{5}
Cf-254	1×10^{-3}	1×10^{-3}	1×10^{0}	1×10^{3}
氯[Cl（17）]				
C1-36	1×10^{1}	6×10^{-1}	1×10^{4}	1×10^{6}
C1-38	2×10^{-1}	2×10^{-1}	1×10^{1}	1×10^{5}
锔[Cm（96）]				
Cm-240	4×10^{1}	2×10^{-2}	1×10^{2}	1×10^{5}
Cm-241	2×10^{0}	1×10^{0}	1×10^{2}	1×10^{6}
Cm-242	4×10^{1}	1×10^{-2}	1×10^{2}	1×10^{5}
Cm-243	9×10^{0}	1×10^{-3}	1×10^{0}	1×10^{4}
Cm-244	2×10^{1}	2×10^{-3}	1×10^{1}	1×10^{4}
Cm-245	9×10^{0}	9×10^{-4}	1×10^{0}	1×10^{3}
Cm-246	9×10^{0}	9×10^{-4}	1×10^{0}	1×10^{3}
Cm-247[a]	3×10^{0}	1×10^{-3}	1×10^{0}	1×10^{4}
Cm-248	2×10^{-2}	3×10^{-4}	1×10^{0}	1×10^{3}

放射性核素（原子序数）	A_1/TBq	A_2/TBq	豁免物品的放射性比活度/（Bq/g）	一件托运货物的豁免放射性活度限值/Bq
钴[Co（27）]				
Co-55	5×10^{-1}	5×10^{-1}	1×10^{1}	1×10^{6}
Co-56	3×10^{-1}	3×10^{-1}	1×10^{1}	1×10^{5}
Co-57	1×10^{1}	1×10^{1}	1×10^{2}	1×10^{6}
Co-58	1×10^{0}	1×10^{0}	1×10^{1}	1×10^{6}
Co-58m	4×10^{1}	4×10^{1}	1×10^{4}	1×10^{7}
Co-60	4×10^{-1}	4×10^{-1}	1×10^{1}	1×10^{5}
铬[Cr（24）]				
Cr-51	3×10^{1}	3×10^{1}	1×10^{3}	1×10^{7}
铯[Cs（55）]				
Cs-129	4×10^{0}	4×10^{0}	1×10^{2}	1×10^{5}
Cs-131	3×10^{1}	3×10^{1}	1×10^{3}	1×10^{6}
Cs-132	1×10^{0}	1×10^{0}	1×10^{1}	1×10^{5}
Cs-134	7×10^{-1}	7×10^{-1}	1×10^{1}	1×10^{4}
Cs-134m	4×10^{1}	6×10^{-1}	1×10^{3}	1×10^{5}
Cs-135	4×10^{1}	1×10^{0}	1×10^{4}	1×10^{7}
Cs-136	5×10^{-1}	5×10^{-1}	1×10^{1}	1×10^{5}
Cs-137[a]	2×10^{0}	6×10^{-1}	1×10^{1}（b）	1×10^{4}（b）
铜[Cu（29）]				
Cu-64	6×10^{0}	1×10^{0}	1×10^{2}	1×10^{6}
Cu-67	1×10^{1}	7×10^{-1}	1×10^{2}	1×10^{6}
镝[Dy（66）]				
Dy-159	2×10^{1}	2×10^{1}	1×10^{3}	1×10^{7}
Dy-165	9×10^{-1}	6×10^{-1}	1×10^{3}	1×10^{6}
Dy-166[a]	9×10^{-1}	3×10^{-1}	1×10^{3}	1×10^{6}
铒[Er（68）]				
Er-169	4×10^{1}	1×10^{0}	1×10^{4}	1×10^{7}
Er-171	8×10^{-1}	5×10^{-1}	1×10^{2}	1×10^{6}
铕[Eu（63）]				
Eu-147	2×10^{0}	2×10^{0}	1×10^{2}	1×10^{6}
Eu-148	5×10^{-1}	5×10^{-1}	1×10^{1}	1×10^{6}
Eu-149	2×10^{1}	2×10^{1}	1×10^{2}	1×10^{7}
Eu-150（短寿命）	2×10^{0}	7×10^{-1}	1×10^{3}	1×10^{6}
Eu-150（长寿命）	7×10^{-1}	7×10^{-1}	1×10^{1}	1×10^{6}
Eu-152	1×10^{0}	1×10^{0}	1×10^{1}	1×10^{6}
Eu-152m	8×10^{-1}	8×10^{-1}	1×10^{2}	1×10^{6}
Eu-154	9×10^{-1}	6×10^{-1}	1×10^{1}	1×10^{6}
Eu-155	2×10^{1}	3×10^{0}	1×10^{2}	1×10^{7}
Eu-156	7×10^{-1}	7×10^{-1}	1×10^{1}	1×10^{6}

放射性核素（原子序数）	A_1/TBq	A_2/TBq	豁免物品的放射性比活度/（Bq/g）	一件托运货物的豁免放射性活度限值/Bq
氟[F（9）]				
F-18	1×10^{0}	6×10^{-1}	1×10^{1}	1×10^{6}
铁[Fe（26）]				
Fe-52[a]	3×10^{-1}	3×10^{-1}	1×10^{1}	1×10^{6}
Fe-55	4×10^{1}	4×10^{1}	1×10^{4}	1×10^{6}
Fe-59	9×10^{-1}	9×10^{-1}	1×10^{1}	1×10^{6}
Fe-60[a]	4×10^{1}	2×10^{-1}	1×10^{2}	1×10^{5}
镓[Ga（31）]				
Ga-67	7×10^{0}	3×10^{0}	1×10^{2}	1×10^{6}
Ga-68	5×10^{-1}	5×10^{-1}	1×10^{1}	1×10^{5}
Ga-72	4×10^{-1}	4×10^{-1}	1×10^{1}	1×10^{5}
钆[Gd（64）]				
Gd-146[a]	5×10^{-1}	5×10^{-1}	1×10^{1}	1×10^{6}
Gd-148	2×10^{1}	2×10^{-3}	1×10^{1}	1×10^{4}
Gd-153	1×10^{1}	9×10^{0}	1×10^{2}	1×10^{7}
Gd-159	3×10^{0}	6×10^{-1}	1×10^{3}	1×10^{6}
锗[Ge（32）]				
Ge-68[a]	5×10^{-1}	5×10^{-1}	1×10^{1}	1×10^{5}
Ge-71	4×10^{1}	4×10^{1}	1×10^{4}	1×10^{8}
Ge-77	3×10^{-1}	3×10^{-1}	1×10^{1}	1×10^{5}
铪[Hf（72）]				
Hf-172[a]	6×10^{-1}	6×10^{-1}	1×10^{1}	1×10^{6}
Hf-175	3×10^{0}	3×10^{0}	1×10^{2}	1×10^{6}
Hf-181	2×10^{0}	5×10^{-1}	1×10^{1}	1×10^{6}
Hf-182	不限	不限	1×10^{2}	1×10^{6}
汞[Hg（80）]				
Hg-194[a]	1×10^{0}	1×10^{0}	1×10^{1}	1×10^{6}
Hg-195m[a]	3×10^{0}	7×10^{-1}	1×10^{2}	1×10^{6}
Hg-197	2×10^{1}	1×10^{1}	1×10^{2}	1×10^{7}
Hg-197m	1×10^{1}	4×10^{-1}	1×10^{2}	1×10^{6}
Hg-203	5×10^{0}	1×10^{0}	1×10^{2}	1×10^{5}
钬[Ho（67）]				
Ho-166	4×10^{-1}	4×10^{-1}	1×10^{3}	1×10^{5}
Ho-166m	6×10^{-1}	5×10^{-1}	1×10^{1}	1×10^{6}
碘[I（53）]				
I-123	6×10^{0}	3×10^{0}	1×10^{2}	1×10^{7}
I-124	1×10^{0}	1×10^{0}	1×10^{1}	1×10^{6}
I-125	2×10^{1}	3×10^{0}	1×10^{3}	1×10^{6}

放射性核素（原子序数）	A_1/TBq	A_2/TBq	豁免物品的放射性比活度/（Bq/g）	一件托运货物的豁免放射性活度限值/Bq
I-126	2×10^{0}	1×10^{0}	1×10^{2}	1×10^{6}
I-129	不限	不限	1×10^{2}	1×10^{5}
I-131	3×10^{0}	7×10^{-1}	1×10^{2}	1×10^{6}
I-132	4×10^{-1}	4×10^{-1}	1×10^{1}	1×10^{5}
I-133	7×10^{-1}	6×10^{-1}	1×10^{1}	1×10^{6}
I-134	3×10^{-1}	3×10^{-1}	1×10^{1}	1×10^{5}
I-135[a]	6×10^{-1}	6×10^{-1}	1×10^{1}	1×10^{6}
铟[In（49）]				
In-111	3×10^{0}	3×10^{0}	1×10^{2}	1×10^{6}
In-113m	4×10^{0}	2×10^{0}	1×10^{2}	1×10^{6}
In-114m[a]	1×10^{1}	5×10^{-1}	1×10^{2}	1×10^{6}
In-115m	7×10^{0}	1×10^{0}	1×10^{2}	1×10^{6}
铱[Ir（77）]				
Ir-189[a]	1×10^{1}	1×10^{1}	1×10^{2}	1×10^{7}
Ir-190	7×10^{-1}	7×10^{-1}	1×10^{1}	1×10^{6}
Ir-192	1×10^{0}（c）	6×10^{-1}	1×10^{1}	1×10^{4}
Ir-194	3×10^{-1}	3×10^{-1}	1×10^{2}	1×10^{5}
钾[K（19）]				
K-40	9×10^{-1}	9×10^{-1}	1×10^{2}	1×10^{6}
K-42	2×10^{-1}	2×10^{-1}	1×10^{2}	1×10^{6}
K-43	7×10^{-1}	6×10^{-1}	1×10^{1}	1×10^{6}
氪[Kr（36）]				
Kr-81	4×10^{1}	4×10^{1}	1×10^{4}	1×10^{7}
Kr-85	1×10^{1}	1×10^{1}	1×10^{5}	1×10^{4}
Kr-85m	8×10^{0}	3×10^{0}	1×10^{3}	1×10^{10}
Kr-87	2×10^{-1}	2×10^{-1}	1×10^{2}	1×10^{9}
镧[La（57）]				
La-137	3×10^{1}	6×10^{0}	1×10^{3}	1×10^{7}
La-140	4×10^{-1}	4×10^{-1}	1×10^{1}	1×10^{5}
镥[Lu（71）]				
Lu-172	6×10^{-1}	6×10^{-1}	1×10^{1}	1×10^{6}
Lu-173	8×10^{0}	8×10^{0}	1×10^{2}	1×10^{7}
Lu-174	9×10^{0}	9×10^{0}	1×10^{2}	1×10^{7}
Lu-174m	2×10^{1}	1×10^{1}	1×10^{2}	1×10^{7}
Lu-177	3×10^{1}	7×10^{-1}	1×10^{3}	1×10^{7}
镁[Mg（12）]				
Mg-28[a]	3×10^{-1}	3×10^{-1}	1×10^{1}	1×10^{5}

放射性核素（原子序数）	A_1/TBq	A_2/TBq	豁免物品的放射性比活度/（Bq/g）	一件托运货物的豁免放射性活度限值/Bq
锰[Mn（25）]				
Mn-52	3×10^{-1}	3×10^{-1}	1×10^{1}	1×10^{5}
Mn-53	不限	不限	1×10^{4}	1×10^{9}
Mn-54	1×10^{0}	1×10^{0}	1×10^{1}	1×10^{6}
Mn-56	3×10^{-1}	3×10^{-1}	1×10^{1}	1×10^{5}
钼[Mo（42）]				
Mo-93	4×10^{1}	2×10^{1}	1×10^{3}	1×10^{8}
Mo-99[a]	1×10^{0}	6×10^{-1}	1×10^{2}	1×10^{6}
氮[N（7）]				
N-13	9×10^{-1}	6×10^{-1}	1×10^{2}	1×10^{9}
钠[Na（11）]				
Na-22	5×10^{-1}	5×10^{-1}	1×10^{1}	1×10^{6}
Na-24	2×10^{-1}	2×10^{-1}	1×10^{1}	1×10^{5}
铌[Nb（41）]				
Nb-93m	4×10^{1}	3×10^{1}	1×10^{4}	1×10^{7}
Nb-94	7×10^{-1}	7×10^{-1}	1×10^{1}	1×10^{6}
Nb-95	1×10^{0}	1×10^{0}	1×10^{1}	1×10^{6}
Nb-97	9×10^{-1}	6×10^{-1}	1×10^{1}	1×10^{6}
钕[Nd（60）]				
Nd-147	6×10^{0}	6×10^{-1}	1×10^{2}	1×10^{6}
Nd-149	6×10^{-1}	5×10^{-1}	1×10^{2}	1×10^{6}
镍[Ni（28）]				
Ni-59	不限	不限	1×10^{4}	1×10^{8}
Ni-63	4×10^{1}	3×10^{1}	1×10^{5}	1×10^{8}
Ni-65	4×10^{-1}	4×10^{-1}	1×10^{1}	1×10^{6}
镎[Np（93）]				
Np-235	4×10^{1}	4×10^{1}	1×10^{3}	1×10^{7}
Np-236（短寿命）	2×10^{1}	2×10^{0}	1×10^{3}	1×10^{7}
Np-236（长寿命）	9×10^{0}	2×10^{-2}	1×10^{2}	1×10^{5}
Np-237	2×10^{1}	2×10^{-3}	1×10^{0}（b）	1×10^{3}（b）
Np-239	7×10^{0}	4×10^{-1}	1×10^{2}	1×10^{7}
锇[Os（76）]				
Os-185	1×10^{0}	1×10^{0}	1×10^{1}	1×10^{6}
Os-191	1×10^{1}	2×10^{0}	1×10^{2}	1×10^{7}
Os-191m	4×10^{1}	3×10^{1}	1×10^{3}	1×10^{7}
Os-193	2×10^{0}	6×10^{-1}	1×10^{2}	1×10^{6}
Os-194[a]	3×10^{-1}	3×10^{-1}	1×10^{2}	1×10^{5}

放射性核素（原子序数）	A_1/TBq	A_2/TBq	豁免物品的放射性比活度/（Bq/g）	一件托运货物的豁免放射性活度限值/Bq
磷[P（15）]				
P-32	5×10^{-1}	5×10^{-1}	1×10^{3}	1×10^{5}
P-33	4×10^{1}	1×10^{0}	1×10^{5}	1×10^{8}
镤[Pa（91）]				
Pa-230	2×10^{0}	7×10^{-2}	1×10^{1}	1×10^{6}
Pa-231	4×10^{0}	4×10^{-4}	1×10^{0}	1×10^{3}
Pa-233	5×10^{0}	7×10^{-1}	1×10^{2}	1×10^{7}
铅[Pb（82）]				
Pb-201	1×10^{0}	1×10^{0}	1×10^{1}	1×10^{6}
Pb-202	4×10^{1}	2×10^{1}	1×10^{3}	1×10^{6}
Pb-203	4×10^{0}	3×10^{0}	1×10^{2}	1×10^{6}
Pb-205	不限	不限	1×10^{4}	1×10^{7}
Pb-210[a]	1×10^{0}	5×10^{-2}	1×10^{1}（b）	1×10^{4}（b）
Pb-212[a]	7×10^{-1}	2×10^{-1}	1×10^{1}（b）	1×10^{5}（b）
钯[Pd（46）]				
Pd-103[a]	4×10^{1}	4×10^{1}	1×10^{3}	1×10^{8}
Pd-107	不限	不限	1×10^{5}	1×10^{8}
Pd-109	2×10^{0}	5×10^{-1}	1×10^{3}	1×10^{6}
钷[Pm（61）]				
Pm-143	3×10^{0}	3×10^{0}	1×10^{2}	1×10^{6}
Pm-144	7×10^{-1}	7×10^{-1}	1×10^{1}	1×10^{6}
Pm-145	3×10^{1}	1×10^{1}	1×10^{3}	1×10^{7}
Pm-147	4×10^{1}	2×10^{0}	1×10^{4}	1×10^{7}
Pm-148m[a]	8×10^{-1}	7×10^{-1}	1×10^{1}	1×10^{6}
Pm-149	2×10^{0}	6×10^{-1}	1×10^{3}	1×10^{6}
Pm-151	2×10^{0}	6×10^{-1}	1×10^{2}	1×10^{6}
钋[Po（84）]				
Po-210	4×10^{1}	2×10^{-2}	1×10^{1}	1×10^{4}
镨[Pr（59）]				
Pr-142	4×10^{-1}	4×10^{-1}	1×10^{2}	1×10^{5}
Pr-143	3×10^{0}	6×10^{-1}	1×10^{4}	1×10^{6}
铂[Pt（78）]				
Pt-188[a]	1×10^{0}	8×10^{-1}	1×10^{1}	1×10^{6}
Pt-191	4×10^{0}	3×10^{0}	1×10^{2}	1×10^{6}
Pt-193	4×10^{1}	4×10^{1}	1×10^{4}	1×10^{7}
Pt-193m	4×10^{1}	5×10^{-1}	1×10^{3}	1×10^{7}
Pt-195m	1×10^{1}	5×10^{-1}	1×10^{2}	1×10^{6}
Pt-197	2×10^{1}	6×10^{-1}	1×10^{3}	1×10^{6}
Pt-197m	1×10^{1}	6×10^{-1}	1×10^{2}	1×10^{6}

放射性核素（原子序数）	A_1/TBq	A_2/TBq	豁免物品的放射性比活度/（Bq/g）	一件托运货物的豁免放射性活度限值/Bq
钚[Pu（94）]				
Pu-236	3×10^{1}	3×10^{-3}	1×10^{1}	1×10^{4}
Pu-237	2×10^{1}	2×10^{1}	1×10^{3}	1×10^{7}
Pu-238	1×10^{1}	1×10^{-3}	1×10^{0}	1×10^{4}
Pu-239	1×10^{1}	1×10^{-3}	1×10^{0}	1×10^{4}
Pu-240	1×10^{1}	1×10^{-3}	1×10^{0}	1×10^{3}
Pu-241[a]	4×10^{1}	6×10^{-2}	1×10^{2}	1×10^{5}
Pu-242	1×10^{1}	1×10^{-3}	1×10^{0}	1×10^{4}
Pu-244[a]	4×10^{-1}	1×10^{-3}	1×10^{0}	1×10^{4}
镭[Ra（88）]				
Ra-223[a]	4×10^{-1}	7×10^{-3}	1×10^{2}（b）	1×10^{5}（b）
Ra-224[a]	4×10^{-1}	2×10^{-2}	1×10^{1}（b）	1×10^{5}（b）
Ra-225[a]	2×10^{-1}	4×10^{-3}	1×10^{2}	1×10^{5}
Ra-226[a]	2×10^{-1}	3×10^{-3}	1×10^{1}（b）	1×10^{4}（b）
Ra-228[a]	6×10^{-1}	2×10^{-2}	1×10^{1}（b）	1×10^{5}（b）
铷[Rb（37）]				
Rb-81	2×10^{0}	8×10^{-1}	1×10^{1}	1×10^{6}
Rb-83[a]	2×10^{0}	2×10^{0}	1×10^{2}	1×10^{6}
Rb-84	1×10^{0}	1×10^{0}	1×10^{1}	1×10^{6}
Rb-86	5×10^{-1}	5×10^{-1}	1×10^{2}	1×10^{5}
Rb-87	不限	不限	1×10^{4}	1×10^{7}
Rb（天然）	不限	不限	1×10^{4}	1×10^{7}
铼[Re（75）]				
Re-184	1×10^{0}	1×10^{0}	1×10^{1}	1×10^{6}
Re-184m	3×10^{0}	1×10^{0}	1×10^{2}	1×10^{6}
Re-186	2×10^{0}	6×10^{-1}	1×10^{3}	1×10^{6}
Re-187	不限	不限	1×10^{6}	1×10^{9}
Re-188	4×10^{-1}	4×10^{-1}	1×10^{2}	1×10^{5}
Re-189[a]	3×10^{0}	6×10^{-1}	1×10^{2}	1×10^{6}
Re（天然）	不限	不限	1×10^{6}	1×10^{9}
铑[Rh（45）]				
Rh-99	2×10^{0}	2×10^{0}	1×10^{1}	1×10^{6}
Rh-101	4×10^{0}	3×10^{0}	1×10^{2}	1×10^{7}
Rh-102	5×10^{-1}	5×10^{-1}	1×10^{1}	1×10^{6}
Rh-102m	2×10^{0}	2×10^{0}	1×10^{2}	1×10^{6}
Rh-103m	4×10^{1}	4×10^{1}	1×10^{4}	1×10^{8}
Rh-105	1×10^{1}	8×10^{-1}	1×10^{2}	1×10^{7}

放射性核素（原子序数）	A_1/TBq	A_2/TBq	豁免物品的放射性比活度/（Bq/g）	一件托运货物的豁免放射性活度限值/Bq
氡[Rn（86）]				
Rn-222[a]	3×10^{-1}	4×10^{-3}	1×10^{1}（b）	1×10^{8}（b）
钌[Ru（44）]				
Ru-97	5×10^{0}	5×10^{0}	1×10^{2}	1×10^{7}
Ru-103[a]	2×10^{0}	2×10^{0}	1×10^{2}	1×10^{6}
Ru-105	1×10^{0}	6×10^{-1}	1×10^{1}	1×10^{6}
Ru-106[a]	2×10^{-1}	2×10^{-1}	1×10^{2}（b）	1×10^{5}（b）
硫[S（16）]				
S-35	4×10^{1}	3×10^{0}	1×10^{5}	1×10^{8}
锑[Sb（51）]				
Sb-122	4×10^{-1}	4×10^{-1}	1×10^{2}	1×10^{4}
Sb-124	6×10^{-1}	6×10^{-1}	1×10^{1}	1×10^{6}
Sb-125	2×10^{0}	1×10^{0}	1×10^{2}	1×10^{6}
Sb-126	4×10^{-1}	4×10^{-1}	1×10^{1}	1×10^{5}
钪[Sc（21）]				
Sc-44	5×10^{-1}	5×10^{-1}	1×10^{1}	1×10^{5}
Sc-46	5×10^{-1}	5×10^{-1}	1×10^{1}	1×10^{6}
Sc-47	1×10^{1}	7×10^{-1}	1×10^{2}	1×10^{6}
Sc-48	3×10^{-1}	3×10^{-1}	1×10^{1}	1×10^{5}
硒[Se（34）]				
Se-75	3×10^{0}	3×10^{0}	1×10^{2}	1×10^{6}
Se-79	4×10^{1}	2×10^{0}	1×10^{4}	1×10^{7}
硅[Si（14）]				
Si-31	6×10^{-1}	6×10^{-1}	1×10^{3}	1×10^{6}
Si-32	4×10^{1}	5×10^{-1}	1×10^{3}	1×10^{6}
钐[Sm（62）]				
Sm-145	1×10^{1}	1×10^{1}	1×10^{2}	1×10^{7}
Sm-147	不限	不限	1×10^{1}	1×10^{4}
Sm-151	4×10^{1}	1×10^{1}	1×10^{4}	1×10^{8}
Sm-153	9×10^{0}	6×10^{-1}	1×10^{2}	1×10^{6}
锡[Sn（50）]				
Sn-113[a]	4×10^{0}	2×10^{0}	1×10^{3}	1×10^{7}
Sn-117m	7×10^{0}	4×10^{-1}	1×10^{2}	1×10^{6}
Sn-119m	4×10^{1}	3×10^{1}	1×10^{3}	1×10^{7}
Sn-121m[a]	4×10^{1}	9×10^{-1}	1×10^{3}	1×10^{7}
Sn-123	8×10^{-1}	6×10^{-1}	1×10^{3}	1×10^{6}
Sn-125	4×10^{-1}	4×10^{-1}	1×10^{2}	1×10^{5}
Sn-126[a]	6×10^{-1}	4×10^{-1}	1×10^{1}	1×10^{5}

放射性核素（原子序数）	A_1/TBq	A_2/TBq	豁免物品的放射性比活度/（Bq/g）	一件托运货物的豁免放射性活度限值/Bq
锶[Sr（38）]				
Sr-82[a]	2×10^{-1}	2×10^{-1}	1×10^{1}	1×10^{5}
Sr-85	2×10^{0}	2×10^{0}	1×10^{2}	1×10^{6}
Sr-85m	5×10^{0}	5×10^{0}	1×10^{2}	1×10^{7}
Sr-87m	3×10^{0}	3×10^{0}	1×10^{2}	1×10^{6}
Sr-89	6×10^{-1}	6×10^{-1}	1×10^{3}	1×10^{6}
Sr-90[a]	3×10^{-1}	3×10^{-1}	1×10^{2}（b）	1×10^{4}（b）
Sr-91[a]	3×10^{-1}	3×10^{-1}	1×10^{1}	1×10^{5}
Sr-92[a]	1×10^{0}	3×10^{-1}	1×10^{1}	1×10^{6}
氚[H（1）]				
T（H-3）	4×10^{1}	4×10^{1}	1×10^{6}	1×10^{9}
钽[Ta（73）]				
Ta-178（长寿命）	1×10^{0}	8×10^{-1}	1×10^{1}	1×10^{6}
Ta-179	3×10^{1}	3×10^{1}	1×10^{3}	1×10^{7}
Ta-182	9×10^{-1}	5×10^{-1}	1×10^{1}	1×10^{4}
铽[Tb（65）]				
Tb-157	4×10^{1}	4×10^{1}	1×10^{4}	1×10^{7}
Tb-158	1×10^{0}	1×10^{0}	1×10^{1}	1×10^{6}
Tb-160	1×10^{0}	6×10^{-1}	1×10^{1}	1×10^{6}
锝[Tc（43）]				
Tc-95m[a]	2×10^{0}	2×10^{0}	1×10^{1}	1×10^{6}
Tc-96	4×10^{-1}	4×10^{-1}	1×10^{1}	1×10^{6}
Tc-96m[a]	4×10^{-1}	4×10^{-1}	1×10^{3}	1×10^{7}
Tc-97	不限	不限	1×10^{3}	1×10^{8}
Tc-97m	4×10^{1}	1×10^{0}	1×10^{3}	1×10^{7}
Tc-98	8×10^{-1}	7×10^{-1}	1×10^{1}	1×10^{6}
Tc-99	4×10^{1}	9×10^{-1}	1×10^{4}	1×10^{7}
Tc-99m	1×10^{1}	4×10^{0}	1×10^{2}	1×10^{7}
碲[Te（52）]				
Te-121	2×10^{0}	2×10^{0}	1×10^{1}	1×10^{6}
Te-121m	5×10^{0}	3×10^{0}	1×10^{2}	1×10^{5}
Te-123m	8×10^{0}	1×10^{0}	1×10^{2}	1×10^{7}
Te-125m	2×10^{1}	9×10^{-1}	1×10^{3}	1×10^{7}
Te-127	2×10^{1}	7×10^{-1}	1×10^{3}	1×10^{6}
Te-127m[a]	2×10^{1}	5×10^{-1}	1×10^{3}	1×10^{7}
Te-129	7×10^{-1}	6×10^{-1}	1×10^{2}	1×10^{6}
Te-129m[a]	8×10^{-1}	4×10^{-1}	1×10^{3}	1×10^{6}
Te-131m[a]	7×10^{-1}	5×10^{-1}	1×10^{1}	1×10^{6}
Te-132[a]	5×10^{-1}	4×10^{-1}	1×10^{2}	1×10^{7}

放射性核素 （原子序数）	A_1/ TBq	A_2/ TBq	豁免物品的放射性 比活度/（Bq/g）	一件托运货物的豁免 放射性活度限值/Bq
钍[Th（90）]				
Th-227	1×10^{1}	5×10^{-3}	1×10^{1}	1×10^{4}
Th-228[a]	5×10^{-1}	1×10^{-3}	1×10^{0}（b）	1×10^{4}（b）
Th-229	5×10^{0}	5×10^{-4}	1×10^{0}（b）	1×10^{3}（b）
Th-230	1×10^{1}	1×10^{-3}	1×10^{0}	1×10^{4}
Th-231	4×10^{1}	2×10^{-2}	1×10^{3}	1×10^{7}
Th-232	不限	不限	1×10^{1}	1×10^{4}
Th-234[a]	3×10^{-1}	3×10^{-1}	1×10^{3}（b）	1×10^{5}（b）
Th（天然）	不限	不限	1×10^{0}（b）	1×10^{3}（b）
钛[Ti（22）]				
Ti-44[a]	5×10^{-1}	4×10^{-1}	1×10^{1}	1×10^{5}
铊[Tl（81）]				
Tl-200	9×10^{-1}	9×10^{-1}	1×10^{1}	1×10^{6}
Tl-201	1×10^{1}	4×10^{0}	1×10^{2}	1×10^{6}
Tl-202	2×10^{0}	2×10^{0}	1×10^{2}	1×10^{6}
Tl-204	1×10^{1}	7×10^{-1}	1×10^{4}	1×10^{4}
铥[Tm（69）]				
Tm-167	7×10^{0}	8×10^{-1}	1×10^{2}	1×10^{6}
Tm-170	3×10^{0}	6×10^{-1}	1×10^{3}	1×10^{6}
Tm-171	4×10^{1}	4×10^{1}	1×10^{4}	1×10^{8}
铀[U（92）]				
U-230（肺部快速吸收）[a, d]	4×10^{1}	1×10^{-1}	1×10^{1}（b）	1×10^{5}（b）
U-230（肺部中速吸收）[a, e]	4×10^{1}	4×10^{-3}	1×10^{1}	1×10^{4}
U-230（肺部慢速吸收）[a, f]	3×10^{1}	3×10^{-3}	1×10^{1}	1×10^{4}
U-232（肺部快速吸收）[d]	4×10^{1}	1×10^{-2}	1×10^{0}（b）	1×10^{3}（b）
U-232（肺部中速吸收）[e]	4×10^{1}	7×10^{-3}	1×10^{1}	1×10^{4}
U-232（肺部慢速吸收）[f]	1×10^{1}	1×10^{-3}	1×10^{1}	1×10^{4}
U-233（肺部快速吸收）[d]	4×10^{1}	9×10^{-2}	1×10^{1}	1×10^{4}
U-233（肺部中速吸收）[e]	4×10^{1}	2×10^{-2}	1×10^{2}	1×10^{5}
U-233（肺部慢速吸收）[f]	4×10^{1}	6×10^{-3}	1×10^{1}	1×10^{5}
U-234（肺部快速吸收）[d]	4×10^{1}	9×10^{-2}	1×10^{1}	1×10^{4}
U-234（肺部快速吸收）[e]	4×10^{1}	2×10^{-2}	1×10^{2}	1×10^{5}
U-234（肺部慢速吸收）[f]	4×10^{1}	6×10^{-3}	1×10^{1}	1×10^{5}
U-235（肺部三种速度吸收）[a, d, e, f]	不限	不限	1×10^{1}（b）	1×10^{4}（b）
U-236（肺部快速吸收）[d]	不限	不限	1×10^{1}	1×10^{4}
U-236（肺部中速吸收）[e]	4×10^{1}	2×10^{-2}	1×10^{2}	1×10^{5}
U-236（肺部慢速吸收）[f]	4×10^{1}	6×10^{-3}	1×10^{1}	1×10^{4}
U-238（肺部三种速度吸收）[d, e, f]	不限	不限	1×10^{1}（b）	1×10^{4}（b）
U（天然）	不限	不限	1×10^{0}（b）	1×10^{3}（b）
U（富集度达到或少于 20%）[g]	不限	不限	1×10^{0}	1×10^{3}
U（贫化）	不限	不限	1×10^{0}	1×10^{3}

放射性核素（原子序数）	A_1/TBq	A_2/TBq	豁免物品的放射性比活度/（Bq/g）	一件托运货物的豁免放射性活度限值/Bq
钒[V（23）]				
V-48	4×10^{-1}	4×10^{-1}	1×10^{1}	1×10^{5}
V-49	4×10^{1}	4×10^{1}	1×10^{4}	1×10^{7}
钨[W（74）]				
W-178[a]	9×10^{0}	5×10^{0}	1×10^{1}	1×10^{6}
W-181	3×10^{1}	3×10^{1}	1×10^{3}	1×10^{7}
W-185	4×10^{1}	8×10^{-1}	1×10^{4}	1×10^{7}
W-187	2×10^{0}	6×10^{-1}	1×10^{2}	1×10^{6}
W-188[a]	4×10^{-1}	3×10^{-1}	1×10^{2}	1×10^{5}
氙[Xe（54）]				
Xe-122[a]	4×10^{-1}	4×10^{-1}	1×10^{2}	1×10^{9}
Xe-123	2×10^{0}	7×10^{-1}	1×10^{2}	1×10^{9}
Xe-127	4×10^{0}	2×10^{0}	1×10^{3}	1×10^{5}
Xe-131m	4×10^{1}	4×10^{1}	1×10^{4}	1×10^{4}
Xe-133	2×10^{1}	1×10^{1}	1×10^{3}	1×10^{4}
Xe-135	3×10^{0}	2×10^{0}	1×10^{3}	1×10^{10}
钇[Y（39）]				
Y-87[a]	1×10^{0}	1×10^{0}	1×10^{1}	1×10^{6}
Y-88	4×10^{-1}	4×10^{-1}	1×10^{1}	1×10^{6}
Y-90	3×10^{-1}	3×10^{-1}	1×10^{3}	1×10^{5}
Y-91	6×10^{-1}	6×10^{-1}	1×10^{3}	1×10^{6}
Y-91m	2×10^{0}	2×10^{0}	1×10^{2}	1×10^{6}
Y-92	2×10^{-1}	2×10^{-1}	1×10^{2}	1×10^{5}
Y-93	3×10^{-1}	3×10^{-1}	1×10^{2}	1×10^{5}
镱[Yb（70）]				
Yb-169	4×10^{0}	1×10^{0}	1×10^{2}	1×10^{7}
Yb-175	3×10^{1}	9×10^{-1}	1×10^{3}	1×10^{7}
锌[Zn（30）]				
Zn-65	2×10^{0}	2×10^{0}	1×10^{1}	1×10^{6}
Zn-69	3×10^{0}	6×10^{-1}	1×10^{4}	1×10^{6}
Zn-69m[a]	3×10^{0}	6×10^{-1}	1×10^{2}	1×10^{6}
锆[Zr（40）]				
Zr-88	3×10^{0}	3×10^{0}	1×10^{2}	1×10^{6}
Zr-93	不限	不限	1×10^{3}（b）	1×10^{7}（b）
Zr-95[a]	2×10^{0}	8×10^{-1}	1×10^{1}	1×10^{6}
Zr-97[a]	4×10^{-1}	4×10^{-1}	1×10^{1}（b）	1×10^{5}（b）

注：a．A_1 和/或 A_2 值包括半衰期小于 10 天的子核素的贡献。

b．处于长期平衡态的母核素及其子体如下：

Sr-90	Y-90
Zr-93	Nb-93m
Zr-97	Nb-97

Ru-106	Rh-106
Cs-137	Ba-137m
Ce-134	La-134
Ce-144	Pr-144
Ba-140	La-140
Bi-212	Tl-208（0.36），Po-212（0.64）
Pb-210	Bi-210，Po-210
Pb-212	Bi-212，Tl-208（0.36），Po-212（0.64）
Rn-220	Po-216
Rn-222	Po-218，Pb-214，Bi-214，Po-214
Ra-223	Rn-219，Po-215，Pb-211，Bi-211，Tl-207
Ra-224	Rn-220，Po-216，Pb-212，Bi-212，Tl-208（0.36），Po-212（0.64）
Ra-226	Rn-222，Po-218，Pb-214，Bi-214，Po-214，Pb-210，Bi-210，Po-210
Ra-228	Ac-228
Th-226	Ra-222，Rn-218，Po-214
Th-228	Ra-224，Rn-220，Po-216，Pb-212，Bi-212，Tl-208（0.36），Po-212（0.64）
Th-229	Ra-225，Ac-225，Fr-221，At-217，Bi-213，Po-213，Pb-209
Th-天然	Ra-228，Ac-228，Th-228，Ra-224，Rn-220，Po-216，Pb-212，Bi-212，Tl-208（0.36），Po-212（0.64）
Th-234	Pa-234m
U-230	Th-226，Ra-222，Rn-218，Po-214
U-232	Th-228，Ra-224，Rn-220，Po-216，Pb-212，Bi-212，Tl-208（0.36），Po-212（0.64）
U-235	Th-231
U-238	Th-234，Pa-234m
U-天然	Th-234，Pa-234m，U-234，Th-230，Ra-226，Rn-222，Po-218，Pb-214，Bi-214，Po-214，Pb-210，Bi-210，Po-210
U-240	Np-240m
Np-237	Pa-233
Am-242m	Am-242
Am-243	Np-239

c．该量可用测量衰变率确定或用测量在距源表面规定的距离处的辐射水平确定。

d．这些值仅适用于处于运输的正常条件和事故条件下化学形态为 UF_6、UO_2F_2 和 $UO_2(NO_3)_3$ 的铀化合物。

e．这些值仅适用于处于运输的正常条件和事故条件下化学形态为 UO_3、UF_4、UCl_4 的铀化合物和六价化合物。

f．这些值适用于除上述 d 和 e 所述化合物外的所有铀化合物。

g．这些值仅适用于未受辐照的铀。

表三　未知放射性核素或混合物的放射性核素的基本限值

放射性内容物	A_1/TBq	A_2/TBq	豁免物品的放射性比活度/（Bq/g）	一件托运货物的豁免放射性活度限值/（Bq/托运物）
已知含有仅发射 β 或 γ 的核素	0.1	0.02	1×10^{1}	1×10^{4}
已知含有仅发射 α 的核素	0.2	9×10^{-5}	1×10^{-1}	1×10^{3}
无有关数据可用	0.001	9×10^{-5}	1×10^{-1}	1×10^{3}

表四 例外货包的放射性活度限值

内容物的物理状态	仪器或制品		放射性物品
	物项限值	货包限值	货包限值
固态：特殊形式	$10^{-2}A_1$	A_1	$10^{-3}A_1$
其他形式	$10^{-2}A_2$	A_2	$10^{-3}A_2$
液态	$10^{-3}A_2$	$10^{-1}A_2$	$10^{-4}A_2$
气态：氚	$2\times10^{-2}A_2$	$2\times10^{-1}A_2$	$2\times10^{-2}A_2$
特殊形式	$10^{-3}A_1$	$10^{-2}A_1$	$10^{-3}A_1$
其他形式	$10^{-3}A_2$	$10^{-2}A_2$	$10^{-3}A_2$

关于发布《放射性废物分类》的公告

（环境保护部　工业和信息化部　国家国防科技工业局公告　2017年第65号）

为加强放射性废物的安全管理，保护环境，保证工作人员和公众健康，根据《中华人民共和国放射性污染防治法》、《中华人民共和国核安全法》和《放射性废物安全管理条例》关于放射性废物分类的规定，环境保护部、工业和信息化部、国家国防科技工业局组织制定了《放射性废物分类》，现予公布，自2018年1月1日起施行。1998年发布的原《放射性废物的分类》（HAD401/04）同时废止。

特此公告。

附件：放射性废物分类

环境保护部
工业和信息化部
国防科工局
2017年11月30日

附件

放射性废物分类

目　录

第五章　附则

第一章　总　则

第一条　为加强放射性废物的安全管理，保护环境，保证工作人员和公众健康，根据《中华人民共和国放射性污染防治法》、《中华人民共和国核安全法》和《放射性废物安全管理条例》，制定本分类方法。

第二条　本分类体系的基本原则和基本方法适用于所有放射性废物，具体的分类体系主要适用于放射性固体废物。

本分类方法未考虑废物中与辐射危害无关的非放射性有害组分。非放射性有害组分的管理应当符合国家有关法规标准规定。

第二章　放射性废物分类体系

第三条　本分类体系的基本原则是，以实现放射性废物的最终安全处置为目标，根据各类废物的潜在危害以及处置时所需的包容和隔离程度进行分类，并使废物的类别与处置方式相关联，确保废物处置的长期安全。

建立分类体系的目的是，为国家放射性废物管理战略提供基础，为放射性废物的产生、处理、贮存、处置等全过程安全管理提供依据，确保以安全和经济的方式管理废物。

本分类体系不替代针对具体放射性废物管理设施或者活动所开展的安全评价。处置设施的放射性废物接收限值应当通过安全评价论证确定。

第四条　在放射性废物管理过程中，出于不同的目的，从不同的角度，可以对放射性废物进行另外的分类，但不得违背本分类方法。

第五条　放射性废物分为极短寿命放射性废物、极低水平放射性废物、低水平放射性废物、中水平放射性废物和高水平放射性废物等五类，其中极短寿命放射性废物和极低水平放射性废物属于低水平放射性废物范畴。

放射性废物分类体系概念示意图如图 1 所示，横坐标为废物中所含放射性核素的半衰期，纵坐标为其活度浓度。放射性废物活度浓度越高，对废物包容和与生物圈隔离的要求就越高。豁免废物或解控废物不属于放射性废物。

第六条　原则上，极短寿命放射性废物、极低水平放射性废物、低水平放射性废物、中水平放射性废物和高水平放射性废物对应的处置方式分别为贮存衰变后解控、填埋处置、近地表处置、中等深度处置和深地质处置，如图 1 所示。

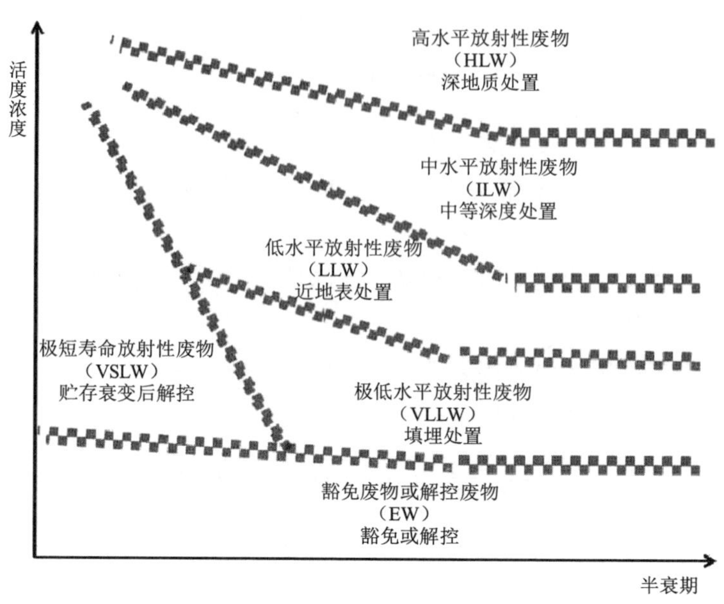

图 1　放射性废物分类体系概念示意图

第三章　豁免与解控

第七条　豁免或者解控的剂量准则：在合理预见的一切情况下，被豁免的实践或源（或者被解控的物质）使任何个人一年内所受到的有效剂量在 10 μSv 量级或更小，而且即使在发生低概率的意外不利情况下，所受到的年有效剂量不超过 1 mSv。

对于主要含天然放射性核素的大量物质，应当采用年附加有效剂量不超过 1 mSv 作为豁免剂量准则。

第八条　部分含人工放射性核素固体物质的豁免水平和解控水平见表 1。

表 1　部分含人工放射性核素固体物质的豁免水平和解控水平

核素	活度浓度[a]/（Bq/g）	活度浓度[b]/（Bq/g）	活度[b]/Bq
氢-3	1×10^{2}	1×10^{6}	1×10^{9}
碳-14	1	1×10^{4}	1×10^{7}
锰-54	1×10^{-1}	1×10	1×10^{6}
铁-55	1×10^{3}	1×10^{4}	1×10^{6}
铁-59	1	1×10	1×10^{6}
钴-58	1	1×10	1×10^{6}
钴-60	1×10^{-1}	1×10	1×10^{5}
镍-59	1×10^{2}	1×10^{4}	1×10^{8}

核素	活度浓度[a]/(Bq/g)	活度浓度[b]/(Bq/g)	活度[b]/Bq
镍-63	1×10^{2}	1×10^{5}	1×10^{8}
锶-90	1	1×10^{2}	1×10^{4}
锆-95	1	1×10	1×10^{6}
铌-94	1×10^{-1}	1×10	1×10^{6}
铌-95	1	1×10	1×10^{6}
锝-99	1	1×10^{4}	1×10^{7}
锝-99m	1×10^{2}	1×10^{2}	1×10^{7}
银-110m	1×10^{-1}	1×10	1×10^{6}
锑-124	1	1×10	1×10^{6}
锑-125	1×10^{-1}	1×10^{2}	1×10^{6}
碘-129	1×10^{-2}	1×10^{2}	1×10^{5}
铯-137	1×10^{-1}	1×10	1×10^{4}
镎-237	1	1	1×10^{3}
钚-238	1×10^{-1}	1	1×10^{4}
钚-239	1×10^{-1}	1	1×10^{4}
钚-240	1×10^{-1}	1	1×10^{3}
钚-241	1×10	1×10^{2}	1×10^{5}
钚-242	1×10^{-1}	1	1×10^{4}
镅-241	1×10^{-1}	1	1×10^{4}
镅-243	1×10^{-1}	1	1×10^{3}
锔-243	1	1	1×10^{4}
锔-244	1	1×10	1×10^{4}

注：a. 固体物质的解控水平以及批量固体物质的豁免水平。
b. 小批量固体物质的豁免水平（通常适用于小规模使用放射性物质的实践，所涉及的数量最多为吨量级）。

含多种人工放射性核素的废物，每种放射性核素的活度浓度与其对应活度浓度上限值的比值之和，应满足下列公式：

$$\sum_{i=1}^{n}\frac{C_i}{C_{i0}}\leqslant 1$$

式中，C_i 为废物中第 i 种放射性核素的活度浓度；C_{i0} 为第 i 种放射性核素的活度浓度上限值；n 为废物中放射性核素种类的数目。

第九条 豁免废物或解控废物：废物中放射性核素的活度浓度极低，满足豁免水平或解控水平，不需要采取或者不需要进一步采取辐射防护控制措施。

豁免或解控废物的处理、处置应当满足国家固体废物管理规定。

第四章 放射性废物类别和限值

第十条 极短寿命放射性废物：废物中所含主要放射性核素的半衰期很短，长寿命放射性核素的活度浓度在解控水平以下，极短寿命放射性核素半衰期一般小于 100 天，通过最多几年时间的贮存衰变，放射性核素活度浓度即可达到解控水平，实施解控。

常见的极短寿命放射性废物如医疗使用碘-131 及其他极短寿命放射性核素时产生的废物。

第十一条 极低水平放射性废物：废物中放射性核素活度浓度接近或者略高于豁免水平或解控水平，长寿命放射性核素的活度浓度应当非常有限，仅需采取有限的包容和隔离措施，可以在地表填埋设施处置，或者按照国家固体废物管理规定，在工业固体废物填埋场中处置。

极低水平放射性废物的活度浓度下限值为解控水平，上限值一般为解控水平的 10～100 倍。

常见极低水平放射性废物如核设施退役过程中产生的污染土壤和建筑垃圾。

第十二条 低水平放射性废物：废物中短寿命放射性核素活度浓度可以较高，长寿命放射性核素含量有限，需要长达几百年时间的有效包容和隔离，可以在具有工程屏障的近地表处置设施中处置。近地表处置设施深度一般为地表到地下 30 米。

低水平放射性废物的活度浓度下限值为极低水平放射性废物活度浓度上限值，低水平放射性废物活度浓度上限值见表 2。

表 2　低水平放射性废物活度浓度上限值

放射性核素	半衰期	活度浓度/（Bq/kg）
碳-14	5.73×10^{3}a	1×10^{8}
活化金属中的碳-14	5.73×10^{3}a	5×10^{8}
活化金属中的镍-59	7.50×10^{4}a	1×10^{9}
镍-63	96.0a	1×10^{10}
活化金属中的镍-63	96.0a	5×10^{10}
锶-90	29.1a	1×10^{9}
活化金属中的铌-94	2.03×10^{4}a	1×10^{6}
锝-99	2.13×10^{5}a	1×10^{7}
碘-129	1.57×10^{7}a	1×10^{6}
铯-137	30.0a	1×10^{9}
半衰期大于 5 年发射α粒子的超铀核素		4×10^{5}（平均） 4×10^{6}（单个废物包）

表 2 中未列出的放射性核素，活度浓度上限值为 4×10^{11} Bq/kg。

含多种放射性核素的废物，活度浓度上限值按照本分类方法第八条规定的计算方法确定。

低水平放射性废物来源广泛，如核电厂正常运行产生的离子交换树脂和放射性浓缩液的固化物。

第十三条 中水平放射性废物：废物中含有相当数量的长寿命核素，特别是发射α粒子的放射性核素，不能依靠监护措施确保废物的处置安全，需要采取比近地表处置更高程度的包容和隔离措施，处置深度通常为地下几十到几百米。一般情况下，中水平放射性废物在贮存和处置期间不需要提供散热措施。

中水平放射性废物的活度浓度下限值为低水平放射性废物活度浓度上限值，中水平放射性废物的活度浓度上限值为 4×10^{11}Bq/kg，且释热率小于或等于 2kW/m^3。

中水平放射性废物一般来源于含放射性核素钚-239 的物料操作过程、乏燃料后处理设施运行和退役过程等。

第十四条 高水平放射性废物：废物所含放射性核素活度浓度很高，使得衰变过程中产生大量的热，或者含有大量长寿命放射性核素，需要更高程度的包容和隔离，需要采取散热措施，应采取深地质处置方式处置。

高水平放射性废物的活度浓度下限值为 4×10^{11}Bq/kg，或释热率大于 2kW/m^3。

常见的高水平放射性废物如乏燃料后处理设施运行产生的高放玻璃固化体和不进行后处理的乏燃料。

第五章 附 则

第十五条 与核设施产生的放射性废物的管理相比，矿物开采、加工处理过程中产生的含有较高水平天然放射性核素的废物的数量巨大，需要采取不同的管理方式。这类废物管理所使用的剂量准则是以辐射防护最优化为基础制定的，监护的时间需要足够长，从而确保废物处置满足安全准则。大多数含天然放射性核素的废物可以在地表填埋设施中处置。

第十六条 废密封放射源具有体积小、含单一放射性核素活度浓度高的特点，需要根据放射性核素活度和寿命，通过评价确定废密封放射源处置方式。

第十七条 主要术语

放射性废物：是指含有放射性核素或者被放射性核素污染，其活度浓度大于国家确定的解控水平，预期不再使用的废弃物。

监护（有组织控制）：国家法律法规规定的机构或组织对废物场地（如处置场）的控制。这种控制可以是主动的（监测、监视、修复工作），或者是被动的（控制土地使用），并可能是核设施（如近地表处置设施）设计中的一个因素。

贮存：是指将放射性固体废物临时放置于专门建造的设施内进行保管的活动。

处置：是指将放射性固体废物最终放置于专门建造的设施内的活动。

第十八条 本分类方法自 2018 年 1 月 1 日起施行。

关于发布《民用核安全设备目录（2016 年修订）》及有关解释说明的通知

（国核安发〔2016〕79 号）

各有关单位：

根据《民用核安全设备监督管理条例》的规定，我局对 2007 年 12 月 29 日公布的《民用核安全设备目录（第一批）》进行了修订，现将《民用核安全设备目录（2016 年修订）》（以下简称目录，见附件 1）及《关于〈民用核安全设备目录（2016 年修订）〉的解释和说明》（见附件 2）予以发布，并就有关事项通知如下：

一、关于新增民用核安全设备

（一）从事相应活动的截止日期

截至 2017 年 6 月 30 日，未取得我局颁发的民用核安全设备设计、制造、安装、无损检验许可证或境外单位注册登记确认书的单位，不得继续从事相应民用核安全设备设计、制造、安装、无损检验活动。

（二）许可证申请单位模拟件制作要求

1．近五年内有良好供货业绩或者正在执行供货合同的申请单位，原则上可不进行模拟件试制，但应提交业绩及样机鉴定详细资料。

2．已通过省部级以上机构组织的样机鉴定但近五年内没有供货业绩的申请单位，原则上应进行模拟件试制，除非能证明所完成的样机鉴定过程和结果完全满足核安全法规、标准规范和技术文件要求。

3．其他申请单位应按要求进行模拟件试制。

（三）核燃料循环设施后处理厂专用核安全设备

现有民用核安全设备持证单位可按照“核安全 2 级覆盖放化 1 级、核安全 3 级覆盖放化 2 级、1E 级设备等效”的原则，开展相同设备类别核燃料循环设施后处理厂专用核安全设备活动，无需单独提出申请。

二、关于原有民用核安全设备

我局将根据修订后的目录对现有民用核安全设备持证单位许可范围进行统一调整并发布，在此期间各单位可依据原许可范围开展活动。

三、关于暂未纳入目录监管的核安全设备

核设施营运单位应切实加强有关核安全设备设计、制造、安装、无损检验、调试、运行等全过程质量管理和过程控制，并对其使用和运行安全承担全面责任。

附件：1．民用核安全设备目录（2016 年修订）

2．关于《民用核安全设备目录（2016 年修订）》的解释和说明

国家核安全局

2016 年 4 月 7 日

附件 1

民用核安全设备目录（2016 年修订）

核动力厂及研究堆等核设施通用核安全设备		
设备种类	设备类别	设备品种举例
核安全机械设备	钢制安全壳	
	安全壳钢衬里	
	压力容器	
	储罐	
	热交换器	管壳式热交换器
		板式热交换器
	管道和管配件	直管
		热交换器传热管
		管道预制
		弯头
		三通
		异径管
	泵	离心泵
		往复泵
		屏蔽泵
		其他类型核安全级泵
	堆内构件	
	控制棒驱动机构	
核安全机械设备	风机	离心式风机
		轴流式风机
	压缩机	离心式压缩机
		往复式压缩机
	阀门	隔离阀
		单向阀
		安全阀、释放阀
		调节阀
		其他类型核安全级阀
	支承件	设备支承件
		管道支承件
		阻尼器
	波纹管、膨胀节	金属波纹膨胀节
		特种型式金属膨胀节
		金属波纹管

核动力厂及研究堆等核设施通用核安全设备		
设备种类	设备类别	设备品种举例
核安全机械设备	闸门	人员/应急闸门
		设备闸门
	机械贯穿件	
	法兰	
	铸锻件	容器类铸锻件
		泵阀类铸锻件
		支承类铸锻件
	设备模块	
核安全（1E 级）电气设备	传感器	温度计
		流量计
		压力变送器
		液位计
		辐射监测探测器
		核测仪表
	电缆	中压电力电缆
		低压电力电缆
		控制电缆
		仪表电缆
		同轴电缆
		电缆附件
	电气贯穿件	
	仪控系统机柜	仪控机架、机柜
		仪控盘、台、屏、箱
	电源设备	应急柴油发电机组
		蓄电池（组）
		充电器
		逆变器
		不间断电源
	阀门驱动装置	阀门电动装置
	电动机	交流电动机
		直流电动机
	变压器	配电变压器
	成套开关设备和控制设备	交流中压开关柜
		交流低压开关柜
		直流开关柜
		电气盘、台、屏、箱

核燃料循环设施后处理厂专用核安全设备		
设备种类	设备类别	设备品种举例
核安全机械设备	储罐	反应炉（器）
		萃取设备
		产品贮存容器
		贮槽
		后处理首端专用设备
		箱室设备
	热交换器	蒸发器
	泵	输运高放溶液的泵
	阀门	穿地阀
核安全（1E 级）电气设备	传感器	吹气装置
		临界事故报警仪

附件 2

关于《民用核安全设备目录（2016 年修订）》的解释和说明

一、核动力厂及研究堆等核设施通用核安全设备

（一）压力容器

1．过滤器暂不纳入许可范围，其承压壳体制造单位无需取得压力容器制造许可证。

2．反应堆压力容器或稳压器许可资质可覆盖堆芯补水箱的许可资质。

3．核电厂使用的高压气瓶暂不纳入许可范围。

4．压力容器的许可资质可覆盖同安全级别及以下级别储罐的许可资质。

（二）储罐

同上 4。

（三）热交换器

1．蒸汽发生器许可资质可覆盖非能动余热排出热交换器及其他管壳式热交换器的许可资质。

2．管壳式热交换器许可资质可覆盖套管式热交换器的许可资质。

（四）管道和管配件

1．锻制主管道的许可资质可以覆盖波动管的许可资质。

2．仪表管和仪表用管配件属于许可范围。

3．四通、管台、管道堵头暂不纳入许可范围。

4．热交换器传热管许可范围包括直管、弯管、盘管。

5．直管许可范围包括无缝和有缝直管，不包容工艺介质的除外。

6．铜合金材质的传热管暂不纳入许可范围。

（五）泵

1．反应堆冷却剂泵分为轴封型、屏蔽型和湿绕组型三类，制造厂应分别申请相应的设计、制造许可资质；设计院所持核安全 1 级反应堆冷却剂泵设计许可资质不分泵型。

2．反应堆冷却剂泵的本体铸锻件、法兰、高压冷却器和电机壳体属于许可范围，核安全 1、2、3 级泵的其他零部件不属于许可范围。

（六）控制棒驱动机构

包括耐压壳和驱动机构，非压水堆统称反应性控制机构。

（七）风机

鼓风机归类为“离心式风机”设备品种。

（八）压缩机

压缩机的许可范围仅包括气体压缩机。

（九）阀门

1．爆破阀、风阀、仪表阀以及电磁阀等纳入其他类型核安全级阀门许可范围。

2．风阀许可范围仅包括隔离阀、单向阀、调节阀。

3．节流阀纳入调节阀的许可范围。

4．电磁阀许可范围仅包括工艺管道用核安全级电磁阀，阀门执行机构用电磁阀暂不纳入许可范围。

5．防火阀和防冲击波阀暂不纳入许可范围。

（十）支承件

1．管道支承件许可范围包括管部支承、根部支承、连接件、可变弹簧支吊架、恒力弹簧支吊架、限制件（横向限制件和管道防甩件）。

2．设备支承件许可范围仅包括反应堆压力容器支承、稳压器支承、蒸汽发生器支承、主泵支承、主管道的防甩支承等核安全 1 级主设备支承件。

3．阻尼器许可范围包括设备和管道的液压和机械阻尼器。

（十一）波纹管、膨胀节

泵、阀、阻尼器密封中使用的波纹管暂不纳入许可范围。

（十二）机械贯穿件

燃料运输通道贯穿件纳入机械贯穿件许可范围。

（十三）铸锻件

1．铸锻件许可范围仅包括用于制造一回路承压边界中容器、管道、泵（含电机壳）、阀和主设备支承等核安全 1 级设备的铸锻件，以及堆内构件（限于法兰和支承板）。主设备阻尼器和波动管弹簧支承的铸锻件暂不纳入许可范围。

2．核安全 1 级泵阀类铸锻件的许可范围包括主要承压部件，如泵体、泵盖、阀体、阀盖等。

3．核安全 1 级容器类（含压力容器、蒸汽发生器、主管道）铸锻件的许可范围包括封头、筒体、接管（包括接管嘴、管座、安全端、人孔等）、管板、控制棒驱动机构耐压壳。

4．支承类铸锻件限于堆内构件（限于法兰和支承板）和主设备（包括反应堆压力容器、蒸汽发生器、稳压器、主泵、主管道等）用支承锻件。

（十四）设备模块

1．增加“设备模块”设备类别。

2．一体化堆顶组件不属于许可范围。

（十五）传感器

1．温度计许可范围包括温度传感器、温度变送器、温度开关等。

2．压力变送器许可范围包括压力变送器、差压变送器、压力开关等。

3．流量计许可范围包括差压式、电磁式以及其他形式的流量计，负责设备成套装配和整机试验的成套供应商需取得许可资质，节流装置（流量孔板、文丘里管）等相关部件供应商无需申请许可资质。流量开关暂不纳入许可范围。

4．辐射监测探测器包括气体辐射监测探测器（如 γ 电离室辐射探测器、G-M 计数管辐射探测器等）、闪烁体辐射监测探测器（如 NaI 闪烁体探测器、塑料闪烁体探测器等）、半导体辐射监测探测器等。

5．核测仪表包括硼计数管、补偿电离室、长中子电离室、裂变室以及执行安全功能的自给能探测器等形式的核测量仪表。

6．转速传感器、位移传感器、化学成分分析仪暂不纳入许可范围。

7．与传感器配套供货的电缆、接插件等部件无需取得许可资质。

（十六）电缆

1．仪表电缆的许可范围包括补偿电缆等。

2．电缆附件的许可范围包括使用热收缩材料的电缆终端和电缆中间接头，负责热缩组件生产的单位需取得许可资质，其他部件供应商无需申请许可资质。

（十七）电气贯穿件

电气贯穿件中的终端（连接）箱、端子排等暂不纳入许可范围。

（十八）仪控系统机柜

1．仪控系统机柜指核设施仪表和控制系统机柜，包括仪控机架、机柜，仪控盘、台、屏、箱。安装于主控室盘、台、屏上的 1E 级事故后监测仪表（如指针式仪表、数字式显示仪表、视频显示器、记录仪等）暂不纳入许可范围，由成套供应商负责鉴定并对质量负总责。

2．仪控机架、机柜许可范围包括继电器机架、反应堆控制保护系统机柜、堆外核测机柜、堆芯冷却监测系统机柜、核岛通风控制系统机柜、辐射监测机柜等仪表控制用机架、机柜类设备。

3．仪控盘、台、屏、箱许可范围包括后备盘、紧急停堆盘、远程停堆盘、辐射监测仪控制箱等安装于主控制室或现场电气间的非机柜类仪控设备。

4．机柜内部的线缆、接线端子、端子排、接插件以及安装于机柜或盘、台、屏、箱上的按钮、开关、指示灯、仪表等部件暂不纳入许可范围。

（十九）成套开关设备和控制设备

1．成套开关设备和控制设备是指由一个或多个开关设备和与之相关的控制、测量、信号、保护、调节等设备构成并由制造商负责完成所有内部的电气和机械的连接，用结构部件完整地组装在一起的一种组合体。

2．成套开关设备和控制设备许可范围包括交流中压开关柜、交流低压开关柜、直流开关柜和电气盘、台、屏、箱等，断路器等柜内元器件暂不纳入许可范围。

（二十）电源设备

1．应急柴油发电机组中属于《目录》中的设备，原则上应从持证单位采购，如不从持证单位采购，由成套供应商负责对设备鉴定并对质量负总责。

2．应急柴油发电机组中的发电机暂不纳入许可范围。

3．蓄电池（组）的金属支架暂不纳入许可范围。

4．不间断电源指由变流器、开关和储能装置（如蓄电池）组合构成，在输入电源故障时维持负载电力连续性的电源设备。

（二十一）阀门驱动装置

阀门电动装置用电动机配套单位无需取得许可资质。

二、核燃料循环设施后处理厂专用核安全设备

（一）储罐

1．反应炉（器）许可范围包括草酸钚焙烧炉、玻璃固化熔炉、草酸钚沉淀反应器。

2．萃取设备许可范围包括共去污萃取设备、铀钚分离萃取设备、钚萃取设备、钚反萃取设备。

3．产品贮存容器许可范围包括二氧化钚产品贮存容器、高放玻璃固化体贮存容器。

4．贮槽许可范围包括溶解液贮槽、首端系统残渣槽、首端系统清液槽、共去污系统贮槽、钚线系统贮槽、其他高放溶液贮槽、临界安全贮槽、核材料衡算槽。

5．后处理首端专用设备许可范围包括乏燃料溶解器、沉降离心机。

6．箱室设备许可范围包括热室（设备室）壳体、钚线尾端工作箱。

（二）热交换器

蒸发器许可范围包括高放废液蒸发器、中放废液蒸发器、铀溶液蒸发器、钚溶液蒸发器。

（三）泵

输运高放溶液的泵许可范围包括蒸汽喷射泵、压空喷射器、空气提升器、可逆流体换向装置。

关于发布放射源分类办法的公告

（国家环境保护总局公告　2005 年第 62 号）

根据《放射性同位素与射线装置安全和防护条例》（国务院令　第 449 号）关于放射源实行分类管理的规定，我局组织制定了《放射源分类办法》，现予发布。

附件：放射源分类办法

二○○五年十二月二十三日

附件

放射源分类办法

根据国务院第 449 号令《放射性同位素与射线装置安全和防护条例》规定，制定本放射源分类办法。

一、放射源分类原则

参照国际原子能机构的有关规定，按照放射源对人体健康和环境的潜在危害程度，从高到低将放射源分为Ⅰ、Ⅱ、Ⅲ、Ⅳ、Ⅴ类，Ⅴ类源的下限活度值为该种核素的豁免活度。

（一）Ⅰ类放射源为极高危险源。没有防护情况下，接触这类源几分钟到 1 小时就可致人死亡。

（二）Ⅱ类放射源为高危险源。没有防护情况下，接触这类源几小时至几天可致人死亡。

（三）Ⅲ类放射源为危险源。没有防护情况下，接触这类源几小时就可对人造成永久性损伤，接触几天至几周也可致人死亡。

（四）Ⅳ类放射源为低危险源。基本不会对人造成永久性损伤，但对长时间、近距离接触这些放射源的人可能造成可恢复的临时性损伤。

（五）V 类放射源为极低危险源。不会对人造成永久性损伤。

二、放射源分类表

常用不同核素的 64 种放射源按下表进行分类。

放射源分类表

核素名称	I 类源（贝可）	II 类源（贝可）	III类源（贝可）	IV类源（贝可）	V 类源（贝可）
Am-241	$\geqslant 6\times10^{13}$	$\geqslant 6\times10^{11}$	$\geqslant 6\times10^{10}$	$\geqslant 6\times10^{8}$	$\geqslant 1\times10^{4}$
Am-241/Be	$\geqslant 6\times10^{13}$	$\geqslant 6\times10^{11}$	$\geqslant 6\times10^{10}$	$\geqslant 6\times10^{8}$	$\geqslant 1\times10^{4}$
Au-198	$\geqslant 2\times10^{14}$	$\geqslant 2\times10^{12}$	$\geqslant 2\times10^{11}$	$\geqslant 2\times10^{9}$	$\geqslant 1\times10^{6}$
Ba-133	$\geqslant 2\times10^{14}$	$\geqslant 2\times10^{12}$	$\geqslant 2\times10^{11}$	$\geqslant 2\times10^{9}$	$\geqslant 1\times10^{6}$
C-14	$\geqslant 5\times10^{16}$	$\geqslant 5\times10^{14}$	$\geqslant 5\times10^{13}$	$\geqslant 5\times10^{11}$	$\geqslant 1\times10^{7}$
Cd-109	$\geqslant 2\times10^{16}$	$\geqslant 2\times10^{14}$	$\geqslant 2\times10^{13}$	$\geqslant 2\times10^{11}$	$\geqslant 1\times10^{6}$
Ce-141	$\geqslant 1\times10^{15}$	$\geqslant 1\times10^{13}$	$\geqslant 1\times10^{12}$	$\geqslant 1\times10^{10}$	$\geqslant 1\times10^{7}$
Ce-144	$\geqslant 9\times10^{14}$	$\geqslant 9\times10^{12}$	$\geqslant 9\times10^{11}$	$\geqslant 9\times10^{9}$	$\geqslant 1\times10^{5}$
Cf-252	$\geqslant 2\times10^{13}$	$\geqslant 2\times10^{11}$	$\geqslant 2\times10^{10}$	$\geqslant 2\times10^{8}$	$\geqslant 1\times10^{4}$
Cl-36	$\geqslant 2\times10^{16}$	$\geqslant 2\times10^{14}$	$\geqslant 2\times10^{13}$	$\geqslant 2\times10^{11}$	$\geqslant 1\times10^{6}$
Cm-242	$\geqslant 4\times10^{13}$	$\geqslant 4\times10^{11}$	$\geqslant 4\times10^{10}$	$\geqslant 4\times10^{8}$	$\geqslant 1\times10^{5}$
Cm-244	$\geqslant 5\times10^{13}$	$\geqslant 5\times10^{11}$	$\geqslant 5\times10^{10}$	$\geqslant 5\times10^{8}$	$\geqslant 1\times10^{4}$
Co-57	$\geqslant 7\times10^{14}$	$\geqslant 7\times10^{12}$	$\geqslant 7\times10^{11}$	$\geqslant 7\times10^{9}$	$\geqslant 1\times10^{6}$
Co-60	$\geqslant 3\times10^{13}$	$\geqslant 3\times10^{11}$	$\geqslant 3\times10^{10}$	$\geqslant 3\times10^{8}$	$\geqslant 1\times10^{5}$
Cr-51	$\geqslant 2\times10^{15}$	$\geqslant 2\times10^{13}$	$\geqslant 2\times10^{12}$	$\geqslant 2\times10^{10}$	$\geqslant 1\times10^{7}$
Cs-134	$\geqslant 4\times10^{13}$	$\geqslant 4\times10^{11}$	$\geqslant 4\times10^{10}$	$\geqslant 4\times10^{8}$	$\geqslant 1\times10^{4}$
Cs-137	$\geqslant 1\times10^{14}$	$\geqslant 1\times10^{12}$	$\geqslant 1\times10^{11}$	$\geqslant 1\times10^{9}$	$\geqslant 1\times10^{4}$
Eu-152	$\geqslant 6\times10^{13}$	$\geqslant 6\times10^{11}$	$\geqslant 6\times10^{10}$	$\geqslant 6\times10^{8}$	$\geqslant 1\times10^{6}$
Eu-154	$\geqslant 6\times10^{13}$	$\geqslant 6\times10^{11}$	$\geqslant 6\times10^{10}$	$\geqslant 6\times10^{8}$	$\geqslant 1\times10^{6}$
Fe-55	$\geqslant 8\times10^{17}$	$\geqslant 8\times10^{15}$	$\geqslant 8\times10^{14}$	$\geqslant 8\times10^{12}$	$\geqslant 1\times10^{6}$
Gd-153	$\geqslant 1\times10^{15}$	$\geqslant 1\times10^{13}$	$\geqslant 1\times10^{12}$	$\geqslant 1\times10^{10}$	$\geqslant 1\times10^{7}$
Ge-68	$\geqslant 7\times10^{14}$	$\geqslant 7\times10^{12}$	$\geqslant 7\times10^{11}$	$\geqslant 7\times10^{9}$	$\geqslant 1\times10^{5}$
H-3	$\geqslant 2\times10^{18}$	$\geqslant 2\times10^{16}$	$\geqslant 2\times10^{15}$	$\geqslant 2\times10^{13}$	$\geqslant 1\times10^{9}$
Hg-203	$\geqslant 3\times10^{14}$	$\geqslant 3\times10^{12}$	$\geqslant 3\times10^{11}$	$\geqslant 3\times10^{9}$	$\geqslant 1\times10^{5}$
I-125	$\geqslant 2\times10^{14}$	$\geqslant 2\times10^{12}$	$\geqslant 2\times10^{11}$	$\geqslant 2\times10^{9}$	$\geqslant 1\times10^{6}$
I-131	$\geqslant 2\times10^{14}$	$\geqslant 2\times10^{12}$	$\geqslant 2\times10^{11}$	$\geqslant 2\times10^{9}$	$\geqslant 1\times10^{6}$
Ir-192	$\geqslant 8\times10^{13}$	$\geqslant 8\times10^{11}$	$\geqslant 8\times10^{10}$	$\geqslant 8\times10^{8}$	$\geqslant 1\times10^{4}$
Kr-85	$\geqslant 3\times10^{16}$	$\geqslant 3\times10^{14}$	$\geqslant 3\times10^{13}$	$\geqslant 3\times10^{11}$	$\geqslant 1\times10^{4}$
Mo-99	$\geqslant 3\times10^{14}$	$\geqslant 3\times10^{12}$	$\geqslant 3\times10^{11}$	$\geqslant 3\times10^{9}$	$\geqslant 1\times10^{6}$
Nb-95	$\geqslant 9\times10^{13}$	$\geqslant 9\times10^{11}$	$\geqslant 9\times10^{10}$	$\geqslant 9\times10^{8}$	$\geqslant 1\times10^{6}$
Ni-63	$\geqslant 6\times10^{16}$	$\geqslant 6\times10^{14}$	$\geqslant 6\times10^{13}$	$\geqslant 6\times10^{11}$	$\geqslant 1\times10^{8}$
Np-237（Pa-233）	$\geqslant 7\times10^{13}$	$\geqslant 7\times10^{11}$	$\geqslant 7\times10^{10}$	$\geqslant 7\times10^{8}$	$\geqslant 1\times10^{3}$
P-32	$\geqslant 1\times10^{16}$	$\geqslant 1\times10^{14}$	$\geqslant 1\times10^{13}$	$\geqslant 1\times10^{11}$	$\geqslant 1\times10^{5}$

核素名称	Ⅰ类源（贝可）	Ⅱ类源（贝可）	Ⅲ类源（贝可）	Ⅳ类源（贝可）	Ⅴ类源（贝可）
Pd-103	$\geqslant 9\times10^{16}$	$\geqslant 9\times10^{14}$	$\geqslant 9\times10^{13}$	$\geqslant 9\times10^{11}$	$\geqslant 1\times10^{8}$
Pm-147	$\geqslant 4\times10^{16}$	$\geqslant 4\times10^{14}$	$\geqslant 4\times10^{13}$	$\geqslant 4\times10^{11}$	$\geqslant 1\times10^{7}$
Po-210	$\geqslant 6\times10^{13}$	$\geqslant 6\times10^{11}$	$\geqslant 6\times10^{10}$	$\geqslant 6\times10^{8}$	$\geqslant 1\times10^{4}$
Pu-238	$\geqslant 6\times10^{13}$	$\geqslant 6\times10^{11}$	$\geqslant 6\times10^{10}$	$\geqslant 6\times10^{8}$	$\geqslant 1\times10^{4}$
Pu-239/Be	$\geqslant 6\times10^{13}$	$\geqslant 6\times10^{11}$	$\geqslant 6\times10^{10}$	$\geqslant 6\times10^{8}$	$\geqslant 1\times10^{4}$
Pu-239	$\geqslant 6\times10^{13}$	$\geqslant 6\times10^{11}$	$\geqslant 6\times10^{10}$	$\geqslant 6\times10^{8}$	$\geqslant 1\times10^{4}$
Pu-240	$\geqslant 6\times10^{13}$	$\geqslant 6\times10^{11}$	$\geqslant 6\times10^{10}$	$\geqslant 6\times10^{8}$	$\geqslant 1\times10^{3}$
Pu-242	$\geqslant 7\times10^{13}$	$\geqslant 7\times10^{11}$	$\geqslant 7\times10^{10}$	$\geqslant 7\times10^{8}$	$\geqslant 1\times10^{4}$
Ra-226	$\geqslant 4\times10^{13}$	$\geqslant 4\times10^{11}$	$\geqslant 4\times10^{10}$	$\geqslant 4\times10^{8}$	$\geqslant 1\times10^{4}$
Re-188	$\geqslant 1\times10^{15}$	$\geqslant 1\times10^{13}$	$\geqslant 1\times10^{12}$	$\geqslant 1\times10^{10}$	$\geqslant 1\times10^{5}$
Ru-103（Rh-103m）	$\geqslant 1\times10^{14}$	$\geqslant 1\times10^{12}$	$\geqslant 1\times10^{11}$	$\geqslant 1\times10^{9}$	$\geqslant 1\times10^{6}$
Ru-106（Rh-106）	$\geqslant 3\times10^{14}$	$\geqslant 3\times10^{12}$	$\geqslant 3\times10^{11}$	$\geqslant 3\times10^{9}$	$\geqslant 1\times10^{5}$
S-35	$\geqslant 6\times10^{16}$	$\geqslant 6\times10^{14}$	$\geqslant 6\times10^{13}$	$\geqslant 6\times10^{11}$	$\geqslant 1\times10^{8}$
Se-75	$\geqslant 2\times10^{14}$	$\geqslant 2\times10^{12}$	$\geqslant 2\times10^{11}$	$\geqslant 2\times10^{9}$	$\geqslant 1\times10^{6}$
Sr-89	$\geqslant 2\times10^{16}$	$\geqslant 2\times10^{14}$	$\geqslant 2\times10^{13}$	$\geqslant 2\times10^{11}$	$\geqslant 1\times10^{6}$
Sr-90（Y-90）	$\geqslant 1\times10^{15}$	$\geqslant 1\times10^{13}$	$\geqslant 1\times10^{12}$	$\geqslant 1\times10^{10}$	$\geqslant 1\times10^{4}$
$Tc-99^{m}$	$\geqslant 7\times10^{14}$	$\geqslant 7\times10^{12}$	$\geqslant 7\times10^{11}$	$\geqslant 7\times10^{9}$	$\geqslant 1\times10^{7}$
Te-132（I-132）	$\geqslant 3\times10^{13}$	$\geqslant 3\times10^{11}$	$\geqslant 3\times10^{10}$	$\geqslant 3\times10^{8}$	$\geqslant 1\times10^{7}$
Th-230	$\geqslant 7\times10^{13}$	$\geqslant 7\times10^{11}$	$\geqslant 7\times10^{10}$	$\geqslant 7\times10^{8}$	$\geqslant 1\times10^{4}$
Tl-204	$\geqslant 2\times10^{16}$	$\geqslant 2\times10^{14}$	$\geqslant 2\times10^{13}$	$\geqslant 2\times10^{11}$	$\geqslant 1\times10^{4}$
Tm-170	$\geqslant 2\times10^{16}$	$\geqslant 2\times10^{14}$	$\geqslant 2\times10^{13}$	$\geqslant 2\times10^{11}$	$\geqslant 1\times10^{6}$
Y-90	$\geqslant 5\times10^{15}$	$\geqslant 5\times10^{13}$	$\geqslant 5\times10^{12}$	$\geqslant 5\times10^{10}$	$\geqslant 1\times10^{5}$
Y-91	$\geqslant 8\times10^{15}$	$\geqslant 8\times10^{13}$	$\geqslant 8\times10^{12}$	$\geqslant 8\times10^{10}$	$\geqslant 1\times10^{6}$
Yb-169	$\geqslant 3\times10^{14}$	$\geqslant 3\times10^{12}$	$\geqslant 3\times10^{11}$	$\geqslant 3\times10^{9}$	$\geqslant 1\times10^{7}$
Zn-65	$\geqslant 1\times10^{14}$	$\geqslant 1\times10^{12}$	$\geqslant 1\times10^{11}$	$\geqslant 1\times10^{9}$	$\geqslant 1\times10^{6}$
Zr-95	$\geqslant 4\times10^{13}$	$\geqslant 4\times10^{11}$	$\geqslant 4\times10^{10}$	$\geqslant 4\times10^{8}$	$\geqslant 1\times10^{6}$

注：1. Am-241 用于固定式烟雾报警器时的豁免值为 1×10^{5} 贝可。

2. 核素份额不明的混合源，按其危险度最大的核素分类，其总活度视为该核素的活度。

三、非密封源分类

上述放射源分类原则对非密封源适用。

非密封源工作场所按放射性核素日等效最大操作量分为甲、乙、丙三级，具体分级标准见《电离辐射防护与辐射源安全标准》（GB 18871—2002）。

甲级非密封源工作场所的安全管理参照Ⅰ类放射源。

乙级和丙级非密封源工作场所的安全管理参照Ⅱ、Ⅲ类放射源。

关于发布《射线装置分类》的公告

（环境保护部　国家卫生和计划生育委员会公告　2017 年第 66 号）

根据《放射性同位素与射线装置安全和防护条例》（国务院令　第 449 号）关于射线装置实行分类管理的规定，环境保护部和国家卫生计生委对现行的《射线装置分类办法》（原国家环境保护总局公告　2006 年第 26 号）进行了调整和修订，制订了《射线装置分类》，现予公布，自公布之日起施行。原国家环境保护总局公告 2006 年第 26 号同时废止。

特此公告。

附件：射线装置分类

环境保护部
国家卫生计生委
2017 年 12 月 5 日

附件

射线装置分类

根据《放射性同位素与射线装置安全和防护条例》《放射性同位素与射线装置安全许可管理办法》规定，制定本射线装置分类方法。

一、射线装置分类原则

根据射线装置对人体健康和环境的潜在危害程度，从高到低将射线装置分为 I 类、II 类、III类。

（一）I 类射线装置：事故时短时间照射可以使受到照射的人员产生严重放射损伤，其安全与防护要求高；

（二）Ⅱ类射线装置：事故时可以使受到照射的人员产生较严重放射损伤，其安全与防护要求较高；

（三）Ⅲ类射线装置：事故时一般不会使受到照射的人员产生放射损伤，其安全与防护要求相对简单。

二、射线装置分类表

常用的射线装置按照使用用途可分为医用射线装置和非医用射线装置，可按下表进行分类。

射线装置分类表

装置类别	医用射线装置	非医用射线装置
Ⅰ类射线装置	质子治疗装置	生产放射性同位素用加速器［不含制备正电子发射计算机断层显像装置（PET）用放射性药物的加速器］
	重离子治疗装置	粒子能量大于等于 100 兆电子伏的非医用加速器
	其他粒子能量大于等于 100 兆电子伏的医用加速器	—
Ⅱ类射线装置	粒子能量小于 100 兆电子伏的医用加速器	粒子能量小于 100 兆电子伏的非医用加速器
	制备正电子发射计算机断层显像装置（PET）放射性药物的加速器	工业辐照用加速器
	X 射线治疗机（深部、浅部）	工业探伤用加速器
	术中放射治疗装置	安全检查用加速器
	血管造影用 X 射线装置[1]	车辆检查用 X 射线装置
	—	工业用 X 射线计算机断层扫描（CT）装置
	—	工业用 X 射线探伤装置[5,6]
	—	中子发生器
Ⅲ类射线装置	医用 X 射线计算机断层扫描（CT）装置[2]	人体安全检查用 X 射线装置
	医用诊断 X 射线装置[3]	X 射线行李包检查装置[7]
	口腔（牙科）X 射线装置[4]	X 射线衍射仪
	放射治疗模拟定位装置	X 射线荧光仪
	X 射线血液辐照仪	其他各类 X 射线检测装置（测厚、称重、测

装置类别	医用射线装置	非医用射线装置
		孔径、测密度等）
Ⅲ类射线装置	—	离子注（植）入装置
	—	兽用 X 射线装置
	—	电子束焊机[8]
	其他不能被豁免的 X 射线装置	

注：1. 血管造影用 X 射线装置包括用于心血管介入术、外周血管介入术、神经介入术等的 X 射线装置，以及含具备数字减影（DSA）血管造影功能的设备。

2. 医用 X 射线计算机断层扫描（CT）装置包括医学影像用 CT 机、放疗 CT 模拟定位机、核医学 SPECT/CT 和 PET/CT 等。

3. 医用诊断 X 射线装置包括 X 射线摄影装置、床旁 X 射线摄影装置、X 射线透视装置、移动 X 射线 C 臂机、移动 X 射线 G 臂机、手术用 X 射线机、X 射线碎石机、乳腺 X 射线装置、胃肠 X 射线机、X 射线骨密度仪等常见 X 射线诊断设备和开展非血管造影用 X 射线装置。

4. 口腔（牙科）X 射线装置包括口腔内 X 射线装置（牙片机）、口腔外 X 射线装置（含全景机和口腔 CT 机）。

5. 工业用 X 射线探伤装置分为自屏蔽式 X 射线探伤装置和其他工业用 X 射线探伤装置，后者包括固定式 X 射线探伤系统、便携式 X 射线探伤机、移动式 X 射线探伤装置和 X 射线照相仪等利用 X 射线进行无损探伤检测的装置。

6. 对自屏蔽式 X 射线探伤装置的生产、销售活动按Ⅱ类射线装置管理；使用活动按Ⅲ类射线装置管理。

7. 对公共场所柜式 X 射线行李包检查装置的生产、销售活动按Ⅲ类射线装置管理；对其设备的用户单位实行豁免管理。

8. 对电子束焊机的生产、销售活动按Ⅲ类射线装置管理；对其设备使用用户单位实行豁免管理。

三、本射线装置分类表中未列举且不能被豁免的 X 射线装置，其分类由省级环境保护主管部门参考类似技术参数的射线装置提出建议，报环境保护部商国家卫生计生委认定。环境保护部适时修订射线装置分类表。

四、本分类自公布之日起施行。2006 年 5 月 30 日发布的《射线装置分类办法》（原国家环境保护总局公告　2006 年第 26 号）同时废止。

注册核安全工程师执业资格制度暂行规定

（2002年11月19日人事部、国家环境保护总局人发〔2002〕106号发布）

第一章　总　则

第一条　为了提高核安全专业技术人员素质，规范核安全关键岗位的管理，确保核与辐射环境安全，维护国家和公众利益，根据《中华人民共和国环境保护法》、《中华人民共和国民用核设施安全监督管理条例》和国家职业资格证书制度的有关规定，制定本规定。

第二条　本规定适用于从事核与辐射安全及相关领域工作的专业技术人员。

第三条　国家对在核能和核技术应用及为核安全提供技术服务的单位中从事核安全关键岗位工作的专业技术人员实行执业资格制度，纳入国家专业技术人员职业资格证书制度，统一规划管理。

第四条　本规定所称注册核安全工程师，是指通过国家统一考试，取得《中华人民共和国注册核安全工程师执业资格证书》并经注册登记后，从事核安全相关专业技术工作的人员。

英文名称：Nuclear Safety Engineer

第五条　人事部和国家环境保护总局共同负责国家注册核安全工程师执业资格制度的实施工作。

第二章　考　试

第六条　注册核安全工程师执业资格实行统一大纲、统一命题、统一组织的考试制度，由人事部和国家环境保护总局共同组织实施，原则上每年举行一次。

第七条　国家环境保护总局负责拟定考试科目、考试大纲和试题，编写考试用书，统一规划培训等有关工作。

培训工作按照培训与考试分开、自愿参加的原则进行。

第八条　人事部负责审定考试科目、考试大纲和试题。会同国家环境保护总局对考试进行检查、监督、指导和确定考试合格标准。

第九条　凡遵守中华人民共和国宪法和法律、法规，恪守职业道德，并具备下列条件之一者，可申请参加注册核安全工程师执业资格考试：

1．取得理工类专业学士学位，从事核安全工作满5年；或取得其他专业学士学位，从事核安全工作满 6 年。

2．取得理工类专业双学士学位或研究生班毕业，从事核安全工作满 4 年；或取得其他专业双学士学位或研究生班毕业，从事核安全工作满 5 年。

3．取得理工类专业硕士学位，从事核安全工作满 2 年；或取得其他专业硕士学位，从事核安全工作满 3 年。

4．取得理工类专业博士学位，从事核安全工作满 1 年。

5．人事部、国家环境保护总局规定的其他条件。

第十条 注册核安全工程师执业资格考试合格，颁发人事部统一印制，人事部和国家环境保护总局共同用印的《中华人民共和国注册核安全工程师执业资格证书》，证书全国范围有效。

第三章 注 册

第十一条 注册核安全工程师执业资格实行注册登记制度。取得《中华人民共和国注册核安全工程师执业资格证书》的人员，必须经过注册登记才能以注册核安全工程师名义执业。

第十二条 国家环境保护总局或其授权的机构为注册核安全工程师执业资格的注册管理机构。人事部对注册核安全工程师执业资格的注册和使用情况有检查、监督的责任。

第十三条 申请注册者，必须同时具备下列条件：

1．取得《中华人民共和国注册核安全工程师执业资格证书》；

2．身体健康，能坚持在本专业岗位工作；

3．经单位考核同意。

再次注册者，除符合以上条件外，还须提供接受继续教育和参加培训合格的证明。

第十四条 注册核安全工程师有下列情形之一者注销注册：

（一）不具备完全民事行为能力。

（二）因在核安全等业务工作中犯有严重错误，受行政处罚。

（三）受刑事处罚。

（四）脱离核安全相应岗位连续满 1 年。

第十五条 注册核安全工程师注册有效期为 2 年。有效期满需继续执业的，持证者应在期满前 3 个月按规定办理再次注册手续。

第十六条 国家环境保护总局或其授权的机构依本规定不予注册的，应自决定之日起 15 日内书面通知申请人。

第十七条 经批准注册的注册核安全工程师执业资格人员，由国家环境保护总局或其授权的机构在其执业资格证书的“注册情况”栏目内加盖印章，并核发《注册核安全工程师注册证》。

国家环境保护总局或其授权的机构应当定期公布注册核安全工程师执业资格的注册

和注销情况。

第十八条　注册核安全工程师执业资格注册内容变更，须由所在单位在变更后 30 日内向注册管理机构申请办理变更手续。

第四章　职　责

第十九条　注册核安全工程师必须遵守国家法律、法规和核安全行业的执业守则，具有良好的职业道德和业务素质，对所从事的专业工作的真实性、合法性负责。

第二十条　注册核安全工程师的执业范围是：

（一）核安全审评。

（二）核安全监督。

（三）民用核设施操纵与运行。

（四）核质量保证。

（五）辐射防护。

（六）辐射环境监测。

（七）国家环境保护总局规定的其他与核安全密切相关的工作领域。

第二十一条　注册核安全工程师享有依法从事核安全关键岗位专业技术工作的权利，并对本职工作负责。

第二十二条　注册核安全工程师应不断更新知识，自觉接受继续教育并按规定参加业务培训。

第二十三条　注册核安全工程师应在一个从事核安全专业工作的单位执业。

第五章　附　则

第二十四条　取得注册核安全工程师执业资格证书的人员，用人单位可根据工作需要聘任工程师专业技术职务。

第二十五条　在实施注册核安全工程师执业资格考试前，对长期从事核安全工作，已经达到注册核安全工程师执业资格条件并受聘工程类高级专业技术职务的，可通过培训和考核认定的方式，取得《中华人民共和国注册核安全工程师执业资格证书》。培训和考核认定的办法由人事部和国家环境保护总局另行规定。

第二十六条　经国务院有关部门同意，获准在中华人民共和国境内就业的外籍专业人员，符合本规定要求的，也可按规定的程序申请参加考试、注册和执业。

第二十七条　注册核安全工程师执业资格关键岗位和职责由国家环境保护总局另行制定。

第二十八条　本规定由人事部和国家环境保护总局按职责分工分别负责解释。

第二十九条　本规定自发布之日起 30 日后施行。

人力资源社会保障部关于降低或取消部分准入类职业资格考试工作年限要求有关事项的通知

人社部发〔2022〕8 号

各省、自治区、直辖市人民政府，国务院各部委、各直属机构：

根据国务院推进简政放权、放管结合、优化服务的改革部署，为贯彻落实《政府工作报告》要求，进一步推动降低就业创业门槛，经国务院同意，降低或取消《国家职业资格目录（2021 年版）》中 13 项准入类职业资格考试工作年限要求。现就有关事项通知如下。

一、《部分准入类职业资格考试工作年限要求调整方案》（见附件）自 2022 年起实施。除调整考试工作年限要求外，13 项准入类职业资格的其他考试报名条件不变。

二、各有关部门要按照本通知要求，抓紧修订相关部门规章，及时调整考试办法，做好政策宣传和舆论引导，让广大专业技术人员充分了解政策，确保政策落地落实。

三、各地区、各有关部门要积极推行考试报名证明事项告知承诺制，依托全国一体化政务服务平台、国家数据共享交换平台，通过政府部门内部核查等方式对报考人员填报的信息进行核验，压减报考人员需提交的书面材料，进一步优化考试报名服务，减轻专业技术人员负担。

四、考试工作年限要求调整后，专业技术人员取得的职业资格可继续按照有关规定与相应系列和层级的职称对应，并可作为申报高一级职称的条件。

五、各地区、各有关部门要加强职业资格领域事前事中事后全链条全领域监管，严格制定考试大纲，认真履行命审题职责，在考试中加强对实际工作能力的考察力度，严厉打击考试违纪行为，强化对取得职业资格人员的专业能力评估和继续教育，确保政策落地后职业资格水平不降低。

附件：部分准入类职业资格考试工作年限要求调整方案

人力资源社会保障部

2022 年 2 月 21 日

附件

部分准入类职业资格考试工作年限要求调整方案
（注册核安全工程师部分）

职业资格名称	实施部门（单位）	原报考条件	调整后报考条件
注册核安全工程师	生态环境部、人力资源社会保障部	（一）取得理工类专业学士学位，从事核安全工作满 5 年；或取得其他专业学士学位，从事核安全工作满 6 年。 （二）取得理工类专业双学士学位或研究生班毕业，从事核安全工作满 4 年；或取得其他专业双学士学位或研究生班毕业，从事核安全工作满 5 年。 （三）取得理工类专业硕士学位，从事核安全工作满 2 年；或取得其他专业硕士学位，从事核安全工作满 3 年。 （四）取得理工类专业博士学位，从事核安全工作满 1 年	（一）取得核与辐射安全相关专业大学专科学历，从事核与辐射安全相关工作满 4 年；或取得其他专业大学专科学历，从事核与辐射安全相关工作满 5 年。 （二）取得核与辐射安全相关专业大学本科学历或学士学位，从事核与辐射安全相关工作满 3 年；或取得其他专业大学本科学历或学士学位，从事核与辐射安全相关工作满 4 年。 （三）取得核与辐射安全相关专业第二学士学位或研究生班毕业，从事核与辐射安全相关工作满 2 年；或取得其他专业第二学士学位或研究生班毕业，从事核与辐射安全相关工作满 3 年。 （四）取得核与辐射安全相关专业硕士研究生学历或硕士学位，从事核与辐射安全相关工作满 1 年；或取得其他专业研究生学历或硕士学位，从事核与辐射安全相关工作满 2 年。 （五）取得理工类专业博士学位

关于发布《注册核安全工程师执业资格关键岗位名录》（第一批）的通知

（国核安发〔2010〕25 号）

各相关单位：

根据人事部和国家环境保护总局发布的《注册核安全工程师执业资格制度暂行规定》（人发〔2002〕106 号），现发布《注册核安全工程师执业资格关键岗位名录》（第一批）。

其中，核安全综合管理涉及核设施设计、审评、监督和核安全执照管理等方面工作。

注册核安全工程师执业资格关键岗位（核安全关键岗位）是指执业单位相关部门负责或技术主管岗位。核安全关键岗位的名称和具体职责由执业单位确定后，报国家核安全局备案。

各执业单位应接到本通知 6 个月内，将本单位已注册的注册核安全工程师执业的核安全关键岗位名称及其职责报国家核安全局备案。

注册核安全工程师工作岗位发生变化时，执业单位应提前报国家核安全局备案。

执业单位应在三年内使本单位注册核安全工程师的人数达到规定要求。

附件：核安全关键岗位名录与最少在岗人数

二〇〇九年十二月二十八日

附件

核安全关键岗位名录与最少在岗人数

执业单位	执业范围与最少在岗人数					
	核安全综合管理	核质量保证	辐射防护	反应堆运行	辐射环境监测与评价	最少在岗人数总数
运行核电厂营运单位（两个机组）	1	1	2	3	1	8
研究堆营运单位（多堆）	1	1	1	1 人/堆	1	
研究堆营运单位（单堆）	1		1			2
核设施设计单位	8	2	2	2	2	16
专业化核电工程公司	12	6	2			20
核燃料厂	1	1	1		1	4
铀浓缩厂	1	1	1			3
后处理厂	2	1	1		1	5
核安全Ⅰ级机械设备制造单位		1				1
核安全设备安装单位	2	2				4
核安全设备无损检验单位	1	1				2
省级环境保护机构	1		1		1	3
核与辐射安全相关的甲级环评单位	2	1	1	1	2	7
核与辐射安全相关的乙级环评单位			1		1	2
放射源生产单位	1	1	1		1	4
放射性药品生产单位			1		1	2
非医用Ⅰ类放射源使用单位	1		1		1	3
Ⅰ类射线装置生产使用单位	1		1			2
核安全审评单位	8	2	2	2	2	16
承担部分核安全审评工作的单位	2	2	相关执业范围各 2 人			

* 根据有关文件，做补充说明如下：环评单位资质已取消；核技术利用领域最少在岗人数以《关于规范核技术利用领域辐射安全关键岗位从业人员管理的通知》（国核安发〔2015〕40 号）为准。

关于规范核技术利用领域辐射安全关键岗位从业人员管理的通知

（国核安发〔2015〕40 号）

各相关核技术利用单位，环境保护部各地区核与辐射安全监督站：

为了贯彻落实党的十八届四中全会精神，提升核技术利用领域从业人员的守法意识、安全意识和诚信意识，按照国务院在经济发展方面降低准入门槛、激发市场活力、推动简政放权和加强事中事后监管的总体要求，我局将进一步规范核技术利用领域的关键岗位从业人员管理，推动核技术利用领域的辐射安全管理进一步科学化、规范化，促进行业安全、健康、有序发展。现将有关要求通知如下：

一、明确核技术利用单位辐射安全关键岗位及最少在岗人数要求

（一）生产放射性同位素（放射性药物除外）的单位，辐射安全关键岗位四个，分别为辐射防护负责人、辐射防护专职人员、质量保证专职人员和辐射环境监测与评价专职人员，每岗最少在岗人数 1 名；

（二）使用半衰期大于 60 天的放射性同位素且场所等级达到甲级的单位，辐射安全关键岗位两个，分别为辐射防护负责人、辐射环境监测与评价专职人员，每岗最少在岗人数 1 名；

（三）生产、使用放射性药物且场所等级达到甲级的单位，非医疗使用 I 类源单位，销售（含建造）、使用 I 类射线装置单位，辐射安全关键岗位一个，为辐射防护负责人，最少在岗人数 1 名。

同一单位从事以上多种类型工作时，岗位设置和最少在岗人数以其中要求高的为准。

二、全面推进关键岗位注册核安全工程师配备工作

自本通知发布之日起，新申领辐射安全许可证（以下简称许可证）单位的辐射安全关键岗位在取证前必须按本通知要求由注册核安全工程师（以下简称注核）担任；已取得辐射安全许可证单位（以下简称持证单位）的辐射安全关键岗位必须在 2016 年 6 月 30 日前由注核担任。

各持证单位应限期于 2016 年 6 月 30 日前完成注核配备工作，如到期仍不能满足要求，将按规定暂扣或吊销许可证。2015 年 12 月 31 日前许可证到期而注核在岗人数不足的单位，将在换发延续许可证时明确“2016 年 6 月 30 日前应满足注核在岗人数要求，逾期仍不符合要求的该许可证失效”；自 2016 年 1 月 1 日起，不符合注核在岗人数要求的单位，其许可证不予延续。

已满足最少在岗人数要求的持证单位在其关键岗位注核离职离岗前，应提前安排其他具有注核资格的人员接替其工作，并及时注册。如因人员离职离岗导致注核人数不足，应当立即进行限期不超过 1 年的整改，经整改仍不符合要求的，将按规定暂扣或吊销许可证。

许可证被暂扣、失效或未予延续的单位，不得继续从事辐射工作。

三、严格落实辐射安全关键岗位职责

各相关核技术利用单位应全面培植核安全文化素养，提高守法意识，高度重视辐射安全关键岗位人员的管理工作，加强注核的培养，并制定本单位辐射安全关键岗位的具体职责，于 2015 年 3 月 31 日前将岗位职责书面报环境保护部地区核与辐射安全监督站（以下简称地区监督站）备案。地区监督站将根据各单位报送的材料对关键岗位职责落实情况进行监督检查。

各单位应采取有效措施，确保关键岗位注核切实履行职责，避免“有岗无责”“在岗不履责”等现象，杜绝人员“挂靠”等弄虚作假行为。注核离职、离岗或关键岗位职责发生变化的，应当在变动后 1 个月内书面告知地区监督站。

四、切实加强辐射安全关键岗位人员的监督管理

各地区监督站在日常监督检查中要加强对辐射安全关键岗位注核的核查，对关键岗位人员资质和数量不合要求，以及岗位职责不制定、不明确、不报告、不落实的单位，要提出相应整改要求。

对关键岗位人员资质管理中存在弄虚作假、人员“挂靠”等不守法规、不讲诚信行为的单位，一经查实，将按规定对涉事单位和责任人予以严厉查处，并进行通报。

五、《关于发布〈注册核安全工程师执业资格关键岗位名录〉（第一批）的通知》（国核安发〔2010〕25 号）中对核技术利用单位的要求与本文件不一致的，以本文件为准。

国家核安全局

2015 年 2 月 26 日

人力资源社会保障部关于公布国家职业资格目录的通知

（人社部发〔2017〕68 号）

各省、自治区、直辖市人民政府，国务院各部委、各直属机构：

根据国务院推进简政放权、放管结合、优化服务改革部署，为进一步加强职业资格设置实施的监管和服务，人力资源社会保障部研究制定了《国家职业资格目录》，经国务院同意，现予以公布。

建立国家职业资格目录是转变政府职能、深化行政审批制度和人才发展体制机制改革的重要内容，是推动大众创业、万众创新的重要举措。建立公开、科学、规范的职业资格目录，有利于明确政府管理的职业资格范围，解决职业资格过多过滥问题，降低就业创业门槛；有利于进一步清理违规考试、鉴定、培训、发证等活动，减轻人才负担，对于提高职业资格设置管理的科学化、规范化水平，持续激发市场主体创造活力，推进供给侧结构性改革具有重要意义。

国家按照规定的条件和程序将职业资格纳入国家职业资格目录，实行清单式管理，目录之外一律不得许可和认定职业资格，目录之内除准入类职业资格外一律不得与就业创业挂钩；目录接受社会监督，保持相对稳定，实行动态调整。设置准入类职业资格，其所涉职业（工种）必须关系公共利益或涉及国家安全、公共安全、人身健康、生命财产安全，且必须有法律法规或国务院决定作为依据；设置水平评价类职业资格，其所涉职业（工种）应具有较强的专业性和社会通用性，技术技能要求较高，行业管理和人才队伍建设确实需要。今后职业资格设置、取消及纳入、退出目录，须由人力资源社会保障部会同国务院有关部门组织专家进行评估论证，新设职业资格应当遵守《国务院关于严格控制新设行政许可的通知》（国发〔2013〕39 号）规定并广泛听取社会意见后，按程序报经国务院批准。人力资源社会保障部门要加强监督管理，各地区、各部门未经批准不得在目录之外自行设置国家职业资格，严禁在目录之外开展职业资格许可和认定工作，坚决防止已取消的职业资格“死灰复燃”，对违法违规设置实施的职业资格事项，发现一起、严肃查处一起。行业协会、学会等社会组织和企事业单位依据市场需要自行开展能力水平评价活动，不得变相开展资格资质许可和认定，证书不得使用“中华人民共和国”、“中国”、“中华”、“国家”、“全国”、“职业资格”或“人员资格”等字样和国徽标志。对资格资质持有人因不具备应有职业水平导致重大过失的，负责许可认定的单位也要承担相应责任。

推行国家职业资格目录管理是一项既重要又复杂的系统性工作，各地区、各部门务必高度重视，周密部署，精心组织，搞好衔接，确保职业资格目录顺利实施，相关工作平稳过渡。要不断巩固和拓展职业资格改革成效，为各类人才和用人单位提供优质服务，为促进经济社会持续健康发展作出更大贡献。

附件：国家职业资格目录（共计 140 项）

人力资源社会保障部

2017 年 9 月 12 日

（附件略）

该文件发布之后，《国家职业资格目录》于 2019 年、2021 年两次修订。在 2021 版目录中，注册核安全工程师为全国 33 项准入类专业技术人员职业资格中的 1 项。

第五部分

国际公约

核材料实物保护公约及其修订案

《核材料实物保护公约》（以下简称《公约》）于 1980 年 3 月 3 日在维也纳和纽约同时开放签署，并于 1987 年 2 月 8 日生效。《公约》是目前核材料实物保护领域内唯一具有法律约束力的国际条约。

1988 年 12 月 2 日，中华人民共和国政府向国际原子能机构总干事递交加入书，并同时声明对《公约》第十七条第二款所规定的两种争端解决程序提出保留。《公约》于 1989 年 2 月 9 日对中国生效。

随着时间的推移和形势的发展，《公约》的局限性日益凸显。国际社会认识到，《公约》的核材料实物保护机制已经很难适应形势的要求，有必要对《公约》进行修订和补充。经过将近 6 年的讨论、磋商和谈判，《公约》修订案的最终文件于 2005 年 7 月 8 日通过。

2008 年 10 月 28 日，中国共产党第十一届全国人大会常委会第五次会议批准了《公约》修订案。2009 年 9 月 14 日，出席国际原子能机构第 53 届大会的中国代表团团长、国家原子能机构秘书长向国际原子能机构总干事巴拉迪递交了《核材料实物保护公约》修订案批准书，从而使我国成为继俄罗斯之后，第二个递交《公约》修订案批准书的核武器国家。

2016 年 5 月 8 日，获得 102 个缔约国批准的《公约》修订案正式生效。

（编者按：为方便使用，本书的文本中包括了修订案的内容，相应地使用修订案规定的名称《核设施与核材料实物保护公约》）。

核设施与核材料实物保护公约

序 言

本公约缔约国

承认所有国家享有为和平目的发展和利用核能的权利及其从和平利用核能获得潜在益处的合法利益，

确信需要促进和平利用核能的国际合作和核技术转让，

铭记实物保护对于保护公众健康、安全、环境和国家及国际安全至关重要，

铭记《联合国宪章》有关维护国际和平与安全及促进各国间睦邻和友好关系与合作的宗旨和原则，

考虑到依照《联合国宪章》第二一条第四款的规定，“各会员国在其国际关系上不得使用威胁或武力，或以与联合国宗旨不符之任何其他方法，侵害任何会员国或国家之领土完整或政治独立”，

忆及 1994 年 12 月 9 日联合国大会第 49/60 号决议所附《消除国际恐怖主义措施宣言》，希望防止由非法贩卖、非法获取和使用核材料以及破坏核材料和核设施所造成的潜在危险，并注意到为针对此类行为而进行实物保护已经成为各国和国际上日益关切的问题，

深为关切世界各地一切形式和表现的恐怖主义行为的不断升级以及国际恐怖主义和有组织犯罪所构成的威胁，

相信实物保护在支持防止核扩散和反对恐怖主义的目标方面发挥着重要作用，

希望通过本公约促进在世界各地加强对用于和平目的的核材料和核设施的实物保护，确信涉及核材料和核设施的犯罪是引起严重关切的问题，因此迫切需要采取适当和有效的措施或加强现有措施，以确保防止、侦查和惩处这类犯罪，

希望进一步加强国际合作，依照每一缔约国的国内法和本公约的规定制定核材料和核设施实物保护的有效措施，

确信本公约将补充和完善核材料的安全使用、贮存和运输以及核设施的安全运行，

承认国际上已制定经常得到更新的实物保护建议，这些建议能够为利用现代方法实现有效级别的实物保护提供指导，

还承认对用于军事目的的核材料和核设施实施有效的实物保护是拥有这类核材料和核设施国家的责任，并认识到这类材料和设施正在并将继续受到严格的实物保护，

达成协议如下：

第一条

为本公约的目的：

一、“核材料”系指钚，但钚-238 同位素含量超过 80%者除外；铀-233；同位素 235 或 233 浓缩的铀；非矿石或矿渣形式的含天然存在的同位素混合物的铀；任何含有上述一种或多种成分的材料；

二、“同位素 235 或 233 浓缩的铀”系指含有铀同位素 235 或 233 或两者总含量对同位素 238 的丰度比大于天然存在的同位素 235 对同位素 238 的丰度比的铀；

三、“国际核运输”系指使用任何运输工具打算将一批核材料运至发货启运国国境以外的载运过程，从离开该国境内发货方设施开始，一直到抵达最后目的地的国境内收货方设施为止；

四、“核设施”系指生产、加工、使用、处理、贮存或处置核材料的设施，包括相关建筑物和设备，这种设施若遭破坏或干扰可能导致显著量辐射或放射性物质的释放；

五、“蓄意破坏”系指针对核设施或使用、贮存或运输中的核材料采取的任何有预谋的行为，这种行为可通过辐射照射或放射性物质释放直接或间接危及工作人员和公众的健康与安全或危及环境。

第一（一）条

本公约的目的是在世界各地实现和维护对用于和平目的的核材料和核设施的有效实物保护，在世界各地预防和打击涉及这类材料和设施的犯罪以及为缔约国实现上述目的开展的合作提供便利。

第二条

一、本公约应适用于使用、贮存和运输中用于和平目的的核材料和用于和平目的的核设施，但本公约第三条和第四条以及第五条第四款应仅适用于国际核运输中的此种核材料。

二、一缔约国建立、实施和维护实物保护制度的责任完全在于该国。

三、除缔约国依照本公约所明确作出的承诺外，本公约的任何条款均不得被解释为影响一国的主权权利。

四、（一）本公约的任何条款均不影响国际法规定的，特别是《联合国宪章》的宗旨和原则以及国际人道主义法规定的缔约国的其他权利、义务和责任。

（二）武装冲突中武装部队的活动（用语按照国际人道主义法理解）由国际人道主义法予以规定，不受本公约管辖；一国军事部队为执行公务而进行的活动由国际法其他规则予以规定，因此不受本公约管辖。

（三）本公约的任何条款均不得被解释为是对用于和平目的的核材料或核设施使用或威胁使用武力的合法授权。

（四）本公约的任何条款均不宽恕不合法行为或使不合法行为合法化，或禁止根据其他法律提出起诉。

五、本公约不适用于为军事目的使用或保存的核材料或含有此种材料的核设施。

第二（一）条

一、每一缔约国应建立、实施和维护适用于在其管辖下核材料和核设施的适当的实物保护制度，目的是：

（一）防止盗窃和其他非法获取在使用、贮存和运输中的核材料；

（二）确保采取迅速和综合的措施，以查找和在适当时追回失踪或被盗的核材料；当该材料在其领土之外时，该缔约国应依照第五条采取行动；

（三）保护核材料和核设施免遭破坏；

（四）减轻或尽量减少破坏所造成的放射性后果。

二、在实施第一款时，每一缔约国应：

（一）建立和维护管理实物保护的法律和监管框架；

（二）设立或指定一个或几个负责实施法律和监管框架的主管部门；

（三）采取对核材料和核设施实物保护必要的其他适当措施。

三、在履行第一款和第二款所规定的义务时，每一缔约国应在不妨碍本公约任何其他条款的情况下，在合理和切实可行的范围内适用以下“核材料和核设施实物保护的基本原则”。

基本原则一：国家责任

一国建立、实施和维护实物保护制度的责任完全在于该国。

基本原则二：国际运输中的责任

一国确保核材料受到充分保护的责任延伸到核材料的国际运输，直至酌情将该责任适当移交给另一国。

基本原则三：法律和监管框架

国家负责建立和维护管理实物保护的法律和监管框架。该框架应规定建立适用的实物保护要求，并应包括评估和许可证审批或其他授权程序的系统。该框架应包括对核设施和运输的视察系统，以核实适用要求和对许可证或其他授权文件的条件的遵守情况，并确立加强适用要求和条件的手段，包括有效的制裁措施。

基本原则四：主管部门

国家应设立或指定负责实施法律和监管框架的主管部门，并赋予充分的权力、权限和财政及人力资源，以履行其所担负的责任。国家应采取步骤确保国家主管部门与负责促进或利用核能的任何其他机构之间在职能方面的有效独立性。

基本原则五：许可证持有者的责任

应当明确规定在一国境内实施实物保护各组成部分的责任。国家应确保实施核材料或核设施实物保护的主要责任在于相关许可证持有者或其他授权文件的持有者（如营运者或承运者）。

基本原则六：安全保卫文化

所有参与实施实物保护的组织应对必要的安全保卫文化及其发展和保持给予适当优

先地位，以确保在整个组织中有效地实施实物保护。

基本原则七：威胁

国家的实物保护应基于该国当前对威胁的评估。

基本原则八：分级方案

实物保护要求应以分级方案为基础，并考虑当前对威胁的评估、材料的相对吸引力和性质以及与擅自转移核材料和破坏核材料或核设施有关的潜在后果。

基本原则九：纵深防御

国家对实物保护的要求应反映结构上的或其他技术、人事和组织方面的多层保护和保护措施的概念，敌方要想实现其目的必须克服或绕过这些保护层和保护措施。

基本原则十：质量保证

应当制定和实施质量保证政策和质量保证大纲，以确信对实物保护有重要意义的所有活动的特定要求都得到满足。

基本原则十一：意外情况计划

所有许可证持有者和有关当局应制订并适当执行应对擅自转移核材料、蓄意破坏核设施或核材料或此类意图的意外情况（应急）计划。

基本原则十二：保密问题

国家应就那些若被擅自泄露则可能损害核材料和核设施实物保护的资料制定保密要求。

四、（一）本条的规定不适用于缔约国根据核材料的性质、数量和相对吸引力以及与任何针对核材料的未经许可行为有关的潜在放射性后果和其他后果以及目前根据对核材料威胁的评估而合理地确定无需接受依照第一款建立的实物保护制度约束的任何核材料。

（二）应当按照谨慎的管理实践保护根据第（一）项不受本条规定约束的核材料。

第三条

每一缔约国应在其国内法律范围内采取符合国际法的适当步骤，以便尽可能切实保证在进行国际核运输时，其国境内的核材料或装载在往来该国从事运输活动并属其管辖的船舶或飞机上的核材料，均按照附件Ⅰ所列级别予以保护。

第四条

一、任何缔约国不应输出或批准输出核材料，除非该缔约国已经取得保证：这种核材料在进行国际核运输时受到附件Ⅰ所列级别的保护。

二、任何缔约国不应从非本公约缔约国输入或批准输入核材料，除非该缔约国已经取得保证：这种核材料将在国际核运输中受到附件Ⅰ所列级别的保护。

三、任何缔约国不得允许来自非本公约缔约国的核材料经由其陆地或内河航道，或经由其机场或海港，运至另一非本公约缔约国，除非该缔约国已经取得尽可能切实的保证：这种核材料将在国际核运输时受到附件Ⅰ所列级别的保护。

四、每一缔约国应在其国内法律范围内，对自该国某一地区经由国际水道或空域运至本国另一地区的核材料，给予附件 I 所列级别的实物保护。

五、负责得到核材料将根据第一至第三款的规定受到附件 I 所列级别的保护这种保证的缔约国，应指明并预先通知核材料预期运经其陆地或内河航道或进入其机场或海港的各个国家。

六、第一款所述取得保证的责任，可经双方同意，转由作为输入国而参与运输的缔约国承担。

七、本条的任何规定绝不应解释为影响国家的领土主权和管辖权，包括对其领空和领海的主权和管辖权。

第五条

一、缔约国应彼此直接或经由国际原子能机构指明并公开其与本公约事项有关的联络点。

二、缔约国在核材料被偷窃、抢劫或通过任何其他非法方式获取或受到此种威胁时，应依照其国内法尽最大可能向任何提出请求的国家提供合作和协助，以追回和保护这种材料。特别是：

（一）缔约国应采取适当步骤，将核材料被偷窃、抢劫或通过其他非法方式获取或受到此种可信的威胁的任何情况尽快通知它认为有关的其他国家，并在适当时通知国际原子能机构和其他相关国际组织；

（二）在采取上述步骤时，有关缔约国应酌情相互并与国际原子能机构和其他相关国际组织交换信息，以便保护受到威胁的核材料，核查装运容器的完整性或追回被非法获取的核材料，并应：

1．经由外交和其他商定途径协调其工作；

2．在接到请求时给予协助；

3．确保归还已追回的因上述事件被盗或丢失的核材料。

执行这种合作的方法应由有关缔约国决定。

三、在核材料或核设施受到可信的蓄意破坏威胁或遭到蓄意破坏时，缔约国应依照其国内法并根据国际法规定的相关义务尽最大可能提供以下合作：

（一）如果某一缔约国明知另一国的核材料或核设施受到可信的蓄意破坏的威胁，它应决定需要采取的适当步骤，将这一威胁尽快通知有关国家，并在适当时通知国际原子能机构和其他相关国际组织，以防止蓄意破坏；

（二）当某一缔约国的核材料或核设施遭到蓄意破坏时，而且如果该缔约国认为其他国家很可能受到放射性影响，它应在不妨碍国际法规定的其他义务的情况下采取适当步骤，尽快通知可能受到放射性影响的国家，并在适当时通知国际原子能机构和其他相关国际组织，以尽量减少或减轻破坏造成的放射性后果；

（三）当某一缔约国在第（一）项和第（二）项范围内请求协助时，接到此种协助请求的每一缔约国应迅速决定，并直接或通过国际原子能机构通知提出请求的缔约国，它是否能够提供所请求的协助以及可能提供协助的范围和条件；

（四）根据第（一）项至第（三）项进行合作的协调应通过外交或其他商定途径进行。执行这种合作的方法应由有关缔约国在双边或多边的基础上决定。

四、缔约国应酌情彼此直接或经由国际原子能机构和其他相关国际组织进行合作和磋商，以期获得对国际运输中核材料实物保护系统的设计、维护和改进方面的指导。

五、缔约国可酌情与其他缔约国直接或经由国际原子能机构和其他相关国际组织进行磋商和合作，以期获得对国内使用、贮存和运输中的核材料和核设施的国家实物保护系统的设计、维护和改进方面的指导。

第六条

一、缔约国应采取符合其国内法的适当措施，以保护由于本公约的规定而从另一缔约国得到的，或通过参与为执行本公约而开展的活动而得到的任何保密信息的机密性。如果缔约国向国际组织或本公约非缔约国提供保密信息，则应采取步骤确保此种信息的机密性得到保护。从另一缔约国获得保密信息的缔约国只有得到前者同意后才能向第三方提供该信息。

二、本公约不应要求缔约国提供国内法规定不得传播的任何信息或可能危及本国安全或核材料或核设施的实物保护的任何信息。

第七条

一、每一缔约国应在其国内法中将以下故意实施行为定为违法犯罪行为予以惩处：

（一）未经合法授权，收受、拥有、使用、转移、更改、处置或散布核材料，并造成或可能造成任何人员死亡、重伤或财产重大损失或环境重大损害；

（二）偷窃或抢劫核材料；

（三）盗取或以欺骗手段获取核材料；

（四）未经合法授权向某一国家或从某一国家携带、运送或转移核材料的行为；

（五）针对核设施的行为或干扰核设施运行的行为，在这种情况下违法犯罪嫌疑人通过辐射照射或放射性物质释放故意造成或其知道这种行为可能造成任何人员死亡、重伤或财产重大损失或环境重大损害，除非采取这种行为符合该核设施所在缔约国的国内法；

（六）构成以武力威胁、使用武力或任何其他恐吓手段勒索核材料的行为；

（七）威胁：

1．使用核材料造成任何人员死亡、重伤或财产重大损失或环境重大损害或实施第（五）项所述违法犯罪行为，或

2．实施第（二）项和第（五）项所述违法犯罪行为，目的是迫使某一自然人、法人、某一国际组织或某一国家实施或不实施某一行为；

（八）意图实施第（一）项至第（五）项所述任何违法犯罪行为；

（九）以共犯身份参加第（一）项至第（八）项所述任何违法犯罪行为；

（十）任何人组织或指使他人实施第（一）项至第（八）项所述违法犯罪行为；

（十一）协助以共同目的行动的群体实施第（一）项至第（八）项所述任何违法犯罪行为；这种行为应当是故意的，并且是：

1．为了促进该群体的犯罪活动或犯罪目的，在这种情况下此类活动或目的涉及实施第（一）项至第（七）项所述违法犯罪行为，或

2．明知该群体有意实施第（一）项至第（七）项所述违法犯罪行为。

二、每一缔约国对本条所称犯罪行为应按其严重性质给予适当惩罚。

第八条

一、每一缔约国应采取必要的措施，以便在下列情况下确立其对第七条所述犯罪行为方面的管辖权：

（一）犯罪行为发生于该国领土内或该国注册的船舶或飞机上；

（二）被控罪犯是该国国民。

二、每一缔约国应同样采取必要措施，以便在被控罪犯在该国领土内而该国未按第十一条规定将其引渡给第一款所述任何国家时，对这些犯罪行为确立其管辖权。

三、本公约不排除按照本国法律行使的任何刑事管辖权。

四、除第一和第二款所述缔约国之外，任何缔约国亦可按照国际法，在该国作为输出国或输入国参与国际核运输时，确立其对第七条所述犯罪行为方面的管辖权。

第九条

任何缔约国，如被控罪犯在其领土内，当判明情况有此需要时，应按照本国法律采取适当措施，包括拘留以确保该罪犯在进行起诉或引渡时随传随到。按照本条款采取的措施，应立即通知需要按照第八条确立管辖权的国家，在合适的场合，应通知所有其他有关国家。

第十条

任何缔约国，如被控罪犯在其领土内，而该国不将该罪犯引渡，则应无例外地并无不适当延迟地将案件送交该国主管当局，以便按照该国法律规定的诉讼程序，提起公诉。

第十一条

一、第七条所称各项犯罪行为应被视为属于缔约国之间任何现有引渡条约中的可引渡的犯罪行为。各缔约国保证将各种犯罪行为作为可引渡的犯罪行为列于今后彼此缔结的每一引渡条约内。

二、以条约的存在为引渡条件的缔约国，如收到未与其订有引渡条约的另一缔约国提出的引渡要求，可以选择将本公约作为引渡这些罪犯的法律依据。引渡应符合被请求国法律所规定的其他条件。

三、不以条约的存在为引渡条件的缔约国应承认各项犯罪行为是彼此之间可以引渡的犯罪行为，但应符合被请求国法律所规定的各项条件。

四、为了缔约国之间进行引渡的目的，每项犯罪行为应被视为不仅发生于犯罪行为地点，而且也发生于需要按照第八条第一款确立其管辖权的缔约国领土内。

第十一（一）条

为了引渡或相互司法协助的目的，第七条所述任何违法犯罪行为不得视为政治罪行、同政治罪行有关的罪行或由于政治动机引起的罪行。因此，就此种罪行提出的引渡或相互司法协助的请求，不可只以其涉及政治罪行、同政治罪行有关的罪行或由于政治动机引起的罪行为由而加以拒绝。

第十一（二）条

如果被请求的缔约国有实质理由认为，请求为第七条所述违法犯罪行为进行引渡或请求为此种违法犯罪行为提供相互司法协助的目的，是为了基于某人的种族、宗教、国籍、族裔或政治观点而对该人进行起诉或惩罚，或认为接受这一请求将使该人的情况因任何上述理由受到损害，则本公约的任何条款均不应被解释为规定该国有引渡或提供相互司法协助的义务。

第十二条

任何人因第七条所称任何犯罪行为而被起诉时，应保证他在诉讼的所有阶段受到公平待遇。

第十三条

一、各缔约国对就第七条所称犯罪行为而提出的刑事诉讼应彼此提供最大程度的协助，包括提供其所掌握的并为诉讼所必需的证据。被请求国的法律应适用于一切场合。

二、第一款的规定不应影响全部或部分地处理或今后处理刑事互助事宜的任何其他双边或多边条约下的义务。

第十三（一）条

本公约的任何条款均不影响旨在加强核材料和核设施实物保护为和平目的进行的核技术转让。

第十四条

一、每一缔约国应将其执行本公约的法律和规章通知保存人，保存人应定期将此种情报传送所有缔约国。

二、对被控罪犯提起公诉的缔约国，应尽可能首先将诉讼的最后结果通知直接有关的各国。该缔约国还应将最后结果通知保存人，由他通知所有国家。

三、如果违法犯罪行为涉及在国内使用、贮存或运输中的核材料，而且被指控的违法犯罪嫌疑人和所涉核材料均仍在违法犯罪行为实施地的缔约国境内，或违法犯罪行为涉及核设施而且被指控的违法犯罪嫌疑人仍在违法犯罪行为实施地的缔约国境内，则本公约的任何条款均不应被解释为要求该缔约国提供有关因此种违法犯罪行为而提起刑事诉讼的信息。

第十五条

各附件构成本公约的组成部分。

第十六条

一、在 2005 年 7 月 8 日通过的修订案生效 5 年后，保存人应召开缔约国会议审查本公约的执行情况，并根据当时的普遍情况审查公约的序言、整个执行部分和附件是否仍然适当。

二、此后每隔至少 5 年，如果过半数缔约国向保存人提出召开另一次同样目的的会议的提案，应召开此种会议。

第十七条

一、两个或两个以上缔约国之间发生有关本公约的解释或应用的争端时，这些缔约国应进行协调以期用谈判方法或争端各方都可接受的任何其他和平解决争端方法来解决争端。

二、任何这种性质的争端，如无法以第一款所规定方式解决，经争端任何一方的请求，应提交仲裁或提交国际法院裁决。争端提交仲裁时，如果在提出请求仲裁之日起 6 个月内，争端各方不能就仲裁的组成达成协议，则任何一方可以请求国际法院院长或联合国秘书长任命一名或一名以上仲裁员。如果争端各方提出的请求相互冲突，向联合国秘书长提出的请求应为优先。

三、每一缔约国在签署、批准、接受或赞同本公约或加入本公约时，可宣布该国不认为受第二款所规定的一项或两项解决争端程序的约束。就第二款所规定的解决争端程序作出保留的缔约国而言，其他缔约国不应受此种程序的约束。

四、任何按照第三款作出保留的缔约国可随时通知保存人撤回该项保留。

第十八条

一、本公约应于 1980 年 3 月 3 日起在维也纳国际原子能机构总部和纽约联合国总部开放供所有国家签字，直至公约生效之日为止。

二、本公约需经签字国批准、接受或赞同。

三、本公约生效后，将开放供所有国家加入。

四、（一）本公约应开放供综合性的或其他性质的国际组织和区域组织签字或加入，但只限于由主权国家组成并在本公约所包括事项上有权谈判、缔结和采用国际协定的这类组织。

（二）此种组织对其权限范围内的事项，应自行行使本公约赋予缔约国的权利和履行本公约对缔约国规定的责任。

（三）此种组织在成为本公约缔约国时，应将一份载明该组织成员国家以及本公约对该组织不适用的条款的声明，送交给保存人。

（四）此种组织除了其成员国的表决权之外，不应拥有任何表决权。

五、批准书、接受书、核准书或加入书应交存于保存人。

第十九条

一、本公约应自第 21 份批准书、接受书或核准书交存保存人之日后的第 30 日起生效。

二、对于在第21份批准书、接受书或核准书交存之日后批准、接受、核准或加入公约的国家，本公约应自该国交存其批准书、接受书、核准书或加入书后的第30日起生效。

第二十条

一、在不妨碍第十六条的情况下，任何缔约国可以对本公约提出修正案。提议的修正案应提交给保存人，由他立即分发给所有缔约国。如果大多数缔约国请求保存人召开会议以审议提议的修正案，保存人应邀请所有缔约国出席这种会议，该会议不得在发出邀请30日内举行。在会议中以全体缔约国的三分之二多数通过的任何修正案，应由保存人迅速发给所有缔约国。

二、对于交存批准修正案书、接受修正案书或核准修正案书的每一缔约国，修正案应自三分之二缔约国将其批准书、接受书或核准书交存保存人之日后的第30日起生效。其后修正案对于任何其他缔约国，应自该缔约国交存其批准修正案书、接受修正案书或核准修正案书之日起生效。

第二十一条

一、任何缔约国得用书面通知保存人才可退出本公约。

二、退出应于保存人收到通知之日后180日生效。

第二十二条

保存人应将下列事项迅速通知所有国家：

（一）本公约每一次的签署；

（二）每份批准书、接受书、核准书或加入书的交存；

（三）按照第十七条作出的任何保留或撤回；

（四）一个组织按照第十八条第四款（三）项作出的任何通知；

（五）本公约的生效日期；

（六）本公约任何修正案的生效日期；

（七）根据第二十一条作出的任何退出。

第二十三条

本公约的阿拉伯文、中文、英文、法文、俄文和西班牙文六种文本具有同等效力，原本应交国际原子能机构总干事保存，由其将本公约经证明无误的副本分送所有国家。

下列签署人，经本国政府正式授权，于1980年3月3日在维也纳和纽约开放供签字的本公约上签字，以资证明。

附件 I

附件Ⅱ所列各类核材料国际运输所适用的实物保护级别

1．核材料在国际核运输期间偶然需要储存时的实物保护级别：

（a）第III材料，储存于进出受控制的地区。

（b）第Ⅱ类材料，储存地区昼夜有警卫和电子设备监视，周围设立有实物屏障，屏障的出入口数目有一定限制，并受适当监督；或储存于任何具有相同实物保护级别的地区；

（c）第 1 类材料，除了储存于上述第Ⅱ类材料所规定的设有保护的地区外，还应当只准已被确定可信的人出入，负责看守的警卫与适当的后援部队保持密切联系。同时应采取具体措施，侦察和防止任何袭击、擅自出入或擅自取走材料的行为。

2．核材料在国际运输期间的实物保护级别：

（a）第Ⅱ、III类材料：运输时要特别小心，发送方、收受方和承运方之间要作出事前安排，而且凡是受输出国和输入国法律规章管辖的自然人或法人也要事前达成协议，具体规定转移运输责任的时间、地点和程序。

（b）第 1 类材料：运输时除了要像运输第Ⅱ、III类材料那样特别小心外，护送人员要昼夜看守，并保证同适当的后援部队保持密切联系。

（c）非矿石或矿渣形式的天然铀：运输 500 千克以上铀的保护措施应包括：预先发出装运通知，其中说明运输方式、预期抵达时间、收货证明书。

附件Ⅱ

核材料分类表

材料	形态	类别		
		I	II	III[c]
1．钚[a]	未经照射的[b]	2 千克或 2 千克以上	2 千克以下，500 克以上	500 克或 500 克以下，15 克以上
2．铀-235	未经照射的[b]铀-235 含量达到或超过 20%的浓缩铀	5 千克或 5 千克以上	5 千克以下，1 千克以上	1 千克或 1 千克以下，15 克以上
	未经照射的[b]铀-235 含量达到或超过 10%但低于 20%的浓缩铀		10 千克或 10 千克以上	10 千克以下，1 千克以上
	未经照射的[b]铀-235 含量超过天然铀但低于 10%的浓缩铀			10 千克或 10 千克以上

材料	形态	类别		
		I	II	III[c]
3．铀-233	未经照射的[b]	2 千克或 2 千克以上	2 千克以下，500 克以上	500 克或 500 克以下，15 克以上
4．经照射的燃料			贫化铀或天然铀，钍或低加浓铀（可裂变物质含量小于 10%）[d/e]	

a. 各种钚，但同位素钚-238 浓度大于 80%者除外。

b. 未在反应堆中辐照过的材料，或虽在反应堆中辐照过，但在无屏蔽 1 米距离处的辐射水平等于或小于 1 戈瑞/小时（100 拉德/小时）的材料。

c. 数量低于第III类材料以及天然铀，应按照慎重的管理办法进行保护。

d. 虽然建议了这一保护级别，但各国可根据其对具体情况的评价，规定另外的实物保护材料类别。

e. 在辐照前根据其原始易裂变材料含量被列为一类和二类的其他燃料，虽在无屏蔽 1 米距离处的辐射水平超过 1 戈瑞/小时（100 拉德/小时），但仍可降低一级。

核安全公约

《核安全公约》已于 1994 年 6 月 17 日由国际原子能机构在其总部举行的外交会议通过。该公约自机构大会第三十八届常会期间的 1994 年 9 月 20 日起开放供签署，中国代表团于当日签署了该公约并将在保存人（机构总干事）收到第 22 份批准书、接受书或核准书之日起第 90 天生效，中国常驻国际原子能机构代表团于 1996 年 4 月 9 日正式向国际原子能机构总干事布利克斯递交了由江泽民主席签署的批准书，从而使中国成为第 18 个递交批准书的国家。

序 言

缔约各方

（Ⅰ）认识到确保核能利用安全、受良好监督管理和与环境相容对国际社会的重要性；

（Ⅱ）重申继续促进世界范围内的核安全高水平的必要性；

（Ⅲ）重申核安全的责任由对核设施有管辖权的国家承担；

（Ⅳ）希望促进有效的核安全文化；

（Ⅴ）认识到核设施事故有超越国界影响的可能性；

（Ⅵ）铭记《核材料实物保护公约》（1979 年）、《及早通报核事故公约》（1986 年）和《核事故或辐射紧急情况援助公约》（1986 年）；

（Ⅶ）确认通过现有的双边和多边机制和制定这一鼓励性公约开展国际合作以提高核安全的重要性；

（Ⅷ）承认本公约仅要求承诺适用核设施的安全基本原则，而非详细的安全标准；并承认存在着国际编制的各种安全指导文件，这些指导文件不时更新因而能提供实现高水平安全的最新方法方面的指导；

（Ⅸ）确认一旦正在进行的制定放射性废物管理安全基本原则的工作达成国际广泛一致，便立即开始制定有关放射性废物安全管理的国际公约的必要性；

（Ⅹ）承认进一步开展与核燃料循环其他部分的安全有关的技术工作十分有益，并承认这一工作迟早会有利于当前或未来的国际文件的制定。

兹协议如下：

第一章 目的、定义和适用范围

第一条 目的

本公约的目的是：

（Ⅰ）通过加强本国措施与国际合作，包括适当情况下与安全有关的技术合作，在世界范围内实现和维持高水平的核安全；

（Ⅱ）在核设施内建立和维持防止潜在辐射危害的有效防御措施，以保护个人、社会和环境免受来自此类设施的电离辐射的有害影响；

（Ⅲ）防止带有放射后果的事故发生和一旦发生事故时减轻此种后果。

第二条 定义

就本公约而言：

（Ⅰ）"核设施"：对每一缔约方而言，系指在其管辖下的任何陆基民用核动力厂，包括设在同一场址并与该核动力厂的运行直接有关的设施，如贮存、装卸和处理放射性材料的设施。当按照批准的程序永久地从堆芯卸出所有核燃料元件和安全贮存以及其退役计划经监管机构同意后，该厂即不再为核设施。

（Ⅱ）"监管机构"：对每一缔约方而言，系指由该缔约方授予法定权力，颁发许可证，并对核设施的选址、设计、建造、调试、运行或退役进行监管的任何一个或几个机构。

（Ⅲ）"许可证"系指由监管机构颁发给申请者使其对核设施的选址、设计、建造、调试、运行或退役承担责任的任何批准文件。

第三条 适用范围

本公约应适用于核设施的安全。

第二章 义 务

（a）一般规定

第四条 履约措施

每一缔约方应在其本国法律的框架内采取为履行本公约规定义务所必需的立法、监管和行政措施及其他步骤。

第五条 提交报告

每一缔约方应在召开第 20 条所述的每次会议之前，就它为履行本公约的每项义务已采取的措施提出报告，以供审议。

第六条 已有的核设施

每一缔约方应采取适当步骤，以确保本公约对该缔约方生效时已有的核设施的安全状况能尽快得到审查。就本公约而言，必要时该缔约方应确保作为紧急事项采取一切合理可行的改进措施，以提高核设施的安全性。如果此种提高无法实现，则应尽可能快地执行使这一核设施停止运行的计划。确定停止运行的日期时得考虑整个能源状况和可能的替代方案以及社会、环境和经济影响。

（b）立法和监督管理

第七条 立法和监管框架

1．每一缔约方应建立并维持一个管理核设施安全的立法和监管框架。

2．该立法和监管框架应包括：

（Ⅰ）可适用的本国安全要求和安全法规的制定；

（Ⅱ）对核设施实行许可证制度和禁止无许可证的核设施运行的制度；

（Ⅲ）对核设施进行监管性检查和评价以查明是否遵守可适用的法规和许可证条款的制度；

（Ⅳ）对可适用的法规和许可证条款的强制执行，包括中止、修改和吊销许可证。

第八条 监管机构

1．每一缔约方应建立或指定一个监管机构，委托其实施第七条中所述的立法和监督管理框架，并给予履行其规定责任所需的适当的权力、职能和财政与人力资源。

2．每一缔约方应采取适当步骤确保将监管机构的职能与参与促进或利用核能的任何其他机构或组织的职能有效地分开。

第九条 许可证持有者的责任

每一缔约方应确保核设施安全的首要责任由有关许可证的持有者承担，并应采取适当步骤确保此种许可证的每一持有者履行其责任。

（c）一般安全考虑

第十条 安全优先

每一缔约方应采取适当步骤确保从事与核设施直接有关活动的一切组织为核安全制定应有的优先政策。

第十一条 财政与人力资源

1．每一缔约方应采取适当步骤，以确保有充足的财政资源可用于支持每座核设施在其整个寿期内的安全。

2．每一缔约方应采取适当步骤，以确保备有数量足够、受过相应教育、培训和再培训的合格人员，在每个核设施整个寿期内在该设施中或为该设施从事一切有关安全的活动。

第十二条 人的因素

每一缔约方应采取适当步骤，以确保在核设施的整个寿期内都要考虑到人的工作能力和局限性。

第十三条 质量保证

每一缔约方应采取适当步骤，以确保制订和执行质量保证计划，以便使人相信一切核安全重要活动的具体要求在核设施的整个寿期内都得到满足。

第十四条　安全的评价和核实

每一缔约方应采取适当步骤以确保：

（Ⅰ）在核设施建造和调试之前及在其整个寿期内进行全面而系统的安全评价。此类评价应形成文件并妥善归档，随后根据运行经验和新的重要安全资料不断更新，并在监管机构的主管下进行审查；

（Ⅱ）利用分析、监视、试验和检查进行核实，以确保核设施的实际状况和运行始终符合其设计、可适用的本国安全要求以及运行限值和条件。

第十五条　辐射防护

每一缔约方应采取适当步骤，以确保由核设施引起的对工作人员和公众的辐射照射量在各种运行状态下保持在合理可行尽量低的水平，并确保任何个人受到的辐照剂量不超过本国规定的剂量限值。

第十六条　应急准备

1．每一缔约方应采取适当步骤，以确保核设施备有厂内和厂外应急计划，并定期进行演习，并且此类计划应涵盖一旦发生紧急情况将要进行的活动。

对于任何新的核设施，此类计划应在该核设施以监管机构同意的高于某个低功率水平开始运行前编制好并做过演习。

2．每一缔约方应采取适当步骤，以确保可能受到辐射紧急情况影响的本国居民以及邻近该设施的国家的主管部门得到制订应急计划和作出应急响应所需的适当信息。

3．在本国领土上没有核设施但很可能受到邻近核设施一旦发生的辐射紧急情况影响的缔约方，应采取适当步骤以编制和演习其领土上的、涵盖一旦发生此类紧急情况将要进行的活动的应急计划。

（d）设施的安全

第十七条　选址

每一缔约方应采取适当步骤，以确保制定和执行相应的程序，以便：

（Ⅰ）评价在该核设施的预定寿期内可能影响其安全的与厂址有关的一切有关因素；

（Ⅱ）评价拟议中的核设施对个人、社会和环境的安全可能造成的影响；

（Ⅲ）必要时重新评价（Ⅰ）和（Ⅱ）分款中提及的一切有关因素，以确保该核设施在安全方面仍然是可以接受的。

（Ⅳ）在邻近拟议中的核设施的缔约方可能受到此设施影响的情况下与其磋商，并应其要求向这些缔约方提供必要的信息，以便它们能就该核设施很可能对其自己领土产生的安全影响进行评价和作出自己的估计。

第十八条　设计和建造

每一缔约方应采取适当步骤以确保：

（Ⅰ）核设施的设计和建造能提供防止放射性物质释放的若干可靠的保护层次和保护方法（纵深防御），以防止事故发生和一旦事故发生时能减轻其放射后果；

（Ⅱ）设计和建造核设施时采用的工艺技术是经过实践证明可靠的，或经过试验或分析证明合格的；

（Ⅲ）核设施的设计考虑到运行可靠、稳定和容易管理，并特别注意人的因素和人机接口。

第十九条 运行

每一缔约方应采取适当步骤以确保：

（Ⅰ）初始批准核设施的运行是基于能证明所建造的该设施符合设计要求和安全要求的相应的安全分析和调试计划；

（Ⅱ）对于由安全分析、试验和运行经验导出的运行限值和条件有明确的规定并在必要时加以修订，以便确定运行的安全界限；

（Ⅲ）核设施的运行、维护、检查和试验按照经批准的程序进行；

（Ⅳ）制定对预计的运行事件和事故的响应程序；

（Ⅴ）在核设施的整个寿期内，在安全有关的一切领域备有必要的工程和技术支援；

（Ⅵ）有关许可证的持有者及时向监管机构报告安全重要事件；

（Ⅶ）制订收集和分析运行经验的计划，以便根据获得的结果和得出的结论采取行动，并利用现有的机制与国际机构、其他运营单位和监管机构分享重要的经验；

（Ⅷ）就有关的过程而言，由核设施运行所导致的放射性废物的生成应在活度和数量两方面都保持在实际可行的最低水平；与运行直接有关并在核设施所在的同一厂址进行的乏燃料和废物的任何必要的处理和贮存，要顾及形态调整和处置。

第三章 缔约方会议

第二十条 审议会议

1．缔约方应举行会议（以下简称审议会议）以便按照根据第二十二条通过的程序审议依据第五条提交的报告。

2．在第二十四条的规定之下，为审议报告所载的特定课题，在认为有必要时得设立由缔约方代表组成的分组，并在审议会议期间发挥作用。

3．每一缔约方应有合理的机会讨论其他缔约方提交的报告和要求解释这些报告。

第二十一条 时间表

1．应于不迟于本公约生效之日后六个月内举行缔约方筹备会议。

2．在筹备会议上，缔约方应确定第一次审议会议的日期。这一审议会议应尽快举行，最晚不得迟于本公约生效之日后三十个月。

3．缔约方在每次审议会议上应确定下次审议会议的日期。两次审议会议的间隔不得超过三年。

第二十二条 程序安排

1．在依照第二十一条召开的筹备会议上，缔约方应起草并经协商一致通过《议事规则》和《财务规则》。缔约方应尤其依照《议事规则》规定：

（Ⅰ）依据第五条将提交的报告的格式和结构的细则；

（Ⅱ）提交此种报告的日期；

（Ⅲ）审议此种报告的程序。

2．必要时，缔约方得在审议会议上审议根据上述（Ⅰ）～（Ⅲ）分款所做的安排，并且除非《议事规则》中另有规定得经协商一致通过修订。缔约方也得经协商一致修正《议事规则》和《财务规则》。

第二十三条　特别会议

在下列条件下，应召开缔约方特别会议：

（Ⅰ）经出席会议和参加表决的缔约方过半数同意（弃权被视为参加表决）；或

（Ⅱ）一缔约方提出书面请求，且第二十八条中所述秘书处将这一请求分送各缔约方并收到过半数缔约方赞成这一请求的通知后六个月之内。

第二十四条　出席会议

1．每一缔约方应出席缔约方会议，并由一名代表及由该缔约方认为必要时随带的副代表、专家和顾问出席此类会议。

2．缔约方经协商一致得邀请在本公约所规定的事务方面有能力的政府间组织以观察员身份出席任何会议或任何会议的特定会议。应要求观察员以书面方式事先接受第二十七条的规定。

第二十五条　简要报告

缔约方应经协商一致通过并向公众提供一个文件，介绍会议期间讨论过的问题和所得出的结论。

第二十六条　语文

1．缔约方会议的语文为阿拉伯文、中文、英文、法文、俄文和西班牙文，《议事规则》另有规定者除外。

2．缔约方依照第五条提交的报告，应以提交报告的缔约方的本国语文或以将在《议事规则》中商定的一种指定语文书写。如果提交的报告系以指定语文之外的本国语文书写，则该缔约方应提供该报告的指定语文的译本。

3．虽有第 2 款的规定，如果提供报酬，秘书处将负责把以会议的任何其他语文提交的报告译成指定语文的译本。

第二十七条　保密

1．本公约的规定不得影响缔约方按照其本国法律防止情报泄密的权利和义务。就本条而言，“情报”尤其包括：（Ⅰ）人事资料；（Ⅱ）受知识产权保护的或受工商保密规定保护的资料；（Ⅲ）有关国家安全或有关核材料或核设施实物保护的资料。

2．就本公约而言，当缔约方提供了它所确定的应受到第 1 款所述那种保护的情报时，此种情报应仅用于指定目的，其机密性应受到尊重。

3．每次会议上审议缔约方提交的报告期间辩论的内容应予保密。

第二十八条 秘书处

1．国际原子能机构（以下简称机构）应为缔约方会议提供秘书处。

2．秘书处应：

（Ⅰ）召集和筹备缔约方会议，并为会议提供服务；

（Ⅱ）向各缔约方发送按照本公约的规定收到或准备的情报。

机构在履行（Ⅰ）和（Ⅱ）分款提及的职能时需要的费用应由机构承担，并作为其经常预算的一部分。

3．缔约方经协商一致得请求机构提供帮助缔约方会议的其他服务。如果能够在机构计划和经常预算内承担，机构可提供此类服务。如果此事为不可能，但有其他自愿提供的资金来源，机构也可提供此类服务。

第四章 最后条款和其他规定

第二十九条 分歧的解决

在两个或多个缔约方之间对本公约的解释或适用发生分歧时，缔约方应在缔约方会议的范围内磋商解决此种分歧。

第三十条 签署、批准、接受、核准和加入

1．本公约从 1994 年 9 月 20 日起在维也纳机构总部开放供所有国家签署，直至其生效之日为止。

2．本公约需经签署国批准、接受或核准。

3．本公约生效后应开放供所有国家加入。

4.（Ⅰ）本公约应开放供一体化或其他性质的区域性组织签署或加入，条件是任何此类组织系由主权国家组成并具有就本公约所涉事项谈判、缔结和适用国际协定的能力。

（Ⅱ）对其能力范围内的事项，此类组织应能代表其本身行使和履行本公约赋予各缔约国的权利和义务。

（Ⅲ）一个组织成为本公约缔约方时，该组织应向第三十四条中所述的保存人提交一份声明，说明哪些国家是其成员国，本公约哪些条款对其适用及其在这些条款所涉事项上所具有的能力。

（Ⅳ）这一组织除其成员国以外，不得享有任何表决权。

5．批准书、接受书、核准书或加入书应交存保存人。

第三十一条 生效

1．本公约应在保存人收到第 22 份批准书、接受书或核准书之日起第 90 天生效，其中应包括 17 个至少有一座其一个堆芯已达到临界的核设施的国家的此类文书。

2．对于在满足第 1 款中规定的条件所要求的最后一份文书交存之日以后批准、接受、核准或加入本公约的每一国家或每一区域性一体化或其他性质的组织，本公约在该国家或

组织向保存人交存相应文书之日后第 90 天生效。

第三十二条 公约的修正

1．任一缔约方得对本公约提出修正案。提出的修正案应在审议会议或特别会议上审议。

2．提出的任何修正条文及修正理由应提交保存人，保存人应在该提案被提交其审议的会议召开至少 90 天前将该提案尽快分送各缔约方。保存人应将收到的有关该提案的任何意见通报各缔约方。

3．缔约方应在审议所提出的修正案后决定是否以协商一致方式通过此修正案，或在不能协商一致时是否将其提交外交会议。将所提出的修正案提交外交会议的决定应需出席会议并参加表决的缔约方三分之二多数票作出，条件是表决时至少一半缔约方在场。弃权应被视为参加表决。

4．审议和通过对本公约的修正的外交会议应由保存人召集并在不迟于按照本条第 3 款作出适当决定后一年内召开。外交会议应尽一切努力确保协商一致通过修正。如果此事为不可能，应以所有缔约方的三分之二多数通过修正。

5．根据上述第 3 款和第 4 款通过的对本公约的修正，应经由缔约方批准、接受、核准或确认，并应在保存人收到至少四分之三缔约方的批准、接受、核准或确认文书后第 90 天，对已批准、接受、核准或确认这些修正的缔约方生效。对于在其后批准、接受、核准或确认所述修正的缔约方，此种修正将在该缔约方交存其有关文书之后第 90 天生效。

第三十三条 退约

1．任何缔约方得以书面通知保存人退出本公约。

2．退约于保存人收到此通知书之日后一年或通知书中可能标明的更晚的日期生效。

第三十四条 保存人

1．机构总干事应为本公约保存人。

2．保存人应向缔约方通报：

（Ⅰ）根据第三十条签署本公约和交存批准书、接受书、核准书或加入书的情况；

（Ⅱ）本公约按照第三十一条生效的日期；

（Ⅲ）根据第三十三条提出的退出本公约的通知和通知的日期；

（Ⅳ）根据第三十二条缔约方提出的对本公约的建议的修正案，有关外交会议或缔约方会议通过的修正以及所述修正的生效日期。

第三十五条 作准文本

本公约的原本交保存人保存，其阿拉伯文、中文、英文、法文、俄文和西班牙文文本具有同等效力；保存人应将经认证的副本分送各缔约方。

乏燃料管理安全和放射性废物管理安全联合公约

序　言

缔约各方

（i）认识到核反应堆的运行产生乏燃料和放射性废物以及核技术的其他应用也产生放射性废物；

（ii）认识到相同的安全目标既适用于乏燃料管理也适用于放射性废物管理；

（iii）重申确保为乏燃料和放射性废物管理安全而规定并实行良好的做法对国际社会的重要性；

（iv）认识到使公众了解与乏燃料和放射性废物管理安全有关问题的重要性；

（v）希望在世界范围内促进有效的核安全文化；

（vi）重申确保乏燃料和放射性废物管理安全的最终责任由当事国承担；

（vii）认识到制定燃料循环政策是当事国的责任，一些国家把乏燃料视为可后处理的有价值的资源，另一些国家决定对乏燃料进行处置；

（viii）认识到因属于军事或国防计划范围而被排除在现公约以外的乏燃料和放射性废物应当依照本公约中所述目标进行管理；

（ix）确认通过双边和多边机制以及本鼓励性公约在加强乏燃料和放射性废物管理安全方面进行国际合作的重要性；

（x）念及发展中国家尤其是最不发达国家和经济正在转型国家的需要以及改善现有机制以帮助这些国家行使和履行本鼓励性公约中规定的权利和义务的需要；

（xi）深信就与放射性废物管理安全相适应而言，此类物质应当在其产生的国家中处置，同时认识到，在某些情况下，通过缔约各方之间为其他各方利益而利用其中一方的设施的协议可促进乏燃料和放射性废物的安全与高效率的管理，在废物来源于联合项目时尤其如此；

（xii）认识到任何国家都有权禁止外国乏燃料和放射性废物进入其领土；

（xiii）铭记《核安全公约》（1994 年）、《及早通报核事故公约》（1986 年）、《核事故或辐射紧急情况援助公约》（1986 年）、《核材料实物保护公约》（1980 年）、经修正的《防止倾倒废物及其他物质污染海洋公约》（1994 年）和其他相关国际文书；

（xiv）铭记机构间的《国际电离辐射防护和辐射源安全基本安全标准》（1996 年）、题为《放射性废物管理原则》（1995 年）的国际原子能机构安全基本法则以及与放射性物质运输安全有关的现有国际标准中所载的原则；

（xv）忆及 1992 年在里约热内卢举行的联合国环境和发展大会上通过的《21 世纪议程》的第 22 章，该章重申了放射性废物的安全和与环境相容的管理的至关重要性；

（xvi）认识到有必要加强专门适用于《控制危险废物越境转移及其处置巴塞尔公约》（1989 年）第 1（3）条提到的放射性物质的国际控制系统。

兹协议如下：

第 1 章　目标、定义和适用范围

第 1 条　目标

本公约的目标是：

（i）通过加强本国措施和国际合作，包括情况合适时与安全有关的技术合作，以在世界范围内达到和维持乏燃料和放射性废物管理方面的高安全水平；

（ii）在满足当代人的需要和愿望而又无损于后代满足其需要和愿望的能力的前提下，确保在乏燃料和放射性废物管理的一切阶段都有防止潜在危害的有效防御措施，以便在目前和将来保护个人、社会和环境免受电离辐射的有害影响；

（iii）防止在乏燃料或放射性废物管理的任何阶段有放射后果的事故发生，和一旦发生事故时减轻事故后果。

第 2 条　定义

就本公约而言：

（a）“关闭”系指乏燃料或放射性废物在一处置设施中就位后的某个时候所有作业均告完成，这包括使该设施达到长期安全的状态所需的最后工程或其他工作；

（b）“退役”系指使处置设施以外的核设施免于监管性控制已采取的所有步骤，这些步骤包括去污和拆除过程；

（c）“排放”系指作为一种合法的做法，在监管机构批准的限值内，源于正常运行的受监管核设施的液态或气态放射性物质有计划和受控地释入环境；

（d）“处置”系指将乏燃料或放射性废物置于合适的设施内并且不打算回取；

（e）“许可证”系指监管机构颁发的关于进行任何乏燃料或放射性废物管理活动的任何授权书、许可书或证明书；

（f）“核设施”系指以需要考虑安全的规模生产、加工、使用、装卸、贮存或处置放射性物质的民用设施及其有关土地、建筑物和设备；

（g）“运行寿期”系指乏燃料或放射性废物管理设施用于预定目的的期限，就一座处置设施而言，这一期限从乏燃料或放射性废物首次放入该设施开始，至该设施关闭时终止；

（h）“放射性废物”系指缔约方或者其决定得到缔约方认可的自然人或法人预期不做任何进一步利用的而且监管机构根据缔约方的立法和监管框架将它作为放射性废物进行控制的气态、液态或固态放射性物质；

（i）“放射性废物管理”系指与放射性废物的装卸、预处理、处理、整备、贮存或处置有关的一切活动，包括退役活动，但不包括场外运输，放射性废物管理也可涉及排放；

（j）“放射性废物管理设施”系指主要用于放射性废物管理的任何设施或装置，包括正在退役的核设施，条件是缔约方将其指定为放射性废物管理设施；

（k）“监管机构”系指缔约方授予监管乏燃料或放射性废物管理安全的任何方面的法定权力，包括拥有颁发许可证权力的一个机构或几个机构；

（l）“后处理”系指旨在从乏燃料中提取可进一步使用的放射性同位素的过程或作业；

（m）“密封源”系指永久密封在小盒内或受到严密约束并呈固态的放射性物质，不包括反应堆燃料元件；

（n）“乏燃料”系指在反应堆堆芯内受过辐照并从堆芯永久卸出的核燃料；

（o）“乏燃料管理”系指与乏燃料的装卸或贮存有关的一切活动，不包括场外运输，乏燃料管理也可涉及排放；

（p）“乏燃料管理设施”系指主要用于乏燃料管理的任何设施或装置；

（q）“抵达国”系指计划的或正在进行的超越国界运输将抵达的国家；

（r）“启运国”系指计划开始的或已开始的超越国界运输从其出发的国家；

（s）“过境国”系指计划的或正在进行的超越国界运输通过其领土的除启运国或抵达国以外的任何国家；

（t）“贮存”系指为回取将乏燃料或放射性废物存放于起保护作用的设施；

（u）“超越国界运输”系指乏燃料或放射性废物从启运国至抵达国的任何装运。

第 3 条　适用范围

1．本公约适用于民用核反应堆运行产生的乏燃料的管理安全，作为后处理活动的一部分在后处理设施中保存的乏燃料不包括在本公约的范围之内，除非缔约方宣布后处理是乏燃料管理的一部分。

2．本公约也适用于民事应用产生的放射性废物的管理安全。但本公约不适用于仅含天然存在的放射性物质和非源于核燃料循环的废物，除非它构成废密封源或被缔约方宣布为适用本公约的放射性废物。

3．本公约不适用于军事或国防计划范围内的乏燃料或放射性废物的管理安全，除非它被缔约方宣布为适用本公约的乏燃料或放射性废物。但是，如果军事或国防计划产生的乏燃料和放射性废物已永久地转入纯民用计划并在此类计划范围内管理，则本公约适用于此类物质的管理安全。

4．本公约还适用于第 4、7、11、14、24 和 26 条中规定的排放。

第 2 章　乏燃料管理安全

第 4 条　一般安全要求

每一缔约方应采取适当步骤，以确保在乏燃料管理的所有阶段充分保护个人、社会和环境免受放射危害。

这样做时，每一缔约方应采取适当步骤，以便：

（i）确保乏燃料管理期间的临界问题和所产生余热的排除问题得到妥善解决；

（ii）确保与乏燃料管理有关的放射性废物的产生保持在与所采取的循环政策类型相一致的可实际达到的最低水平；

（iii）考虑乏燃料管理的不同步骤之间的相互依赖关系；

（iv）在充分尊重国际认可的准则和标准的本国的立法框架内，通过在国家一级应用监管机构核准的适当保护方法，对个人、社会和环境提供有效保护；

（v）考虑可能与乏燃料管理有关的生物学、化学和其他危害；

（vi）努力避免那些对后代产生的能合理预计到的影响大于对当代人允许的影响的行动；

（vii）避免使后代承受过度的负担。

第 5 条　已存在的核设施

每一缔约方应采取适当步骤，以审查在本公约对该缔约方生效时已存在的任何乏燃料管理设施的安全性，并确保必要时进行一切合理可行的改进以提高此类设施的安全性。

第 6 条　拟议中设施的选址

1．每一缔约方应采取适当步骤，以确保制定和执行针对拟议中乏燃料管理设施的程序，以便：

（i）评价在此类设施运行寿期内可能影响其安全的与场址有关的一切有关因素；

（ii）评价此类设施对个人、社会和环境的安全可能造成的影响；

（iii）向公众成员提供此类设施的安全方面的信息；

（iv）在邻近此类设施的缔约方可能受到此类设施影响的情况下与其磋商，并在其要求时向其提供与此类设施有关的总体情况数据，使其能够评价此类设施对其领土的安全可能造成的影响。

2．这样做时，每一缔约方应依照第 4 条的一般安全要求采取适当步骤，以确保此类设施不因其场址的选择而对其他缔约方产生不可接受的影响。

第 7 条　设施的设计和建造

每一缔约方应采取适当步骤，以确保：

（i）乏燃料管理设施的设计和建造能提供合适的措施，限制对个人、社会和环境的可能放射影响，包括排放或非受控释放造成的放射影响；

（ii）在设计阶段就考虑乏燃料管理设施退役的概念性计划并在必要时考虑有关的技术准备措施；

（iii）设计和建造乏燃料管理设施时采用的工艺技术得到经验、试验或分析的支持。

第 8 条　设施的安全评价

每一缔约方应采取适当步骤，以确保：

（i）在乏燃料管理设施建造前进行系统的安全评价及环境评价，此类评价应与该设施可能有的危害相称，并涵盖其运行寿期；

（ii）在乏燃料管理设施运行前，当认为有必要补充第（i）款提到的评价时，编写此类安全评价和环境评价的更新和详细版本。

第 9 条 设施的运行

每一缔约方应采取适当步骤，以确保：

（i）运行乏燃料管理设施的许可基于第 8 条中规定的相应的评价，并以完成证明已建成的设施符合设计要求和安全要求的调试计划为条件；

（ii）对由试验、运行经验和第 8 条中规定的评价导出的运行限值和条件作出规定，并在必要时加以修订；

（iii）按照已制定的程序进行乏燃料管理设施的运行、维护、监测、检查和试验；

（iv）在乏燃料管理设施的整个运行寿期内，可获得一切安全有关领域内的工程和技术支援；

（v）许可证持有者及时向监管机构报告安全重要事件；

（vi）制订收集和分析有关运行经验的计划并在情况合适时根据所得结果采取行动；

（vii）利用乏燃料管理设施运行寿期内获得的信息编制和必要时更新此类设施的退役计划，并送监管机构审查。

第 10 条 乏燃料的处置

如果缔约方根据本国的立法和监管框架指定了供处置的乏燃料，则此类乏燃料的处置应按照第 3 章中与放射性废物处置有关的义务进行。

第 3 章 放射性废物管理安全

第 11 条 一般安全要求

每一缔约方应采取适当步骤，以确保在放射性废物管理的所有阶段充分保护个人、社会和环境免受放射危害和其他危害。这样做时，每一缔约方应采取适当步骤，以便：

（i）确保放射性废物管理期间的临界问题和所产生余热的排除问题得到妥善解决；

（ii）确保放射性废物的产生保持在可实际达到的最低水平；

（iii）考虑放射性废物管理的不同步骤之间的相互依赖关系；

（iv）在充分尊重国际认可的准则和标准的本国的立法框架内，通过在国家一级实施监管机构核准的那些合适的保护方法，对个人、社会和环境提供有效保护；

（v）考虑可能与放射性废物管理有关的生物学、化学和其他危害；

（vi）努力避免那些对后代产生的能合理预计到的影响大于对当代人允许的影响的行动；

（vii）避免使后代承受过度的负担。

第 12 条 已存在的设施和以往的实践

每一缔约方应及时采取适当步骤，以审查：

（i）在本公约对该缔约方生效时已存在的任何放射性废物管理设施的安全性，并确保必要时进行一切合理可行的改进以提高此类设施的安全性；

（ii）以往实践的结果，以便确定是否由于辐射防护原因而需要任何干预，同时铭记由剂量减少带来的伤害减少应当足以证明这种干预带来的不良影响和费用（包括社会费用）是正当的。

第 13 条　拟议中设施的选址

1. 每一缔约方应采取适当步骤，以确保制定和执行针对拟议中放射性废物管理设施的程序，以便：

（i）评价在此类设施运行寿期内可能影响其安全以及在其关闭后可能影响处置设施安全的与场址有关的一切有关因素；

（ii）评价此类设施对个人、社会和环境的安全可能造成的影响，同时考虑在其关闭后处置设施场址条件可能的演变；

（iii）向公众成员提供此类设施的安全方面的信息；

（iv）在邻近此类设施的缔约方可能受到设施影响的情况下与其磋商，并在其要求时向其提供与设施有关的总体情况数据，使其能够评价此类设施对其领土的安全可能造成的影响。

2. 这样做时，每一缔约方应依照第 11 条的一般安全要求采取适当措施，以确保此类设施不因其场址的选择而对其他缔约方产生不可接受的影响。

第 14 条　设施的设计和建造

每一缔约方应采取适当步骤，以确保：

（i）放射性废物管理设施的设计和建造能提供合适的措施，限制对个人、社会和环境的可能放射影响，包括排放或非受控释放造成的放射影响；

（ii）在设计阶段就考虑除处置设施外的放射性废物管理设施退役的概念性计划并在必要时考虑有关的技术准备措施；

（iii）在设计阶段就编制出处置设施关闭的技术准备措施；

（iv）设计和建造放射性废物管理设施时采用的工艺技术得到经验、试验或分析的支持。

第 15 条　设施的安全评价

每一缔约方应采取适当步骤，以确保：

（i）在放射性废物管理设施建造前进行系统的安全评价及环境评价，此类评价应与该设施可能有的危害相称，并涵盖其运行寿期；

（ii）此外，在处置设施建造前，针对关闭后阶段进行系统的安全评价及环境评价，并对照监管机构制定的准则评价其结果；

（iii）在放射性废物管理设施运行前，当认为有必要补充第（i）款提到的评价时，编写此类安全评价和环境评价的更新和详细版本。

第 16 条 设施的运行

每一缔约方应采取适当步骤，以确保：

（i）运行放射性废物管理设施的许可基于第 15 条中规定的相应的评价，并以完成证明已建成的设施符合设计要求和安全要求的调试计划为条件；

（ii）对由试验、运行经验和第 15 条中规定的评价导出的运行限值和条件作出规定并在必要时加以修订；

（iii）按照已制定的程序进行放射性废物管理设施的运行、维护、监测、检查和试验，就处置设施而言，由此获得的结果应被用于核实和审查所作假定的确实性并用于更新第 15 条中规定的针对关闭后阶段的评价结果；

（iv）在放射性废物管理设施的整个运行寿期内，可获得一切安全有关领域内的工程和技术支援；

（v）用于放射性废物特性鉴定和分类的程序得到执行；

（vi）许可证持有者及时向监管机构报告安全重要事件；

（vii）制订收集和分析有关运行经验的计划并在情况合适时根据所得结果采取行动；

（viii）利用除处置设施外的放射性废物管理设施运行寿期内获得的信息编制和必要时更新此类管理设施的退役计划，并送监管机构审查；

（ix）利用处置设施运行寿期内获得的信息编制和必要时更新此类设施的关闭计划，并送监管机构审查。

第 17 条 关闭后的制度化措施

每一缔约方应采取适当步骤，以确保处置设施关闭后：

（i）监管机构所要求的关于此类设施的所在地、设计和存量的记录得到保存；

（ii）需要时采取主动的或被动的制度化的控制措施，例如监测或限制接近；和

（iii）在任何主动的制度化控制期间，如果探测到放射性物质无计划地释入环境，必要时要采取干预措施。

第 4 章 一般安全规定

第 18 条 履约措施

每一缔约方应在本国的法律框架内采取为履行本公约规定义务所必需的立法、监管和行政管理措施及其他步骤。

第 19 条 立法和监管框架

1．每一缔约方应建立并维持一套管辖乏燃料和放射性废物管理安全的立法和监管框架。

2．这套立法和监管框架应包括：

（i）制定可适用的本国安全要求和辐射安全条例；

（ii）乏燃料和放射性废物管理活动的许可证审批制度；

（iii）禁止无许可证运行乏燃料或放射性废物管理设施的制度；

（iv）合适的制度化的控制、监管检查及形成文件和提交报告的制度；

（v）强制执行可适用的条例和许可证条款；

（vi）明确划分参与乏燃料和放射性废物不同阶段管理的各机构的责任。

3．缔约方在考虑是否把放射性物质作为放射性废物监管时应充分考虑本公约的目标。

第 20 条　监管机构

1．每一缔约方应建立或指定一个监管机构，委托其执行第 19 条提到的立法和监管框架，并授予履行其规定责任所需的足够的权力、职能和财力与人力。

2．每一缔约方应依照其立法和监管框架采取适当步骤，以确保在几个组织同时参与乏燃料或放射性废物管理和控制的情况下监管职能有效独立于其他职能。

第 21 条　许可证持有者的责任

1．每一缔约方应确保乏燃料或放射性废物管理安全的首要责任由有关许可证的持有者承担，并应采取适当步骤确保此种许可证的每一持有者履行其责任。

2．如果无此种许可证持有者或其他责任方，此种责任由对乏燃料或对放射性废物有管辖权的缔约方承担。

第 22 条　人力与财力

每一缔约方应采取适当步骤，以确保：

（i）配备有在乏燃料和放射性废物管理设施运行寿期内从事安全相关活动所需的合格人员；

（ii）有足够的财力可用于支持乏燃料和放射性废物管理设施在运行寿期内和退役期间的安全；

（iii）作出财政规定，使得相应的制度化的控制措施和监督工作在处置设施关闭后认为必要的时期内能够继续进行。

第 23 条　质量保证

每一缔约方应采取必要步骤，以确保制定和执行相应的关于乏燃料和放射性废物管理安全的质量保证大纲。

第 24 条　运行辐射防护

1．每一缔约方应采取适当步骤，以确保在乏燃料或放射性废物管理设施的运行寿期内：

（i）由此类设施引起的对工作人员和公众的辐射照射在考虑到经济和社会因素的条件下保持在可合理达到的尽量低的水平；

（ii）任何个人在正常情况下受到的辐射剂量不超过充分考虑到国际认可的辐射防护标准后制定的本国剂量限制规定；和

（iii）采取措施防止放射性物质无计划和非受控地释入环境。

2．每一缔约方应采取适当步骤，以确保排放受到限制，以便：

（i）在考虑到经济和社会因素的条件下使辐射照射保持在可合理达到的尽量低的水平；和

（ii）使任何个人在正常情况下受到的辐射剂量不超过充分考虑到国际认可的辐射防护标准后制定的本国剂量限制规定。

3．每一缔约方应采取适当步骤，以确保在受监管核设施的运行寿期内，一旦发生放射性物质无计划或非受控地释入环境的情况，即采取合适的纠正措施控制此种释放和减轻其影响。

第 25 条 应急准备

1．每一缔约方应确保在乏燃料或放射性废物管理设施运行前和运行期间有适当的场内和必要时的场外应急计划。此类应急计划应当以适当的频度进行演习。

2．在缔约方的领土可能受到附近的乏燃料或放射性废物管理设施一旦发生的辐射紧急情况的影响的情况下，该缔约方应采取适当步骤，编制和演习适用于其领土内的应急计划。

第 26 条 退役

每一缔约方应采取适当步骤，以确保核设施退役的安全。此类步骤应确保：

（i）配备有合格的人员和足够的财力；

（ii）实施第 24 条中关于运行辐射防护、排放及无计划和非受控释放的规定；

（iii）实施第 25 条中关于应急准备的规定；和

（iv）关于退役重要资料的记录得到保存。

第 5 章 其他规定

第 27 条 超越国界运输

1．参与超越国界运输的每一缔约方应采取适当步骤，以确保以符合本公约和有约束力的相关国际文书规定的方式进行此类运输。

这样做时：

（i）作为启运国的缔约方应采取适当步骤，以确保超越国界运输系经批准并仅在事先通知抵达国和得到其同意的情况下进行；

（ii）途经过境国的超越国界运输应受与所用具体运输方式有关的国际义务的制约；

（iii）作为抵达国的缔约方，仅当其具有以符合本公约的方式管理乏燃料或放射性废物所需的监管体制及行政管理和技术能力时，才能同意超越国界运输；

（iv）作为启运国的缔约方，仅当其根据抵达国的同意能够确信第（iii）分款的要求在超越国界运输前得到满足时，才能批准超越国界运输；

（v）作为启运国的缔约方应采取适当步骤，以便在超越国界运输没有或不能遵照本条的规定完成且不能作出另外的安全安排时允许返回其领土。

2．缔约方不允许将其乏燃料或放射性废物运至南纬 60 度以南的任一目的地进行贮存或处置。

3．本公约中的任何规定不损害或影响：

（i）利用一切国家的船舶和航空器行使国际法中规定的海洋、河流和空中的航行权及自由权；

（ii）有放射性废物运来处理的缔约方将处理后的放射性废物和其他产物返回或规定将其返回启运国的权利；

（iii）缔约方将其乏燃料运至国外进行后处理的权利；

（iv）有乏燃料运来后处理的缔约方将后处理作业产生的放射性废物和其他产物返回或规定将其返回启运国的权利。

第28条 废密封源

1．每一缔约方应在本国的法律框架内采取适当步骤，以确保废密封源的拥有、再制造或处置以安全的方式进行。

2．缔约方应允许废密封源返回其领土，条件是该缔约方已在本国的法律框架内同意将废密封源返回有资格接收和拥有废密封源的制造者。

第6章 缔约方会议

第29条 筹备会议

1．应不迟于本公约生效之日后6个月举行缔约方筹备会议。

2．在筹备会议上，缔约方应：

（i）确定第30条提到的第一次审议会议的日期。这一审议会议应尽早举行，最晚不迟于本公约生效之日后30个月；

（ii）起草并经协商一致通过《议事规则》和《财务规则》；

（iii）按照《议事规则》具体地规定：

（a）根据第32条将提交的本国报告的格式和结构的细则；

（b）提交此类报告的日期；

（c）审议此类报告的程序。

3．任何已批准、接受、核准、加入或确认本公约但本公约尚未对其生效的国家或一体化或其他性质的区域性组织，可如同本公约缔约方一样出席筹备会议。

第30条 审议会议

1．缔约方应举行会议审议根据第32条提交的报告。

2．在每次审议会议上，缔约方：

（i）应确定下次审议会议的日期，两次审议会议的间隔不得超过3年；

（ii）可审议根据第29条第2款所做的安排，并且除非《议事规则》中另有规定可经协商一致通过修订。缔约方也可经协商一致修正《议事规则》和《财务规则》。

3．在每次审议会议上，每一缔约方应有适当的机会讨论其他缔约方提交的报告和要求解释这些报告。

第 31 条 特别会议

在下列情况下，应召开缔约方特别会议：

（i）经出席会议和参加表决的缔约方过半数同意；或

（ii）一缔约方提出书面请求，且第 37 条提到的秘书处将这一请求分送各缔约方并已收到过半数缔约方表示赞成这一请求的通知后 6 个月之内。

第 32 条 提交报告

1．按照第 30 条中的规定，每一缔约方应向每次缔约方审议会议提交一份国家报告。该报告应叙述履行本公约的每项义务所采取的措施。就每一缔约方而言，该报告还应叙述其：

（i）乏燃料管理政策；

（ii）乏燃料管理实践；

（iii）放射性废物管理政策；

（iv）放射性废物管理实践；

（v）放射性废物的定义和分类所用的准则。

2．这种报告还应包括：

（i）受本公约制约的乏燃料管理设施、设施所在地、主要用途和基本特点的清单；

（ii）受本公约制约且目前贮存的和已处置的乏燃料的存量清单，此种清单应载有这种物质的说明，如有条件，还应提供有关其质量和总放射性活度的资料；

（iii）受本公约制约的放射性废物管理设施、设施所在地、主要用途和基本特点的清单；

（iv）受本公约制约的下述放射性废物的存量清单：

（a）目前贮存在放射性废物管理与核燃料循环设施中的；

（b）已经处置的；或

（c）由以往的实践所产生的。

此种存量清单应载有这种物质的说明以及现有的其他相应资料，例如体积或质量、放射性活度和具体的放射性核素等；

（v）处于退役过程中的核设施的清单和这些设施中退役活动的现状。

第 33 条 出席会议

1．每一缔约方应出席缔约方会议，并由一名代表及由该缔约方认为有必要随带的副代表、专家和顾问出席此类会议。

2．缔约方经协商一致可邀请在本公约所管辖事务方面有能力的任何政府间组织以观察员身份出席任何会议或任何会议的特定会议。观察员应事先以书面方式表示接受第 36 条中的规定。

第 34 条 简要报告

缔约方应经协商一致通过并向公众提供一个文件，介绍缔约方会议期间所讨论的问题和得出的结论。

第 35 条　语文

1．缔约方会议的语文为阿拉伯文、中文、英文、法文、俄文和西班牙文，《议事规则》中另有规定者除外。

2．缔约方根据第 32 条提交的报告，应以提交报告的缔约方的本国语文或以将在《议事规则》中商定的一种指定语文书写。如果提交的报告系以指定语文之外的本国语文书写，则该缔约方应提供该报告的指定语文的译本。

3．虽有第 2 款中的规定，如果提供报酬，秘书处将负责把以会议的任何其他语文提交的报告译成指定语文的译本。

第 36 条　保密

1．本公约的规定不影响缔约方根据本国的法律防止资料泄露的权利和义务。就本条而言，“资料”包括与国家安全或与核材料实物保护有关的资料、受知识产权保护或受工业或商业保密规定保护的资料等，以及人事资料。

2．就本公约而言，当缔约方提供它确定为第 1 款提到的那种应受保护的资料时，此种资料只能用于为之提供的目的，其机密性应受到尊重。

3．关于与根据第 3 条第 3 款落入本公约范围的乏燃料或放射性废物有关的资料，本公约的规定不影响有关缔约方决定下列事项的专有酌处权：

（i）此类资料是保密的还是为防止泄露需另行控制的；

（ii）是否在本公约范围内提供上述第（i）分款提到的资料；和

（iii）如果在本公约范围内提供此类资料，要附加哪些保密条件。

4．在根据第 30 条举行的每次审议会议上审议各国报告时的辩论内容应予保密。

第 37 条　秘书处

1．国际原子能机构（以下简称机构）应为缔约方会议提供秘书处。

2．秘书处应：

（i）召集和筹备第 29、30 和 31 条提到的缔约方会议，并为会议提供服务；

（ii）向各缔约方转送按照本公约的规定收到或准备的资料。

机构在履行上述第（i）和（ii）分款提到的职能时发生的费用由机构承担，并作为其经常预算的一部分。

3．缔约方经协商一致可请机构提供支持缔约方会议的其他服务。如能在机构计划和经常预算内进行，机构可提供此类服务。如果此事为不可能，只要有其他来源提供的自愿资金，机构也可提供此类服务。

第 7 章　最后条款和其他规定

第 38 条　分歧的解决

当两个或多个缔约方之间对本公约的解释或适用发生分歧时，这些缔约方应在缔约方会议的范围内磋商解决此种分歧。如果磋商无效，可诉诸国际法中规定的和解、调停和仲裁机制，包括原子能机构现行规定和实践。

第 39 条　签署、批准、接受、核准和加入

1．本公约自 1997 年 9 月 29 日起在维也纳机构总部开放供所有国家签署，直至其生效之日为止。

2．本公约需经签署国批准、接受或核准。

3．本公约生效后开放供所有国家加入。

4．（i）本公约开放供一体化或其他性质的区域性组织签署（需经确认）或加入，条件是任何此类组织系由主权国家组成并具有就本公约所涉事项谈判、缔结和适用国际协定的权限。

（ii）对其权限范围内的事项，此类组织应能自行行使和履行本公约赋予缔约方的权利和义务。

（iii）此类组织成为本公约的缔约方时，应向第 43 条提到的保存人提交一份声明，说明哪些国家是其成员国，本公约的哪些条款对其适用及其在这些条款所涉方面具有的权限。

（iv）此类组织除其成员国享有表决权外不再另有任何表决权。

5．批准书、接受书、核准书、加入书或确认书应交存保存人。

第 40 条　生效

1．本公约在向保存人交存第 25 份批准书、接受书或核准书之日后第 90 天生效，其中应包括 15 个有一座运行的核动力厂的国家的此类文书。

2．对于满足第 1 款中规定的条件需要的最后一份文书交存之日后批准、接受、核准、加入或确认本公约的每一国家或每个一体化或其他性质的区域性组织，本公约在该国家或组织向保存人交存相应文书之日后第 90 天生效。

第 41 条　公约的修正

1．任一缔约方可对本公约提出修正案。提出的修正案应在审议会议或特别会议上审议。

2．提出的任何修正条文及修正理由应提交保存人，保存人应在该提案被提交审议的会议召开前至少 90 天将该提案分送各缔约方。保存人应将收到的有关该提案的任何意见通报各缔约方。

3．缔约方应在审议所提出的修正案后决定是以协商一致方式通过此修正案，还是在不能协商一致时将其提交外交会议。将所提出的修正案提交外交会议的决定需由出席会议并参加表决的缔约方三分之二多数票作出，条件是表决时至少一半缔约方在场。

4．审议和通过对本公约的修正案的外交会议由保存人召集并在不迟于按照本条第 3 款作出适当决定后一年召开。外交会议应尽一切努力确保以协商一致方式通过修正案。如果此事为不可能，应以所有缔约方的三分之二多数票通过修正案。

5．根据上述第 3 款和第 4 款通过的对本公约的修正案，须经缔约方批准、接受、核准或确认，并在保存人收到至少三分之二缔约方的有关文书后第 90 天，对已批准、接受、核准或确认这些修正案的缔约方生效。对于在其后批准、接受、核准或确认所述修正案的缔约方，此种修正案将在该缔约方交存有关文书后第 90 天生效。

第 42 条　退约

1．任何缔约方可书面通知保存人退出本公约。

2．退约于保存人收到此通知书之日后一年或通知书中可能指明的更晚的日期生效。

第 43 条　保存人

1．机构总干事为本公约保存人。

2．保存人应向缔约方通报：

（i）按照第 39 条签署本公约和交存批准书、接受书、核准书、加入书或确认书的情况；

（ii）本公约按照第 40 条生效的日期；

（iii）按照第 42 条提出的退出本公约的通知和通知的日期；

（iv）按照第 41 条缔约方提交的对本公约的建议的修正案、有关外交会议或缔约方会议通过的修正案以及所述修正案的生效日期。

第 44 条　作准文本

本公约的原本交保存人保存，其阿拉伯文、中文、英文、法文、俄文和西班牙文文本具有同等效力；保存人应将本公约经核证的副本分送各缔约方。

经正式授权的下列签字人已签署本公约，以昭信守。

1997 年 9 月 5 日于维也纳签署。

及早通报核事故公约

《及早通报核事故公约》（以下简称《公约》）于 1986 年 9 月 24 日经在维也纳召开的国际原子能机构特别大会通过，1986 年 9 月 26 日和 10 月 6 日分别在维也纳机构总部和纽约联合国总部开放签字，1986 年 10 月 27 日生效。截至 1993 年 2 月 24 日，《公约》共有 70 个成员国。

《公约》是在国际原子能机构主持下制定的，其主旨是进一步加强安全发展和利用核能方面的国际合作，通过在缔约国之间尽早提供有关核事故的情报，以使可能超越国界的辐射后果减少到最低限度。

我国于 1986 年 9 月 26 日签署《公约》，1987 年 9 月 10 日向国际原子能机构交存《公约》批准书，并同时声明对《公约》第十一条第二款所规定的两种解决争端程序提出保留。

《公约》于 1987 年 10 月 11 日对中国生效。《公约》由序言和正文组成，共 17 条，主要内容是：①缔约国有义务对引起或可能引起放射性物质释放，并已经造成或可能造成对另一国具有辐射安全重要影响的超越国界的国际性释放的任何事故，向有关国家和机构通报。但对于核武器事故，缔约国可以自愿选择通报或不通报。②核事故的通报内容，应包括核事故及其性质、发生的时间、地点和有助于减少辐射后果的情报。③事故发生国可以直接，也可以通过机构间接地向实际受影响或可能受影响的国家或机构（包括缔约国和非缔约国）通报。④各缔约国应将其负责收发核事故通报和情报的主管当局和联络点通知国际原子能机构，并直接或通过机构通知其他缔约国。这类联络点和机构内的联络中心应连续不断地可供使用。⑤机构在本公约范围内，有义务立即将所收到的核事故通报和情报通知所有缔约国、成员国和有关国际组织。

本公约缔约国，意识到若干国家正在进行核活动，注意到已经采取并正在采取全面措施确保核活动的高度安全，旨在防止发生核事故和如果发生任何这类事故，则尽量减少其后果，希望进一步加强安全发展和利用核能方面的国际合作，深信各国有必要尽早提供有关核事故的情报，以便能够使超越国界的辐射后果减少到最低限度，注意到交换这方面情报的双边和多边安排是有益的，兹协议如下：

第一条 适用范围

1．本公约应适用于发生涉及下面第 2 款所述缔约国的或其管辖或控制下的人或法律实体的设施或活动，由此而引起或可能引起放射性物质释放并已经造成或可能造成对另一国具有辐射安全重要影响的超越国界的国际性释放的任何事故。

2．第 1 款所述的设施和活动如下：

（1）不论在何处的任何核反应堆；

（2）任何核燃料循环设施；

（3）任何放射性废物管理设施；

（4）核燃料或放射性废物的运输和贮存；

（5）用于农业、工业、医学和有关科研目的的放射性同位素的生产、使用、贮存、处置和运输；以及

（6）用放射性同位素作空间物体的动力源。

第二条　通报和情报

在发生第一条所规定的一起核事故（以下简称核事故）时，该条所述的缔约国应：

（1）立即直接或通过国际原子能机构（以下简称机构），将该核事故及其性质、发生时间和在适当情况下确切地点通知第一条所规定的那些实际受影响或可能会实际受影响的国家和机构；

（2）迅速地直接或通过机构向第（1）项所述的国家和机构提供第五条所规定的有关尽量减少对那些国家的辐射后果的这类可获得的情报。

第三条　其他核事故

为了尽量减少辐射后果，在发生第一条规定以外的核事故时，缔约国可以发出通报。

第四条　机构的职责

机构应：

1．立即将依据第二条第（1）项收到的通报通知各缔约国、成员国、第一条所规定的实际受影响或可能会实际受影响的其他国家和有关政府间国际组织（以下简称国际组织）；

2．根据请求迅速向任何缔约国、成员国或有关国际组织提供依据第2条（2）项收到的情报。

第五条　应提供的情报

1．按照第二条第（2）项应提供的情报应包括通报缔约国当时可获得的下述资料：

（1）核事故的时间、在适当情况下确切地点及其性质；

（2）涉及的设施或活动；

（3）推测的或已确定的有关放射性物质超越国界释放的核事故的起因和可预见的发展；

（4）放射性释放的一般特点，按实际可能和适当情况，包括放射性释放的性质、可能的物理和化学形态及数量、组成和有效高度；

（5）预报放射性物质超越国界释放所需的当前和预测的气象和水文条件的情报；

（6）有关放射性物质超越国界释放的环境监测结果；

（7）已采取或计划采取的场外保护措施；

（8）预测的放射性释放过程中的行为。

2．应在适当间隔时间补充提供有关紧急情况事态发展的进一步情报，包括可预见终止或实际终止紧急情况的情报。

3．按照第二条第（2）项收到的情报可以不加限制地使用，但属于通报缔约国秘密提供的情报除外。

第六条　协商

按照第二条第（2）项提供情报的缔约国，应尽其实际可能迅速地响应受影响的缔约国关于谋求提供进一步情报和进行协商的请求，以尽量减少对该国的辐射后果。

第七条　主管当局和联络点

1．各缔约国应将其负责收发第二条所述的通报和情报的国家主管当局和联络点通知机构并直接或通过机构通知其他缔约国。这类联络点和机构内的联络中心应连续不断地可供使用。

2．各缔约国应将第 1 款所述情况可能发生的任何变化迅速通知机构。

3．机构应保存一份这类国家当局和联络点以及有关国际组织的联络点的最新名册，并将其提供给各缔约国和成员国以及有关国际组织。

第八条　对缔约国的援助

机构应根据其规约，并应其本身无核活动但与一个有积极核计划的非缔约国毗邻的缔约国的请求，对建立一个适当的辐射监测系统及其可行性进行调查研究，以利于实现本公约的目的。

第九条　双边和多边协定

为促进其共同利益，各缔约国可考虑酌情缔结有关本公约主题事项的双边或多边协定。

第十条　与其他国际协定的关系

本公约不影响缔约国根据与本公约所涉事项有关的现行国际协定，或根据本公约的宗旨和目的将来缔结的国际协定的互惠权利和义务。

第十一条　争端的解决

1．若缔约国之间，或一缔约国与机构之间，对本公约的解释或适用发生争端，争端各方应进行磋商，以期通过谈判或以争端各方均能接受的任何其他和平方式解决争端。

2．缔约国之间的这种性质的争端，如果从按第 1 款请求磋商之日起一年内未能获得解决，经争端任何一方请求，应提交仲裁或提交国际法院裁决。凡提交仲裁的争端，如果争端各方从请求仲裁之日起 6 个月内未能就仲裁的组成取得一致意见，任一当事方可以请求国际法院院长或联合国秘书长指定 1 名或 1 名以上仲裁人。如果争端各方提出的请求相互抵触，向联合国秘书长提出的请求应享有优先。

3．一国在签署、批准、接受、核准或加入本公约时可以声明，它不受第 2 款所规定的两种争端解决程序的任一种或两种程序的约束。对于实施此种声明的缔约国，其他缔约国也不受第 2 款规定的该种争端解决程序的约束。

4．根据第 3 款发表声明的缔约国，随时可以通知保存人撤回其声明。

第十二条　生效

1．本公约自 1986 年 9 月 26 日和 1986 年 10 月 6 日起分别在维也纳国际原子能机构总部和纽约联合国总部开放供各国和纳米比亚（由联合国纳米比亚理事会代表）签字，直至其生效或期满 12 个月为止，以两者中时间长者为准。

2. 一国和纳米比亚（由联合国纳米比亚理事会代表）或以签字或以交存签字后须经批准、接受或核准的批准书、接受书或核准书，或以交存加入书的方式表示其同意受本公约约束。批准书、接受书、核准书或加入书应交由保存人保存。

3. 本公约在 3 个国家表示同意受其约束 30 天后生效。

4. 对于在本公约生效后表示同意受其约束的每一个国家，本公约应在该国表示同意之日起 30 天后对其生效。

5.（1）根据本条规定，本公约开放供由主权国家组成的有权就本公约所涉事项进行谈判、缔结和适用国际协定的国际组织或区域一体化组织加入。

（2）在其权限范围内的事项方面，这类组织应代表其本身行使和履行本公约给予缔约国的权利和义务。

（3）在交存加入书时，这类组织应向保存人递交一份声明，说明其对本公约所涉各事项的权限范围。

（4）这类组织除其成员国所享有的表决权之外不再享有任何表决权。

第十三条　暂时适用

一国在签署本公约时或在本公约对其生效之前任何日期，可声明本公约对其暂时适用。

第十四条　修正

1. 一缔约国可以对本公约提出修正案。提议的修正案应提交保存人，由他立即分送所有其他缔约国。

2. 若过半数缔约国请求保存人召开大会审议所提议的修正案，保存人应邀请所有缔约国出席大会，大会不得早于邀请发出后 30 天内召开。在大会上经全体缔约国三分之二多数通过的任何修正案应形成议定书，并在维也纳和纽约开放供所有缔约国签字。

3. 该议定书在 3 个国家表示同意受其约束 30 天后生效。对于在该议定书生效后表示同意受其约束的国家，该议定书应于该国表示同意之日起 30 天后对其生效。

第十五条　退约

1. 缔约国可以用书面形式通知保存人退出本公约。

2. 退约应于保存人收到通知之日起 1 年后生效。

第十六条　保存人

1. 机构总干事应为本公约保存人。

2. 机构总干事应将下列情况迅速通知各缔约国和所有其他国家：

（1）本公约或任何修正案议定书的每一个签字；

（2）关于本公约或任何修正案议定书的批准书、接受书、核准书或加入书的每一次交存；

（3）根据第十一条发表的任何声明或撤回声明；

（4）根据第十三条提出的暂时适用本公约的任何声明；

（5）本公约及其任何修正案的生效；以及

（6）根据第十五条提出的任何退约。

第十七条 作准文本及经核证的副本

本公约的原本应交国际原子能机构总干事保存，其阿拉伯文、中文、英文、法文、俄文和西班牙文文本具有同等效力；总干事应将核证的副本分送各缔约国和所有其他国家。

下列签署人经正式授权，在依据第十二条第 1 款规定开放供签字的本公约上签字，以昭信守。

1986 年 9 月 26 日在维也纳国际原子能机构大会特别会议上通过。

核事故或辐射紧急援助公约

该公约通常简称“援助公约”，于1986年9月26日签订于维也纳，1986年10月27日正式生效。

1986年9月26日中国政府代表作了有待核准的签署，同时声明：①中华人民共和国不受公约第十三条第二款所规定的两种争端解决程序的约束；②在由于个人重大过失而造成死亡、受伤、损失或毁坏的情况下，中国不适用该公约第十条第二款。本公约于1987年10月14日对我国生效。

本公约缔约国意识到若干国家正在进行核活动，注意到已经采取并正在采取全面措施确保核活动的高度安全，旨在防止发生核事故和如果发生任何这类事故，则尽量减少其后果，希望进一步加强安全发展和利用核能方面的国际合作，深信需要建立一个将有利于在发生核事故或辐射紧急情况时迅速提供援助以尽量减少其后果的国际体制，注意到这方面互相援助的双边和多边安排是有益的，注意到国际原子能机构制定有关在核事故或辐射紧急情况下互相紧急援助安排的导则的活动，兹协议如下：

第一条 一般条款

1．各缔约国应按照本公约条款互相进行合作并与国际原子能机构（以下简称机构）进行合作，以便在发生核事故或辐射紧急情况时迅速提供援助，以尽量减少其后果并保护生命、财产和环境免受放射性释放的影响。

2．为便于进行这种合作，各缔约国可达成双边或多边安排，或酌情达成双边和多边相结合的安排，以防止或尽量减少在发生核事故或辐射紧急情况时可能造成的伤害和损失。

3．缔约国请求机构在其（规约）范围内尽力按照本公约条款促进、便于和支持本公约规定的各缔约国之间的合作。

第二条 援助的提供

1．若一缔约国在发生核事故或辐射紧急情况时需要援助，不论这种事故或紧急情况是否起始于其领土、管辖或控制范围内，它可以直接或通过机构向任何其他缔约国和向机构或酌情向其他政府间国际组织（以下简称国际组织）请求这种援助。

2．请求援助的缔约国应详细说明所需援助的范围和种类，并按实际可能向援助方提供必要的情报，以便援助方确定其能满足请求的程度。在请求缔约国不能详细说明所需援助的范围和种类的情况下，请求缔约国和援助方应协商决定所需援助的范围和种类。

3．受到此种援助请求的每一缔约国，应迅速决定并直接或通过机构通知请求缔约国，它是否能够提供所请求的援助以及可能提供援助的范围和条件。

4．各缔约国应在其力所能及的范围内确定并通知机构，在核事故或辐射紧急情况下向其他缔约国提供援助可动用的专家、设备和物资以及据以能够提供这种援助的条件，尤其是财务条件。

5．任何缔约国可以请求对受到核事故或辐射紧急情况影响的人们进行医疗或暂时安置到另一缔约国领土内的援助。

6．机构应根据其规约及本公约的规定，对任一请求缔约国或成员国在核事故或辐射紧急情况下提出的援助请求，以下述方式作出响应：

（1）提供用于此目的的适当资源；

（2）迅速向据机构了解可能拥有必要资源的其他国家和国际组织传递援助请求；

（3）如果请求国有这样要求，应在国际范围内协调由此可能获得的援助。

第三条　对援助的指导和管理

除另有协议外：

对援助的全面指导、管理、协调和监督应是请求国在其领土范围内的责任。在援助涉及人员的情况下，援助方应与请求国协商指定人员负责并对所提供的人员和设备保持直接的业务监督。指定人员应当在与请求国有关当局合作下行使这种监督；

请求国应尽其所能为援助的妥善和有效管理提供当地的设施和劳务。它还应保证对援助方或代表该方为此目的而进入其领土的人员、设备和物资予以保护；

援助期间任一方提供的设备和物资的所有权不得变动，并应确保这类设备和物资的归还；

提供援助的缔约国在响应依第二条第 5 款提出的请求时，应在其领土内协调此类援助。

第四条　主管当局和联络点

1．各缔约国应将其授权提出和接受援助请求以及接受援助建议的主管当局和联络点通知机构并直接或通过机构通知其他缔约国。这类联络点和机构内的联络中心应连续不断地可供使用。

2．各缔约国应将第 1 款所述情况可能发生的任何变化迅速通知机构。

3．机构应将第 1 款和第 2 款所述情况经常和迅速地提供给各缔约国、成员国以及有关国际组织。

第五条　机构的职责

缔约国请求机构按照第一条第 3 款和在不妨碍本公约其他条款的情况下做到：

1．向各缔约国和成员国收集和传播有关下列情报：

在发生核事故或辐射紧急情况时可以动用的专家、设备和物资；

关于核事故或辐射紧急情况应急的方法、技术和可供使用的研究成果；

2．当一缔约国或成员国在下列任何事项或其他有关事项上提出请求时协助其：

制定有关核事故和辐射紧急情况的应急计划和有关法律；

制订适当的培训计划，培训处理核事故和辐射紧急情况的人员；

在发生核事故或辐射紧急情况时传递援助请求和有关情报；

制定适当的辐射监测计划、程序与标准；

进行关于建立适当的辐射监测系统的可行性调查；

3．在发生核事故或辐射紧急情况时向请求援助的缔约国或成员国提供用于对此事故或紧急情况进行初步评价目的的适当资源；

4．在发生核事故或辐射紧急情况时在各缔约国和成员国之间起中介作用；

5．与有关国际组织建立并保持联络，以便获取和交换有关情报和资料，并向各缔约国、成员国以及前述各组织提供这类组织的名单。

第六条 机密与公布情况

1．请求国和援助方应保护为在核事故或辐射紧急情况下进行援助而向其中任何一方提供的任何机密情况。这类情报只应用于商定的援助目的。

2．援助方在向公众公布有关核事故或辐射紧急情况下所提供的援助情况之前，应尽一切努力与请求国协调一致。

第七条 费用的偿还

1．任一援助方可向请求国免费提供援助。在研究是否在这种基础上提供援助时，援助方应考虑到：

（1）核事故或辐射紧急情况的性质；

（2）核事故或辐射紧急情况的起源地；

（3）发展中国家的需要；

（4）无核设施国家的特殊需要；以及

（5）任何其他有关因素。

2．当援助是以全部偿还或部分偿还为基础提供时，请求国应向援助方偿还代表其行事的人员或组织提供的劳务所开支的费用以及不由请求国直接支付的与援助有关的所有费用。除另有协议外，在援助方向请求国提出索偿后应立即予以偿还，非当地费用的偿还应能自由转移。

3．虽然有第 2 款规定，援助方随时可以放弃全部或部分偿还要求或同意延期偿还全部或部分费用。在考虑放弃或延期偿还时，援助方应适当考虑发展中国家的需要。

第八条 特权、豁免和便利

1．请求国应给予援助方的人员和代表其行事的人员必要的特权、豁免和便利，以便履行其援助职务。

2．请求国应给予正式通知请求国并被其接受的援助方的人员或代表其行事的人员以下特权和豁免：对这类人员履行其职务时的作为或不作为豁免请求国的逮捕、拘留和法律程序，包括刑事、民事和行政管辖；以及对这类人员履行其援助职务免除征税、关税或其他课征，但通常计入商品或劳务价格内之税捐除外。

3．请求国应：对援助方为援助目的而运入请求国境内的设备和财物免除征税、关税或其他课征。

对此类设备和财物免予没收、扣押或征用。

4．请求国应确保归还这类设备和财物。如果援助方提出要求，请求国应尽其所能安排对援助所用的可收回的设备在归还之前进行必要的去污。

5．请求国应对按第 2 款所通知的人员以及援助所用设备和财物在进入、停留和离开其国家领土方面提供便利。

6．本条不要求请求国给予其国民或永久居民前述各款规定的特权和豁免。

7．在不妨碍特权和豁免的情况下，凡享有本条所列特权和豁免的受益人，均有义务遵守请求国的法律和规章。他们还有义务不得干涉请求国的内政。

8．本条不损害按照其他国际协定或习惯国际法的规则在给予特权和豁免方面的权利和义务。

9．一国在签署、批准、接受、核准或加入本公约时可以声明，它完全或部分地不受本条第 2 款和第 3 款的约束。

10．根据第 9 款发表声明的缔约国，随时可以通知保存人撤回其声明。

第九条　人员、设备和财物的过境

各缔约国应请求国或援助方的请求，应设法为经正式通知的援助所涉人员、设备和财物通过其领土出入请求国时提供过境便利。

第十条　索赔和补偿

1．各缔约国应密切合作，以便按本条解决法律诉讼和索赔。

2．除另有协议外，对于在提供所要求的援助过程中在其领土内或其管辖或控制下的其他地区内所造成的人员死亡或受伤、财产毁坏或损失或环境破坏，请求国不得对援助方或代表其行事的人员或其他法律实体提出任何法律诉讼；

请求国应承担处理第三方对援助方或代表其行事的人员或其他法律实体提出的法律诉讼和索赔的责任；

使援助方或代表其行事的人员或其他法律实体在第 2 项所述的法律诉讼和索赔方面，免受损害；以及对下列情况给援助方或代表其行事的人员或其他法律实体以补偿：

（1）援助方的人员或代表其行事的人员的死亡或受伤；

（2）有关援助的非消耗性设备或物资的损失或毁坏；

但由于个人故意渎职而造成死亡、受伤、损失或毁坏的情况除外。

3．本条不妨碍根据任何适用的国际协定或任何国家的国家法律可得到的补偿或赔偿。

4．本条不要求请求国对其国民或永久居民完全或部分地适用第 2 款。

5．在签署、批准、接受、核准或加入本公约时，一国可以声明：

它完全或部分地不受第 2 款的约束；

在由于个人重大过失而造成死亡、受伤、损失或毁坏的情况下，它完全或部分地不适用第 2 款。

6．根据第 5 款发表声明的缔约国，随时可以通知保存人撤回其声明。

第十一条　援助的终止

请求国或援助方，经适当协商后并采用书面通知的方式，随时可以请求终止按本公约接受或提供的援助。这样的请求一经提出，所涉各方应彼此协商做好妥善结束援助的安排。

第十二条　与其他国际协定的关系

本公约不影响缔约国根据与本公约所涉事项有关的现行国际协定，或根据本公约的宗旨和目的将来缔结的国际协定的互惠权利和义务。

第十三条　争端的解决

1．若缔约国之间，或一缔约国与机构之间，对本公约的解释或适用发生争端，争端各方应进行磋商，以期通过谈判或以争端各方均能接受的任何其他和平方式解决争端。

2．缔约国之间的这种性质的争端，如果从按第 1 款请求磋商之日起 1 年内未能获得解决，经争端任何一方请求，应提交仲裁或提交国际法院裁决。凡提交仲裁的争端，如果争端各方从请求仲裁之日起 6 个月内未能就仲裁的组成取得一致意见，任一当事方可以请求国际法院院长或联合国秘书长指定 1 名或 1 名以上仲裁人。如果争端各方提出的请求相互抵触，向联合国秘书长提出的请求应享有优先。

3．一国在签署、批准、接受、核准或加入本公约时可以声明，它不受第 2 款所规定的两种争端解决程序的任一种或两种程序的约束。对于实施此种声明的缔约国，其他缔约国也不受第 2 款规定的该种争端解决程序的约束。

4．根据第 3 款发表声明的缔约国，随时可以通知保存人撤回其声明。

第十四条　生效

1．本公约自 1986 年 9 月 26 日和 1986 年 10 月 6 日起分别在维也纳国际原子能机构总部和纽约联合国总部开放供各国和纳米比亚（由联合国纳米比亚理事会代表）签字，直至其生效或开放签字期满 12 个月为止，以两者中时间长者为准。

2．一国和纳米比亚（由联合国纳米比亚理事会代表）或以签字，或以交存签字后须经批准、接受或核准的批准书、接受书或核准书，或以交存加入书的方式表示其同意受本公约约束。批准书、接受书、核准书或加入书应交由保存人保存。

3．本公约在 3 个国家表示同意受其约束 30 天后生效。

4．对于在本公约生效后表示同意受其约束的每一个国家，本公约应在该国表示同意之日起 30 天后对其生效。

5．（1）根据本条规定，本公约应开放供由主权国家组成的有权就本公约所涉事项进行谈判、缔结和适用国际协定的国际组织或区域一体化组织加入。

（2）在其权限范围内的事项方面，这类组织应代表其本身行使和履行本公约给予缔约国的权利和义务。

（3）在交存加入书时，这类组织应向保存人递交 1 份声明，说明其对本公约所涉各事项的权限范围。

（4）这类组织除其成员国所享有的表决权之外不再享有任何表决权。

第十五条 暂时适用

一国在签署本公约时或在本公约对其生效之前任何日期，可声明本公约对其暂时适用。

第十六条 修正

1．一缔约国可以对本公约提出修正案。提议的修正案应提交保存人，由他立即分送所有其他缔约国。

2．若过半数缔约国请求保存人召开大会审议所提议的修正案，保存人应邀请所有缔约国出席大会，大会不得早于邀请发出后 30 天内召开。在大会上经全体缔约国 2/3 多数通过的任何修正案应形成议定书，并在维也纳和纽约开放供所有缔约国签字。

3．该议定书在 3 个国家表示同意受其约束 30 天后生效。对于在该议定书生效后表示同意受其约束的国家，该议定书应于该国表示同意之日起 30 天后对其生效。

第十七条 退约

1．一缔约国可以用书面形式通知保存人退出本公约。

2．退约应于保存人收到通知之日起 1 年后生效。

第十八条 保存人

1．机构总干事应为本公约保存人。

2．机构总干事应将下列情况迅速通知各缔约国和所有其他国家：

（1）本公约或任何修正案议定书的每一个签字；

（2）关于本公约或任何修正案议定书的批准书、接受书、核准书或加入书的每一次交存；

（3）根据第八、十和十三条发表的任何声明或撤回声明；

（4）根据第十五条提出的暂时适用本公约的任何声明；

（5）本公约及其任何修正案的生效；以及

（6）根据第十七条提出的任何退约。

第十九条 批准文本及经核证的副本

本公约的原本应交国际原子能机构总干事保存，其阿拉伯文、中文、英文、法文、俄文和西班牙文文本具有同等效力；总干事应将核证的副本分送各缔约国和所有其他国家。

下列签署人经正式授权，在依据第十四条第 1 款规定开放供签字的本公约上签字，以昭信守。

1986 年 9 月 26 日在维也纳国际原子能机构大会特别会议上通过。